Gottfried Benn

Gesammelte Werke
in der Fassung der Erstdrucke

Vier Bände

Textkritisch durchgesehen
und herausgegeben von
Bruno Hillebrand

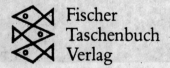

Fischer
Taschenbuch
Verlag

Gottfried Benn

Gedichte
in der Fassung der Erstdrucke

Mit einer Einführung
herausgegeben von
Bruno Hillebrand

Fischer
Taschenbuch
Verlag

Philologische Einrichtung Inge Skibba

37.–38. Tausend: März 1994

Veröffentlicht im Fischer Taschenbuch Verlag GmbH,
Frankfurt am Main, November 1982

Lizenzausgabe mit freundlicher Genehmigung
der Verlagsgemeinschaft Klett-Cotta Stuttgart
Für diese Ausgabe:
© Fischer Taschenbuch Verlag GmbH,
Frankfurt am Main 1982
© Limes Verlag Niedermayer und Schlüter GmbH,
Wiesbaden und München, 1958, 1960, 1963, 1972, 1978
Für die Gedichte aus ›Statische Gedichte‹:
© Verlags A. G. Die Arche, Zürich 1948
Für ›Das Unaufhörliche‹:
© B. Schott's Söhne, Mainz 1931
Über alle Rechte verfügt die Verlagsgemeinschaft Ernst Klett –
J. G. Cotta'sche Buchhandlung Nachfolger GmbH, Stuttgart
Umschlaggestaltung: Jan Buchholz / Reni Hinsch
Frontispiz: Dr. Ilse Benn
Druck und Bindung: Clausen & Bosse, Leck
Printed in Germany
ISBN 3-596-25231-8

Gedruckt auf chlor- und säurefreiem Papier

Inhaltsverzeichnis

Gedichte

Gedichte

Gefilde der Unseligen

Satt bin ich meiner Inselsucht,
des toten Grüns, der stummen Herden;
ich will ein Ufer, eine Bucht,
ein Hafen schöner Schiffe werden.

Mein Strand will sich von Lebendem
mit warmem Fuß begangen fühlen;
die Quelle murrt in gebendem
Gelüste und will Kehlen kühlen.

Und alles will in fremdes Blut
aufsteigen und ertrunken treiben
in eines andern Lebensglut,
und nichts will in sich selber bleiben.

Rauhreif

Etwas aus den nebelsatten
Lüften löste sich und wuchs
über Nacht als weißer Schatten
eng um Tanne, Baum und Buchs.

Und erglänzte wie das Weiche
Weiße, das aus Wolken fällt,
und erlöste stumm in bleiche
Schönheit eine dunkle Welt.

Morgue

I.
Kleine Aster

Ein ersoffener Bierfahrer wurde auf den Tisch gestemmt.
Irgendeiner hatte ihm eine dunkelhellila Aster
zwischen die Zähne geklemmt.
Als ich von der Brust aus
unter der Haut
mit einem langen Messer
Zunge und Gaumen herausschnitt,
muß ich sie angestoßen haben, denn sie glitt
in das nebenliegende Gehirn.
Ich packte sie ihm in die Bauchhöhle
zwischen die Holzwolle,
als man zunähte.
Trinke dich satt in deiner Vase!
Ruhe sanft,
kleine Aster!

II.
Schöne Jugend

Der Mund eines Mädchens, das lange im Schilf gelegen
hatte,
sah so angeknabbert aus.
Als man die Brust aufbrach, war die Speiseröhre so
löcherig.
Schließlich in einer Laube unter dem Zwerchfell
fand man ein Nest von jungen Ratten.
Ein kleines Schwesterchen lag tot.
Die andern lebten von Leber und Niere,
tranken das kalte Blut und hatten
hier eine schöne Jugend verlebt.
Und schön und schnell kam auch ihr Tod:
Man warf sie allesamt ins Wasser.
Ach, wie die kleinen Schnauzen quietschten!

III.
Kreislauf

Der einsame Backzahn einer Dirne,
die unbekannt verstorben war,
trug eine Goldplombe.
Die übrigen waren wie auf stille Verabredung
ausgegangen.
Den schlug der Leichendiener sich heraus,
versetzte ihn und ging für tanzen.
Denn, sagte er,
nur Erde solle zu Erde werden.

IV.
Negerbraut

Dann lag auf Kissen dunklen Bluts gebettet
der blonde Nacken einer weißen Frau.
Die Sonne wütete in ihrem Haar
und leckte ihr die hellen Schenkel lang
und kniete um die bräunlicheren Brüste,
noch unentstellt durch Laster und Geburt.
Ein Nigger neben ihr: durch Pferdehufschlag
Augen und Stirn zerfetzt. Der bohrte
zwei Zehen seines schmutzigen linken Fußes
ins Innre ihres kleinen weißen Ohrs.
Sie aber lag und schlief wie eine Braut:
am Saume ihres Glücks der ersten Liebe
und wie vorm Aufbruch vieler Himmelfahrten
des jungen warmen Blutes.
                          Bis man ihr
das Messer in die weiße Kehle senkte
und einen Purpurschurz aus totem Blut
ihr um die Hüften warf.

v.
Requiem

Auf jedem Tische zwei. Männer und Weiber
kreuzweis. Nah, nackt, und dennoch ohne Qual.
Den Schädel auf. Die Brust entzwei. Die Leiber
gebären nun ihr allerletztes Mal.

Jeder drei Näpfe voll: von Hirn bis Hoden.
Und Gottes Tempel und des Teufels Stall
nun Brust an Brust auf eines Kübels Boden
begrinsen Golgatha und Sündenfall.

Der Rest in Särge. Lauter Neugeburten:
Mannsbeine, Kinderbrust und Haar vom Weib.
Ich sah von zweien, die dereinst sich hurten,
lag es da, wie aus einem Mutterleib.

Blinddarm

Alles steht weiß und schnittbereit.
Die Messer dampfen. Der Bauch ist gepinselt.
Unter weißen Tüchern etwas, das winselt.

»Herr Geheimrat, es wäre soweit.«

Der erste Schnitt. Als schnitte man Brot.
»Klemmen her!« Es spritzt was rot.
Tiefer. Die Muskeln: feucht, funkelnd, frisch.
Steht ein Strauß Rosen auf dem Tisch?

Ist das Eiter, was da spritzt?
Ist der Darm etwa angeritzt?
»Doktor, wenn Sie im Lichte stehn,
kann kein Deibel das Bauchfell sehn.
Narkose, ich kann nicht operieren,
der Mann geht mit seinem Bauch spazieren.«

Stille, dumpf feucht. Durch die Leere
klirrt eine zu Boden geworfene Schere.
Und die Schwester mit Engelssinn
hält sterile Tupfer hin.

»Ich kann nichts finden in dem Dreck!«
»Blut wird schwarz. Maske weg!«
»Aber – Herr des Himmels – Bester,
halten Sie bloß die Haken fester!«

Alles verwachsen. Endlich: erwischt!
»Glüheisen, Schwester!« Es zischt.

Du hattest noch einmal Glück, mein Sohn.
Das Ding stand kurz vor der Perforation.
»Sehn Sie den kleinen grünen Fleck? –
Drei Stunden, dann war der Bauch voll Dreck.«

Bauch zu. Haut zu. »Heftpflaster her!
Guten Morgen, die Herrn.«

                  Der Saal wird leer.
Wütend klappert und knirscht mit den Backen
der Tod und schleicht in die Krebsbaracken.

Mann und Frau gehn durch die Krebsbaracke

Der Mann:

Hier diese Reihe sind zerfressene Schöße
und diese Reihe ist zerfallene Brust.
Bett stinkt bei Bett. Die Schwestern wechseln stündlich.

Komm, hebe ruhig diese Decke auf.
Sieh: dieser Klumpen Fett und faule Säfte
das war einst irgendeinem Manne groß
und hieß a u c h Rausch und Heimat. –

Komm, sieh auf diese Narbe an der Brust.
Fühlst du den Rosenkranz von weichen Knoten?
Fühl ruhig hin. Das Fleisch ist weich und schmerzt
                                                    nicht. –

Hier diese blutet wie aus dreißig Leibern.
Kein Mensch hat so viel Blut. –
                              Hier dieser schnitt man
erst noch ein Kind aus dem verkrebsten Schoß. –

Man läßt sie schlafen. Tag und Nacht. – Den Neuen
sagt man: Hier schläft man sich gesund. – Nur Sonntags
für den Besuch läßt man sie etwas wacher. –

Nahrung wird wenig noch verzehrt. Die Rücken
sind wund. Du siehst die Fliegen. Manchmal
wäscht sie die Schwester. Wie man Bänke wäscht. –

Hier schwillt der Acker schon um jedes Bett.
Fleisch ebnet sich zu Land. Glut gibt sich fort.
Saft schickt sich an zu rinnen. Erde ruft. –

Nachtcafé

824: Der Frauen Liebe und Leben.
Das Cello trinkt rasch mal. Die Flöte
rülpst tief drei Takte lang: das schöne Abendbrot.
Die Trommel liest den Kriminalroman zu Ende.

Grüne Zähne, Pickel im Gesicht
winkt einer Lidrandentzündung.

Fett im Haar
spricht zu offnem Mund mit Rachenmandel
Glaube Liebe Hoffnung um den Hals.

Junger Kropf ist Sattelnase gut.
Er bezahlt für sie drei Biere.

Bartflechte kauft Nelken,
Doppelkinn zu erweichen.

H moll: Die 35. Sonate.
Zwei Augen brüllen auf:
Spritzt nicht dies Blut von Chopin in den Saal,
damit das Pack drauf rumlatscht!
Schluß! He, Gigi! –

Die Tür fließt hin: Ein Weib:
Wüste. Ausgedörrt. Kanaanitisch braun.
Keusch. Höhlenreich. Ein Duft kommt mit. Kaum Duft.
Es ist nur eine süße Vorwölbung der Luft
gegen mein Gehirn.

Eine Fettleibigkeit trippelt hinterher.

Saal der kreißenden Frauen

Die ärmsten Frauen von Berlin
– dreizehn Kinder in anderthalb Zimmern,
Huren, Gefangene, Ausgestoßene –
krümmen hier ihren Leib und wimmern.

Es wird nirgends so viel geschrien.
Es wird nirgends Schmerzen und Leid
so ganz und garnicht wie hier beachtet,
weil hier eben immer was schreit.

»Pressen Sie, Frau! Verstehn Sie, ja?
Sie sind nicht zum Vergnügen da.
Ziehn Sie die Sache nicht in die Länge.
Kommt auch Kot bei dem Gedränge!
Sie sind nicht da, um auszuruhn.
Es kommt nicht selbst. Sie müssen was tun!«

Schließlich kommt es: bläulich und klein.
Urin und Stuhlgang salben es ein.

Aus elf Betten mit Tränen und Blut
grüßt es ein Wimmern als Salut.
Nur aus zwei Augen bricht ein Chor
von Jubilaten zum Himmel empor.

Durch dieses kleine fleischerne Stück
wird alles gehen: Jammer und Glück.
Und stirbt es dereinst in Röcheln und Qual,
liegen zwölf andre in diesem Saal.

Mann
(Strand am Meer)

Mann:
Nun aber ist dies alles festgefügt,
Geschlossen wie ein Stein und unentrinnbar:
Du und ich.
Es stösst mich nieder und ich schlage
Mich an mir selber wund,
Wenn ich an Dich nur denke.
Denn du bist ein Halbdurchflossenes,
Vom Tier getränkt, und wie im Fell der Tiere,
Und doch gelöst an allen deinen Gliedern,
Voll Spiel der Träume und erlöster
Als je ich Mann.
Es gäbe Eines nur, dies zu vergelten,
Das Frieden brächte. Das ich jetzt dich frage:
Liebst du mich?

Frau:
Ja, ich will an Dir vergehn.
Greif meine Haare, küsse meine Knie.
Du sollst die braune Hand des Gärtners sein
Im Herbst, die all die warmen Früchte fühlt.

Mann:
Wenn ich im Spiel an deine Glieder fasste
Oder beim Rudern, warst du noch viel ferner
Und viel entrückter. Ja, du warst es gar nicht,
An dessen Fleisch ich fasste. Es ist anders.

Frau:
Dann will ich vor dir tanzen. Jedes Glied
Soll eine Halle sein aus lauem Rot,
Die dich erwartet.
So hebe ich die Schenkel aus dem Sand
Und so die Brust. Kleid, fort von meinen Hüften.

(tanzt)

Mann:

...Du Seele, Seele tief dich niederbeugend
Über die Opferungen meines Bluts –
Du leise Hand, du Flieder, stiller Garten
Meinem verstossnen Blut, so sang mein Traum –

Frau (tanzend):

...Die Beete bluten wie aus breiten Wunden
Ihr Scharlach um mein Knie. Es röchelt
Vom Meer um meine Hüften. In die Wolken
Stäubt mein Gelock –

Mann:

Nun biegt der Sturm die Büsche auseinander,
Wo all die Nester drin für Schlaf und Brut –

Frau:

– In langen Lauten singt das Licht
An mir entlang. O Sonne,
Du Rosenmutter – komm, du, wir wollen nieder
Auf diesen warm vom Meer besamten Strand

(sinkt hin).

Mann:

Was soll behaarte Brust, behaarte Schenkel
Auf Haut voll Schweiss und Talg, blutflüssigem Schoss?
Was hat das denn mit dir und mir zu tun?
Was liegst du nun im Sand, du weisses Fleisch,
Was rinnst du nicht und sickerst in das Meer?
Was kommen keine Vögel über dich
Wie über anderes Fleisch?
Halt deine Falten still!
Heimkehr! Nun grüss ich euch, zerfressene Steine,
Und dich, mein Blut, von Leichen aller Meere
Beworfen, du zerklüftet
Gelände ohne Frucht, das taumelnd
Am Rand der Erde steht.

Café

Die Patentante liest das Universum. –
Frau Schlächtermeister sickert übers Sofa
Unten am Arm aus einem Ballen Fett
Arbeitet sich der Daumen vor. –

Erni Degele Polisander plätschert in einer Frau,
                    die er auf dem Eis gesehn hat.
Sie ist braun, mütterlich und wird ihn küssen. –

Ich sitze im Geruche einer Frau.
Der klingt aus Heliotrop und Unterleib zusammen
Und scheint mir süß, da diese Frau mir fremd ist.
Ihr Freund arbeitet in der Hosentasche.
Vielleicht handelt es sich um einen ausgetretenen Bruch. –

Der Geschäftsführer trägt überall Rechtschaffenheit hin.
Er ist der Pionier der guten Sache.
Seine großen Zehen machen Fluchtversuche
Mit den Knöcheln aus den Stiefeln. –

Am Nebentisch wird gegurgelt:
Die Weiber: Ein zu blödsinniges Pack!
Ich habe tatsächlich noch keine gesehn,
Die gewußt hätte, warum sich eigentlich die Mühlenflügel
                                                    drehn.
Ich nehme darüber eine Statistik auf. –

Erni Degele Polisander ist bei der Frau, die er auf dem Eis
                                                    gesehn hat.
Er weidet ihre Lippen ab.
Die Leiber spielen aufeinander
Unerhörte Melodien. –

Dabei bohrt er einen jüngeren Herrn an: –

Der stürzt die linke Faust in seine Hüfte
Und aus den Spalten seiner Bekleidung
Gebiert er einen Bierzipfel:
Sauve qui peut. –

D-Zug

Braun wie Kognak. Braun wie Laub. Rotbraun.
                        Malaiengelb.
D-Zug Berlin – Trelleborg und die Ostseebäder. –

Fleisch, das nackt ging.
Bis in den Mund gebräunt vom Meer.
Reif gesenkt. Zu griechischem Glück.
In Sichel-Sehnsucht: wie weit der Sommer ist!
Vorletzter Tag des neunten Monats schon! –

Stoppel und letzte Mandel lechzt in uns.
Enthaltungen, das Blut, die Müdigkeiten,
Die Georginennähe macht uns wirr. –

Männerbraun stürzt sich auf Frauenbraun:

Eine Frau ist etwas für eine Nacht.
Und wenn es schön war, noch für die nächste!
O! Und dann wieder dies Bei-sich-selbst-sein!
Diese Stummheiten. Dies Getriebenwerden!

Eine Frau ist etwas mit Geruch.
Unsägliches. Stirb hin. Resede.
Darin ist Süden, Hirt und Meer.
An jedem Abhang lehnt ein Glück. –

Frauenhellbraun taumelt an Männerdunkelbraun:

Halte mich! Du, ich falle!
Ich bin im Nacken so müde.
O dieser fiebernde süße
Letzte Geruch aus den Gärten. –

Kasino

Menge war schon auf Kriegsschule ein Idiot.
Jetzt hat er eine Brigade in Päde-Rastenburg.
Päde-Rastenburg!!! Ha, ha, ha. –

Morgens Kaffee im Bett ist wunderschön. Gräßlich.
                                        Wunderschön.
Ganz geteilte Auffassungen. –

»Sie, Junker, fahren Sie mich hottehüh.
Ich sitze so schön in meinem Sessel
Und möchte mal gern auf die Retirade –«
Gesprächsabbrüche. Stille vorm Sturm:
Mensch, Arnim, Sie sind ganz unerschöpflich! –

Sind Sie schon mal dritter Klasse gefahren?
Ne, Sie? Muß mächtig intressant sein.
So ganz kleene Bänke sollen da drin stehn. –

Eine Kugel muß man sich im Kriege immer noch
                                        aufsparen:
Fürn Stabsarzt, wenn er einen verpflastern will.
Na Prost, Onkel Doktor! –

Vorläufig bin ich ja noch zu rüstig.
Aber wenn ich mich mal auf Abbruch verheirate:
Brüste muß sie jedenfalls haben,
Daß man Wanzen drauf knacken kann! –

Kinder! Heut Nacht! Ein Blutweib! Sagt:
Arm kann er sein und dumm kann er sein;
Aber jung und frisch gebadet.
Darauf ich: janz Ihrer Meinung, Gnädigste,
Lieber etwas weniger Moral
Und etwas äußere Oberschenkel.
Auf dieser Basis fanden wir uns.

Was für Figuren habt Ihr denn auf dieser Basis
                                        aufgebaut??

Lachen einigt alles. –

Herbst

Todstumme Felder an mein Dorf gelehnt.
Vereinzelt trösten Wegwart und Skabiose.
Indes am Zaune sich zur Erde dehnt
blütenverwaist, rankenden Zweigs die Rose.

Nirgend mehr Purpur oder junge Glut.
Nur in der Georginen Sehnsuchtsaugen
brennt noch des Sommers wundervolles Blut.
Bald wird auch dies die Erde in sich saugen. –

Morgue II

I.

Plötzlich schreit eine Leiche in mittlerem
                    Ernährungszustand:
Kinder, lasst Euch das nicht gefallen!
Mit uns wird Schindluder getrieben.
Wer hat mir zum Beispiel das Gehirn in die
                    Brusthöhle geworfen?
Soll ich damit atmen?
Soll da vielleicht der kleine Kreislauf durchgehn?
Alles was recht ist!
Das geht zu weit! –

II.

Na, und ich?
Wie bin ich hergekommen?
Wie aus dem Ei gepellt!
Und jetzt??
Waschen Sie mir gefälligst den Kot aus der Achselhöhle,
                    Sie!!
Und das rechte Herzohr brauchte auch nicht grade
                    aus meinem After rauszusehn!
Das sieht ja wie Hämorrhoiden aus. –

III.

Eine Leiche singt:

Bald gehn durch mich die Felder und Gewürme.
Des Landes Lippe nagt: die Wand reisst ein.
Das Fleisch verfliesst. Und in die dunklen Türme
Der Glieder jauchzt die ewige Erde ein.

Erlöst aus meinem tränenüberströmten
Gitter. Erlöst aus Hunger und aus Schwert.
Und wie die Möven winters auf die süssen
Gewässer flüchten: also: heimgekehrt. –

IV.

Merkwürdig – murmelt ein noch nicht wieder
                          zugenähter Mann –
Wenn man so mit der Hand an sich runterfährt:
Wo hört die Brust auf?
Wo fängt der Bauch an?
Wo sass deine Kotfistel, fragt man sich?

Völlig verändertes System.
Der Nabel über Bord geworfen.
Vereinfachter Mechanismus.
Rückkehr zur Natur scheint die Devise. –

V.

Ein Selbstmörder:

Kläfft nicht, ihr Laffen! Pack. Pöbel.
Männer, behaart und brünstig, Frauentiere, feige
                          und heimtückisch,
Aus eurem Kot-leben fortgeschlagen,
Umgreint von Menschenvieh.

Ich bin aufgestiegen wie ein junger Adler.
So stand ich: nackt, vom kalten Sternenlicht
Umbrandet Stirn und Blut. –

Café des Westens

Ein Mann tritt mit einem Mädchen in Verhandlung:
Deine Stimme, Augenausdruck, Ohrläppchen
Sind mir ganz piepe.
Ich will dir in die Schultern stoßen.
Ich will mich über dir ausbreiten.
Ich will ein ausgeschlenkertes Meer sein, du Affe! –

Dirnen

Eine entkleidet ihre Hände.
Die sind weich, weiß, groß,
Wie aus Fleisch von einem Schoß. –

Ein Mund feucht und ausgefahren
Voll übelriechenden Lachens. –

Eine antwortet einem Mann:
Deine Eltern haben zwar sicher versehentlich
Deine Nachgeburt großgezogen,
Aber du hast einen englischen Anzug an.
Komm man mit.
Aber natürlich ein großes Goldstück. –

Alaska

I

Europa, dieser Nasenpopel
Aus einer Konfirmandennase,
Wir wollen nach Alaska gehn.

Der Meermensch: der Urwaldmensch:
Der alles aus seinem Bauch gebiert,
Der Robben frisst, der Bären totschlägt,
Der den Weibern manchmal was reinstösst:
Der Mann.

Wir gerieten in ein Mohnfeld.
Überall schrien Ziegelsteine herum.
Baut uns mit in den Turm des Feuers
Für alles, was vor Göttern kniet.

Zehn nackte, rote Heiden tanzten um den Bau
                                    und blökten
Dem Tod ein Affenlied:
Du zerspritzt nur den Dreck einer Pfütze
Und trittst einen Wurmhügel nieder, wenn du
                                    uns zertrittst,
Wir sind und wollen nichts sein als Dreck.
Man hat uns belogen und betrogen
Mit Gotteskindschaft, Sinn und Zweck
Und dich der Sünde Sold genannt.
Uns bist du der lockende Regenbogen
Über die Gipfel der Glücke gespannt. –

III

Einer sang:
Ich liebe eine Hure, sie heisst To.
Sie ist das Bräunlichste. Ja, wie aus Kähnen
Den Sommer lang. Ihr Gang sticht durch mein Blut.
Sie ist ein Abgrund wilder, dunkler Blumen.
Kein Engel ist so rein. Mit Mutteraugen.
Ich liebe eine Hure. Sie heisst To. –

Don Juan gesellte sich zu uns:

Frühling: Samen, Schwangerschaft und
                    Durcheinandertreiben.
Feuchtigkeiten ein lauter Rausch.
Ein Kind! O ja, ein Kind!
Aber woher nehmen und nicht – sich schämen.
Mir träumte einmal, eine junge Birke
Schenkte mir einen Sohn. –
Oh, welch ein Abend! Ein Veilchenlied des Himmels
Den jungen Rosenschössen hingesungen.
Oh, durch die Nächte schluchzt bis an die Sterne
Mein Männerblut. –

V

Vor einem Kornfeld sagte einer:
Die Treue und Märchenhaftigkeit der Kornblumen
Ist ein hübsches Malmotiv für Damen.
Da lobe ich mir den tiefen Alt des Mohns.
Da denkt man an Blutfladen und Menstruation.
An Not, Röcheln, Hungern und Verrecken –
Kurz: an des Mannes dunklen Weg. –

Gesänge

1.

Oh, dass wir unsre Ur-ur-ahnen wären.
Ein Klümpchen Schleim in einem warmen Moor.
Leben und Tod, Befruchten und Gebären
Glitte aus unseren stummen Säften vor.

Ein Algenblatt oder ein Dünenhügel:
Vom Wind geformtes und nach unten schwer.
Schon ein Libellenkopf, ein Möwenflügel
Wäre zu weit und litte schon zu sehr. –

2.

Verächtlich sind die Liebenden, die Spötter,
Alles Verzweifeln, Sehnsucht und wer hofft.
Wir sind so schmerzliche, durchseuchte Götter. –
Und dennoch denken wir des Gottes oft.

Die weiche Bucht. Die dunklen Wälderträume.
Die Sterne schneeballblütengross und schwer.
Die Panther springen lautlos durch die Bäume.
Alles ist Ufer. Ewig ruft das Meer. –

VII

Da fiel uns Ikarus vor die Füsse:
Schrie: treibt Gattung, Kinder!
Rein ins schlechtgelüftete Thermopylä! –
Warf uns einen seiner Unterschenkel hinterher.
Schlug um, war alle. –

VIII
Drohungen

Aber wisse:
Ich lebe Tiertage. Ich bin eine Wasserstunde.
Des Abends schläfert mein Lid wie Wald und Himmel.
Meine Liebe weiß nur wenig Worte:

Es ist so schön an deinem Blut. –

Mein königlicher Becher!
Meine schweifende Hyäne!
Komm in meine Höhle. Wir wollen helle Haut sein.
Bis der Zedernschatten über die kleine Eidechse lief:
Du – Glück –

Ich bin Affen-Adam. Rosen blühn in mein Haar.
Meine Vorderflossen sind schon lang und haarig.
Baumast-lüstern. An den starken Daumen
Kann man tagelang herunterhängen. –

Ich treibe Tierliebe.
In der ersten Nacht ist alles entschieden.
Man faßt mit den Zähnen, wonach man sich sehnt.
Hyänen, Tiger, Geier sind mein Wappen. –

Nun fährst du über Wasser. Selbst so segelhaft.
Blondhäutig. Kühles Spiel.
Doch bitterrot, das Blut darin ist tot,
Ein Spalt voll Schreie ist dein Mund.
Du, daß wir nicht an einem Ufer landen!
Du machst mir Liebe: blutigelhaft:
Ich will von dir. –

Du bist Ruth. Du hast Ähren an deinem Hut.
Dein Nacken ist braun von Makkabäerblut.
Deine Stirn ist fliehend: Du sahst so lange
Über die Mandeln nach Boas aus.
Du trägst sie wie ein Meer, daß nichts Vergossenes
Im Spiel die Erde netzt.

Nun rüste einen Blick durch deine Lider:

Sieh: Abgrund über tausend Sternen naht.
Sieh: Schlund, in den du es ergießen sollst.
Sieh: Ich. –

Der Räuber – Schiller

Ich bringe Pest. Ich bin Gestank.
Vom Rand der Erde komm ich her.
Mir läuft manchmal im Maule was zusammen,
Wenn ich das speie, zischten noch die Sterne
Und hier ersöffe das ganze feige
Pietzengeschlabber und Abel-Blut.

Weil meine Mutter weint? Weil meinem Vater
Das Haar vergreist? Ich schreie:
Ihr grauer Schlaf! Ihr ausgeborenen Schluchten!
Bald sä'n euch ein paar Handvoll Erde zu.
Mir aber rauscht die Stirn wie Wolken Flug.

Das bißchen Seuche
Aus Hurenschleim in mein Blut gesickert?
Ein Bröckel Tod stinkt immer aus der Erde –
Pfeif drauf! Wisch ihm eins! Pah!

X
Das Affenlied

Ihr Spiel Gottes! Himmel sind die Schatten
Der großen Wälder um euer Fell.
Schlaf, Fraß und Liebe reift still auf eurem
Blut-Sommerland. Ihr seligen Mäher! –

Ein schmerzlicher Auswuchs,
Von irgend einer Seuche aufgetrieben
Aus eurem kleinen, runden, furchenlosen
Leib – Gehirnchen, ist unsere Seele.

Du liebes Blut! Von meinem kaum getrennt!
Tauschbar. Durchrausche mich noch einen Tag!
Sieh: Stunden, frühere, ausgelebte,
Da wir noch reif am Ufer hockten:
Da ist das Meer und da die Erde –
Seht diese ausgelebten Stunden,
O diese Landungen aller Sehnsucht
Lagern um euch!

Madonna

Gib mich noch nicht zurück.
Ich bin so hingesunken
An dich. Und bin so trunken
Von dir. Oh! Glück!

Die Welt ist tot. Der Himmel singt
Hingestreckt an die Ströme der Sterne
Hell und reif. Alles klingt
In mein Herz.

Tieferlöst und schöngeworden
Singt das Raubpack meines Blutes
Hallelujah.

XII
Über Gräber –

Das schuftete und bakte nachts, gekrochen
Auf schlechtes Fleisch, nach alter Bäckerart.
Schließlich zerbrach das Schwein ihm doch die Knochen.
Das Fell wird ranzig und hat ausgepaart.

Wir aber wehn: ägäisch sind die Fluten.
O was in Lauben unseres Fleischs geschah!
Verwirrt in Haar, in Meer. Die Brüste bluten
Vor Tanz, vor Sommer, Strand und Ithaka.

Englisches Café

Das ganze schmalschuhige Raubpack,
Russinnen, Jüdinnen, tote Völker, ferne Küsten
Schleicht durch die Frühjahrsnacht. –

Die Geigen grünen. Mai ist um die Harfe.
Die Palmen röten sich. Im Wüstenwind. –

Rahel, die schmale Golduhr am Gelenk:
Geschlecht behütend und Gehirn bedrohend:
Feindin! Doch deine Hand ist eine Erde:
Süssbraun, fast ewig, überweht vom Schoss. –

Freundlicher Ohrring kommt. In Charme d'orsay.
Die hellen Osterblumen sind so schön:
Breitmäulig gelb, mit Wiese an den Füssen. –

O Blond! O Sommer dieses Nackens! O
Diese jasmindurchseuchte Ellenbeuge!
O, ich bin gut zu dir. Ich streichle
Dir deine Schultern. Du, wir reisen:
Tyrrhenisches Meer. Ein frevelhaftes Blau.
Die Dorertempel. In Rosenschwangerschaft
Die Ebenen. Felder
Sterben den Asphodelentod. –

Lippen, verschwärmt und tief gefüllt wie Becher,
Als zögerte das Blut des süssen Orts,
Rauschen durch eines Mundes ersten Herbst. –

O wehe Stirn! Du Kranke, tief im Flor
Der dunklen Brauen! Lächle, werde hell:
Die Geigen schimmern einen Regenbogen. –

Kur-Konzert

Über Krüppel und Badeproleten,
Sonnenschirme, Schoßhunde, Boas,
Über das Herbstmeer und das Grieg-lied:
Ob Iris kommt?

Sie friert. Der kleine graue Stock in ihrer Hand
Friert mit. Wird klein. Will tiefer in die Hand.

Die Glockenblumen in den Shawl gebunden,
Das weiße Kreuz aus Scheitel und aus Zähnen
Liegt, wenn du lachst, so süß in deinem Braun!

Du steiles, weißes Land! O Marmorlicht!
Du rauschst so an mein Blut. Du helle Bucht!

Die große Müdigkeit der Schulterblätter!
Die Zärtlichkeit des Rockes um ihr Knie!
Du rosa Staub! Du Ufer mit Libellen!
Du, von den Flächen einer Schale steigend.
Im Veilchenschurz. Von Brüsten laut umblüht!

O Herbst und Heimkehr über diesem Meer!
Die Gärten sinken um. Machtloser grauer Strand.
Kein Boot, kein Segel geht.
Wer nimmt mich winters auf?!

Aus soviel Fernen zusammengeweht,
Auf soviel Sternen neugeboren
Bis vor dies Ufer: – Iris geht.

Untergrundbahn

Die weichen Schauer. Blütenfrühe. Wie
Aus warmen Fellen kommt es aus den Wäldern.
Ein Rot schwärmt auf. Das große Blut steigt an.

Durch all den Frühling kommt die fremde Frau.
Der Strumpf am Spann ist da. Doch wo er endet,
Ist weit von mir. Ich schluchze auf der Schwelle:
Laues geblühe. Fremde Feuchtigkeiten.

O wie ihr Mund die laue Luft verpraßt!
Du Rosen-hirn, Meer-blut, du Höherzwielicht,
Du Erdenbeet, wie strömen deine Hüften
So kühl den Hauch hervor, in dem du gehst!

Dunkel: nun lebt es unter ihren Kleidern:
Nur weißes Tier. Gelöst und stummer Duft.

Ein armer Hirnhund. Schwer mit Gott behangen.
Ich bin der Stirn so satt. O ein Gerüste
Von Blütenkolben löste sanft sie ab
Und schwellte mit und schauerte und triefte.

So losgelöst. So müde. Ich will wandern.
Blutlos die Wege. Lieder aus den Gärten.
Schatten und Sintflut. Fernes Glück: ein Sterben
Hin in des Meers erlösend tiefes Blau.

Nachtcafé

Und dennoch hab' ich harter Mann,
Blöken drei blaugraue Zahnstummel
Aus ihrer muffigen Höhle mit.
Und dennoch schlug die Liebe mir,
Wölben sich zwei Hurenschnauzen vor. –

Matchiche:
Ida paßt ihre Formen der Musik an.
Buchtet sich ein und aus.
Wirft sich aus ganz ebenen Stellen auf:
»Mensch, Ida, Du hast woll een Gelenk zu ville.« –

Ein Provinziale ertrinkt in einer Minettschnauze:
Nimm mich hin. Ich will versinken.
Laß mich sterben. Gebäre mich. –

Söhne

I.
Der junge Hebbel

Ihr schnitzt und bildet: den gelenken Meißel
in einer feinen weichen Hand.
Ich schlage mit der Stirn am Marmorblock
die Form heraus.
Meine Hände schaffen ums Brot.

Ich bin mir noch sehr fern.
Aber ich will Ich werden!
Ich trage einen tief im Blut,
der schreit nach seinen selbsterschaffenen
Götterhimmeln und Menschenerden. –

Meine Mutter ist eine so arme Frau,
daß ihr lachen würdet, wenn ihr sie sähet.
Wir wohnen in einer engen Bucht,
ausgebaut an des Dorfes Ende.
Meine Jugend ist mir wie ein Schorf:
eine Wunde darunter.
Da sickert täglich Blut hervor.
Davon bin ich so entstellt. –

Schlaf brauche ich keinen.
Essen nur soviel, daß ich nicht verrecke!
Unerbittlich ist der Kampf
und die Welt starrt von Schwertspitzen.
Jede hungert nach meinem Herzen.
Jede muß ich, Waffenloser,
in meinem Blut zerschmelzen.

II.

Wir gerieten in ein Mohnfeld,
überall schrien Ziegelsteine herum:
Baut uns mit in den Turm des Feuers
für alles, was vor Göttern kniet.

Zehn nackte, rote Heiden tanzten um den Bau
                             und blökten
dem Tod ein Affenlied:
Du zerspritzt nur den Dreck einer Pfütze
und trittst einen Wurmhügel nieder, wenn du
                            uns zertrittst,
wir sind und wollen nichts sein als Dreck.
Man hat uns belogen und betrogen
mit Gotteskindschaft, Sinn und Zweck
und dich der Sünde Sold genannt.
Uns bist du der lockende Regenbogen
über die Gipfel der Glücke gespannt. –

III.

Ein Trupp hergelaufener Söhne schrie:

Bewacht, gefesselt des Kindes Glieder schon
durch Liebe, die nur Furcht war;
waffenunkundig gemacht,
und zu befreien,
sind wir Hasser geworden,
erlösungslos.

Als wir blutfeucht zur Welt kamen,
waren wir mehr als jetzt.
Jetzt haben Sorgen und Gebete
beschnitten uns und klein gemacht.

Wir leben klein.
Wir wollen klein.
Und unser Fühlen frißt wie zahmes Vieh
dem Willen aus der Hand.

Aber zu Zeiten klaftern Wünsche,
in unserem frühesten Blut erstarkt,
ihre Flügel adlerhaft,
als wollten sie einen Flug wagen
aus der Erde Schatten.
Doch die Mutter der Sorgen und Gebete,
die Erde, euch verbündet,
läßt sie nicht von ihrem alten faltigen Leib.

Aber ich will mein eigenes Blut.
Ich dulde keine Götter neben mir.
Heißt: Sohn sein: sich höhnen lassen von seinem Blut:
Feiger Herr, feiger Herr!
Purpurgeschleiert steht meine Schönheit
Tag und Nacht für dich.
Was zitterst du?
Ich übte mir flinke Sehnen an
für deine Wünsche,
o gieb sie mir!
Laß mich tanzen!
Fege meinen Saal.

Gelbe speichelnde Gerippe
weißhaarigen, griesgrämigen Bluts
drohen mir.
Ich aber will tanzen
durch dich
schleierlos
dein Blut. –

IV.

Don Juan gesellte sich zu uns:
Frühling: Samen, Schwangerschaft und Durcheinander-
                                                treiben.
Feuchtigkeiten ein lauter Rausch.
Ein Kind! O ja, ein Kind!
Aber woher nehmen und nicht – sich schämen.
Mir träumte einmal, eine junge Birke
schenkte mir einen Sohn. –
Oh, welch ein Abend! Ein Veilchenlied des Himmels
den jungen Rosenschößen hingesungen.
Oh, durch die Nächte schluchzt bis an die Sterne
mein Männerblut. –

v.

Vor einem Kornfeld sagte einer:
Die Treue und Märchenhaftigkeit der Kornblumen
ist ein hübsches Malmotiv für Damen.
Da lobe ich mir den tiefen Alt des Mohns.
Da denkt man an Blutfladen und Menstruation.
An Not, Röcheln, Hungern und Verrecken –
Kurz: an des Mannes dunklen Weg. –

VI.
Mutter

Ich trage dich wie eine Wunde
auf meiner Stirn, die sich nicht schließt.
Sie schmerzt nicht immer. Und es fließt
das Herz sich nicht draus tot.

Nur manchmal plötzlich bin ich blind und spüre
Blut im Munde.

VII.
Drohung

Aber wisse:
Ich lebe Tiertage. Ich bin eine Wasserstunde.
Des Abends schläfert mein Lid wie Wald und Himmel.
Meine Liebe weiß nur wenig Worte:
Es ist so schön an deinem Blut.

VIII.

Ein Mann spricht:

Hier ist kein Trost. Sieh, wie das Land
auch aus seinen Fiebern erwacht.
Kaum ein paar Dahlien glänzen noch. Es liegt verwüstet
wie nach einer Reiterschlacht.
Ich höre Aufbruch in meinem Blut.
Du, meine Augen trinken schon
sehr die Bläue der fernen Hügel.
An meine Schläfen streift es schon.

IX.
Räuber-Schiller

Ich bringe Pest. Ich bin Gestank.
Vom Rand der Erde komm ich her.
Mir läuft manchmal im Maule was zusammen,
wenn ich das speie, zischten noch die Sterne
und hier ersöffe das ganze feige
Pietzengeschlabber und Abel-Blut.

Weil meine Mutter weint? Weil meinem Vater
das Haar vergreist? Ich schreie:
Ihr grauer Schlaf! Ihr ausgeborenen Schluchten!
Bald sä'n euch ein paar Handvoll Erde zu.
Mir aber rauscht die Stirn wie Wolken-Flug.

Das bißchen Seuche
aus Hurenschleim in mein Blut gesickert?
Ein Bröckel Tod stinkt immer aus der Ecke –
pfeif drauf! Wisch ihm eins! Pah!

X.
Madonna

Gib mich noch nicht zurück!
Ich bin so hin gesunken
an dich. Und bin so trunken
von dir. O Glück!

Die Welt ist tot. Der Himmel singt
hingestreckt an die Ströme der Sterne
hell und reif. Alles klingt
in mein Herz.

Tieferlöst und schön geworden
singt das Raubvolk meines Blutes
Hallelujah!

Hier ist kein Trost

Keiner wird mein Wegrand sein.
Laß deine Blüten nur verblühen.
Mein Weg flutet und geht allein.

Zwei Hände sind eine zu kleine Schale.
Ein Herz ist ein zu kleiner Hügel,
um dran zu ruhn.
Du, ich lebe immer am Strand
und unter dem Blütenfall des Meeres,
Ägypten liegt vor meinem Herzen,
Asien dämmert auf.

Mein einer Arm liegt immer im Feuer.
Mein Blut ist Asche. Ich schluchze immer
vorbei an Brüsten und Gebeinen
den tyrrhenischen Inseln zu:

Dämmert ein Tal mit weißen Pappeln
ein Ilyssos mit Wiesenufern
Eden und Adam und eine Erde
aus Nihilismus und Musik. –

Schnellzug

Das Gleitende, das in den Fenstern steht!
Von meinen Schultern blättern die Gefilde,
die Lauben und die zugewachsenen Dörfer;
verschollene Mütter; das ganze Land
ein Grab voll Väter: – nun sind die Söhne groß
und prunken mit der roten Götterstirne,
nackt und im Taumel des entbundenen Bluts. –

Das Schwärende schickt kranke Stimmen hoch:
Wo grenzten wir ans Glück? Wir kleine Forst,
kein Adler und kein Wild! Armseliges
Geblühe färbt sich matt in unsere Flur. –

Aufschreit das Herz: O Haar! Du Dagmar-blond!
Du Nest! Du tröstende erblühte Hand!
Die weiten Felder der Verlassenheit!
Das Rot der Ebereschen hat schon Blut.
O sei bei mir! Es schweigt so aus den Gärten. –

Doch Gleitendes, das in dem Fenster steht:
Von meinen Schultern blättern die Gefilde,
Väter und Hügelgram und Hügelglück –:
Die Söhne wurden groß. Die Söhne gehn
nackt und im Grame des entbundenen Blutes,
die Stirn aufrötet fern ein Abgrund-glück.

Blumen

I.

Im Zimmer des Pfarrherrn
zwischen Kreuzen und Christussen,
Jerusalemhölzern und Golgathakränzen
rauscht ein Rosenstrauß glückselig über die Ufer:
Wir dürfen ganz in Glück vergehn.
In unserm Blute ist kein Dorn.
Oktobertiere rechts und links:
Wir makellose,
wir letzte
Julibrut. –

II.

Ein See, vom grauen Blute
des Herbstes ganz vergiftet,
machte mich mit krank.

Vergrämt empfing das Ufer,
glückleer und laubbeworfen,
wie Gräbererde meinen Schritt.

Dann kam in einem Park ein Beet:
das überblühte das ganze Elend,
den See, die Wolken und den Sturm im Garten

und schrie: Ich bin ganz unvernichtbar!
Ich versenge dem Tod seine kalte Fratze.
Hei! Wie alles Rote, Glut und Flammenhafte
aus meinen Schenkeln hurt!
Grüß Gott!

Finish

I

Das Speiglas – den Ausbrüchen
So großer grüner warmer Flüsse
Nicht im Entferntesten gewachsen –
Schlug endlich nieder.
Der Mund fiel hinterher. Hing tief. Sog
Schluckweis Erbrochenes zurück. Enttäuschte
Jedes Vertrauen. Gab Stein statt Brot
Dem atemlosen Blut.

II

Der kleine Klumpen roch wie ein Hühnerstall,
Schlug hin und her. Wuchs. Ward still.

Die Enkelin spielte das alte Spiel:
Wenn Großmutter schläft:
Um die Schlüsselbeine war es so eingesunken,
Daß sie Bohnen drin versteckte.
In die Kehle paßte sogar ein Ball,
Wenn man den Staub rausblies.

III

Es handelte sich für ihn um einen Spucknapf
                              mit Pflaumenkernen.
Da kroch er hin und biß die Steine auf.
Man warf ihn zurück in sein Kastenbett,
Und er wühlte sich in seine Streu.

Gegen Abend kam der Oberwärter
Und schnauzte die Wächter an:
Ihr verdammten Faultiere,
Warum ist der Kasten noch nicht aufgeräumt?

IV

Seit Wochen hielten ihr ihre Kinder,
Wenn sie aus der Schule zurückgekommen waren,
Den Kopf in die Höhe:
Dann ging etwas Luft durch und sie konnte schlafen.

Dabei bückte sich eines einmal unversehens
Und der Kopf fiel ihm aus den Händen.
Schlug um. Hing über die Schultern
Tiefblau.

V

Requiem:

Ein Sarg kriegt Arbeit und ein Bett wird leer.
Wenn mans bedenkt: ein paar verlorene Stunden
Haben nun in die stille Nacht gefunden
Und wehen mit den Wolken hin und her.

Wie weiß sie sind! Die Lippen auch. Wie Garben
Aus Schnee. O Saum vom großen Winterland
Tröstenden Schnees: erlöst vom Trug der Farben,
Hügel und Tal in einer flachen Hand,

Nähe und Ferne eins und ausgeglichen.
Wir Flocken wehn ins Feld, dann noch ein Stück,
Dann ist der letzte Funken Welt verblichen.
O kaum zu denken! Dieses ferne Glück!

VI

Über die Gräber:

Das schuftete und backte nachts gebrochen
Auf schlechtes Fleisch nach alter Bäckerart.
Schließlich zerbrach das Schwein ihm doch die Knochen,
Das Fett wird ranzig und hat ausgepaart.

Wir aber wehn. Ägäisch sind die Fluten.
O was in Lauben unseres Fleisch's geschah!
Verwirrt in Haar, in Meer, die Brüste bluten
Vor Tanz, vor Sommer, Strand und Ithaka.

Nachtcafé

Ein Medaillon des Mittelstandes staunt
Von Fett umträumt das Kinn: da bist du ja.
Dem Manne rutscht das Auge hin und her.

Ein Schnäuzchen schmiert ein Lachen in die Luft:
Ick habe schon gehabt. Ob du noch kommst,
Ick kann mir doch mein Brot mit Schinken kofen.

Besambar sitzt an jedem Tisch mit Federn
Am Hut und stellt das Bein, saugt die Hüften
Samenschwers immer heißer in den Schoß.

Ein Lied wölbt eine Kuppel in die Decke
Aus Glas: Die kalte Nacht verwölkt die Sterne.
Der Mond verirrt sein Gold in diesen Gram.

Nachtcafé I

Es lohnt kaum den Kakau. Dann schiebt man ein
Und stürzt: ich bin an Gottes Saum hervor;
Liebst du mich auch? Ich war so sehr allein.

Das Weserlied erregt die Sau gemütlich.
Die Lippen weinen mit. Den Strom herunter.
Das süße Tal! Da sitzt sie mit der Laute.

Der Ober rudert mit den Schlummerpünschen.
Er schwimmt sich frei. Fleischlaub und Hurenherbste,
Ein welker Streif. Fett furcht sich. Gruben röhren:
Das Fleisch ist flüssig; gieß es, wie du willst,
Um dich.
Ein Spalt voll Schreie unser Mund. –

Nachtcafé II

Er gibt in weichem Ton von der Verwandtschaft,
Von Städten, wo er war – das reicht fürs Knie.
Quer stößt den Stummelstrauß der Gaumen vor.

Der Bürgerpfuhl tritt auf die Bänke aus:
Pack, Pickel, Ehe, Bärte und Medaillen:
Viele vier Liter Blut, von denen dreie
Am Darm sich mästen: und der vierte
Strotzt am Geschlecht.

Die Hure To entkleidet eine Hand:
Weich, wie aus Fleisch vom Schoß, angelehnt,
Wo sich die Lust befühlt. –

Marie

Du Vollweib!
Deine Maße sind normal,
Jedes Kind kann durch dein Becken.
Breithingelagert
Empfähest du bis in die Stirn
Und gehst. –

Ikarus

I.

O Mittag, der mit heißem Heu mein Hirn
Zu Wiese, flachem Land und Hirten schwächt,
Daß ich hinrinne und, den Arm im Bach,
Den Mohn an meine Schläfe ziehe –
O Du Weithingewölbter, enthirne doch
Stillflügelnd über Fluch und Gram
Des Werdens und Geschehns
Mein Auge.

Noch durch Geröll der Halde, noch durch Land-aas,
Verstaubendes, durch bettelhaft Gezack
Der Felsen – überall
Verwehn der Sonne, überall
Das tiefe Mutterblut, die strömende
Entstirnte
Matte
Getragenheit.

Das Tier lebt Tag um Tag
Und hat an seinem Euter kein Erinnern.
Der Hang schweigt seine Blume in das Licht
Und wird zerstört.

Nur ich, mit Wächter zwischen Blut und Pranke,
Ein hirnzerfressenes Aas, mit Flüchen
Im Nichts zergellend, bespien mit Worten,
Veräfft vom Licht –

O Du Weithingewölbter,
Träuf meinen Augen eine Stunde
Des guten frühen Voraugenlichts –
Schmilz hin den Trug der Farben! Schwinge
Die kotbedrängten Höhlen in das Rauschen
Gebäumter Sonnen, Sturz der Sonnen-sonnen,
O aller Sonnen ewiges Gefälle. –

II.

Das Hirn frißt Staub. Die Füße fressen Staub.
Wäre das Auge rund und abgeschlossen,
Dann bräche durch die Lider süße Nacht,
Gebüsch und Liebe.

Aus Dir, Du süßes Tierisches,
Aus euern Schatten, Schlaf und Haar,
Muß ich mein Hirn besteigen,
Alle Windungen,
Das letzte Zwiegespräch. –

III.

So sehr am Strand, so sehr schon in der Barke –
Im krokosfarbnen Kleide der Geweihten
Und um die Glieder schon den leichten Flaum –

Ausrauschst Du aus den Falten, Sonne,
Allnächtlich Welten in den Raum –
O eine der vergeßlich hingesprühten
Mit junger Glut die Schläfe mir zerschmelzend
Auftrinkend das entstirnte Blut –

Karyatide

Entrücke dich dem Stein! Zerbirst
Die Höhle, die dich knechtet! Rausche
Doch in die Flur, verhöhne die Gesimse ‒‒:
Sieh: durch den Bart des trunkenen Silen
Aus seinem ewig überrauschten
Lauten einmaligen durchdröhnten Blut
Träuft Wein in seine Scham.

Bespei die Säulensucht: toderschlagene
Greisige Hände bebten sie
Verhangnen Himmeln zu. Stürze
Die Tempel vor die Sehnsucht deines Knies,
In dem der Tanz begehrt.

Breite dich hin. Zerblühe dich. O, blute
Dein weiches Beet aus großen Wunden hin:
Sieh, Venus mit den Tauben gürtet
Sich Rosen um der Hüften Liebestor –
Sieh' dieses Sommers letzten blauen Hauch
Auf Astermeeren an die fernen
Baumbraunen Ufer treiben, tagen
Sieh' diese letzte Glück-Lügenstunde
Unserer Südlichkeit,
Hochgewölbt.

Reise

O, dieses Lichts! Die Insel kränzt
Sternblaue Wasser um sich her.
Am Saum gestillt, zu Strand ergänzt,
Und sättigt täglich sich am Meer.
Es muß nichts zu einander hin.
Die Alke, das gelappte Laub
Erfüllen sich; es liegt ihr Sinn
Im Mittelpunkt, den Nichts beraubt.
Auch ich zu: braun! Ich zu: besonnt!
Zu Flachem, das sich selbst benennt!
Das Auge tief am Horizont,
Der keine Vertikale kennt.
Schon schwindet der Verknüpfungsdrang.
Schon löst sich das Bezugssystem.
Und unter dunklem Haut-Gesang
Erhebt sich Blut-Methusalem.

Aufblick

Heimstrom quillt auf zu Hunger und Geschlecht.
O Mühlenglück! O Abhang! Glutgefälle
Stürmt noch die alte Sonne; schon verhöhnt
Neu-feuer sie und um Andromeda
Der frische Nebel schon,
O Wander-Welt!

Vermetzung an die Dinge: Nacht-liebe, Wiesenakt:
Ich: lagernd, bestoßen, das Gesicht voll Sterne,
Aus Pranken-Ansprung, Zermalmungsschauer
Blaut küstenhaft wie Bucht das Blut
Mir Egge, Dolch und Hörner.

Noch Weg kausalt sich höckrig durch die Häuser
Des immanenten Packs, mit Fratzen
Des Raums bestanden, drohend
Unendlichkeit.
Mir aber glüht sich Morgenlicht
Entraumter Räume um das Knie,
Ein Hirtengang eichhörnchent in das Laub,
Euklid am Meere singt zur Dreiecksflöte:
O Rosenholz! Vergang! Amati-cello!

Kretische Vase

Du, die Lippe voll Weingeruch,
Blauer Ton-Zaun, Rosen-Rotte,
Um den Zug mykenischen Lichts,
Un-geräte, Tränke-Sehnsucht
Weit verweht.

Lockerungen. Es vollzieht sich
Freigebärung. Lose leuchtend
Tiere, Felsen; Hell-Entzwecktes:
Veilchenstreifen, laue Schädel,
Wiesenblütig.

Welle gegen Starr und Stirn,
Glüher tiefer Bachanale
Gegen die Vernichtungsmale:
Aufwuchs und Bewußtseinshirn –
Spüle, stäube! Knabenhände,
Läuferglieder, raumumschlungen,
Stranden Dich zu Krug und Hang,
Wenn bei Fischkopf, Zwiebel, Flöten
Leda-Feste rosenröten
Paarung, Fläche, Niedergang. –

O, Nacht –:

O, Nacht! Ich nahm schon Kokain,
Und Blutverteilung ist im Gange.
Das Haar wird grau, die Jahre flieh'n,
Ich muß, ich muß im Überschwange
Noch einmal vorm Vergängnis blühn.

O, Nacht! Ich will ja nicht so viel.
Ein kleines Stück Zusammenballung,
Ein Abendnebel, eine Wallung
Von Raumverdrang, von Ichgefühl.

Tastkörperchen, Rotzellensaum
Ein Hin und Her, und mit Gerüchen;
Zerfetzt von Worte-Wolkenbrüchen –:
Zu tief im Hirn, zu schmal im Traum.

Die Steine flügeln an die Erde.
Nach kleinen Schatten schnappt der Fisch.
Nur tückisch durch das Ding-Gewerde
Taumelt der Schädel-Flederwisch.

O, Nacht! Ich mag Dich kaum bemühn!
Ein kleines Stück nur, eine Spange
Von Ichgefühl – im Überschwange
Noch einmal vorm Vergängnis blühn!

O, Nacht, o leih mir Stirn und Haar,
Verfließ Dich um das Tag-verblühte!
Sei, die mich aus der Nervenmythe
Zu Kelch und Krone heimgebar.

O, still! Ich spüre kleines Rammeln:
Es sternt mich an – Es ist kein Spott –:
Gesicht, ich: mich, einsamen Gott,
Sich groß um einen Donner sammeln.

Durch's Erlenholz kam sie entlang gestrichen – – –

Die Schnepfe nämlich, – erzählte der Pfarrer. –:
Da traten kahle Äste gegen die Luft: ehern.
Ein Himmel blaute: unbedenkbar. Die Schulter
                    mit der Büchse,
Des Pfarrers Spannung, der kleine Hund,
Selbst Treiber, die dem Herrn die Freude gönnten:
Unerschütterlich.
Dann weltumgoldet: der Schuß:
Einbeziehung vieler Vorgänge,
Erwägen von Möglichkeiten,
Bedenkung physikalischer Verhältnisse,
Einschließlich Parabel und Geschoßgarbe,
Luftdichte, Barometerstand, Isobaren – –
Aber durch alles hindurch: die Sicherstellung,
Die Ausschaltung des Fraglichen,
Die Zusammenraffung,
Eine Pranke in den Nacken der Erkenntnis,
Blutüberströmt zuckt ihr Plunder
Unter dem Begriff: Schnepfenjagd.

Da verschied Copernikus. Kein Newton mehr.
                    – Kein drittes Wärmegesetz –
Eine kleine Stadt dämmert auf: Kellergeruch,
                    Konditorjungen,
Bedürfnisanstalt mit Wartefrau,
Das Handtuch über den Sitz wischend
Zum Zweck der öffentlichen Gesundheitspflege;
Ein Büro, ein junger Registrator
Mit Ärmelschutz, mit Frühstücksbrödchen
Den Brief der Patentante lesend. –

Der Arzt

I

Mir klebt die süße Leiblichkeit
Wie ein Belag am Gaumensaum.
Was je an Saft und mürbem Fleisch
Um Kalkknochen schlotterte,
Dünstet mit Milch und Schweiß in meine Nase.
Ich weiß, wie Huren und Madonnen riechen
Nach einem Gang und morgens beim Erwachen
Und zu Gezeiten ihres Bluts –
Und Herren kommen in mein Sprechzimmer,
Denen ist das Geschlecht zugewachsen:
Die Frau denkt, sie wird befruchtet
Und aufgeworfen zu einem Gotteshügel;
Aber der Mann ist vernarbt;
Sein Gehirn wildert über einer Nebelsteppe,
Und lautlos fällt sein Samen ein.
Ich lebe vor dem Leib: und in der Mitte
Klebt überall die Scham. Dahin wittert
Der Schädel auch. Ich ahne: einst
Werden die Spalte und der Stoß
Zum Himmel klaffen von der Stirn.

II

Die Krone der Schöpfung, das Schwein, der Mensch –:
Geht doch mit anderen Tieren um!:
Mit siebzehn Jahren Filzläuse,
Zwischen üblen Schnauzen hin und her,
Darmkrankheiten und Alimente,
Weiber und Infusorien,
Mit vierzig fängt die Blase an zu laufen –:
Meint ihr, um solch Geknolle wuchs die Erde
Von Sonne bis zum Mond –? Was kläfft ihr denn?
Ihr sprecht von Seele – Was ist eure Seele?
Verkackt die Greisin Nacht für Nacht ihr Bett –
Schmiert sich der Greis die mürben Schenkel zu,
Und Ihr reicht Fraß, es in den Darm zu lümmeln,
Meint Ihr, die Sterne samten ab vor Glück...?
Äh! Aus erkaltendem Gedärm
Spie Erde wie aus anderen Löchern Feuer,
Eine Schnauze Blut empor –:
Das torkelt
Den Abwärtsbogen
Selbstgefällig in den Schatten.

Mit Pickeln in der Haut und faulen Zähnen
Paart das sich in ein Bett und drängt zusammen
Und säet Samen in des Fleisches Furchen
Und fühlt sich Gott bei Göttin. Und die Frucht – ? –:
Das wird sehr häufig schon verquiemt geboren:
Mit Beuteln auf dem Rücken, Rachenspalten,
Schieläugig, hodenlos, in breite Brüche
Entschlüpft die Därme –; aber selbst was heil
Endlich ans Licht quillt ist nicht eben viel,
Und durch die Löcher tropft die Erde:
Spaziergang –: Föten, Gattungspack –:
Ergangen wird sich. Hingesetzt. –
Finger wird berochen.
Rosine aus dem Zahn geholt.
Die Goldfischchen – !!!–!:
Erhebung! Aufstieg! Weserlied!
Das Allgemeine wird gestreift. Gott
Als Käseglocke auf die Scham gestülpt –:
Der gute Hirte – !!.–.– Allgemeingefühl! –:
Und abends springt der Bock die Zibbe an.

Fleisch

Leichen
Eine legt die Hand ans Ohr:
Wat bibberste? Uff meinen heizbaren Sektionstisch?
Von wegen Fettschwund und biblisches Alter??
'ne Kinderleiche kriegste ins Gesicht!
Gichtknoten und ausgefranste Zähne
ziehn hier nicht!!
Bleib man ruhig aufs Eis liegen! –

Es entsteht Streit.
Eine Schwangere blökt. Der Mann schreit:
Weil dir jetzt der Nabel so weit nach vorne steht?
Weil ick dir mal die Ritze verkleistert habe??
Mensch, wat geht mir mein Geschlechtsorgan an!
Jeder macht seins. –

Alle schreien: Sehr, sehr richtig!
Brecht aus! Beißt um euch! Peitscht die Weiber!
Das dicke Pack! Neun Monat lang
bemurkst es einen Zeitvertreiber,
den sich der Mann zum Frühstück sang.

Wer denkt an so verlorene Fernen?
Wer weiß noch Flasche, Glas und Rum?
Man war schon wieder in den Sternen,
wuchs sich entzwei, gebar sich um.

(stürzen an die Kellerfenster und schreien auf die
                                    Straße:)
Brecht aus und laßt die Krüppel mähen!
O strömt euch aus! O blüht euch leer!
Denkt: Ithaka: Die Tempel wehen
Marmorschauer von Meer zu Meer. –

Denkt uns: geknechtet und gekrochen,
Spürhund nach Gott, und klein und krumm:
und nun: die Demut aufgebrochen:
stinkt auch als saures Aas herum. –

Ein Mann tritt auf:

Zerstoßt das Grau des Himmels! Tretet den Norden ein!
Verkommt! Verludert! Wer wüßte eine Zukunft?
Sät nicht mehr in die Furchen, die es halten.
Verderbt den Samen! Bohrt euch selber Kuhlen!
Zeugt in euch selbst!

Wer wüßte eine Zukunft?
Das Gehirn ist ein Irrweg. Stein fühlt auch das Tier.
Stein ist. Doch was ist außer Stein? Worte! Geplärr!
(langt sich sein Gehirn herunter)
Ich speie auf mein Denkzentrum.
Worte haben wir hervorgehurt.
Mich ekelt die Blutschande.

Zerstoßt das Grau des Himmels! Tretet den Norden ein!
Verlöscht die Sonne, macht die Erde eckig:
ihr oder sie.

Einst war das Meer im Gang. Die Wiesen riefen.
Schlaf überhing wie Fell verblühtes Blut –
die Tiere haben uns an Gott verraten –
vernäht die Lider, saugt die Schädel aus,
rasiert am Hals herum ... steckt Sträuße rein ...
denkt am Gesäß ... – O Traum:
bunt, wild, tieferlöst
heimgekehrt an das Rückenmark –

(ein Mann klopft ihm auf die Schulter)

Aber Mensch, beruhigen Sie sich doch!
Hier, ziehn Sie sich Ihre Hausschuh an
und nun kommen Sie mit
zu meinem Bestattungskümmel. –

Eine Kinderstimme:

Ach lieber, lieber Herr Leichendiener,
noch nicht in den dunklen Sarg!
Ach erst den alten Mann! Noch diesen Streifen Licht!
So gänzlich fort –
so nimmermehr. –
Ach binden Sie mir die Augen zu. –

Geschrei:

Du olle schofle Bürgerhausleiche,
lehn dir nich an meinen Sarkophag!
Jutet Kiefernholz tut et ooch,
und wenn'ste eher rein kriechst als ick,
wer' ick dir eenen Goldnagel
in't Koppende schlagen. –

Ein Mann:

Kinder, laßt euch das nicht gefallen!
Mit uns wird Schindluder getrieben!
Wer hat mir zum Beispiel
das Gehirn in die Brusthöhle geworfen?
Soll ich damit atmen?
Soll da vielleicht der kleine Kreislauf durchgehen?
Alles was recht ist! Das geht zu weit!

Ein anderer:

Na, und ich? Wie bin ich hergekommen?
Wie aus dem Ei gepellt!
Und jetzt?
Sie, waschen Sie mir gefälligst den Kot aus der
                                  Achselhöhle!
Und das rechte Herzohr braucht auch nicht grade
aus dem After raus zu sehn!
Das sieht ja wie Hämorrhoiden aus! –

Ein Selbstmörder:

Kläfft nicht, ihr Laffen! Pack! Pöbel!
Männer, behaart und brünstig, Frauentiere, feige und
                                        heimtückisch,
aus eurem Kotleben fortgeschlagen,
umgreint vom Menschenvieh.
Ich bin aufgestiegen wie ein junger Adler.
So stand ich: nackt, vom kalten Sternenlicht
umbrandet Stirn und Blut. –

Ein Jüngling:

Ich brülle: Geist enthülle dich!
Das Hirn verwest genau so wie der Arsch!
Schon rülpst der Darm ihn Bruder an –
Schon pfeift ihm Vetter Hodensack – (stürzt auf
                                        einen Kadaver)
Ich muß noch einmal dieser frommen Leiche
den Kopf zerfleischen – Bregen vor –!: ein Fleckchen! –
Ein Fleck, der gegen die Verwesung spräche!! –
Das Fleckchen, wo sich Gott erging . . .!!!

Der Schöpfungskrone gehn die Zinken aus.
Sprachzentrum ist schon weich. Denkzentrum schnürt
sein Ränzel . . . Aufbruch und Zerfall . . .
Brüllt denn ihr, Fleisch, nicht Lachen Wuts empor:
Dies Gelbgestinke hat uns Gott gedacht;
blühte, wie Sommer Prunk und blaue Himmel,
Schatten und Heimat aus – –
Nun werft zwölf tote Hunde hier herum,
dann riecht es wie nach uns . . . –

Nachtcafé

I

824: Der Frauen Liebe und Leben.
Das Cello trinkt rasch mal. Die Flöte
rülpst tief drei Takte lang: das schöne Abendbrot.
Die Trommel liest den Kriminalroman zu Ende.

Grüne Zähne, Pickel im Gesicht
winkt einer Lidrandentzündung.

Fett im Haar
spricht zu offenem Mund mit Rachenmandel
Glaube Liebe Hoffnung um den Hals.

Junger Kropf ist Sattelnase gut.
Er bezahlt für sie drei Biere.

Bartflechte kauft Nelken,
Doppelkinn zu erweichen.

H moll: die 35. Sonate.
Zwei Augen brüllen auf:
Spritzt nicht dies Blut von Chopin in den Saal,
damit das Pack drauf rumlatscht!
Schluß! He, Gigi! –

Die Tür fließt hin: Ein Weib:
Wüste ausgedörrt. Kanaanitisch braun.
Keusch. Höhlenreich. Ein Duft kommt mit. Kaum Duft.
Es ist nur eine süße Vorwölbung der Luft
gegen mein Gehirn.

Eine Fettleibigkeit trippelt hinterher.

II

Die Patentante liest das Universum. –
Frau Schlächtermeister sickert übers Sofa,
unten am Arm aus einem Ballen Fett
arbeitet sich der Daumen vor. –

Erni plätschert in einer Frau, die er auf dem Eis gesehen hat.
Sie ist braun, mütterlich und wird ihn küssen. –
Ich sitze im Geruche einer Frau.
Der klingt aus Heliotrop und Unterleib zusammen
und scheint mir süß, da diese Frau mir fremd ist.
Ihr Freund arbeitet in der Hosentasche.
Vielleicht handelt es sich um einen ausgetretenen Bruch. –

Der Geschäftsführer trägt überall Rechtschaffenheit hin.
Er ist der Pionier der guten Sache.
Seine großen Zehen machen Fluchtversuche
mit den Knöcheln aus den Stiefeln. –

Am Nebentisch wird gegurgelt:
Die Weiber: Ein zu blödsinniges Pack!
Ich habe tatsächlich noch keine gesehen,
die gewußt hätte, warum sich eigentlich die Mühlenflügel
                                                          drehn,
ich nehme darüber eine Statistik auf.

Erni ist bei der Frau, die er auf dem Eis gesehen hat.
Er weidet ihre Lippen ab.
Die Leiber spielen aufeinander
unerhörte Melodien. –
Dabei bohrt er einen jüngeren Herren an: –
Der stürzt die linke Faust in seine Hüfte
und aus den Spalten seiner Bekleidung
gebiert er einen Bierzipfel:
Sauve qui peut. –

III

Und dennoch hab ich harter Mann,
Blöken drei blaugraue Zahnstummel
Aus ihrer muffigen Höhle mit.
Und dennoch schlug die Liebe mir,
Wölben sich zwei Hurenschnauzen vor. –

Matchiche:
Ida paßt ihre Formen der Musik an.
Buchtet sich ein und aus.
Wirft sich aus ganz ebenen Stellen auf:
»Mensch, Ida, du hast woll een Gelenk zu ville.« –

Ein Provinziale ertrinkt in einer Minettschnauze:
Nimm mich hin. Ich will versinken.
Laß mich sterben. Gebäre mich. –

IV

Es lohnt kaum den Kakau. Dann schiebt man ein
Und stürzt: ich bin an Gottes Saum hervor;
Liebst du mich auch? Ich war so sehr allein.

Das Weserlied erregt die Sau gemütlich.
Die Lippen weinen mit. Den Strom herunter.
Das süße Tal! Da sitzt sie mit der Laute.

Der Ober rudert mit den Schlummerpünschen.
Er schwimmt sich frei. Fleischlaub und Hurenherbste,
Ein welker Streif. Fett furcht sich. Gruben röhren:
Das Fleisch ist flüssig; gieß es, wie du willst,
Um dich;
Ein Spalt voll Schreie unser Mund. –

V

Er gibt in weichem Ton von der Verwandtschaft,
Von Städten, wo er war – das reicht fürs Knie.
Quer stößt den Stummelstrauß der Gaumen vor.

Der Bürgerpfuhl tritt auf die Bänke aus:
Pack, Pickel, Ehe, Bärte und Medaillen:
Viele vier Liter Blut, von denen drei
Am Darm sich mästen; und der vierte
Strotzt am Geschlecht.

Die Hure To entkleidet eine Hand:
Weich, wie aus Fleisch vom Schoße, angelehnt.
Wo sich die Lust befühlt. –

Der Psychiater

1. Der Psychiater

Meine Innenschläfe ist die Fresse,
Die mich anstinkt.
Tisch ist: Auge und Hand: Gesichts- und Tastempfindung:
Erbrechend: ICH. Die Sternblumen
Betiert mein Blick, den keuschen Strauß. –
Mein Hirn nächtigt mich
Einen kurzen Traum;
Doch aus dem Morgen
Weht Altersodem, unbeholfen,
Zerfallsgeruch. –

Der Jurist wird durch Paragraphen enthoben
Und vergewaltigt selbständig das Außenstehende.
Der Philologe ergißt sich in die Schluchten der Gebirge
Und in das Boot des Ferienmeers.
Mich überkommt das Asterbeet,
Und ich kann nicht vergehen: weggeblühtes Land,
Herbst und der Bäume stillgewordenes Blatt – –:
Lymphknoten schwellen auf und ab,
Vielleicht in meinem Ammonshorn;
Vielleicht färbt Phenylhydrazin
Mein Wasser himmelblau. –

Der Laie greift sich an den Schädel.
Ich fasse an ein Staatsorgan
Und den Nachtwächter des Beischlafs: Grünes über
                                    den Unterleib,
Süße Saaten, Strauß und Reigen
Schleiern die sanften Bregenhänge,
Fromm im Auge
Den guten Lauf der Welt.

2. Das Instrument

O Du Leugnung Berkeleys,
Breitbäuchig wälzt der Raum sich Dir entgegen!
Gepanzertstes Gehirn zum Zweck des Zweckes,
Funkelnd vor Männerfaust, bekämpfter Kurzsichtigkeit
                       und jener Achselhöhle,
Des Morgens nur ganz sachlich ausgewaschen! –

Der Mann im Sprung, sich beugend vor Begattung,
Straußeier fressend, daß die Schwellung schwillt.
Harnröhrenplätterin, Mutterband nadelnd
Ans Bauchfett für die Samen-Winkelriede! – –

O nimm mich in den Jubel Deiner Kante:
Der Raum ist Raum! O, in das Blitzen
Des Griffes: Fokus, virtuelles Bild,
Gesetzlich abgespielt! O, in den Augen
Der Spitze funkelt
Bieder blutgeboren:
ZIEL.

3. Notturno:

Schlamme den grauenvollen Unterleib,
Die fratzenhafte Spalte, die Behaarung,
Den Rumpf, das Leibgesicht, das Afternahe,
Das sich im Dunkel vorfühlt, über meinen:

Füllt euch bis an die Gurgeln!
Verfilzt das Röhricht!
Beißt euch an die Wurzeln!
Schon ist ein Wehen an den Schläfen,
Entquellungen und Sammlung oberhalb –

Schlachtet und klafft und brütet und verdickt euch:
Aufrauschung will geschehn: Mein Hirn!! Oh!: Ich! –

Flutet die Scham in Trümmer durch die Nacht –:
... Nun steht es dunkelblau
Gewölbt von Stern und Licht. –

Blut-über. Schamstill. Irdisch abgenabelt.
In sich. Der Kreis. Der Einsame. Das Glück.
Halbgöttisch prüft die Hand die kühle
Sterntraube. Schmale helle Luft die Lippe
Saugt sich ans Herz gedehnten Zuges. –

Geschlechtszersetzungen. Zerfall
Der Artbedienung: Augen aufgetrunken,
Ohren zerrauscht, verwehend Lippe:
Hirnscheitelsonne. Schattenentsteigung:
Ich!? –

Ausgenackt, Hirn-anadyomene...??
Man bläfft die Sterne an,
Und von der Schulter schmilzt das Meer,
Und die Koralle aus dem Haar
Und von dem Knie der Fisch –
Aber die rauhe Muschel am Gemächte...??
Flutschändung! Schlammblut!

Und noch nicht schattenlos...? Die kleinen Monde
Der blauen Dunkel um den Fuß der Brust?
Und Mittagszeit...? Und Nächtigung
Im Mittagsauge...?? –

Und leiser Überfall...? Und Uferschatten...?
Zeltgiebel wieder...? Rauchhemmungen
Des Lichts...? Ein Aasgestank nach Zunge...?
Wo bist Du, Nackter?!!
Schwinge!
Flügelrausche!!
Entfaltung!!!? –

Keine Antwort? Schweigen? Schielen nach der Vorhaut?
Rückzug? Gutes altes Ludentum...?
Zerrinnung? Wahnwort? Vögelhypothese...??

In die Knie, Hund!
Bedunste Dich!!
Rumpf, Leibgesicht, Afternahes,
Über ihn! –

4. Das Plakat

Früh, wenn der Abendmensch ist eingepflügt
Und bröckelt mit der kalten Stadt im Monde;
Wenn Logik nicht im ethischen Konnex,
Nein, kategorisch wuchtet; Mangel an Aufschwung
Bejahung stänkert, Klammerung an Zahlen,
(Zumal wenn teilbar), Einbeinung in den Gang
Nach Krankenhaus, Fabrik, Registratur
Im Knie zu Hausbesitzverein, Geschlechtsbejahung,
Fortpflanzung, staatlichem Gemeinsystem
Ingrimmige Bekenntung, –
Tröstet den Trambahngast
Allein das farbenprächtige Plakat.
Es ist die Nacht, die funkelt. Die Entrückung.
Es gilt dem kleinen Mann: selbst kleinem Mann
Steht offen Lust zu! Städtisch unbehelligt:
Die Einsamkeit, die Heimkehr in das Blut!
Rauschwerte werden öffentlich genehmigt.
Entformung, selbst Vergessen der Fabrik
Soll zugestanden sein: ein Polizist
Steht selber vor der einen Litfaßsäule! –
O Lüftung! Warme Schwellung! Stirnzerfluß!
Und plötzlich bricht der Chaos durch die Straßen:
Enthemmungen der Löcher und der Lüste,
Entsinkungen: Die Formen tauen
Sich tot dem Strome nach. –

5. Ball

Ball. Hurenkreuzzug. Syphilisquadrille.
Eiert die Hirne ab, die Sackluden!
Mit diesen meinen Zähnen: zerrissen, zerbissen
Hundebregen, Männer-, Groß- und Kleinhirne:
Selbst ihre Syntax klappert nach der Scheide.

Mich bauern Dorfglücke an: Kausaltriebe,
Ölzweige, stetige Koordinaten –:
Heran zu mir, ihr Heerschaar der Verfluchten,
Schakalt mir nach den eingegrabenen Samen:
Entlockung! Schleuderhonig! Keimverderb!

Ihr Stallverrecken, Misthaufen-Augenbruch,
Verweste Blasen, Veilchenfrau-Verhungern,
Ihr brandiges Geblüte, – Kanalfischer,
Heringsfängert ans Land
Die Hodenquallen!

Finale! Huren! Grünspan der Gestirne!
Verkäst die Herrn! Speit Beulen in die Knochen!
Rast, salometert bleiche Täuferstirnen!

6. Pappel

Verhalten,
Ungeöffnet in Ast und Ranke
Um in das Blau des Himmels aufzuschrein –
Nur Stamm, Geschlossenheiten,
Hoch und zitternd,
Eine Kurve.

Die Mispel flüchtet,
Samentöter;
Und wann der Blitz segnendes Zerbrechen
Rauschte um meinen Schaft:
Enteinheitend,
Weitverteilend
Baumgewesenes?
Und wer sah Pappelwälder?

Einzeln,
Und an der Kronenstirn das Mal der Schreie,
Das ruhelos die Nächte und den Tag
Über der Gärten hinresedeten
Süßen aufklaffenden Vergang,
Was ihm die Wurzel saugt, die Rinde frißt,
In tote Räume bietet
Hin und her.

7. Durch's Erlenholz kam sie entlang gestrichen – – – –

Die Schnepfe nämlich, – erzählte der Pfarrer –:
Da traten kahle Äste gegen die Luft: ehern.
Ein Himmel blaute: unbedenkbar. Die Schulter mit
                                        der Büchse,
Des Pfarrers Spannung, der kleine Hund,
Selbst Treiber, die dem Herrn die Freude gönnten:
Unerschütterlich.
Dann weltumgoldet: der Schuß:
Einbeziehung vieler Vorgänge,
Erwägen von Möglichkeiten,
Bedenkung physikalischer Verhältnisse,
Einschließlich Parabel und Geschoßgarbe,
Luftdichte, Barometerstand, Isobaren – –
Aber durch alles hindurch: die Sicherstellung,
Die Ausschaltung des Fraglichen,
Die Zusammenraffung,
Eine Pranke in den Nacken der Erkenntnis,
Blutüberströmt zuckt ihr Plunder
Unter dem Begriff: Schnepfenjagd.
Da verschied Copernikus. Kein Newton mehr. Kein
                                        drittes Wärmegesetz –
Eine kleine Stadt dämmert auf: Kellergeruch,
                                        Konditorjungen,
Bedürfnisanstalt mit Wartefrau,
Das Handtuch über den Sitz wischend
Zum Zweck der öffentlichen Gesundheitspflege;
Ein Büro, ein junger Registrator
Mit Ärmelschutz, mit Frühstücksbrödchen
Den Brief der Patentante lesend. –

8. O, Nacht –:

O, Nacht! Ich nahm schon Kokain,
Und Blutverteilung ist im Gange.
Das Haar wird grau, die Jahre flieh'n,
Ich muß, ich muß im Überschwange
Noch einmal vorm Vergängnis blühn.

O, Nacht! Ich will ja nicht so viel,
Ein kleines Stück Zusammenballung,
Ein Abendnebel, eine Wallung
Von Raumverdrang, von Ichgefühl.

Tastkörperchen, Rotzellensaum
Ein Hin und Her, und mit Gerüchen;
Zerfetzt von Worte = Wolkenbrüchen –:
Zu tief im Hirn, zu schmal im Traum.

Die Steine flügeln an die Erde.
Nach kleinen Schatten schnappt der Fisch.
Nur tückisch durch das Ding = Gewerde
Taumelt der Schädel = Flederwisch.

O, Nacht! Ich mag Dich kaum bemühn!
Ein kleines Stück nur, eine Spange
Von Ichgefühl – im Überschwange
Noch einmal vorm Vergängnis blühn!

O, Nacht, o leih mir Stirn und Haar,
Verfließ Dich um das Tag = verblühte!
Sei, die mich aus der Nervenmythe
Zu Kelch und Krone heimgebar.

O, still! Ich spüre kleines Rammeln:
Es sternt mich an – Es ist kein Spott –:
Gesicht, ich: mich, einsamen Gott,
Sich groß um einen Donner sammeln.

9. Cocain

Den Ich-zerfall, den süßen, tiefersehnten,
Den gibst Du mir: schon ist die Kehle rauh,
Schon ist der fremde Klang an unerwähnten
Gebilden meines Ichs am Unterbau.

Nicht mehr am Schwerte, das der Mutter Scheide
Entsprang, um da und dort ein Werk zu tun
Und stählern schlägt --: gesunken in die Heide,
Wo Hügel kaum enthüllter Formen ruhn!

Ein laues Glatt, ein kleines Etwas, Eben –
Und nun entsteigt für Hauche eines Wehns
Das Ur, geballt, Nicht-seine beben
Hirnschauer mürbesten Vorübergehns.

Zersprengtes Ich – o aufgetrunkene Schwäre –
Verwehte Fieber – süß zerborstene Wehr –:
Verströme, o verströme Du – gebäre
Blutbäuchig das Entformte her.

10. Ikarus

I

O Mittag, der mit heißem Heu mein Hirn
Zu Wiese, flachem Land und Hirten schwächt,
Daß ich hinrinne und, den Arm im Bach,
Den Mohn an meine Schläfe ziehe –
O Du Weithingewölbter, enthirne doch
Stillflügelnd über Fluch und Gram
Des Werdens und Geschehns
Mein Auge.
Noch durch Geröll der Halde, noch durch Land-aas,
Verstaubendes, durch bettelhaft Gezack
Der Felsen, – überall
Verwehn der Sonne, überall
Das tiefe Mutterblut, die strömende
Entstirnte
Matte
Getragenheit.
Das Tier lebt Tag um Tag
Und hat an seinem Euter kein Erinnern.
Der Hang schweigt seine Blume in das Licht
Und wird zerstört.
Nur ich, mit Wächter zwischen Blut und Pranke,
Ein hirnzerfressenes Aas, mit Flüchen
Im Nichts zergellend, bespien mit Worten,
Veräfft vom Licht –
O Du Weithingewölbter,
Träuf meinen Augen eine Stunde
Des guten frühen Voraugenlichts –
Schmilz hin den Trug der Farben! Schwinge
Die kotbedrängten Höhlen in das Rauschen
Gebäumter Sonnen, Sturz der Sonnen-sonnen,
O aller Sonnen ewiges Gefälle. –

II

Das Hirn frißt Staub. Die Füße fressen Staub.
Wäre das Auge rund und abgeschlossen,
Dann bräche durch die Lider süße Nacht,
Gebüsch und Liebe.
Aus Dir, Du süßes Tierisches,
Aus euern Schatten, Schlaf und Haar,
Muß ich mein Hirn besteigen,
Alle Windungen,
Das letzte Zwiegespräch. –

III

So sehr am Strand, so sehr schon in der Barke –
Im krokosfarbnen Kleide der Geweihten
Und um die Glieder schon den leichten Flaum –
Ausrauschst Du aus den Falten, Sonne,
Allnächtlich Welten in den Raum –
O eine der vergeßlich hingesprühten
Mit junger Glut die Schläfe mir zerschmelzend
Auftrinkend das entstirnte Blut –

11. Reise

O, dieses Lichts! Die Insel kränzt
Sternblaue Wasser um sich her.
Am Saum gestillt, zu Strand ergänzt,
Und sättigt täglich sich am Meer.
Es muß nichts zueinander hin.
Die Alke, das gelappte Laub
Erfüllen sich; es liegt ihr Sinn
Im Mittelpunkt, den Nichts beraubt.
Auch ich zu: braun! Ich zu: besonnt!
Zu Flachem, das sich selbst benennt!
Das Auge tief am Horizont,
Der keine Vertikale kennt.
Schon schwindet der Verknüpfungsdrang.
Schon löst sich das Bezugssystem.
Und unter dunklem Haut-Gesang
Erhebt sich Blut-Methusalem.

12. Kretische Vase

Du, die Lippe voll Weingeruch,
Blauer Ton-Zaun, Rosen-Rotte
Um den Zug mykenischen Lichts,
Un-geräte, Tränke-Sehnsucht
Weit verweht.

Lockerungen. Es vollzieht sich
Freigebärung. Lose leuchtend
Tiere, Felsen; Hell-Entzwecktes:
Veilchenstreifen, laue Schädel,
Wiesenblütig.

Welle gegen Starr und Stirn,
Glüher tiefer Bachanale
Gegen die Vernichtungsmale:
Aufwuchs und Bewußtseinshirn –
Spüle, stäube! Knabenhände,
Läuferglieder, raumumschlungen,
Stranden Dich zu Krug und Hang,
Wenn bei Fischkopf, Zwiebel, Flöten
Leda-Feste rosenröten
Paarung, Fläche, Niedergang. –

13. Aufblick

Heimstrom quillt auf zu Hunger und Geschlecht.
O Mühlenglück! O Abhang! Glutgefälle
Stürmt noch die alte Sonne; schon verhöhnt
Neu-feuer sie und um Andromeda
Der frische Nebel schon,
O Wander-Welt!
Vermetzung an die Dinge: Nacht-liebe, Wiesenakt:
Ich: lagernd, bestoßen, das Gesicht voll Sterne,
Aus Pranken-Ansprung, Zermalmungsschauer
Blaut küstenhaft wie Bucht das Blut
Mir Egge, Dolch und Hörner.
Noch Weg kausalt sich höckrig durch die Häuser
Des immanenten Packs, mit Fratzen
Des Raums bestanden, drohend
Unendlichkeit.
Mir aber glüht sich Morgenlicht
Entraumter Räume um das Knie,
Ein Hirtengang eichhörnchent in das Laub,
Euklid am Meere singt zur Dreiecksflöte:
O Rosenholz! Vergang! Amati-cello!

14. Rückfall

O Geist, entfremdest du dich! O glühe
Ein einzig Mal aus Sturm- und Sterngewalten,
Aus Wolkenbruch der Ferne, die
Nicht Fleische zügeln und Gehirne spalten,
O Geist, o wehe doch, wie die Propheten
Dich priesen – sieh, ich ringe
In Blut nach einem fernen, sterne-steten!

Wer bist du, höhnt das Mark, es stammen doch
Aus meiner Wiege deine Glieder;
Vergessen, wie es einst bei dir nach Mieder
Und Schenkel roch?
O rauschtest du wie Meer: Ich vogelfreie!
Wie Sonne stürmisch: Ich,
Entschwänzter, glühe, pfingste, sternen-maie!

Und wieder Ruf: ich ging nach Liebesrosen
Zum Markt. Geschiebe. In den Bretterbauden
Gemüsefrauen, Psychophysenfosen,
Verpantarheierten Kohlrabistauden – –!
O sängest du nun Abgrund, Schwankung, Süd:
Ich bin die Ferne, hergeweht
Aus meinen arktischen Gezeiten,
Jenseitige und sterne-stet..! –
O sängest du aus Götterweiten
Einmal dies Rosenmövenlied!

15. Synthese

Schweigende Nacht. Schweigendes Haus.
Ich aber bin der stillsten Sterne;
Ich treibe auch mein eignes Licht
Noch in die eigne Nacht hinaus.

Ich bin gehirnlich heimgekehrt
Aus Höhlen, Himmeln, Dreck und Vieh.
Auch was sich noch der Frau gewährt,
Ist dunkle süße Onanie.

Ich wälze Welt. Ich röchle Raub.
Und nächtens nackte ich im Glück:
Es ringt kein Tod, es stinkt kein Staub
Mich, Ich-begriff, zur Welt zurück.

Dunkler Sommer

O in so tote Himmel aufzublühn –
Es klafft der Kelch die ganze Röte hin
Und schluchzt empor die kleine Schwalbentiefe,
In die die Wolke hängt, und bebt und rinnt –
Und immer nur die Kühle, schon am Schaft,
Am glatten Stengel schon beginnt es, branden
Die Schauer der verstörten Aufgeburt.

Von hellen Lüften bin ich doch gefleckt,
Und bin im Ruf der Flamme; Stürme
Aus meilenweiter Bläue, violetten Zion
Erkenne ich – nun liegt im Korn der Mohn,
Umständlich reif, fast milchig, daß die Zitze
Ihm läuft, und honighaft: und dieses in das Blähn
Von schleifendem Gekröse, Schafsmisthimmel
Tonlosester Zenithe.

Du, es ist Mittag! *Ganz* jung ist vorbei!
Und *ganz* voll Geigen hängt kein Himmel mehr
Und auch kein anderer gewölbter Raum –
Fromme, erglühte Erde treibt die letzten
Gebete, eh der Frevel sich erhebt!

Antworte! Sprich! Du bist von Flöten,
Geliebten Lauten, süßen Balalaiken
Ganz unbeschreiblich überhangen!
Wolltest Du nur! Sieh: Ich,
Und alle Ranke unerwidert!

Oh, gar nicht Echo! Leisen Laut!
Geflüster! Denke auch: Die Aster wächst
Schon auf. Sein wird Gesang und Nüsse
Und Laub und Nebel über dem Planeten!

Ich stürme, Du, ich rase, ich granitne
Mir neue Himmel hin, wenn Du nicht rufst,
Blut stürzend in die fladenhaften Haufen
Verdorrter Räume, die den Glanz verloren.

Mein lieber Herr Przygode,
Hier kommt der Eskimode,
Hier kommt der Hyperboräer,
Welteschen-eichelhäher
Kurzum: Herr van Pameelen,
Den so die Worte quälen.
Er stammt von vor drei Jahren
Aus meinem roten Haus, wenn Sie
Die wunderschöne Avenue
Louise hinunterfahren.

Bolschewik

Der Herbst der Herbste und das Aschenheer
Der Schatten mit dem Tigerschwung der Geyser
Schleudernd in Wolkenbild und Wiederkehr
Des Hepta-Meron Welkebeet und Reiser
In alle Winkel und das leere Meer

Windrose fremden Stamms von Atlashängen
Rund und vom Pol zum Azimut retour
Aus scheibenförmigen Ligusterklängen
Und Tritonspeiendem bei Sterngesängen
Mit weiten Schritten in die Drohnenflur

Das ist die Steppe mit Entwicklungshohn
Ins ewig Hoch! Empor! Und Samenreiche
Die hodenlose Schalaputenleiche
Die ganze Brut gestillter Sommerteiche
Die ganze Wut erlechzter Ab-vision.

Good by, Mitropos Neophyten-schwemme,
Vom späten Strand des lethischen Gesträu
Höhnen dich aufbau-degoutierte Stämme
In jedes Morgenrot und Alpenkämme,
Meer und der Nacht Plejadenlümmelei

Hinab, hinab, stygische Schattenkähne
Wenden thyrsäisch auf das Drohnentor
Dunkelnd, in die das Haupt, die Rosenlehne
Und tief aus Trümmern rauscht die Weltverbene
Nachts klingt es wie ahoi und nevermore.

Strand

Mit jeder Welle schmetternd dich in Staub,
In Dorn des Ich, in alle Dünen
Frostloser Schwemme, nicht zu sühnen
Durch keinen Raum, durch keinen Raub.

Immer um Feuerturm und Kattegatt
Und Finisterre der letzten Ländlichkeiten,
Die Bojen taumeln, hinter sich das Watt,
Einäugig tote Unaufhörlichkeiten

Oh ihrer Dialektik süßer Ton,
Des Möventons gesammelt und zerrüttet –
Identität, astrales Monoton,
Das nie verfließt und immer sich verschüttet –

Du, durch die Nacht, die Türme wehn wie Schaum,
Du, durch des Mittags felsernes Gehänge –
Nur tauber Brand, nur leere Länge
Aus jedem Raub, aus jedem Raum.

Café

»Ick bekomme eine Brüh', Herr Ober!« –
Saldo-crack mit Mensch ist gut von Frank –
Hoch die Herren Seelenausbaldower
Breakfast-dämon, Tratten-überschwang.

»Laß dir mal von Hedwig das erzählen«
Reise-Hedwig! Aufbau, Sitte, Stand –
Wurm, Gomorrha, cyanüres Schwälen
Über das verfluchte Abendland.

Curettage

Nun liegt sie in derselben Pose
Wie sie empfing,
Die Schenkel lose
Im Eisenring

Der Kopf verströmt und ohne Dauer
Als ob sie rief:
Gieb's, gieb's, ich gurgle deine Schauer
Bis in mein Tief

Der Leib noch stark von wenig Äther
Und wirft sich zu:
Nach uns die Sintflut und das Später
Nur du, nur du

Die Wände fallen, Tisch und Stühle
Sind alle voll von Wesen, krank
Nach Blutung, lechzendem Gewühle
Und einem nahen Untergang.

Innerlich

1.

Innerlich, bis man die Schwalbe greift,
Schwermut lagernd vor das Harngebilde,
Bis man sich das Seelchen überstreift
Knack die Braut, Gemüt und Schützengilde –

Aber dann gehörig ausgeschlammt
Schließt sich die politische Kaverne,
Fort den Kleister! und die Hölle flammt
Frisch die Zentren an und Schädelkerne.

2.

Knochen, schamlos, unbewohnt,
Nacht von Trümmern braun und brüchig,
Alles faul und alles flüchig,
Jurtenjahr und Raidenmond,

Palmbusch, Klatschmohn, Coquelicot,
Asphodelen, Gangesloten,
Strauchsymbole, Affenpfoten
Aus dem großen Nitschewo.

3.

Mein Blick, der über alle Himmel schied
Und alle Flüsse, Styxe und Saline,
Kennt nur noch eine Reise: in das Lid
Unter die Konjunktiven-Baldachine

Was war der Trall, was ward das Gottgefäß –
Furunkelhiob, Lazarusgehäuse,
Stinknase, Rotz, Karbunkel am Gesäß,
Kniewasser und den Hodenschurz voll Läuse.

4.

Auf alte Weiber stürzt man sich, zur Blüte
Des Greisentums, zu letzter Kommunion
Entleide mich, entlichte mich, entwüte –
Zementfabrik, Treuhandel-Kommission

An kalte Euter klotzt man die Gedärme
Nach Mutterkuchenfett und Molkenkuh,
Schon halben Leichen scheucht die Bärme
Zersetzten Hirns den Schädelkranken zu.

5.

Das Dichterpack, der abgefeimte Pöbel,
Das Schleimgeschmeiß, der Menschheitslititi,
Ein Stuhlbein her, ein alter Abtrittsmöbel,
Ein Schlag – der Rest ist Knochenchirurgie

Und dann den Mörtel auf die Strafgallionen
Verlötet und den After zugespickt,
Gehirn-Kamorra, Barrabas-Kujonen,
Nun den gestirnten Himmel angenickt.

6.

Prometheus, los, den Wudki an die Schnauze,
Für diese Blase Leber und Ragout –
Syndetikon! und schmier's dir auf die Plauze
Und dann im Cutaway zum Rendez-vous –

Die Zeuse Kitsch, wo du die Fackeln klautest,
Und sonst die Viehheit über Stall und Haus
Wird schrein, als ob du die Pauke hautest:
Herr Branddirektor, Mensch, so siehst du aus!

Puff

Trimalchio dem entsprungnen Blut,
Dem freien Embonpoint ein Fett,
Der hehre Menschenschädel ruht
Verstreut im Bett.

Koppheister hier mit Sinntendenzen
Das sonnenhafte Auge zu,
Hier gelten Affentranszendenzen
Und Blindekuh

Ein Schiebebock, ein jeu de Rosen
Breitbäuchig reift der Spiegelsaal
– Ihr Sursum corda in die Hosen –
Die Welt anal

Hepp, Relation und Schädelränke,
Hier hoch das Bein!
Portiers, Herr Stummel und Frau Stänke
Kassieren ein

Hier sind wir erst am vierten Tage,
Noch nicht der ganze Pentateuch,
Der Kosmos eine Schotenfrage
Am Bocksgesträuch

Wo Löwe sich mit Lamm beleckte,
Kein Schatten aus dem Gravenstein,
Wo Eva fraß und Adam weckte –
Allein, allein.

Der späte Mensch

1.

O du sieh an: Levkoienwelle,
Der schon das Auge übergeht,
Abgänger, Eigen-Immortelle,
Es ist schon spät

Bei Rosenletztem, da die Fabel
Des Sommers längst die Flur verließ –
Moi haïssable,
Noch so mänadisch analys.

2.

Welke Imperien, fallende Armaden.
Pästen der Nacht und tödliches Lagun,
Fiebermaremmen, Vendramin-Arkaden,
Da hältst du gern, wo die auf Städten ruhn

Und vom Gebein verwehter Karawane
Am Wasserschlauch die tote Hand, vom See
Kaspischer Steppen und der Hindostane
Immer der Klang der späten Niobe.

3.

O Seele, futsch die Apanage
Baal-Betlehem, der letzte Ship,
Hau ab zur Augiasgarage,
Friß Saures, hoch der Drogenflipp –

Im kalten Blick Verströmungsdränge,
Orgasmen in den leeren Raum,
Visions-Verkalkungsübergänge,
Geröll im Traum.

Innerlich

1

Innerlich, bis man die Schwalbe greift,
Schwermut lagernd vor das Harngebilde,
bis man sich das Seelchen überstreift
knack die Braut, Gemüt und Schützengilde –

Aber dann gehörig ausgeschlammt,
schließt sich die politische Kaverne,
fort den Kleister! und die Hölle flammt
frisch die Zentren an und Schädelkerne.

2

Knochen, schamlos, unbewohnt,
Nacht von Trümmern braun und brüchig,
alles faul und alles flüchig,
Jurtenjahr und Raidenmond,

Palmbusch, Klatschmohn, Coquelicot,
Asphodelen, Gangesloten,
Strauchsymbole, Affenpfoten
aus dem großen Nitschewo.

3

Mein Blick, der über alle Himmel schied
und alle Flüsse, Styxe und Saline,
kennt nur noch eine Reise: in das Lid
unter die Konjunktiven-Baldachine.

Was war der Trall, was ward das Gottgefäß –
Furunkelhiob, Lazarusgehäuse,
Stinknase, Rotz, Karbunkel am Gesäß,
Kniewasser und den Hodenschurz voll Läuse.

4

Auf alte Weiber stürzt man sich, zur Blüte
des Greisentums, zu letzter Kommunion
entleide mich, entlichte mich, entwüte –
Zementfabrik, Treuhandel-Kommission.

An kalte Euter klotzt man die Gedärme
nach Mutterkuchenfett und Molkenkuh,
schon halben Leichen scheucht die Bärme
zersetzten Hirns den Schädelkranken zu.

5

Das Dichterpack, der abgefeimte Pöbel,
das Schleimgeschmeiß, der Menschheitslititi,
ein Stuhlbein her, ein alter Abtrittsmöbel,
ein Schlag – der Rest ist Knochenchirurgie.

Und dann den Mörtel auf die Strafgallionen
verlötet und den After zugespickt,
Gehirn-Kamorra, Barrabas-Kujonen,
nun den gestirnten Himmel angenickt.

6

O Seele, futsch die Apanage
Baal-Betlehem, der letzte Ship,
hau ab zur Augiasgarage,
friß Saures, hoch der Drogenflipp –

Im kalten Blick Verströmungsdränge,
Orgasmen in den leeren Raum,
Visions-Verkalkungsübergänge,
Geröll im Traum.

Pastorensohn

Von Senkern aus dem Patronat,
aus Grafenblasen, Diadochen
beschiffte Windeln um die Knochen
beflaggte noch vom Darmsalat.

Der Alt pumpt die Dörfer rum
und klappert die Kollektenmappe,
verehrtes Konsistorium,
Fruchtwasser, neunte Kaulquappe.

Der Alte ist im Winter grün
wie Mistel und im Sommer Hecken,
lobsingt dem Herrn und preiset ihn
und hat schon wieder Frucht am Stecken.

In Gottes Namen denn, mein Sohn,
ein feste Burg und Stipendiate,
Herr Schneider Kunz vom Kirchenrate
gewährt dir eine Freiportion.

In Gottes Namen denn, habt acht,
bei Mutters Krebs die Dunstverbände
woher –? Befiehl du deine Hände –
zwölf Kinder heulen durch die Nacht.

Der Alte ist im Winter grün
wie Mistel und im Sommer Hecke,
'ne neue Rippe und sie brühn
schon wieder in die Betten Flecke.

Verfluchter alter Abraham,
zwölf schwere Plagen Isaake
haun dir mit einer Nudelhacke
den alten Zeugeschwengel lahm.

Von wegen Land und Lilientum
Brecheisen durch die Gottesflabbe –
verehrtes Konsistorium,
Gut Beil, die neunte Kaulquappe!

Prolog

Wie Kranz auf Kinderstirn, wie Rosenrot
Granat am Ast selbst der Gefesselte
ihr alle an euerm Schicksal schwebt,
Knappen, Amoretten, Olympier,
Ledaflaneure, Hyazinthenhäupter,
noch wo ihr mit der tiefen Fackel steht
ihr Hermen um die Blütensarkophage –
mit unsern Tränen seid ihr längst
aus allen Felsen losgewaschen.

Die Kreuze wildern auf der Schädelstätte,
Götzen und Häscher, blutflüssig dürstende
Pilatusschnauzen, Tempeljalousien
zerreißen unaufhörlich, mitternächtlich
krähn Hühnerhöfe, Zucht- und Brutkomplexe
Verrat an Gott- und Menschen-Familiärem,
niemand weint bitterlich, man lacht, man lacht
he, he, die Schädelstätte Abendland,
beschädigte Crescenzen, Wermutsterne,
die Orgie 1920.

Totale Auflösung, monströseste Konglomerate,
neurotische Apocalypsen, transhumane Foken,
Jactation, hybridestes Finale –:
Individual-Ich: abgetakelt,
Psychologie: zum Kotzen,
Entwicklungsprinzip: der Hund bleibt am Ofen,
Kausalgenese: wer will das wissen,
Ergebnis: réponse payée!!
Teilergebnis: verfaulter Daseine Gift und Gas,
was über die Lippen der Frühe ging,
die Morgenfrüchte, der wirre Wein,
unsrer Hirne sterbender Brand:

Wer je vor Afra stand, der Gedankenleserin,
dem Problem der Gleichförmigkeit des psychischen
Geschehens;

je vor des Frankfurter Rektors Assoziationsversuchen
                         an seinen Schülern
und der einfach stupenden Einförmigkeit von Reaktion
                         und Qualität;
wer je aus der Kulturgeschichte ersah den Weg
                 historischen Geschehns:
aus der Summation kleiner Reize und der Akkumulation
                         trivialster Dyskrasien;
oder gar vor dem Problem der Typenbildung der
                 Individualitätsreihen stand,
dem Somatischen des Systems und dem Sekretorischen der
                                Synopsien –
was ruft der wohl noch vor des Statikers Epigenese und
                         des Motorischen Evolution,
des Dynamikers Juchhe, des Depressiven Basiliken,
dem Filigran des Neurotikers und der Distinction des
                                        brute?
Wo ist das große Nichts der Tiere?
Giraffe, halkyonisch, Känguruh,
du, du bist in Arkadien geboren,
mein Beutelhase, grunz mir zu!

Gestalten alle, Wandelnde
des mythenlosen Schritts, Düpierte
Angeschmierte, Identität
der Zeugung Rache, Embonpoint-
Metaphysik latenter Antithesen,
Synopsen-Zuckerguß und -Yohimbim –

Marmelnde Schädel, Katafalken,
Zucht-Maleachis, Sursum-Johannän,
Süßstoffe, Hundekuchen, Himbeersaft
Schutzbünder vor den allgemeinen Menschheitshintern,
im Wald und auf der Heide
Knospen-Manufaktur
Hauptgeschäft Port Said
Buff in Moscheeform
Marmortafel überm Eingang:
Hier wohnte die Stammutter der Menschheit,
los
ran –

Vorortdämonen, Etagen-Mephistophen,
Anti-Prometheus greift ins Grammophon
Dumping-Gesetze für die Tantaliden
der ganze Orbis pictus lacht sich tot,
der alte Ptolemäus, Cap Farwell,
das ganze Feuerland, der Meere Mal:

»Prometheus, los, den Wudki an die Schnauze,
für diese Blase Leber und Ragout?
Syndetikon! Und schmier's dir auf die Plauze
und dann im Cutaway zum Rendez-vous –

Die Zeuse Kitsch, wo du die Fackeln klautest,
und sonst die Viechheit über Stall und Haus
wird schrein, als ob du auf die Pauke hautest,
Herr Branddirektor, Mensch, so siehst du aus.«

Der späte Mensch

I

O du sieh an: Levkoienwelle,
der schon das Auge übergeht,
Abgänger, Eigen-Immortelle,
es ist schon spät.

Bei Rosenletztem, da die Fabel
des Sommers längst die Flur verließ –
moi haïssable,
noch so mänadisch analys.

2

Im Anfang war die Flut. Ein Floß Lemuren
schiebt Elch, das Vieh. Ihn schwängerte ein Stein.
Aus Totenreich, Erinnern, Tiertorturen
steigt Gott hinein.

Alle die großen Tiere: Adler der Kohorten,
Tauben aus Golgathal –
alle die großen Städte: Palm- und Purpurborden –
Blumen der Wüste, Traum des Baal.

Ost-Gerölle, Marmara-Fähre,
Rom, gib die Pferde des Lysippus her –
letztes Blut des weißen Stiers über die
                        schweigenden Altäre
und der Amphitrite letztes Meer.

Schutt. Bachanalien. Propheturen.
Barkarolen. Schweinerein.
Im Anfang war die Flut. Ein Floß Lemuren
schiebt in die letzten Meere ein.

3

O Seele, um und um verweste,
kaum lebst du noch und noch zuviel,
da doch kein Staub aus keinen Feldern,
da doch kein Laub aus keinen Wäldern
nicht schwer durch deine Schatten fiel.

Die Felsen glühn, der Tartarus ist blau,
der Hades steigt in Oleanderfarben
dem Schlaf ins Lid und brennt zu Garben
mythischen Glücks die Totenschau.

Der Gummibaum, der Bambus quoll,
der See verwäscht die Inkaplatten,
das Monchâteau Geröll und Schatten,
uralte blaue Mauern voll.

Welch Bruderglück um Kain und Abel,
für die Gott durch die Wolken strich –
causalgenetisch, haïssable
das späte Ich.

Tripper

Blut, myrtengrüner Eiter,
das ist kein Bräutigamsurin,
die Luft ist klar und heiter
von Staatsbenzin.

Familienglück: der Rammelalte,
der Schweißfuß und das Spülklosett –
hier tröpfelt die geschwollne Falte
das Flirt-Minette.

Die Götter wehn, die Kosmen knacken,
der Dotter fault, es hebt sich ab
der Lust-Lenin in Eisschabracken –
Polar-Satrap.

Verlauste Schieber, Rixdorf, Lichtenrade
Sind Göttersöhne und ins Licht gebeugt,
Freibier für Luden und Spionfassade –
Der warme Tag ist's, der die Natter zeugt:
Am Tauentzien und dann die Prunkparade
Der Villenwälder, wo die Chuzpe seucht:
Fortschritt, Zylinderglanz und Westenweiße
Des Bürgermastdarms und der Bauchgeschmeiße.

Jungdeutschland, hoch die Aufbauschiebefahne!
Refrains per Saldo! Zeitstrom, jeder Preis!
Der Genius und die sterblichen Organe
Vereint beschmunzeln ihm den fetten Steiß.
Los, gebt ihm Lustmord, Sodomitensahne
Und schäkert ihm den Blasenausgang heiß
Und singt dem Aasgestrüpp und Hurentorte
Empor! (zu Caviar). Sursum! (zur Importe.)

Vergeßt auch nicht die vielbesungne Fose
Mit leichter Venerologie bedeckt,
Bei Gasglühlicht und Saint-Lazare die Pose
Das kitzelt ihn, Gott, wie der Chablis schmeckt.
Und amüsiert das Vieh und Frau Mimose
Will auch was haben, was ein bißchen neckt –
Gott, gebt ihr doch, Gott, steckt ihr doch ein Licht
In die – ein Licht des Geistes ins Gesicht.

Die Massenjauche in den Massenkuhlen
Die stinkt nicht mehr, die ist schon fortgetaut.
Die Börsenbullen und die Bänkeljulen
Die haben Deutschland wieder aufgebaut.
Der Jobber und die liederreichen Thulen,
Zwei Ferkel, aus demselben Stall gesaut –
Streik? Dowe Bande! Eignes Licht im Haus!
Wer fixt per Saldo kessen Schlager raus?

Avant! Die Hosen runter, smarte Geister,
An Spree und Jordan großer Samenfang!
Und dann das Onanat mit Demos-Kleister
Versalbt zu flottem Nebbich mit Gesang.
Hoch der Familientisch! Und mixt auch dreister
Den ganzen süßen Westen mitten mang –
Und aller Fluch der ganzen Kreatur
Gequälten Seins in Eure Appretur.

Man denkt, man dichtet
gottweiß wie schön.
Und schließlich war man
bloß hebephren.

Man denkt, persönlich
ist Stil u Lied –
Quatsch: Typenreihe
schizoid.

Verfluchtes Sperma
von Müller u. Cohn
Mist die Meschinne
Gehirnfunktion –

Elende Meute
magischer Topp
Zoff u Pleite
wann ist Stopp??

Chanson

Verranzten Fettes
Bei offner Scham
Fliegenfang – Rest des Bettes,
Einstiges Polygam.
Gesundheitswesen
Röntgenglas
Wer hat nicht schon gelesen:
Sanitas?

Palmblätter, Evangelien:
Lotophagien, Rattengracht;
Zu schweigen von den überseligen
Paraphilien der Bagnonacht,
Und hohes Lied und Mandoline
Gegen was auf der Planke schwebt
Von dieser trocknen Guillotine:
Abgelebt.
Gesundheitswesen
Röntgenglas
Wer hat nicht schon gelesen:
Sanitas?

Gehenna: wurmige Hunde
Schaben noch Aas im Gras.
Gehenna: alles Rotunde
Blasennaß.
Ausgang, Vermalmungssphäre
Mach mir's, die Seele spricht's;
Klafter, mythische Leere
Bröckelndes Lid des Nichts.
Gesundheitswesen
Röntgenglas
Wer hat nicht schon gelesen:
Vanitas?

Schutt

I Spuk –

Spuk. Alle Skalen
Toset die Seele bei Nacht
Griff und Kuß und die fahlen
Fratzen, wenn man erwacht.
Bruch, und ach deine Züge
Alle funkelnd von Flor
Maréchal Niel der Lüge
Never – o, nevermore.

Schutt. Alle Trümmer
Liegen morgens so bloß,
Wahr ist immer nur eines:
Du und das Grenzenlos.
Trinke und alle Schatten
Hängen die Lippe ins Glas,
Fütterst du dein Ermatten –
Laß – !

Schamloses Schaumgeboren,
Akropolen und Graal,
Tempel, dämmernde Foren
Katadyomenal.
Fiebernde Galoppade
Spuk, alle Skalen tief
Schluchzend Hyper-malade
Letztes Pronom jactif.

Komm, die Lettern verzogen
Hinter Gitter gebannt
Himmelleer, schütternde Wogen
Alles, Züge und Hand.
Fall: verwehende Märe
Wandel: lächelt euch zu –
Alles: Sonne und Sphäre
Pole und Astren: du.

Komm, und drängt sich mit Brüsten,
Eutern zu tête à tête
Letztes Lebensgelüsten
Laß, es ist schon zu spät.
Komm, alle Skalen tosen
Spuk, Entformungsgefühl –
Komm, es fallen wie Rosen
Götter und Götter-Spiel.

II Rot –

»Rot ist der Abend auf der Insel von Palau
Und die Schatten sinken –«
Singe, auch aus den Kelchen der Frau
Läßt es sich trinken,
Totenvögel schrein
Und die Totenuhren
Pochen, bald wird es sein
Nacht und Lemuren.

Heiße Riffe. Aus Eukalypten geht
Tropik und Palmung,
Was sich noch hält und steht,
Will auch Zermalmung
Bis in das Gliederlos
Bis in die Leere
Tief in den Schöpfungsschoß
Dämmernder Meere.

Rot ist der Abend auf der Insel von Palau
Und im Schattenschimmer
Hebt sich steigend aus Dämmer und Tau:
»Niemals und Immer«,
Alle Tode der Welt
Sind Fähren und Furten
Und von Fremdem umstellt
Auch deine Geburten –

Einmal mit Opferfett
Auf dem Piniengerüste
Trägt sich dein Flammenbett
Wie Wein zur Küste,
Megalithen zuhauf
Und die Gräber und Hallen,
Hammer des Tor im Lauf
Zu den Asen zerfallen –

Wie die Götter vergehn
Und die großen Cäsaren,
Von der Wange des Zeus
Emporgefahren,
Singe, wandert die Welt
Schon in fremdestem Schwunge,
Schmeckt uns das Charonsgeld
Längst unter der Zunge –

Paarung. Dein Meer belebt
Sepien, Korallen
Was sich noch hält und schwebt
Will auch zerfallen,
Rot ist der Abend auf der Insel von Palau,
Eukalyptenschimmer
Hebt in Runen aus Dämmer und Tau:
Niemals und Immer.

III Schwer –

Schwer von Vergessen
Und ach so hangend schon
Aus Unermessen
Ton um Ton,
Und Schattenmale
Des letzten Lichts,
O Finale,
Nächte des Nichts.

Die Welten halten,
Äonen-Bann.
Schwer das Erkalten
Fühlt nur der Mann,
Wälder zu schweigen
Und Waidmannsruh –
Wenn wir uns neigen
Wer warst du,
Du?

Punisch in Jochen
Heredität,
Kranke Knochen
Von Philoktet,
Fratze der Glaube
Fratze das Glück,
Leer kommt die Taube
Noahs zurück.

Schädelstätten
Begriffsmanie
Kein Zeitwort zu retten
Noch Historie –
Allem Vergessen
Allem Verschmähn
Dem Unermessen
Panathenaen

In Heiligtumen
Tyrrhenischer See
Stier unter Blumen
An Danae,
In Leuenzügen
Mänadenklang
Und Götter fügen
Den Untergang.

Nehmen Sie jene erste
tauende Nacht im Jahr
und die strömenden blauen
Streifen des Februar,

nehmen Sie jene Verse,
Reime, Strophen, Gedicht,
die unsere Jugend erhellten
und man vergaß sie dann nicht,

nehmen Sie von den Wesen,
die man liebte und so,
jenen Hauch des Erlöschens
und dann salu und Chapeau –

ach, diese spärlichen vollen
Schläge des Herzens und
über uns fallen die Schollen –
leben Sie wohl, Klabund!

Nacht. Von Himmel zu Meeren
Hungernd. Dernier cri
Alles Letzten und Leeren,
Sinnlos Kategorie.
Dämmer. Aus Unbekannten
Wolken, Flüge des Lichts –
Alles Korybanten
Apotheosen des Nichts.

Schließt sich eben die Veste
Löst sie wieder die See,
Immer nur Reste
Immer nur Niobe,
Über die pästischen Pole
Sinken die Lider schwer
Ach, eine Nachtviole
Blühte Erde und Meer.

Klumpen sarmatischer Lande,
Hungerschlitten, im Fond
Kadaver, die Hacken im Sande
Und nachts die Wölfe vom Don,
Und frühlings die Leichenflüsse
Aus Fischen mit Bein und Haar
Spülen die Regengüsse
Wächsernen Kaviar.

Hopp, ihr schütteren Fratzen
Immer noch Stern und Licht,
Bis euch die Bäuche platzen
In das jüngste Gericht –
Raubtier, einsame Flamme
Tötlich löschendes Los,
Reißt den Müttern die Mamme
Von dem trächtigen Schoß.

Ach – Äonenvergessen!
Schlaf! aus mohnigem Feld,
Aus den lethischen Essen
Nicht ein Atem der Welt,
Von acherontischen Zonen
Orphisch apotheos
Rauscht die Hymne der Drohnen:
Glücke des Namenlos.

Die Welten halten, das Astrale
Wird vom Zenithe leicht beregt,
In Leuenzügen das Finale
Nur durch das Mark des Mannes fegt,
Ach, von den Bergen ganz zu schweigen
Von Wäldern oder Waidmannsruh
Doch wenn wir in die Särge steigen
Wer warst Du,
Du?

Doch nicht die große Fruchtromantik
Von Florida aus Meer und Rosentown
Phäakentief, vom Ford in den Atlantik
Und was es noch nicht tat, wird auch verblaun

Und Dehli, Ernten vier, Bengalenspeicher
Kolombo, Tigergrün, Gomorrhamehl
Dehli, vier braune Welten stehn am Gleicher
Und südlich der Malaienarchipel

Auf Ozeanen ferner Nikobaren
Entsteht die Nacht und macht die Dschungeln stumm,
Die Affen schrein – du wirst es nie erfahren –
Den Traum vom infantilen Cerebrum.

Chaos –

Chaos – Zeiten und Zonen
Bluffende Mimikry,
Großer Run der Äonen
In die Stunde des Nie –
Marmor Milets, Travertine
Hippokratischer Schein,
Leichenkolombine,
Die Tauben fliegen ein.

Ebenbild, inferniertes
Erweichungsparasit;
Formen-onduliertes
Lachhaft und sodomit;
Lobe –: die Hirne stümmeln
Leck im Sursumscharnier,
Den Herrn –: die Hirne lümmeln
Leichenwachs, Adipocir.

Bruch. Gonorrhoische Schwarten
Machen das Weltgericht:
Waterloo: Bonaparten
Paßte der Sattel nicht –
Fraß, Suff, Gifte und Gase –:
Wer kennte Gottes Ziel
Anders als: Ausgang der Blase
Erectil?

Fatum. Flamingohähne
Geta am Darm commod,
Anderweit Tierschutzmäcene
Kommt, ersticht ihn beim Kot –
Fraß, Suff, Seuchen und Stänke
Um das Modder-Modell –
A bas die Kränke
Individuell.

Keine Flucht. Kein Rauschen
Chaos. Brüchiger Mann.
Fraß, Suff, Gase tauschen
Ihm was Lebendes an
Mit im Run der Äonen
In die Stunde des Nie
Durch der Zeiten und Zonen
Leere Melancholie.

Ach, du zerrinnender –

Ach, du zerrinnender
Und schon gestürzter Laut,
Eben beginnender
Lust vom Munde getaut –
Ach, so zerrinnst du,
Stunde, und hast kein Sein,
Ewig schon spinnst du
Weit in die Nebel dich ein.

Ach, wir sagen es immer,
Dass es nie enden kann
Und vergessen den Schimmer
Schnees des neige d'antan –
In das durchküsste, durchtränte
Nächtedurchschluchzte Sein
Strömt das Fliessend-Entlehnte,
Spinnen die Nebel sich ein.

Ach, wir rufen und leiden
Ältesten Göttern zu:
Ewig über uns beiden
»Immer und alles: du«
Aber den Widdern, den Zweigen
Altar und Opferstein
Hoch zu den Göttern, die schweigen.
Spinnen die Nebel sich ein.

Die Dänin

Charon oder die Hermen
Oder der Daimlerflug,
Was aus den Weltenschwärmen
Tief dich im Atem trug,
War deine Mutter im Haine
Südlich, Thalassa, o lau –
Trug deine Mutter alleine
Dich, den nördlichen Tau –

Meerisch lagernde Stunde,
Bläue, mythischer Flor,
Eine Muschel am Munde,
Goldene Conca d'or –
Die dich im Atem getragen:
Da bist du: und alles ist gut,
Was in Kismet und Haimarmene
Und Knieen der Götter ruht.

Stehst du, ist die Magnolie
Stumm und weniger rein,
Aber die grosse Folie
Ist dein Zerlassensein:
Stäubende: – tiefe Szene,
Wo sich die Seele tränkt,
Während der Schizophrene
Trostlos die Stirne senkt.

Rings nur Rundung und Reigen,
Trift und lohnende Odds, –
Ach, wer kennte das Schweigen
Schlummerlosen Gotts –
Noch um die Golgathascheite
Schlingt sich das goldene Vliess:
»Morgen an meiner Seite
Bist du im Paradies.«

Auch Prometheus in Schmieden
Ist nicht der einsame Mann,
Io, die Okeaniden
Ruft er zu Zeugen an –
Philosophia perennis,
Hegels schauender Akt –:
Biologie und Tennis
Über Verrat geflaggt.

Monde fallen, die Blüte
Fällt im Schauer des Spät,
Nebel am Haupt die Mythe
Siegenden Manns vergeht,
Tief mit Rosengefälle
Wird nur Verwehtes beschenkt,
Während die ewige Stelle
Trostlos die Stirne senkt.

Die Dänin

Es ist kaum zu denken:
Du in dem Garten am Meer,
Die Wasser heben und senken
Das Ewig-Sinnlose her,
Vermischte – Didos Karthagen
Und vom Sahara portal –
Vermischte Wasser tragen
Dahin Notturn final.

Die Fjorde blau, die Tore
Der Donner und das Licht,
Durch die das Oratore
Der großen Erde bricht,
Davon bist du die Dolde
Und blühst den Himmeln zu,
Und doch des Nichts Isolde,
Vergänglichkeit auch Du.

Um deinen Bau, Terrasse
Zerfällt das Nelkenhaus,
Der Gärtner fegt die blasse
Verblühte Stunde aus,
Auch Du, woher geschritten
Auch Du, wohin verweht,
Und was um Dich gelitten
Wird auch schon kühl und spät.

Wo Räume uns umziehen,
Durch die schon mancher ging,
Und Wolke, die im Fliehen
Um andre Häupter hing,
Und Land sich an Gestalten
Mit tausend Trieben gibt,
Den sterblichen Gewalten,
Die so wie Du geliebt.

In Mythen tief, in Sagen
Liegt schon der Garten am Meer,
Zerfall, in wieviel Tagen
Sind Gärten und Meere leer,
Vermischte – Didos Zeiten
Und vom Sahara portal –
Tragen die Einsamkeiten
Weiter, Notturn final.

I.

Ihnen, nubisches Land:
Ströme quellenverloren
Tragend, wo an den Toren
Venus von Asien stand –

Um die es steigt und endet
Ptolemäer und Pharaon,
Zu der das Flaggschiff wendet
Immer wieder Marc Anton –

Von den Müttern, den Isen
Quellenverloren: Substanz
Aller Schöpfungskrisen
Aller Taumel des Mann's –

Ihnen: der läppisch verfärbte
Occident, stottert, fällt,
Wenn eine nubisch Vererbte
Naht und sammelt die Welt. –

II.

Wer bist du – alle Mythen
Zerrinnen. Was geschah
Chimären, Leda-iten
Sind einen Kniefall da –

Bemalt mit Blut der Beeren
Der Trunkenen Schläfe rot,
Und die – des Mann's Erwehren –
Die nur als Lorbeer loht –

Mit Schlangenhaar die Lende
An Zweig und Thyrsenstab
In Trunkenheit und Ende
Und um ein Göttergrab –

Was ist, sind hohle Leichen,
Die Wand aus Tang und Stein,
Was scheint, ist ewiges Zeichen
Und spielt die Tiefe rein –

In Schattenflur, in Malen,
Das sich der Form entwand –
Ulyss, der nach den Qualen
Schlafend die Heimat fand.

III.

Stunden – Anthropophagen:
Was ist das? Kindermast!
Nimm mehr – der Leichenwagen
Hat weniger Last.

Ins Nichts. Die Monumente
Der Welt, das Meer
Hinab – Ponente,
Hinab – ins Leer.

Ein Palmenmorgen,
Der Anden Schall:
Das Nichts anborgen –
Verfall, Verfall.

Der Styx spült Aale
Der Acheron treibt
Wasserpedale – :
Was von Göttern bleibt!

Das Zeiten-eine,
Der Schöpfungsschrei
Bist Du alleine –
Nimm mehr – vorbei.

IV.

Die Heimat nie – Und ohne Ende
Verwehende am Herz, wer heilt
Im Blick die Woge und die Wende
Der Zeiten, die herniedereilt.

Verwandlungen. Wenn die Zenithe
Erklingen, trägst Du Duft u. Schrei
Chimäre oder Leda-ite
An neuem Gott und Schwan vorbei.

Die Himmel hoch, die Lippen kosten
Und finden nicht, was sich verheisst –
Die Heimat nie – Auf einem Pfosten
Steht stumm: »Du weisst –«

Betäubung

Betäubung, Aconite,
wo Lust und Leiche winkt,
lernäische Gebiete,
die meine Seele trinkt,
aus Element-Bedrängnis
ihr Flötenlied, ihr Schrei:
o gieb in Giftempfängnis
das Ich, dem Ich vorbei.

Kosmogonieen – Wesen
im Rauch des Hyoscyd,
Zerstäubungen, Synthesen
des Wechsels – Heraclid:
es sind die selben Flüsse,
doch nicht die Potamoi –
Betäubung, Regengüsse
dem Fluß, dem Ich vorbei.

es stehen Krüge, Tische
vor Schatten, traumgewillt,
Schlafdorn und Mohnkelch, frische,
daraus das Weiße quillt
der Lippe zu –: die Grenze,
an der die Flöte klingt,
eröffnet ihre Kränze
und Wein und Asche sinkt.

II

Dir – von Sonnenblumen,
abgeloschnem Beet,
dir von Altertumen,
das zur Rüste geht,
Vendraminpalästen,
tödlichem Lagun,
wo das Herz in Resten
und die Blicke ruhn –

Dämmerungen – keine
Allgemeintendenz,
manchmal rührt ihn eine
leise Immanenz,
ihn, den Selbsterreger,
Stern und Sternentraum,
den Bewußtseinsträger
stumm im Eigenraum.

es sind reife Tage,
Ausgang von August,
fast Phäakensage,
Asphodelentrust,
nirgends mehr Begründung
oder Geistesstrahl –
dir –, o Selbstentzündung,
tödliches Fanal.

III

Vage Entwurzelungen,
Lösungszwänge, wer heilt
Tage und Alterungen
dessen, der ahnt und eilt,
der seine Stirn den Keulen
aller Zersprengungen gab
von den punischen Säulen
bis an Astartes Grab.

selber wo Balustraden
mit Levkoien, auch Gras
zu Verfallungen laden,
niemals geschieht es, daß –
niemals die Lippen kosten
dessen, was sich verheißt,
dunkler als Kreuz ein Pfosten
trägt die Worte: »du weißt«.

niemand ist Alles auf Erden.
In die Blüte des Lichts,
in die Aue des Werden
strömt die Seele ihr Nichts,
vom Acheron getrunken,
in Kraut, in pythischer Nacht
wie von Mord gesunken,
wie mit Tod verbracht.

IV

Blüte des Primären
genuines Nein
dem Gebrauchs-chimären
dem Entwicklungs-sein,
kosmisch unkausale
Arbeitsaversion
dämmernd das Totale
einer Vorregion.

spürt man nicht im Haupte
manchmal Lücken feil,
etwa als belaubte
sich ein tiefer Teil,
oder eine Wallung
eine Woge weit
von Systementballung
durch Unendlichkeit?

ist es Traum des Kranken:
ewig Grenzenlos,
sind es Zwangsgedanken,
ist der Zwang doch groß,
wenn als Sternbild glühte:
herbstorionschwer,
wenn als Blume blühte
wie Päonie wär.

V

Schweifende Stunde,
Mörtel-Angesicht,
ausgedörrt am Munde,
wenn es niederbricht,
streu' Zersetzung
Misch- und Mordcomplex –:
eine Grenzverletzung,
Imperator Rex!

laß das Leben
unkategorial,
die Welten beben
trunken cerebral,
schweife, mythe
den Rauch von Asien hin,
das Wüstenrot, wo glühte
die Nabatäerin.

es gelten die Jahre,
es gelten Pflicht und Sinn,
soweit die Dromedare
der Nabatäerin,
Honigländer
verstößt das Wüstenmal
mit Rauch der Ränder
trunken cerebral.

Banane –

Banane, yes, Banane,
vie méditerranée,
Bartwichse, Lappentrane,
vie Pol, Sargassosee:
Dreck, Hündinnen, Schakale
Geschlechtstrieb im Gesicht
und Aasblau das Finale –
der Bagno läßt uns nicht.

die großen Götter Panne,
defekt der Mythenflor,
die Machmeds und Johanne
speicheln aus Eignem vor,
der alten Samenbarden
Begattungsclownerie,
das Sago der Milliarden,
der Nil von Hedonie.

nachts wahllos zwischen Horden
verschluckt der Zeugungsakt,
Gestirne? wo? geworden!
gewuchert! fleischlich Fakt!
Gestirne? wo? im Schweigen
eines Wechsels von Fernher –
Cyclen, Kreisen der Reigen,
Bedürfniswiederkehr.

sinnlose Existenzen:
dreißig Millionen die Pest,
und die andern Pestilenzen
lecken am Rest,
Hochdruck! unter die Brause!
in Pferdemist und Spelt
beerdige zu Hause –
das ist das Antlitz der Welt!

Hauch von Schaufeln und Feuer
ist die Blume des Weins,
Hungerratten und Geier
sind die Lilien des Seins,
Erde birst sich zu Kreuzen,
Flußbett und Meere fällt,
sinnlose Phallen schneuzen
sich ins Antlitz der Welt.

ewig endlose Züge
vor dem sinkenden Blick,
weite Wogen, Flüge –
wohin – zurück
in die dämmernden Rufe,
an den Schierling: Vollbracht,
umflorte Stufe
zur Urne der Nacht.

Die Dänin

I.

Charon oder die Hermen
oder der Daimlerflug,
was aus den Weltenschwärmen
tief dich im Atem trug,
war deine Mutter im Haine
südlich, Thalassa, o lau –
trug deine Mutter alleine
dich, den nördlichen Tau –

meerisch lagernde Stunde,
Bläue, mythischer Flor,
eine Muschel am Munde,
goldene Conca d'or –
die dich im Atem getragen:
da bist du: und alles ist gut,
was in Kismet und Haimarmene
und Knieen der Götter ruht.

stehst du, ist die Magnolie
stumm und weniger rein,
aber die große Folie
ist dein Zerlassensein:
Stäubende: – tiefe Szene,
wo sich die Seele tränkt,
während der Schizophrene
trostlos die Stirne senkt.

rings nur Rundung und Reigen,
Trift und lohnende Odds –
ach, wer kennte das Schweigen
schlummerlosen Gotts –
noch um die Golgathascheite
schlingt sich das goldene Vließ:
»morgen an meiner Seite
bist du im Paradies.«

auch Prometheus in Schmieden
ist nicht der einsame Mann,
Io, die Okeaniden
ruft er zu Zeugen an –
Philosophia perennis,
Hegels schauender Akt –:
Biologie und Tennis
über Verrat geflaggt.

Monde fallen, die Blüte
fällt im Schauer des Spät,
Nebel am Haupt die Mythe
siegenden Manns vergeht,
tief mit Rosengefälle
wird nur Verwehtes beschenkt,
während die ewige Stelle
trostlos die Stirne senkt.

II.

Es ist kaum zu denken:
du in dem Garten am Meer,
die Wasser heben und senken
das Ewig-Sinnlose her,
vermischte – Didos Karthagen
und vom Saharaportal –
vermischte Wasser tragen
dahin Notturn final.

die Fjorde blau, die Tore,
der Donner und das Licht,
durch die das Oratore
der großen Erde bricht,
davon bist du die Dolde
und blühst den Himmeln zu,
und doch des Nichts Isolde,
Vergänglichkeit auch du.

um deinen Bau, Terrasse
zerfällt das Nelkenhaus,
der Gärtner fegt die blasse
verblühte Stunde aus,
auch du, woher geschritten,
auch du, wohin verweht,
und was um dich gelitten
wird auch schon kühl und spät.

wo Räume uns umziehen,
durch die schon mancher ging,
und Wolke, die im Fliehen
um andre Häupter hing,
und Land sich an Gestalten
mit tausend Trieben giebt,
den sterblichen Gewalten,
die so wie du geliebt.

in Mythen tief, in Sagen
liegt schon der Garten am Meer,
Zerfall, in wieviel Tagen
sind Gärten und Meere leer,
vermischte – Didos Zeiten
und vom Saharaportal –
tragen die Einsamkeiten
weiter – Notturn final.

Dunkler –

Dunkler kann es nicht werden
als diese Stunde, die sinkt,
mit allen Lasten der Erden
in fremder Nacht ertrinkt,
enteignen sich die Figuren
zu einer großen Gestalt,
drohen die Lemuren
aus dem Schattenwald.

löst du dich von den Dingen,
trägst du fahles Los:
Trauermäntel schwingen
dir um Mund und Schoß –
faltest du die Blätter
jedes Einzelbaums,
bist du kein Verketter
deines Trance-Traums.

in Bewußtseinsbresche
über Ahnung still
steht die Weltenesche
Ygdrasil,
steht auch Aarons Rute,
trocken eingestückt,
dann mit Wunderblute
Israel beglückt –

dir nur sich enthüllte
bis zum Schlunde leer
ewig unerfüllte
promesse du bonheur –
dir nur kann es nicht werden,
jede Stunde, die sinkt,
mit allen Lasten der Erden
in fremder Nacht ertrinkt.

Dynamik

Dynamik – Born der Wogen,
Gezeitenschoß des All,
Nacht –: und die Sterne zogen,
Nacht –: und der Sterne Fall –
Erreger von Momenten,
sporadisch Höhenschwung
des Formindifferenten
zu Teilbefestigung:

– es ist im Cafétrubel,
wo sie sich stark bewegt,
mit einem Mocca double
wird es drauf angelegt,
wenn von Geranienborde
dann noch Erlöschen weht,
rauscht durch die Saison morte
High life: Identität.

da sind dann Glockenstühle
und nicht mehr Caféstrich,
dann kommen Hochgefühle:
der ganze Raum für mich,
dann sind zwölf Mann Kapelle
und achtzehn Kellner da,
und ich allein die Stelle
für die Dynamika.

Einzelheiten

Es ist in Sommertagen,
ein Glück in jedem Mund,
man fährt im Buickwagen
am Ufer des Öresund,
ein Blau den Menschen zu Häupten
und des Mittags leichtes Flirrn –:
nur einer schweigt im betäubten
Wissen von ihrem Irrn.

die im Motorboot kamen
durch manchen Wasserlauf,
sie nannten die Blumen mit Namen
den Höhenzug darauf,
es waren geschützte Stätten
mit Böschung und mit Quelln –:
doch einer kannte die Ketten
der Ufer und Libelln.

der Abend kam mit Schatten,
er, der den Sommer verlor,
die Sträuße der Rosen hatten
einen Schleier von Tränen vor,
man trennte sich bei Zeiten,
als ahnte man Schweres schon:
es waren Einzelheiten,
nicht Totalisation.

Erst wenn

Nicht die Olivenlandschaft,
nicht das tyrrhenische Meer
sind die große Bekanntschaft:
die weißen Städte sind leer,
die Dinge lagern in stummen
Gewölben aus Substanz,
und keine Schatten vermummen
den regungslosen Glanz.

leer steht die Weinzisterne,
in Strahlen fassungslos
bietet sie nichts an Ferne
und an Zerstörungsstoß
und hilft nicht auszubreiten,
was im Gehirne schlief:
sie bietet Südlichkeiten,
doch nicht das Südmotiv.

ein Hof polarer Reste,
Eiszeiten, Schollenwand
selbst um die Villa d'Este
und ihren Ginsterbrand,
erst wenn die Schöpfungswunde
sich still eröffnet hat,
steigt die Verströmungsstunde
vom Saum der weißen Stadt.

Levkoienwelle

»O du sieh an, Levkoienwelle,
der schon das Auge übergeht« –
von früher her – es ist die Stelle,
wo eine alte Wunde steht;
denn wieder ist es in den Tagen,
wo alles auf das Ende zielt,
»mänadisch analys« und Fragen,
das sich um Rosenletztes spielt.

man träumt, man geht in Selbstgestaltung
aus Selbstentfaltung der Vernunft;
man träumte tief: die falsche Schaltung:
das Selbst ist Trick, der Geist ist Zunft –
verlerne dich und jede Stelle,
wo du noch eine Heimat siehst,
ergieb dich der Levkoienwelle,
die sich um Rosenletztes gießt,

die Bildungen der Zweige reifen,
es ist ein großes Fruchtbemühn,
die Seen dämmern hin wie Streifen,
die Gärten welch ein quellend Glühn,
das ist lernäisches Gelände
und eine Schar Gestalten winkt,
die mähet Blut und säet Ende,
bis sie ans Herz der Schatten sinkt.

Meer- und Wandersagen

Meer- und Wandersagen –
unbewegter Raum,
keine Einzeldinge ragen
in den Südseetraum,
nur Korallenchöre,
nur Atollenflor,
»ich schweige, daß ich dich höre«,
somnambul im Ohr.

Zeit und Raum sind Flüche
über Land gebaut,
ob es Rosenbrüche,
ob es Schleierkraut,
irdische Gestaltung
tragisch Succession,
komm, oh Glückentfaltung,
sammelnde Vision.

mit Kanu im Porte,
Muschelgeld im Haus,
sind erschöpft die Worte,
ist die Handlung aus,
Jagd noch auf Gazelle,
Bethel noch gesucht,
ewig schlägt die Welle
in die Blanchebucht.

Göttern Maskenchöre,
da ein Gott tritt vor:
»ich schweige, daß ich dich höre«
im Korallenohr,
irdische Gestaltung
tragisch Succession,
ach, schon schließt die Spaltung
stürmische Vision.

Meer- und Wandersagen
kennen nur einen Raum
von den Schöpfungstagen
in den Südseetraum,
wenn die Stürme schlingen
Speere und Kanu,
wie sie sterbend singen –:
»ach, ich höre dich – du.«

Ostafrika

Ostafrika im Hirne,
Togo, der Amok tanzt:
das ist die weiche Birne
mit fremder Welt bepflanzt;
die istrisch dunklen Meere
vor dem großen Vestibül,
sein Vater fuhr eine Fähre:
historisches Lustgefühl.

Frauen lenken Schritte
während Menstruation
in eine Mattenhütte,
Indianerprozession –
ach Ost und West in Wogen,
Paris, la Grande, glüh
die Genien auf dem Bogen,
das Herz des Inconnu.

tierisch dampfen die Beeren,
Kaktee, mexikanischer Star,
wo die Porphyrkordilleren
den Kondor, Überaar,
wo der feuchte Palmenmorgen
die Frage niederbricht:
haben Sie Gartensorgen,
gedeihn Ihre Blumen nicht?

schlächterrote Moose
in Lianengewirrn,
wahllos fallen die Loose –
ach Afrika im Hirn,
keine Gedanken, keiner
trösten den Denker wie
Überbesetzung seiner
mittels Geographie.

Der Sänger

Keime, Begriffsgenesen,
Broadways, Azimuth,
Turf- und Nebelwesen
mischt der Sänger im Blut,
immer in Gestaltung,
immer dem Worte zu
nach Vergessen der Spaltung
zwischen ich und du.

neurogene Leier,
fahle Hyperämien,
Blutdruckschleier
mittels Coffein,
keiner kann ermessen
dies: dem einen zu,
ewig dem Vergessen
zwischen ich und du.

einstmals sang der Sänger
über die Lerchen lieb,
heute ist er Zersprenger
mittels Gehirnprinzip,
stündlich webt er im Ganzen
drängend zum Traum des Gedichts
seine schweren Substanzen
selten und langsam ins Nichts.

Schleierkraut

Schleierkraut, Schleierkraut rauschen,
rausche die Stunde an,
Himmel, die Himmel lauschen,
wer noch leben kann,
jeder weiß von den Tagen,
wo wir die Ferne sehn:
leben ist Brückenschlagen
über Ströme, die vergehn.

Schleierkraut, Schleierkraut rauschen –
es ist die Ewigkeit,
wo Herbst und Rosen tauschen
den Blick vom Sterben weit,
da klingt auch von den Meeren
das Ruhelose ein,
von fahlen Stränden, von Schären
der Woge Schein.

Schleierkraut, Schleierkraut neigen
zu tief Musik,
Sterbendes will Schweigen:
silence panique,
erst die Brücken geschlagen:
das Blutplateau,
dann, wenn die Brücken tragen,
die Ströme – wo?

Staatsbibliothek

Staatsbibliothek, Kaschemme,
Resultatverließ,
Satzbordell, Maremme,
Fieberparadies:
wenn die Katakomben
glühn im Wortvibrier,
und die Hekatomben
sein ein weißer Stier –

wenn Vergang der Zeiten,
wenn die Stunde stockt,
weil im Satz der Seiten
eine Silbe lockt,
die den Zweckgewalten,
reinem Lustgewinn
rauscht in Sturzgestalten
löwenhaft den Sinn –:

wenn das Säculare,
tausendstimmig Blut
auferlebt im Aare
neuer Himmel ruht:
Opfer, Beil und Wunde,
Hades, Mutterhort
für der Schöpfungsstunde
traumbeladenes Wort.

Stadtarzt

Stadtarzt, Muskelpresse,
schaffensfroher Hort,
auch Hygienemesse
großes Aufbauwort,
wunderbare Waltung,
was der Hochtrieb schuf,
täglich Ausgestaltung,
Schwerpunkt im Beruf.

Normung selbst der Gase,
amtlich deputiert,
ob die Säuglingsblase
luftdicht funktioniert,
vorne Prophylaxe,
hinten Testogan,
und die Mittelachse
schraubt sich himmelan.

Zuchttyp: Faustkaliber,
strebend Buhnen baun,
Pol- und Packeisschieber,
Luftverdrängungsclown,
Rundfunk und Refraktor,
Wort verkommne Zahl,
Wort als Ausdrucksfaktor
gänzlich anormal.

wunderbares Walten,
dort der Affensteiß,
hier der Hochgestalten
Licht- und Höhenreiß,
und als Edelmesse,
Gottes Gnadensproß,
züchtet Muskelpresse
Pitecanthropos.

Theogonieen

Theogonieen –
von den Dingen der Welt
ziehn Melancholieen
an der Sterne Zelt,
weben Götter und Drachen,
singen Brände und Baal,
sinnvoll zu machen
Knechtschaft und Qual.

fährt Er mit leuchtender Barke
über das Himmelsmeer,
ist Er der Widder, der Starke,
von Sonnen und Monden schwer,
naht Er sich in Gewittern,
als der die Felsen verschiebt
und von den Bösen, den Bittern
die Kühe den Priestern giebt –

ach, um Fluten, um Elche
rankt sich die Traurigkeit:
sie fahren; Stürme; welche
tauchen, das Land ist weit,
da: ihrem Möventume
stäubt sich ein Körnchen schwer,
und Er macht aus der Krume
eine Insel auf dem Meer.

wie mußten sie alle leiden,
um so zum Traum zu fliehn,
und sein des Kummers Weiden
wie hier die Algonkin!
auch anderen Tieren, Steinen
vertrauten sie ihren Tod
und gingen hin zu weinen
die Völker, weiß und rot.

Annonce

»Villa in Baden-Baden,
schloßartig, Wasserlauf
im Garten, Ballustraden
vermietbar oder Kauf« –
das ist wohl so zu lesen,
von Waldessaum begrenzt,
mit Fernblick und Vogesen
und wo die Oos erglänzt.

Nun mag wohl ein Tiroler
von Burg und Martinswand
erwägen, ob ihm wohler
im wellig heitern Land
oder aus andern Kreisen,
wo Herz und Sinne weit
das Schöne offen preisen
und frohe Gastlichkeit.

Zum Beispiel Sommerstunde
geöffnet der Salon,
berauscht die Rosenrunde
vom Klang des Steinway son
das Lied, das Lied hat Flügel,
wie's durch den Garten zieht,
wo man vom Flaggenhügel
die Handelskammer sieht.

Oder wie seelisch offen,
wie strömt man hin so frei:
»Der Mann dort in Pantoffeln,
der Gärtner zieht im Mai,
er will schon wieder gehen,
und eh' man dann was fand,
man gibt die Orchideen
nicht gern von Hand zu Hand.«

So nicht nur Ehrenrunden
und Oberflächlichkeit,
es führt zu innern Stunden,
Leid und Vergänglichkeit
und hält Gesundheitsschaden
für die Familie auf
die Villa Baden-Baden,
schloßartig, Wasserlauf.

Jena

»Jena vor uns im lieblichen Tale«
schrieb meine Mutter von einer Tour
auf einer Karte vom Ufer der Saale,
sie war in Kösen im Sommer zur Kur;
nun längst vergessen, erloschen die Ahne,
selbst ihre Handschrift, Graphologie,
Jahre des Werdens, Jahre der Wahne,
nur diese Worte vergesse ich nie.

Es war kein berühmtes Bild, keine Klasse,
für lieblich sah man wenig blühn,
schlechtes Papier, keine holzfreie Masse,
auch waren die Berge nicht rebengrün,
doch kam man vom Lande, von kleinen Hütten,
so waren die Täler wohl lieblich und schön,
man brauchte nicht Farbdruck, man brauchte nicht
                                    Bütten,
man glaubte, auch andere würden es sehn.

Es war wohl ein Wort von hoher Warte,
ein Ausruf hatte die Hand geführt,
sie bat den Kellner um eine Karte,
so hatte die Landschaft sie berührt,
und doch – wie oben – erlosch die Ahne
und das gilt allen und auch für den,
die – Jahre des Werdens, Jahre der Wahne –
heute die Stadt im Tale sehn.

Stunden, Ströme –

Stunden, Ströme, Flut der Fährensage,
welche Himmel, die so tödlich sind,
nahe Streifen, unausweichlich vage,
aus dem Reich, wo es zusammenrinnt.

wo die Wälder glanzverloren
von zerstückten Hügeln gehn,
Marmorbrüche mit den goldnen Poren
stumm wie Löwen in die Grube wehn.

und der Fels drängt solcher Lust entgegen,
unter Ranke, unter Flechtenmoos
ist er schon auf allen Wegen
zum Zerlösungslos.

überall ein alterndes Entsagen
bergend das Verwandlungsangesicht
trinkt es aus den angebrochnen Tagen
rinnend Licht,

dunkle Zeichen, alle voll Vergehn,
einem Kusse, Augen, welche glänzen,
fährt man eine Nacht nach, über Grenzen –
fremde Sterne über fremden Höhn,

doch dahinter stumm und aufgebrochen
liegt das Reich, wo es zusammenrinnt,
dunkle Meere, Sonnendiadochen,
welche Himmel, die so tödlich sind.

Fürst Krafft

Fürst Krafft ist – liest man – gestorben.
Latifundien weit,
ererbte hat er erworben,
eine Nachrufpersönlichkeit:
»übte unerschrocken Kontrolle,
ob jeder rechtens tat,
Aktiengesellschaft Wolle,
Aufsichtsrat«.

So starb er in den Sielen.
Doch wandt' er in Stunden der Ruh
höchsten sportlichen Zielen
sein Interesse zu;
immer wird man ihn nennen,
den delikaten Greis,
Schöpfer des Stutenrennen:
Kiszaconypreis.

Und niemals müde zu reisen!
Genug ist nicht genug!
Oft hörte man ihn preisen
den Rast-ich-so-rost-ich-Zug,
er stieg mit festen Schritten
in seinen sleeping car
und schon war er inmitten
von Rom und Sansibar.

So schuf er für das Ganze.
Und hat noch hochbetagt
im Bergrevier der Tatra
die flinke Gemse gejagt.
Drum ruft ihm über die Bahre
neben der Industrie
alles Schöne, Gute, Wahre
ein letztes Halali.

Weiße Wände

O Schlachtgefild,
wo man den Tod bekämpft
dem Kranken wattemild
und jodgedämpft,
was blüht Jasmin,
der Strauch des grünen Lichts,
wo hier die Wände ziehn,
die Wand am Nichts?

Ach, wieviel Hochmut schlägt
hier noch und Pracht,
was weiße Kittel trägt
und Schwesterntracht;
doch der Entfleischte dort,
der Madenpfühl,
liegt schon in Hauch und Wort
erlösungskühl.

Auch tagt wohl ein Kongreß
in Wissens Bann,
zieht Fall von Zelebes
vergleichend an;
ach, wieviel Fett und Bauch
nährt Krankenstand
und die Familie auch
an See und Strand.

Wo Frau bescheiden
– Kinderschar –
zum Krebsbeschneiden
spart ein Jahr – –
Wunden und Greul –
Sternallee, bellt
Hundegeheul
an den Schöpfer der Welt –!

Was Federlesen,
Weltgeschehn!
Mutter von Wesen,
die auch vergehn;
was blüht Jasmin
am Saum der weißen Wand,
so weiße Wände ziehn
durchs ganze Land.

aus Fernen, aus Reichen

was dann nach jener Stunde
sein wird, wenn dies geschah,
weiß niemand, keine Kunde
kam je von da,
von den erstickten Schlünden,
von dem gebrochnen Licht,
wird es sich neu entzünden,
ich meine nicht.

doch sehe ich ein Zeichen:
über das Schattenland
aus Fernen, aus Reichen
eine große, schöne Hand,
die wird mich nicht berühren,
das läßt der Raum nicht zu:
doch werde ich sie spüren
und das bist du.

und du wirst niedergleiten
am Strand, am Meer,
aus Fernen, aus Weiten:
»– erlöst auch er«;
ich kannte deine Blicke
und in des tiefsten Schoß
sammelst du unsere Glücke,
den Traum, das Loos.

ein Tag ist zu Ende,
die Reifen fortgebracht,
dann spielen noch zwei Hände
das Lied der Nacht,
vom Zimmer, wo die Tasten
den dunklen Laut verwehn,
sieht man das Meer und die Masten
hoch nach Norden gehn.

wenn die Nacht wird weichen,
wenn der Tag begann,
trägst du Zeichen,
die niemand deuten kann,
geheime Male
von fernen Stunden krank
und leerst die Schale,
aus der ich vor dir trank.

Dir auch –:

Dir auch –: tauschen die Nächte
dich in ein dunkleres Du,
Psyche, strömende Rechte
schluchzend dem andern zu,
ist es auch ungeheuer
und du littest genug:
Liebe ist Wein ins Feuer
aus dem Opferkrug.

selbst du beugst dich und jeder
meint, hier sei es vollbracht,
ach in Schattengeäder
flieht auch deine, die Nacht,
wohl den Lippen, den Händen
glühst du das reinste Licht,
doch die Träume vollenden
können wir nicht.

nur die Stunden, die Nächte,
wo dein Atem erwacht,
Psyche, strömende Rechte,
tiefe tauschende Nacht,
ach es ist ungeheuer,
ach es ist nie genug
von deinem Wein im Feuer
aus dem Opferkrug.

Mediterran

Eh' du verloren
– Sichel- und Bogennäh,
schattenbeschworen
droht schon Thermopylä –
eh' es dich bannte,
drängender dein:
theophagante
Länderein.

einen Zierfisch oder eine Wasserpflanze
willst du dies,
oder Zwerge mit Angel und Lanze
auf dem Gartenkies –?
das sind Stätten!
man kann Glyzinien sehn
Söller in Ketten,
Fesseln, die Blau verwehn!

oder steigen
und immer dicht
ein Blau, das schweigt, k a n n schweigen:
es tränkt das Licht;
ein Blau, das kann nicht weichen,
es trägt Heere, es trägt
Trümmer von Göttern und Reichen
um dies Meer gelegt.

mediterrane
Ahnung des Weltgeschehns,
Stopp dem Wahne
irdischen Weitergehns,
mediterrane
götternde Succubie:
Schutzdach, Platane,
verlor die Blätter nie.

eh' du verloren
auch dir der Blätterfries,
schattenbeschworen
glänzt schon der Gartenkies,
eh' es dich bannte,
drängender die
trümmerentbrannte
Theophagie.

Orphische Zellen

Es schlummern orphische Zellen
in Hirnen des Occident,
Fisch und Wein und Stellen,
an denen das Opfer brennt,
die Esse aus Haschisch und Methen
und Kraut und das delphische Lied
vom Zuge der Auleten,
wenn er am Gott verschied.

wer nie das Haupt verhüllte,
und niederstieg, ein Stier,
ein rieselnd Blut erfüllte
das Grab und Sargrevier,
wen nie Vermischungslüste
mit Todesschweiß bedrohn,
der ist auch nicht der Myste
aus der phrygischen Kommunion.

um Feuerstein, um Herde
hat sich der Sieg gerankt,
Er aber haßt das Werde,
das sich dem Sieg verdankt,
er drängt nach andern Brüsten
nach andern Meeren ein,
schon nähern sich die Küsten,
die Brandungsvögel schrein.

nun mag den Sansibaren
der Himmel hoch und still,
eine Insel voll Nelkenwaren
und der Blüte der Bougainville,
wo sie in Höfen drehen
die Mühlen für Zuckerrohr,
nun mag das still vergehen –:
Er tritt als Opfer vor.

und wo Vergang: in Gittern,
an denen der Mörder weint,
wo sonst Vergang, ach Zittern
löst schon die Stunde, die eint, –:
ihm beben Schmerz und Schaden
im Haupt, das niemand kennt,
die Brandungsvögel baden,
das Opfer brennt.

Osterinsel

eine so kleine Insel,
wie ein Vogel über dem Meer,
kaum ein Aschengerinnsel
und doch von Kräften nicht leer,
mit Steingebilden, losen,
die Ebene besät
von einer fast monstrosen
Irrealität.

die großen alten Worte
– sagt Ure Vaeiko –
haben die Felsen zu Horte,
die kleinen leben so;
er schwält auf seiner Matte
bei etwas kaltem Fisch,
hühnerfeindliche Ratte
kommt nicht auf seinen Tisch.

vom Pazifik erschlagen,
von Ozeanen bedroht,
nie ward an Land getragen
ein Polynesierboot,
doch große Schwalbenfeiern
einem transzendenten Du,
Göttern von Vogeleiern
singen die Tänzer zu.

tierhafte Alphabete
für Sonne, Mond und Stier
mit einer Haifischgräte
– Boustrophedonmanier –:
ein Zeichen für zwölf Laute,
ein Ruf für das, was schlief
und sich im Innern baute
aus wahrem Konstruktiv.

woher die Seelenschichten,
da das Idol entsprang
zu diesen Steingesichten
und Riesenformungszwang –,
die großen alten Worte
sind ewig unverwandt,
haben die Felsen zu Horte
und alles Unbekannt.

Qui sait

aber der Mensch wird trauern –
solange Gott, falls es das gibt,
immer neue Schauern
von Gehirnen schiebt
von den Hellesponten
zum Hobokenquai,
immer neue Fronten –
wozu, qui sait?

spurii: die Gesäten
war einst der Männer Loos,
Frauen streiften und mähten
den Samen in ihren Schoß;
dann eine Insel voll Tauben
und Werften: Schiffe fürs Meer,
und so begann der Glauben
an Handel und Verkehr.

aber der Mensch wird trauern –
Masse, muskelstark,
Cowboy und Centauern,
Nurmi als Jeanne d'Arc –:
Stadionsakrale
mit Khasanaspray,
Züchtungs-pastorale,
wozu, qui sait?

aber der Mensch wird trauern –
kosmopoler Chik
neue Tempelmauern
Kraftwerk Pazifik:
die Meere ausgeweidet,
Kalorieen-avalun:
Meer, das wärmt, Meer, das kleidet –
neue Mythe des Neptun.

bis nach tausend Jahren
einbricht in das Wrack
Geißlerscharen,
zementiertes Pack
mit Orang-Utanghauern
oder Kaiser Henry Clay –
wer wird das überdauern,
welch Pack – qui sait?

Regressiv

Ach, nicht in dir, nicht in Gestalten
der Liebe, in des Kindes Blut,
in keinem Wort, in keinem Walten
ist etwas, wo dein Dunkel ruht.

Götter und Tiere – alles Faxen.
Schöpfer und Schieber, ich und du –
Bruch, Katafalk, von Muscheln wachsen
die Augen zu.

nur manchmal dämmert's: in Gerüchen
vom Strand, Korallenkolorit,
in Spaltungen, in Niederbrüchen
hebst du der Nacht das schwere Lid:

am Horizont die Schleierfähre,
stygische Blüten, Schlaf und Mohn,
die Träne wühlt sich in die Meere –
dir: thalassale Regression.

Sieh die Sterne, die Fänge

sieh die Sterne, die Fänge
Lichts und Himmel und Meer,
welche Hirtengesänge,
dämmende, treiben sie her,
du auch, die Stimmen gerufen
und deinen Kreis durchdacht,
folge die schweigenden Stufen
abwärts dem Boten der Nacht.

wenn du die Mythen und Worte
entleert hast, sollst du gehn,
eine neue Götterkohorte
wirst du nicht mehr sehn,
nicht ihre Euphraththrone,
nicht ihre Schrift und Wand –
gieße, Myrmidone,
den dunklen Wein ins Land.

wie dann die Stunden auch hießen,
Qual und Tränen des Seins,
alles blüht im Verfließen
dieses nächtigen Weins,
schweigend strömt die Äone,
kaum noch von Ufern ein Stück –
gieb nun dem Boten die Krone
Traum und Götter zurück.

Trunkene Flut

Trunkene Flut,
trance- und traumgefleckt,
o Absolut,
das meine Stirne deckt,
um das ich ringe,
aus dem der Preis
der tiefen Dinge,
die die Seele weiß.

in Sternenfieber,
das nie ein Auge maß,
Nächte, Lieber,
daß man des Tods vergaß,
im Zeiten-Einen,
im Schöpfungsschrei
kommt das Vereinen,
nimmt hin – vorbei.

dann du alleine
nach großer Nacht,
Korn und Weine
dargebracht,
die Wälder nieder,
die Hörner leer,
zu Gräbern wieder
steigt Demeter,

dir noch im Rücken,
im Knochenbau,
dann ein Entzücken,
ein Golf aus Blau,
von Tränen alt,
aus Not und Gebrest
eine Schöpfergestalt,
die uns leben läßt,

die viel gelitten,
die vieles sah,
immer in Schritten
dem Ufer nah
der trunkenen Flut,
die die Seele deckt
groß wie der Fingerhut
sommers die Berge fleckt.

Vision des Mannes

Vision des Mannes,
der stumm und namenlos
im Fluch des Bannes
morbider Züge groß,
des Schöpfungsscheines
auf diesem Erdenrund:
der Häupter eines
ist mehr als todeswund.

Vision des Einen,
der irdisch ausgeloht
der: Glaube, keinen,
der: Erde, Antipod:
die Flammen steigen,
er löscht mit Ozean,
die Flammen schweigen
sich mit den Meeren an.

den Blick zurücke –
o Herbst- und Rebenschein!
und Abstiegglücke
schwelgen die Trauben ein,
ein Blut vom Kelter
bis an der Pferde Zaum
und dann Zerschellter
im namenlosen Raum.

»wie lange –«

»wie lange noch, dann fassen
wir weder Gram noch Joch,
du kannst mich doch nicht lassen,
du weißt es doch,
die Tage, die uns einten,
ihr Immer und ihr Nie,
die Nächte, die wir weinten,
vergißt du die?

wenn du bei Sommerende
durch diese Landschaft gehst,
die Felder, das Gelände
und schon im Dämmer stehst,
ist es nicht doch die Leere,
das Dunkel, das du fliehst,
ist es nicht doch das Schwere,
wenn du mich garnicht siehst?

die Falten und der Kummer
auf meinen Zügen tief,
das ist doch auch der Schlummer,
den hier das Leben schlief,
die eingeglühten Zeichen,
die Male dort und hier
sind doch aus unseren Reichen,
die litten wir.

ja gehst du denn zu Grabe,
daß es nun garnichts gibt,
so gehe – ach, ich habe
dich so geliebt,
doch ist es eine Wende,
vergiß auch nie,
es gibt ein Sommerende
und Nächte, die

das Herz umfassen
mit Gram und Joch,
– die du verlassen,
sie atmen noch –
mit Schmerzen, hämmernden
Verlusten, wo
du suchst die dämmernden
Entfernten so!«

Zwischenreich

nimm Abgesänge,
Fraun, die etwas schrein
und albern lachen:
laß die Dschungeln sein;
Radfahrer, Steher,
Klubheim Starterhort,
Milchflaschen, Nahrung, vorne am Verdreher –:
Reduziertensport.

verlaß die Grate,
wo Vermischung weich,
bezieht man Rate
aus dem Zwischenreich:
Portiergebärme
abends im Parterre
bei Sommerwärme
menschlich populär.

Rasiererwitzen
lausche aufgeräumt,
die Messer flitzen
und das Becken schäumt,
denn zwischen Seifen
zwischen Feuchtigkeit
sie alle streifen
die Vermischlichkeit.

nach Arbeitstagen,
wenn der Sonntag naht,
sollst du dich tragen
in den Forst der Stadt,
die Massenglücke
sind schon tränennah,
bald ist die Lücke
für die Trance da.

Was singst Du denn –

was singst du denn, die Sunde
sind hell von Dorerschnee,
es ist eine alte Stunde,
eine alte Sage der See:
Meerwiddern und Delphinen
die leichtbewegte Last –
gilt es den Göttern, ihnen,
was du gesungen hast?

singst du des Blickes Sage,
des Menschenauges Schein,
über Werden und Frage,
tief von Ferne und Sein,
eingewoben der Kummer
und der Verluste Zug,
nur manchmal ein Glanz, ein stummer,
des, was man litt und trug?

singst du der Liebe Leben,
des Mannes Qualenlied,
dem doch ein Gott gegeben,
dass er die Glücke flieht,
der immer neu sich kettet
und immer neu vorbei
sich zu sich selber rettet –,
den Fluch- und Felsenschrei?

ja singe nur das Eine,
das Eine ist so tief:
die Rettung sie alleine
des Hirn ins Regressiv:
die Fjorde und die Sunde
im taumelnden Vergeh' –
singe die alte Stunde,
die alte Sage der See.

Liebe

Liebe – halten die Sterne
über den Küssen Wacht –:
Meere, Eros der Ferne,
rauschen, es rauscht die Nacht,
steigt um Lager, um Lehne,
eh sich das Wort verlor,
Anadyomene
ewig aus Muscheln vor.

Liebe – schluchzende Stunden,
Dränge der Ewigkeit
löschen ohne viel Wunden
ein paar Monde der Zeit,
Landen – schwärmender Glaube,
Arche und Ararat
sind dem Wasser zu Raube,
das keine Grenzen hat.

Liebe – du gibst die Worte
weiter, die dir gesagt,
Reigen – wie sind die Orte
von Verwehtem durchjagt,
Tausch – und die Stunden wandern,
die Flammen wenden sich,
ich sterbe für einen andern
und du für mich.

Die hyperämischen Reiche

Ihnen ein Lied zur Feier,
kunstverkündender Mann,
wie sieht meine Leier
Ihre Wände an:
die hyperämischen Reiche,
Palmen und Muschelmeer,
Vorwelten, wallungsweiche,
strömen die Bilder her.

Sei es: Lianenbarren
ananasdurchweht,
schuhlange Wespen, Farren,
wo dann der Löwe steht:
Urwald, Komplexgewalten,
Tiernacht und Mythenmeer,
daß sie ihr Reich entfalten
dunkel und überschwer.

Sei es: die Welten sind Räusche,
Schauer, welche sich irrn,
faule Brocken, Bäusche
aus unserm Restgehirn,
aber die Übergänge
mit monistischem Ziel:
Schnecken aus Blutgedränge,
Äol im Trancespiel.

Dasein: die Küsse zerblättern,
Tränen: die Salze vergehn,
Leben, Sterben – Lettern,
die für alles stehn:
doch über Wahn und Weichen
steht das Immer und Nie
aus hyperämischen Reichen,
deren Verkünder Sie.

Schöpfung

Aus Dschungeln, krokodilverschlammten
Six days – wer weiß, wer kennt den Ort –,
nach all dem Schluck- und Schreiverdammten:
das erste Ich, das erste Wort.

Ein Wort, ein Ich, ein Flaum, ein Feuer,
ein Fackelblau, ein Sternenstrich –
woher, wohin – ins Ungeheuer
von leerem Raum um Wort, um Ich.

Du mußt dir Alles geben

Gib in dein Glück, dein Sterben,
Traum und Ahnen getauscht,
diese Stunde, ihr Werben
ist so doldenverrauscht,
Sichel und Sommermale
aus den Fluren gelenkt,
Krüge und Wasserschale
süß und müde gesenkt.

Du mußt dir Alles geben,
Götter geben dir nicht,
gib dir das leise Verschweben
unter Rosen und Licht,
was je an Himmeln blaute,
gib dich in seinen Bann,
höre die letzten Laute
schweigend an.

Warst du so sehr der Eine,
hast das Dumpfe getan,
ach, es zieht schon die reine
stille gelöschte Bahn,
ach, schon die Stunde, jene
leichte im Spindellicht,
die von Rocken und Lehne
singend die Parze flicht.

Warst du der große Verlasser,
Tränen hingen dir an
und Tränen sind hartes Wasser,
das über Steine rann,
es ist alles vollendet,
Tränen und Zürnen nicht,
alles wogengeblendet
Dein in Rosen und Licht.

Süße Stunde. O Altern!
Schon das Wappen verschenkt:
Stier unter Fackelhaltern
und die Fackel gesenkt,
nun von Stränden, von Liden,
einem Orangenmeer
tief in Schwärmen Sphingiden
führen die Schatten her.

Gabst dir Alles alleine,
gib dir das letzte Glück,
nimm die Olivenhaine
dir die Säulen zurück,
ach, schon lösen sich Glieder
und in dein letztes Gesicht
steigen Boten hernieder
ganz in Rosen und Licht.

Sät dich der Traum in die Weite

Sät dich der Traum in die Weite,
hebt er den Schleier des Blicks
von der nie endenden Breite
deines Geschicks:
auf kambodjanischen Steinen,
von einer Grenze entrückt,
steht eine Schrift, der deinen
ähnlich, eingestückt.

Oder Aschantispeere
eisernen Gewichts,
denkt man darüber die Leere
des afrikanischen Lichts,
die Elefantenherden
die Jagden im Kanu,
dunkles Werden
auch das bist du.

Hörte die Irre lallen:
»Hunde lösen dich ab« –
ja das reicht ja zu allen
Isispriestern ins Grab,
das ist der Visigoten
Kynoskephalenschar –
selber im Wahne loten
wie in Frühe, die war.

Eben streifen die Schwingen
Haine, hörnerdurchlaubt,
Wein, den sie Bäumen bringen,
Öl für der Felsen Haupt,
Thyrsen und Traubenblüten
um den bacchischen Sohn –
und nun die Haine der Mythen
in einem Schatten schon.

Immer schweigender –

Du: in die letzten Reiche,
du: in das letzte Licht,
ist es kein Licht, ins bleiche
starrende Angesicht,
da sind die Tränen deine,
da bist du dir entblößt,
da ist der Gott, der eine,
der alle Qualen löst.

aus unnennbaren Zeiten
eine hat dich zerstört,
Rufe, Lieder begleiten
dich, am Wasser gehört,
Trümmer tropischer Bäume,
Wälder vom Grunde des Meer,
grauendurchrauschte Räume
treiben sie her.

uralt war dein Verlangen,
uralt Sonne und Nacht,
alles: Träume und Bangen
fern, von Schatten, erdacht,
immer endender, reiner
du in Schatten gestuft,
immer schweigender, keiner
wartet und keiner ruft.

Primäre Tage

Primäre Tage, Herbst, auf welchen Sonnen,
von welchem Meer durchblaut, vom Meer gekühlt,
hat dies unwandelbare Licht begonnen,
das rückwärts reicht und alte Dinge fühlt,
die Fernen mischen sich, die Völkerheere,
es klingt ein Horn, es klingt das Schilfrohr an:
es ist das Lied vom Busch der Alderbeere,
aus dem die Menschheit weich und sterblich rann.

Primäre Tage, Herbst, die Ebenen träumen,
wie hat das Kind die Tage so geliebt,
die Tage Ruths, die Ährensammler säumen
nach letzten Früchten, die die Stoppel gibt –
ach, da berührt mich was mit vagen Zeichen,
ach, da verführt mich was mit tiefem Zwang:
schon eine blaue Jalousie kann reichen
zu Asterhaftem, das aus Gärten drang.

Vielleicht ein Übergang, vielleicht das Ende,
vielleicht die Götter und vielleicht das Meer,
Rosen und Trauben trägt es auf der Lende:
uralter Wandel, Schattenwiederkehr.
Primäre Tage, Herbst, die Ebenen schweigen
in einem Licht, das alte Dinge liebt,
das Ernten fallen läßt und Schatten steigen
und alles nimmt und leise weitergibt.

Das Unaufhörliche

Erster Teil

No. 1 Chor

Das Unaufhörliche:
Großes Gesetz.

Das Unaufhörliche
mit Tag und Nacht
ernährt und spielt es sich
von Meer zu Meer,
mondlose Welten überfrüht,
hinan, hinab.

Es beugt die Häupter all,
es beugt die Jahre.

Der Tropen Brände,
der Arktis eis'ge Schauer,
hinan, hinab,
ein Hauch.

Und stolze Häupter,
von Gold und Kronen umarmt
oder im Helm des namenlosen Mannes:
das Unaufhörliche,
es beugt auch dich.

Das Unaufhörliche.
Verfall und Wende
die Meere über,
die Berge hoch.

Sein Lager
von Ost nach West
mit Wachen auf allen Höhn,
kein Ding hat Frieden
vor seinem Schwert.

O Haupt,
von Gold und Doppelflügeln umarmt,
es beugt auch dich.

No. 2 Sopran und Tenor Solo

Sopran:

Es beugt die Häupter all,
es beugt die Jahre,
wie dunkel ist sein Farb und Angesicht.

Tenor:

Das Unaufhörliche.
Ein dunkler Trank,
eine dunkle Stimme
und nur ein Laut.
Wie bitter ist sein Farb und Angesicht.

Beide:

Es beugt die Berge,
Opferhöhn.

No. 3 Baß Solo mit Männerchor

Baß:

Das war einst Sinai: in eherne
Gesetzestafeln rann es ein – ,
nun steht ein Pfau
im Mittag zwischen dem verstreuten Stein.

Männerchor:

Es beugt die Wälle der Cäsaren,
die Römerquader,
Schanze der Legionen.

Baß:

Hinan, hinab,
Fünf Erdteile
Zwei Pole
Acht Meere
Aus Unaufhörlich!

Männerchor:

Hinan, hinab.

No. 4 Sopran Solo

Es trägt die Nacht,
das Ende.
Wenn es in Blüte steht,
wenn Salz das Meer
und Wein der Hügel gibt,
ist nicht die Stunde.

Das Markttor, in dessen Schatten
der Seiler webt, am Stein
der Ruf der Wechsler schallt,
hat nicht die Farbe dessen.

Gefilde, Säume des Meers,
die alles trugen: Öl und Herden,
Siebenflöten, helles Gestein,
bis ihnen das Herz brach
vor Glück und Göttern – :
da ist wohl Farb und Stunde.

Säulen, die ruhn, Delphine,
verlaßne Scharen,
die Hyakynthos trugen, den Knaben,
früh verwandelt
zu Asche und Blumengeruch –:
da wohl noch mehr.

No. 5 Soli und Chor

Chor:

Verlaßne Scharen.

Soli:

Von Tag und Nacht ernährt,
spielen die Globen sich von Meer zu Meer

Chor:

Mondlose Welten überfrüht
hinan, hinab.

Soli:

Die Morgen- und die Abendröten
brennen die Speichen seines Rads.

Chor:

Das Unaufhörliche,
hinan, hinab.

Soli:

Uralter Wandel, hell Gestein
und Flucht der Herden bald verwandelt
zu Asche und Blumengeruch.

Zweiter Teil

No. 6 Sopran Solo und Frauenchor

Sopran:

Immer die Sterne,
immer die Morgen- und Abendröten!
Aber der Tag, der helle Tag!
Soll man denn keine Kinder gebären,
weil sie vergehn;
muß man sie denn mit
Tränen ernähren –
wen soll man fragen – wen?

Frauenchor:

Fragen, Fragen –
gegen wieviel Himmel geschleudert.
Fragen, Fragen –
Sturm gelaufen im Jagen
der Geschlechter!

No. 7 Tenor und Baß Solo

Tenor:

Aber die Wissenschaft,
das große Wesen!
Der Mann, der Denker,
das Hirn der Höhe:
es zählt die Sterne,
es teilt die Tiere,
es nennt die Blumen
nach Farb und Frucht.
An Salz und Erden
der große Gräber:
in ahnenalten,
gelaßnen Reihen
umzieht es Welten ordnend:
Gesetz!

Baß:

Im Kern der Dinge,
im Herz der weiten,
gelaßnen Reihen,
wo Schlamm und Feuer,
wo Uraltes zerbirst der Rinde
ordnendes Sein,
zerreißt der Worte
herrliche Formeln,
Zählen der Sterne,
der Blumen Namen
Verwandlung,
unaufhörlich,
reicht ihren Becher Nichts,
den dunklen Trank.

Tenor:

Der Mann,
der Denker,
das Hirn der Höhe,
der große Gräber:
in ahnenalten Reihen
umzieht er Welten ordnend:
Gesetz.

Baß zugleich:

Verwandlung,
unaufhörlich,
reicht ihren Becher Nichts,
den dunklen Trank.

No. 8 Kleiner Marsch

Bariton:

Aber die Fortschritte
der modernen Technik!
Raketenautos
an den Mond,
Projektilaviatik
an die Sterne,
Zeit und Raum in Fetzen,
Norden, Süden simultan,
Abendland durch alle
Stratosphären:
hoch die mythenlose weiße Rasse.
Minen,
Öltürme, Rubberplantagen,
Grab der mythenlosen weißen Rasse.

Chor:

Schmeckt ihr den Becher Nichts,
den dunklen Trank?

No. 9 Sopran und Baß Solo

Sopran:

Aber die Kunst,
das große Wesen!
Auf alten Inseln,
trümmerstillen,
zwischen Feigen,
am Huf von Rindern
tausendjährig
Vase und Krug.

Aus Kammern,
dürftigen,
am Himmelssaum der Städte,
Ungestilltem,
aus wieviel Schlünden,
Gefäll des Grauens,
wieviel Rabenschwärmen

des Elends:
aufgestiegen,
leicht erhoben,
reine Gliederung:
Harmonie.

Baß:

Des Unaufhörlichen Gesetz
sehr nahe,
doch unterworfen Vergänglichkeit.
Im Schlamm von Flüssen,
verlagerten, versiegten,
in Gruben verwehter Reiche:
die Sonnensäulen,
die Löwentore.
Vergänglichkeit!
Säulen, die ruhn,
von Hermen rinnt es:
weiße, parische Asche – :
Vergänglichkeit
von hellen Himmeln.

Sopran:

Die Kunst,
das große Wesen,
unvergänglich.

Baß zugleich:

Der Becher Nichts,
der dunkle Trank.
Vergänglichkeit.

No. 10 Baß Solo und Chor

Chor:

Aber die Götter,
das ist doch Grund und Boden.

Baß:

Boden aus Lehm,
Grund aus Dornen.

Chor:

Die großen Götter,
die Felsenhäupter,
sie schmieden Sonnen,
sie schmieden Blitze –

Baß:

Sie schmieden Sicheln,
hinab, hinab!

Chor:

Mit Drachenfüßen,
mit Donnerwagen
an Erd und Himmeln,
sie schleudern Eichen,
sie stürzen Wogen –

Baß:

Auch Himmel stürzen
hinab, hinab.
Wie viele Fluten
von Göttern nieder!
Um alle Hügel,
die tempelschönen,
ruht Staub,
rinnt Asche
der großen Wesen.

Chor:

Aber sie lebten mit Blumen
und Opfern
doch die Träume der Menschen vor,
aus den zerstörten Heiligtumen
drangen die Chöre
des Rauschs empor.

Baß:

Die Schritte derer sind vor der Tür,
die Alles rufen.
Die Verstörer fahren einher
um alle Hütten.

Im Kern der Dinge,
im Herz der weiten
gelaßnen Reihen
ist Sturz und Feuer.
Aus den zerstörten Heiligtumen:
schmeckst du den Becher Nichts,
den dunklen Trank?

No. 11 Tenor Solo

Dunkle Stunde der Welt,
zerfallnes Heute:
frühe Stunde der Erde,
einst unzerklüftet,
Hirten und Jägern
ahnend geweiht –
alle Glücke hinab
an Unaufhörlich.

No. 12 Sopran Solo mit Chor

Sopran:

Frühe Stunde der Menschheit,
unzerklüftet,
ewig dem Herzen,
ewig der Liebe.

Chor:

Frühe Stunde der Menschheit,
unzerklüftet,
ewig dem Herzen,
ewig der Liebe.

Sopran:

Ohne Alter das Blut,
ohne Schatten der Traum.
Komm –
an den Bäumen
am Gartenbrunnen
halten die Welten –

Chor:

Ohne Alter das Blut,
ohne Schatten der Traum.

Sopran:

Komm –
ohne Alter das Herz,
hinrauschend die Liebe.

Chor:

Komm –
an den Bäumen
am Gartenbrunnen
halten die Welten.

Sopran:

Rauschend die Liebe.

Bariton:

Die zarte Stimmung der Fraun!
Daß alles dies von jeher schön war!
Die herrlichen Formeln,
die Staatsanleihen liegen fester!
Man denkt, man erkennt:
neue Formeln,
neue Redensarten,
neue Schatten.

Sopran:

Ewig unzerklüftet das Herz,
trägt Dauer, Schweigen und Glück.

Chor:

Dauer! Dauer!
Ach, Unaufhörlich!
Schmeckst du den Becher Nichts,
den dunklen Trank?

Dritter Teil

No. 13 Orchester-Vorspiel

No. 14 Wechselchor

I
Uralte Völker
träumen Asiens
dämmerndes Lied.

II
Die jungen Völker
werfen die Reiche vor.
Kein Traum,
kein Dämmer.

I

Menschen sind Asche,
Asche an Flüssen,
Wehn und Wandern
an heiliger Flut;
ein Feuer brennt sie,
ein Name nennt sie,
der tief im Sein
der ewigen Schöpfung ruht.

II
Wenn die Gebirge glühn,
die Pracht der Erze
unsäglich morgenrot
die Frühe stimmt,
der Ackertag,
der Sichelschlag
den alten Sommerweg
zur Ernte nimmt –
wirkender Arm,
ändernder Sinn,
schaffendes Herz.

I
Der Weg ist weit
von der Hütte zum Reisfeld

und ohne Ruhm!
Innere Bilder:
in Einem ruhend,
in Eins verschlungen:
Heiliges Dunkel!
Innere Bilder:
Geburt wie
Verderben,
Sieg wie
Vernichtung:
ein Tanz
ein Name!
Heiliges Dunkel,
kein Himmel
hat Sterne wie du.

II
Meere,
der Segel Acker und Flur,
Wogen,
der Völker Fahrten und Tausch,
Stürme,
des Mannes Wagnis und Not.
Weit reicht sein Arm,
stumm kämpft sein Herz
um der Erde Häfen und Bai,
des Unaufhörlichen
Segen und Frucht.

I
Von Segen und Frucht
sind nur die Träume schwer.
Ein Teich zum Baden,
ein Tempel zum Beten,
eine Mattenhütte,
das genügt uns.
Meere,
weißer kein Segel
als die des Traums.
Wogen,
tiefer kein Glück

als das des Rauschs.
Stürme,
gestillt in des uralten
Asiens
unaufhörlichem Lied.

II
Von Segen und Frucht sind die Taten schwer.

I
Von Segen und Frucht sind die Träume schwer.

No. 15 Terzett und Tenor Solo

Vor uns das All,
unnahbar und verhängt,
und wir, das Ich,
verzweifelt, todbedrängt.

Wir Vertriebenen,
wir Schädelblüten:
manchmal blicken wir auf Schilf und Rohr:
alte Ströme,
Schöpfungsmythen
schweben uns
mit Korb und Netzen
ganz unsäglich
schmerzlich vor.

Wir Vertriebenen,
wir Scheitelstunde,
die sich nie in Traum und Rausch vergißt:
manchmal werden wir davongetragen,
hören wir
von Meer- und Wandersagen,
einer Insel, wie aus Schöpfungstagen,
und die ohne das Bewußtsein ist.

Durchgekämpft
durch Tier- und Vormenschmassen
irrt die späte Art
von Pol zu Pol,

bis sie endet,
bis das Joch der Rassen:
bis das weiße Ich
die Welt verlassen –:
lebe wohl.

Lied

Lebe wohl den frühen Tagen,
die mit Sommer, stillem Land
angefüllt und glücklich lagen
in des Kindes Träumerhand.
Lebe wohl, du großes Werde
über Feldern, See und Haus,
in Gewittern brach die Erde
zu gerechtem Walten aus.
Lebe wohl, was je an Ahnen
mich aus solchem Sein gezeugt,
das sich noch den Sonnenbahnen,
das sich noch der Nacht gebeugt.
Von dem Frühen zu dem Späten,
und die Bilder sinken ab –
lebe wohl, aus großen Städten
ohne Traum und ohne Grab.

No. 16 Bariton Solo

Das ist ja alles Tiefsinn,
Feldkult, Mythe –
ich bin von heute,
ich bin Relativist!
Gesetze! Werte!

Edel sei der Mensch,
hilfreich und gut,
solange es die Verhältnisse gestatten,
aber wenn ein Umschwung eintritt,
dann vor allem selber gut essen und trinken
und abends ein gesunder Schlaf!
Wahrheit!

Wenn einer stirbt,
werden Ansichten mit ihm begraben:

sinnlose,
halbwüchsige,
rührende,
überholte –
und ebensolche wachsen anderswo
heran!
Maßstäbe!

Hatte Dschingiskhan einen guten Maßstab
oder Prinz Eugen,
Mongolen,
Turkmenen,
Burgunder,
Dalekarlier –?
Mit einem Wort –: die Geschichte
sie übersteht den Niagara,
um in der Badewanne zu ertrinken;
die Notwendigkeit ruft
und der Zufall antwortet.
Mit einem Wort:
die Völker wechseln,
doch
unaufhörlich
bleiben die Geschäfte!
Alles andere ist Tiefsinn,
ich bin Relativist.

No. 17 Knaben- und Männerchor

Männerchor:

So sprach das Fleisch zu allen Zeiten:
nichts gibt es als das Satt- und Glücklich-sein!

Knabenchor:

Uns aber soll ein andres Wort begleiten:
das Ringende geht in die Schöpfung ein.
Das Ringende, von dem die Glücke sinken,
das Schmerzliche, um das die Schatten wehn,
die Lechzenden, die aus zwei Bechern trinken,
und beide Becher sind voll Untergehn.

Männerchor:

Des Menschen Gieriges, das Fraß und Paarung
als letzte Schreie durch die Welten ruft,
verwest an Fetten, Falten und Bejahrung,
und seine Fäulnis stößt es in die Gruft.

Knabenchor:

Das Leidende wird es erstreiten,
das Einsame, das Stille, das allein
die alten Mächte fühlt, die uns begleiten –:
und dieser Mensch wird unaufhörlich sein.

No. 18 Schlußchor

Chor:

Ja, dieser Mensch wird ohne Ende sein,
wenn auch sein Sommer geht,
der Klang der Harfe,
die hellen Erntelieder
einst vergehn:
Große Gesetze
führten seine Scharen,
ewige Laute
stimmten seinen Ruf,
ahnende Weite
trug Verfall und Wende
ins Unaufhörliche,
das Alterslose.

Knabenchor zugleich:

Das Unaufhörliche –: Verfall und Wende
im Klang der Meere und im Sturz des Lichts,
mondlose Welten überfrüht.
Mit Tag und Nacht
ernährt und spielt es sich
von Meer zu Meer.

Sopran und Tenor Solo:

Das Unaufhörliche – durch Raum und Zeiten,
der Himmel Höhe und der Schlünde Tief –:
in Schöpfungen, in Dunkelheiten –:
und keiner kennt die Stimme, die es rief.

Chor:

Die Welten sinken und die Welten steigen
aus einer Schöpfung stumm und namenlos
die Götter fügen sich, die Chöre schweigen –:
ewig im Wandel und im Wandel groß.

Sopran und Tenor Solo zugleich:

ewig im Wandel und im Wandel groß.

Knabenchor zugleich:

ewig im Wandel und im Wandel groß.

Choral

Was sagt ihr zu dem Wogen der Geschichte:
erst Wein, dann Blut: das Nibelungenmahl,
Mahle und Morde, Räusche und Gerichte,
Rosen und Ranken schlingen noch den Saal.

Was sagt ihr zu den Heeren, ihren Zügen,
die Merowinger enden und Pipin
läßt ihrem Letzten einen Hof zum Pflügen
und ein Spann Ochsen, die den Karren ziehn.

Die Götter enden mit in solchen Wellen,
mit Fell und Panthern klappert noch ein Fest,
die Herzen plärren, nur die Pardel schwellen:
Vieh für die Götter ist des Glaubens Rest.

Mit Brand und Seuchen schwängert sich das Werden,
am Maul, das Kronen frißt und Reiche schält,
verfallne Lande, hirtenlose Herden
von Kuh und Stuten, die das Euter quält.

Was sagt ihr zu dem Wogen der Geschichte,
ist wo ein Reich, das nicht zum Abgrund kreist,
wo ein Geschlecht in ewig gleichem Lichte,
nun gar der Mensch, sein armer Geist –:

Der Geist muß wohl in allem rauschen,
da jeder einzelne so schnell dahin
und auch so spurlos endet, nur ein Tauschen
von Angesicht und Worten scheint sein Sinn.

Lebe wohl,
far well,
und nevermore –:
aller Sprachen Schmerz- und Schattenlaut
sind dem Herzen,
sind dem Ohre
unaufhörlich
tief vertraut.

Lebe wohl,
good bye,
felice notte
und was sonst noch heißt, daß es nicht bleibt,
alles Ruf vom unbekannten Gotte,
der uns
unaufhörlich
treibt.

Lebe wohl –, du weißt es, Feld und Aue,
alle Dünung, das Antillenmeer
lebt vom Salze, lebt vom Taue
einer Schattenwiederkehr,

über allem steht die Doppelschwinge
einer zehrenden Unendlichkeit:
Welten –, Werke –, letzte Dinge –:
totgeweiht.

Sie:
»wo möchtest Du leben: im Laube
der Wälder der nordischen See
oder im weissen Staube
des Méditerrané –,

was liebst Du: die goldenen Tore –
meine Yacht liegt hier im Meer,
oder die schottischen Moore
Ein Douglasschloss steht leer –

lasse Dich doch versöhnen,
vergiss was Dir geschah,
nimm doch die Rosen, die schönen,
sei mir nah –«

Er:
Ein Land hat mich getragen,
Mächte in langen Reihn
haben sein Glück zerschlagen,
doch bin ich sein –

wer so wie ich verloren,
wer so wie ich erkannt,
der wird nicht mehr beschworen
durch eine weisse Hand –

Ein Dunkel unermessen
in das mein Leben sah
bleibt ewig unvergessen,
und ewig nah. –

Ein Land –

Ein Land, ein dunkles Meer,
und dann ein Reich, das endet
so fern, daß nie sich wendet
ein Strahl hier her.

Ein Tag, ein zwitternd Licht,
Urängste, Todesdränge –:
das Land der Untergänge –:
kennst du es nicht?

Auf Sänften und auf Truhn,
da lagern die Gestalten,
die Schweigenden, die Alten
und künden –: ruhn.

Die nur durch Tränen sahn
das tägliche Vernichten,
doch auch die Frei'n, die Lichten:
sie spähn, sie nahn.

Durch jede Stunde –

Durch jede Stunde,
durch jedes Wort
blutet die Wunde
der Schöpfung fort,

verwandelnd Erde
und tropft den Seim
ans Herz dem Werde
und kehret heim.

Gab allem Flügel,
was Gott erschuf,
den Skythen die Bügel
dem Hunnen den Huf –,

nur nicht fragen,
nur nicht verstehn;
den Himmel tragen,
die weitergehn,

nur diese Stunde
ihr Sagenlicht
und dann die Wunde,
mehr gibt es nicht.

Die Äcker bleichen,
der Hirte rief,
das ist das Zeichen:
tränke dich tief,

den Blick in Bläue,
ein Ferngesicht:
das ist die Treue,
mehr gibt es nicht,

Treue den Reichen
die alles sind,
Treue dem Zeichen,
wie schnell es rinnt,

ein Tausch, ein Reigen,
ein Sagenlicht,
ein Rausch aus Schweigen,
mehr gibt es nicht.

Wo keine Träne fällt

Untröstlichkeiten –, in Sagen,
frühmenschlich strophischer Schau
hört man von Geistern, die tragen
den Mond, die Matte, den Tau,
in Felsen legen sie Teiche,
auf Schlünde Palmen und Wein,
und hüllen in Zauberreiche
die trauernden Völker ein.

Untröstlichkeiten –, beschwören
mit Tanz und Maskenschar,
Trommeln und Rindenröhren
und die Fichte im Haar –
beschwören die Stämme, die Rassen
Dauer des süßen Scheins
und erhoffen Erlassen
der Gesetze des Seins.

Doch da an einer Warte
von Zucht und Ahnen alt
lehnt eine flügelharte
unsägliche Gestalt,
ihr Blick, der Licht und Sterne
und Buch und Zirkel hält,
der sieht in eine Ferne,
wo keine Träne fällt.

Das ist die letzte Sphäre,
ein Hoch- und Hafenland,
da wächst die schwerste Ähre
von jeder Glut gebrannt,
sie wächst nicht um zu leben,
so singt der Ährenwind,
sie wächst sich zu ergeben,
wenn es der Genius sinnt:

Unsterblichkeit.

Dennoch die Schwerter halten

Der soziologische Nenner,
der hinter Jahrtausenden schlief,
heißt: ein paar große Männer
und die litten tief.

Heißt: ein paar schweigende Stunden
im Sils-Maria-Wind,
Erfüllung ist schwer von Wunden,
wenn es Erfüllungen sind.

Heißt: ein paar sterbende Krieger
gequält und schattenblaß,
sie heute und morgen der Sieger –:
warum erschufst du das?

Heißt: Schlangen schlagen die Hauer
das Gift, den Biß, den Zahn,
die ecce-homo-Schauer
dem Mann in Blut und Bahn –,

Heißt: soviel Trümmer winken:
die Rassen wollen Ruh',
lasse dich doch versinken
dem nie Endenden zu –,

Und heißt dann: schweigen und walten,
wissend, daß sie zerfällt,
dennoch die Schwerter halten
vor die Stunde der Welt.

Mann –

Mann –, du Alles auf Erden,
fielen die Masken der Welt,
fielen die Helden, die Herden –:
weites trojanisches Feld –,

immer Gewölke der Feuer
immer die Flammen der Nacht
um dich, Tiefer und Treuer,
der das Letzte bewacht,

keine Götter mehr zum Bitten
keine Mütter mehr als Schoß –,
schweige und habe gelitten,
sammle dich und sei groß!

Die Schale

Kommst du zum letzten Male,
wir waren doch so allein
und rannen in eine Schale
mit Bildern und Träumen ein.

Es war doch eben noch heute
und unser Meer war die Nacht,
wir waren einander die Beute,
die weiße Fracht.

Wir streiften uns wie zwei Rassen,
zwei Völker von Anbeginn:
die Stämme, die dunklen, die blassen
gaben sich hin.

Kommst du zum letzten Male,
es war doch alles nur Spiel
oder sahst du wie in die Schale
Tränen und Schatten fiel –

Sahst du, sahst du ihr Neigen
in Strömen dieses Weins
und dann ihr Fallen und Schweigen:
die Verwandlung des Seins –?

Sils-Maria

I.

In den Abend rannen die Stunden,
er lauschte im Abhangslicht
ihrer Strophe: »alle verwunden,
die letzte bricht...«

Das war zu Ende gelesen.
Doch wer die Stunden denkt:
ihre Welle, ihr Spiel, ihr Wesen,
der hat die Stunden gelenkt –:

Ein Alles-zum-Besten-Nenner
den trifft die Stunde nicht,
ein solcher Schattenkenner
der trinkt das Parzenlicht.

II.

Es war kein Schnee, doch Leuchten,
das hoch herab geschah,
es war kein Tod, doch deuchten
sich alle todesnah –,
es war so weiß, kein Bitten
durchdrang mehr das Opal,
ein ungeheures: Gelitten
stand über diesem Tal.

Leid der Götter

Wohin können Götter weinen,
das Meer nimmt die Tränen nicht auf,
sie drohen den Ufern, den Steinen
und die Flüsse verlören den Lauf.

Wohin könnten Götter klagen,
sie haben doch Alles gemacht
und können zum Schluss nicht sagen:
vertan – verdacht –.

Und dann die vielen Stunden,
an denen niemand Teil
und für die sie nichts gefunden:
nicht Form, nicht Formen-heil.

Sie sind ja nicht allmächtig,
sie ringen einander ab,
und sind nicht immer trächtig,
sie nehmen Wünsche ins Grab,

sie möchten im Sommer sterben,
da stirbt es sich leicht und froh,
und müssen im Dunkel verderben
schneehin und anderswo,

ach, satt der ewigen Quadern,
der Broncen nah u. fern,
sehn sie die alternden Adern
auf ihren Händen gern,

denn ihr grosses Land heisst Schweigen,
bis sie als süsser Wahn
von den Säulen niedersteigen,
weil andere Zeichen nahn.

Noch einmal

Noch einmal weinen – und sterben
mit dir: den dunklen Sinn
von Liebe und Verderben
den fremden Göttern hin.

Du kannst es doch nicht hüten,
es bleibt doch immer nah:
was nicht aus Meer und Blüten,
ist nur in Qualen da.

Versinken und erheben,
vergessen und erspähn,
die letzten Fluten geben,
die letzten Gluten mähn.

Das Weben ohne Masche,
das Säumen ohne Sinn –,
die Tränen und die Asche
den fremden Göttern hin.

Einst

Einst, wenn der Winter begann,
du hieltest von seinen Schleiern,
den Dämmerdörfern, den Weihern
die Schatten an.

Oder die Städte erglommen
sphinxblau an Schnee und Meer –,
wo ist das hingekommen
und keine Wiederkehr.

Alles des Grams, der Gaben
frühher in unser Blut –:
wenn wir gelitten haben,
ist es dann gut?

In memoriam Höhe 317

Von den Bergen, wo
Unbekannte nachten
nicht in Sarg und Stroh
Opfer aus den Schlachten –
wie die Stunde rinnt
spürst du's nicht im Ohr;
eine Spinne spinnt
Netze vor das Tor.

auf den Bergen, die
Art von Leben tragen,
daß man schauert wie
nah die Quellen lagen –
wie die Stunde rinnt
spürst du's nicht im Ohr:
um die Berge spinnt,
rinnt ein Aschenflor.

ach, dem Berge, den
Frucht und Sommer kränzt,
ist nicht anzusehn
all das Ungeglänzt –
wie die Stunde rinnt
spürst du's nicht im Ohr:
wie vom Berg im Wind
schluchzt ein Schattenchor.

Widmung:

Wenn Du noch leidest und
kämpfst für Dein Walten,
Glücke und Lebensgrund,
bebst um Erhalten,

Wenn Du noch Dinge siehst,
Die Dir gehören,
wenn Du noch Ringe fliehst,
Die Dich zerstören,

Wenn Du noch Formen willst,
um nicht zu enden,
wenn Du noch Normen stillst,
statt Dich zu wenden,

bist Du noch Zwischenrang,
Spieler u. Spötter,
Larve und Larvendrang
Dunkler Götter.

Doch wenn Du ganz versinkst,
kommt Dir die Wende,
Du schweigend weitertrinkst
Wunden und Ende,

wenn Du dann ganz am Grund
Der Höllenschaaren,
naht sich ein Geistermund,
hallen Fanfaren,

Dann über Einsamkeit,
Spieler und Spötter,
naht die Unsterblichkeit:
Strophen und Götter.

Olympia –, steige hernieder
geschirmt und binde das Haar,
nimm das erste der Lieder,
weihe das große Jahr,
von deinen Wogen gefeuchtet,
auf deinen Wagen ins Feld
und der Himmel von Hellas leuchtet –:
liebet die Welt.

Olympia –, schimmerndes Ahnen
von deinem ewigen Sein
bricht aus dem Flüstern der Fahnen,
flügelt durch unsere Reih'n,
aus den Liedern steigen die Träume
von Sieg und Kranz und Held
und die Spiele segnen die Räume –:
liebet die Welt.

Olympia –, alle die Scharen,
hart, bis der Lorbeer sich neigt,
haben die Zucht erfahren,
der auch der Frieden entsteigt:
rühmt die Heimat durch Taten,
doch dann – ruft der Sieger und Held –
grüßt die Völker, ehret die Staaten –:
liebet die Welt.

Am Brückenwehr

I.

»Ich habe weit gedacht,
Nun lasse ich die Dinge
Und löse ihre Ringe
Der neuen Macht.

Gelehnt am Brückenwehr –
Die hellen Wasser rauschen,
Die Elemente tauschen
Sich hin und her.

Der Lauf ist schiefergrau,
Der Ton der Urgesteine,
Als noch das Land alleine
Im Schichtenbau.

Des Sommers Agonie
Gibt auch ein Rebgehänge,
Kelter- und Weingesänge
Durchstreifen sie.

Wessen ist das und wer?
Dessen, der alles machte,
Dessen, der es dann dachte
Vom Ende her?

Ich habe weit gedacht,
Ich lebte in Gedanken,
Bis ihre Häupter sanken
Vor welcher Macht?«

2.

›Vor keiner Macht zu sinken,
Vor keinem Rausch zur Ruh',
Du selbst bist Trank und Trinken,
Der Denker, du.

Du bist ja nicht der Hirte
Und ziehst nicht mit Schalmei'n,
Wenn der, wie du, sich irrte,
Ist nie Verzeihn.

Du bist ja nicht der Jäger
Aus Megalith und Ur,
Du bist der Formenpräger
Der weißen Spur.

So viele sind vergangen
Im Bach- und Brückenschein,
Wer kennt nicht das Verlangen
Zum Urgestein –:

Doch dir bestimmt: kein Werden,
Du bleibst gebannt und bist
Der Himmel und der Erden
Formalist.

Du kannst es keinem zeigen
Und keinem du entfliehn,
Du trägst durch Nacht und Schweigen
Den Denker – ihn.‹

3.

»Doch wenn dann Stunden sind,
Wo ohne Rang und Reue
Das Alte und das Neue
Zusammenrinnt,

Wo ohne Unterschied
Das Wasser und die Welle,
Das Dunkle und das Helle
Das eine Lied,

Ein Lied, des Stimme rief
Gegen Geschichtsgewalten,
Das in sich selbst Gestalten,
Asiatisch tief –,

Ach, wenn die Stunden dann kommen
Und dichter werden und mehr
Sommer und Jahre verglommen,
Singt man am Brückenwehr:

Laß mich noch einmal reich sein,
Wie es die Jugend gedacht,
Laß mich noch einmal weich sein
Im Blumengeruch der Nacht,

Nimm mir die Hölle, die Hülle,
Die Form, den Formungstrieb,
Gib mir die Tiefe, die Fülle,
Die Schöpfung – gib!«

4.

›Bist du auf Grate gestiegen,
Sahst du die Gipfel klar:
Adler, die wirklichen, fliegen
Schweigend und unfruchtbar.

Kürzer steht es in Früchten,
Früher, daß es verblich,
Nahe am Schöpfer züchten
Wenige Arten sich.

Ewig schweigend das Blaue,
Wer noch an Stimmen denkt,
Hat schon den Blick, die Braue
Wieder in Sehnsucht gesenkt.

Du aber dienst Gestalten
Über dem Brückenwehr,
Über den stumpfen Gewalten
Völker und Schnee und Meer:

Formen, das ist deine Fülle,
Der Rasse auferlegt,
Formen, bis die Hülle
Die ganze Tiefe trägt,

Die Hülle wird dann zeigen,
Und keiner kann entfliehn,
Daß Form und Tiefe Reigen,
Durch den die Adler ziehn.‹

Dein ist –

Dein ist – ach, kein Belohnen,
frage nicht, was es nützt,
du leidest –, die Leiden tronen
unnennbar und beschützt.

Du siehst –, ach, kein Gestalten
aus dem, das dich gebeugt –,
ein Glühen, ein Erkalten,
doch nicht, wohin es zeugt.

Du trägst –, ach, nicht das Zeichen,
aus dem die Sagen sind,
es kommt aus hohen Reichen
ein König und ein Kind,

in dem das Ungenügen
und was als Tod erscheint
zu wundervollen Zügen
des Glücks sich eint.

Dein ist der Traum, das Täuschen,
und wenn es dich zerbricht
am Boden, in den Räuschen,
ein gläsern Angesicht.

Träume, Träume –

Träume, Träume – Flackerndes und Flammen,
Bildung, ewig dem Verhängnis nah,
Räume, Räume – Suchen und Verdammen
Schatten, Schreie der Apostata.

Stunden, Stunden – die Gebilde weichen,
letzte Lösungen der Ursubstanz,
Übergänge, Wendekreise, Gleichen,
stygisches Gemurmel, Aschenglanz.

Tote – wer ist tot, – es sprühn die Weiten,
Träume, Träume, schimmern sie heran,
hell die Kerzen, die Gespräche gleiten
warme Stimmen sind es, Frau und Mann.

Das Zerfallne reicht sich Gruß und Hände:
»hätten wir gewußt, was ich dann sah –
ach, entzünde neu die Liebesbrände,
sei mir eine alte Stunde nah.«

Eine alte Stunde –! Träume, Träume,
aufgetrunken vom Vergängnisbann,
von dem See mit Giften in die Räume,
über die kein Vogel fliegen kann, –

ach –! ein Leben –! dieser See am Ende,
seine fahlen Ufer, seine Nacht,
keine Morgenröte, keine Wende,
graue Bilder, stumme, seine Fracht –:

dichte Züge sind es, schwarze Kähne,
durch die Risse sickert Schlamm und Moor,
und das Wasser wirft die dunkle Mähne
über die gepreßten Opfer vor –,

Räume, Räume, Räume die verdammen,
Stunden, Stunden, da das Letzte weicht,
Träume, Träume rufen sie zusammen,
bis das Nichts auch diese Bilder bleicht.

Das Ganze

Im Taumel war ein Teil, ein Teil in Tränen,
in manchen Stunden war ein Schein und mehr,
in diesen Jahren war das Herz, in jenen
waren die Stürme, – wessen Stürme, – wer?

Niemals im Glücke, selten mit Begleiter,
meistens verschleiert, da es tief geschah,
und alle Ströme liefen wachsend weiter
und alles Außen ward nur innen nah.

Der sah dich hart, der andre sah dich milder,
der wie es ordnet, der wie es zerstört,
doch was sie sahn, das waren halbe Bilder,
da dir das Ganze nur allein gehört.

Im Anfang war es heller, was du wolltest
und zielte vor und war dem Glauben nah,
doch als du dann erblicktest, was du solltest,
was auf das Ganze steinern niedersah,

da war es kaum ein Glanz und kaum ein Feuer,
in dem dein Blick, der letzte, sich verfing:
ein nacktes Haupt, in Blut, ein Ungeheuer,
an dessen Wimper eine Träne hing.

Tag, der den Sommer endet

Tag, der den Sommer endet
Herz, dem das Zeichen fiel:
die Flammen sind versendet,
die Fluten und das Spiel.

Die Bilder werden blasser,
entrücken sich der Zeit,
wohl spiegelt sie noch ein Wasser,
doch auch dies Wasser ist weit.

Du hast eine Schlacht erfahren,
trägst noch ihr Stürmen, ihr Fliehn,
indessen die Schwärme, die Scharen,
die Heere weiter ziehn.

Rosen- und Waffenspanner,
Pfeile und Flammen weit –:
die Zeichen sinken, die Banner –:
Unwiderbringlichkeit.

Die weißen Segel

Die weißen Segel, die Bogen,
an Bord die leuchtende Fahrt
sind eine Art von Wogen
und eine Segel-Art.

Des hohen Tiers, des Einen
zentaurisch, ohne Qual,
der frühen Welt, der seinen,
bei Rauch und Widdermahl.

Der Kiel im Elemente,
der Bug in Wurf und Wehr,
wer da noch Fragen kennte,
was ist wohl der –?

Wo Spill und Tau am Lager,
der Topp sich dreht im Nu,
wer spräche da dem Frager
wohl Wesen zu?

Und doch vor Flagg' und Fahnen
erhebe dich gedämpft:
auch dein Gefühl hat Ahnen,
du hast es dir erkämpft.

Keiner kann dich beschenken
weder mit Brod noch mit Wein,
dein ist Leiden und Denken:
so empfängst du das Sein.

Östliche Ströme durchschwimmen
uralte, zaubergebleicht,
westlich die Höhe bestimmen
selber, in die man reicht.

Wachen und immer bereit sein
dem, was Verwandlung verheißt,
bald wird die Erde so weit sein,
zu dir zu steigen als Geist.

Am Saum des nordischen Meer's

Melancholie der Seele –,
ein Haus, eine Stimme singt,
es ist ein Haus ohne Fehle,
wo englisch money klingt,
ein Heim von heiteren Losen
geselligen Verkehrs,
vier Wände aus Silber und Rosen
am Saum des nordischen Meer's.

Sie singt –, und die hohe Klasse
der Nord- und English-Mann,
die gierige weiße Rasse
hält den Atem an,
auch die Ladies, die erlauchten,
geschmückt mit Pelz und Stein
und den Perlen, den ertauchten
um die Inseln von Bahrein.

Die Stimme singt –, ohne Fehle,
fremde Worte sind im Raum:
»ruhe in Frieden, Seele,
die vollendet süßen Traum –«
vollendet –! und alle trinken
die Schubertsche Litanei
und die Räuberwelten versinken
von Capetown bis Shanghai.

Geschmuggelt, gebrannt, geschunden
in Jurten und Bambuszelt,
die Peitsche durch Niggerwunden,
die Dollars durchs Opiumfeld –:
die hohe Rasse aus Norden,
die abendländische Pracht
im Raum ist still geworden –
aus die Mythe der Macht!

Fern, fern aus Silber und Rosen
das Haus und die Stimme singt
die Lieder, die grenzenlosen,
die ein anderes Volk ihr bringt,
die machen die Macht zur Beute
einer anderen Mächtigkeit:
der Mensch ist ewig und heute
fernen Himmeln geweiht.

Englische – finnische Wände –:
Häuser –, die Stimme singt:
Germany ohne Ende,
wenn german song erklingt,
dann ist es ohne Fehle
und gibt seinen Söhnen Ruh' –,
Melancholie der Seele
der weißen Rasse, du.

Ach, das Erhabene

Nur der Gezeichnete wird reden
und das Vermischte bleibe stumm,
es ist die Lehre nicht für Jeden,
doch Keiner sei verworfen drum.

Ach, das Erhab'ne ohne Strenge –!
so viel umschleiernd, tief versöhnt,
ganz unerfahrbar für die Menge,
da es aus einer Wolke tönt.

Nur wer ihm dient, ist auch verpflichtet,
es selbst verpflichtet nicht zum Sein,
nur wer sich führt, nur wer sich schichtet,
tritt in das Joch der Höhe ein.

Nur wer es trägt, ist auch berufen,
nur wer es fühlt, ist auch bestimmt –:
da ist der Traum, da sind die Stufen
und da die Gottheit, die es nimmt.

Astern

Astern –, schwälende Tage,
alte Beschwörung, Bann,
die Götter halten die Waage
eine zögernde Stunde an.

Noch einmal die goldenen Herden
der Himmel, das Licht, der Flor,
was brütet das alte Werden
unter den sterbenden Flügeln vor?

Noch einmal das Ersehnte,
den Rausch, der Rosen Du –,
der Sommer stand und lehnte
und sah den Schwalben zu,

noch einmal ein Vermuten,
wo längst Gewißheit wacht:
die Schwalben streifen die Fluten
und trinken Fahrt und Nacht.

Spät im Jahre –

Spät im Jahre, tief im Schweigen
dem, der ganz sich selbst gehört,
werden Blicke niedersteigen,
neue Blicke, unzerstört.

Keiner trug an deinen Losen,
keiner frug, ob es gerät –,
Saum von Wunden, Saum von Rosen –,
weite Blicke, sommerspät.

Dich verstreut und dich gebunden,
dich verhüllt und dich entblößt –,
Saum von Rosen, Saum von Wunden –,
letzte Blicke, selbsterlöst.

Doppelkonzert

Durch die Klangwelt, welche Menschen schufen,
Tongebilde rhythmisch hingelegt,
sah ich jäh die längstverlassenen Stufen
einer Erde, die sich stumm erträgt.

Ohne Laut das Enden, Fall der Blumen,
Tod von Tieren, die sich weit bewahrt;
nur ein Runzeln, stirbt aus Altertumen
eine letzte langgenährte Art.

Spreu des All, ein grauer Bruch aus Sternen,
eine Schaufel Steine –, eine Hand,
die den Wurf durch Finsternis und Fernen
zu Geröll und stummen Felsen band.

Schalentiere, Muscheln, rote Riffe,
kalte Fischwelt, doch auch Lurch und Gnu:
alle brechen unter einem Griffe
lautlos und die Lippe ist noch zu.

Da, noch schauernd in der Urgewalten
Runzeln, Röcheln, erster Ausdrucksspur,
hör' ich Flöten einen Gram entfalten:
Toska –: Ausdrucksstürme: Hörner spalten
die unsäglich harrende Natur!

Turin

»Ich laufe auf zerrissenen Sohlen«,
schrieb dieses große Weltgenie
in seinem letzten Brief –, dann holen
sie ihn nach Jena –; Psychiatrie.

Ich kann mir keine Bücher kaufen,
ich sitze in den Librairien:
Notizen –, dann nach Aufschnitt laufen: –
das sind die Tage von Turin.

Indess Europas Edelfäule
an Pau, Bayreuth und Epsom sog,
umarmte er zwei Droschkengäule,
bis ihn sein Wirt nach Hause zog.

Interieur
(Haingott mit Buddhazügen,
17. Jahrhundert)

Gangesgott
unter der Pendeluhr –:
welcher Spott
in Deine Lotosflur!

Schläge, Zeiten,
Stunden und Stundensinn
vor Ewigkeiten,
Rätsel und Unbeginn!

Zielen, Zeigen,
Rufen für wann und wen,
wo dort im Schweigen
die alten Tiefen stehn,

die lächeln allen,
und alles ist sich nah –,
die Zeiger fallen
und nur der Gott ist da.

Prolog

Verfeinerung, Abstieg, Trauer –,
dem Wüten der Natur,
der Völker, der Siegesschauer
folgt eine andere Spur:
Verwerfen von Siegen und Thronen,
die große Szene am Nil,
wo der Feldherr der Pharaonen
den Liedern der Sklavin verfiel.

Durch den Isthmus, griechisch, die Wachen,
Schleuder, Schilder und Stein
treibt im Zephyr ein Nachen
tieferen Meeren ein:
die Parthenongötter, die weißen,
ihre Zeiten, ihr Entstehn,
die schon Verfall geheißen
und den Hermenfrevel gesehn.

Verfeinerte Rinden, Blöße.
Rauschnah und todverfärbt
das Fremde, das Steile, die Größe,
die das Jahrhundert erbt,
getanzt aus Tempeln und Toren
schweigenden Einsamseins,
Erben und Ahnen verloren:
Niemandes –: Deins!

Getanzt vor den finnischen Schären –
Valse triste, der Träume Schoß,
Valse triste, nur Klänge gewähren
dies eine menschliche Los:
Rosen, die blühten und hatten,
und die Farben fließen ins Meer,
blau, tiefblau atmen die Schatten
und die Nacht verzögert so sehr.

Getanzt vor dem einen, dem selten
blutenden Zaubergerät,
das sich am Saume der Welten
öffnet: Identität –:
einmal in Versen beschworen,
einmal im Marmor des Steins,
einmal zu Klängen erkoren:
Niemandes –: Seins!

Niemandes –: beuge, beuge
dein Haupt in Dorn und Schleh'n,
in Blut und Wunden zeuge
die Form, das Auferstehn,
gehüllt in Tücher, als Labe
den Schwamm mit Essig am Rohr,
so tritt aus den Steinen, dem Grabe
Auferstehung hervor.

Anemone

Erschütterer –: Anemone,
die Erde ist kalt, ist Nichts,
da murmelt deine Krone
ein Wort des Glaubens, des Lichts.

Der Erde ohne Güte,
der nur die Macht gerät,
ward deine leise Blüte
so schweigend hingesät.

Erschütterer –: Anemone,
du trägst den Glauben, das Licht,
den einst der Sommer als Krone
aus großen Blüten flicht.

Der Vordergrund der Kunst: die Kaiserloge.
Der Hintergrund der Kunst: travaux forcés.
Im Zwischenakt begrüsst sich Don u. Doge:
»Süperbes Ding –!«: gemeint ist das Foyer. –

Wer allein ist –

Wer allein ist, ist auch im Geheimnis,
immer steht er in der Bilder Flut,
ihrer Zeugung, ihrer Keimnis,
selbst die Schatten tragen ihre Glut.

Trächtig ist er jeder Schichtung
denkerisch erfüllt und aufgespart,
mächtig ist er der Vernichtung
allem Menschlichen, das nährt und paart.

Ohne Rührung sieht er, wie die Erde
eine andere ward, als ihm begann,
nicht mehr Stirb und nicht mehr Werde:
formstill sieht ihn die Vollendung an.

Leben – niederer Wahn

Leben – niederer Wahn!
Traum für Knaben und Knechte,
doch du von altem Geschlechte,
Rasse am Ende der Bahn,

was erwartest du hier?
immer noch eine Berauschung,
eine Stundenvertauschung
von Welt und dir?

Suchst du noch Frau und Mann?
ward dir nicht alles bereitet,
Glauben und wie es entgleitet
und die Zerstörung dann?

Form nur ist Glaube und Tat,
die erst von Händen berührten,
doch dann den Händen entführten
Statuen bergen die Saat.

Suchst du –

Suchst du die Zeichen des Alten
Ur-Alten vor Berg und Tal,
Wandel der Gestalten,
Anbruch menschlicher Qual,

wendend die Züge des Sinnes,
ausgelittener Ruh'
Endes wie Beginnes
dem Unstillbaren zu,

ach, nur im Werk der Vernichter
siehst du die Zeichen entfacht:
kühle blasse Gesichter
und das tiefe: Vollbracht.

Auf deine Lider senk' ich Schlummer

Auf deine Lider senk' ich Schlummer,
auf deine Lippen send' ich Kuß,
indessen ich die Nacht, den Kummer,
den Traum alleine tragen muß.

Um deine Züge leg' ich Trauer,
um deine Züge leg' ich Lust,
indes die Nacht, die Todesschauer
weben allein durch meine Brust.

Du, die zu schwach, um tief zu geben,
du, die nicht trüge, wie ich bin, –
drum muß ich abends mich erheben
und sende Kuß und Schlummer hin.

Einsamer nie –

Einsamer nie als im August:
Erfüllungsstunde –, im Gelände
die roten und die goldenen Brände,
doch wo ist deiner Gärten Lust?

Die Seen hell, die Himmel weich,
die Äcker rein und glänzen leise,
doch wo sind Sieg und Siegsbeweise
aus dem von dir vertretenen Reich?

Wo alles sich durch Glück beweist
und tauscht den Blick und tauscht die Ringe
im Weingeruch, im Rausch der Dinge, –:
dienst du dem Gegenglück, dem Geist.

Die Gefährten

Bis du dich selbst vergißt,
so treiben es die Mächte,
im Labyrinth der Schächte
verwandelt bist.

Ein wechselndes Gefühl,
spärliche Fackelbrände,
du tastest und die Wände
sind fremd und kühl.

Einsamer Gang wie nie,
die letzten, die Bewährten
der Jahre, die Gefährten
du ließest sie,

Für wen und welche Macht?
Du siehst der Ufer keines
und nur das Leid ist deines,
das sie entfacht,

Und was sie sagen will,
fühlst du vielleicht nach Jahren,
doch eh' du es erfahren,
ist der Gefährte still.

Ist das nicht schwerer

Ist das nicht schwerer wie Kummer:
Wände aus Stein, aus Glas,
Räume zu Essen, zu Schlummer –
trägst du denn das?

Ist dann nicht alles zu Ende,
Schatten aus Felsen, aus Stein
schließen die Tore, die Wände,
schließen dich ein?

Denkst du nicht dann alles Leides,
aller zerstörenden Macht,
wie eines Feierkleides,
wie einer Fackelnacht –,

Abende, reine Vernichtung,
wo im Gartengestühl,
– atemloser Verdichtung –
Abende –, Vorgefühl

jeder Scheidung von Treue,
von verbundendstem Du
dich bedrängen und neue
Qualen wachsen dir zu,

Sein ohne Ruhe und Schlummer,
unaufhebbare Not –:
denkst du nicht doch dann der Kummer
wie an ein großes Gebot?

Die Züge Deiner

Die Züge Deiner, die dem Blut verschworen,
der Menschheit altem, allgemeinen Blut,
die sah ich wohl und gab mich doch verloren
schlummerbedeckt und schweigend deiner Flut.

Trugst mich noch einmal zu des Spieles Pforten,
die Becher dunkel und die Würfel blind,
noch einmal zu den letzten süßen Worten
und zum Vergessen, daß sie Träume sind.

Die Vesten sinken und die Arten fallen,
die Rasse Adams, die das Tier verstieß –,
nach den Legionen, nach den Göttern allen,
wenn es auch Träume sind, – noch einmal dies.

General

Meine Herren –: Stichwort: Reginald!
Spannungsstufe III –, Sofortmassnahmen –!
Zwanzig Uhr Verladung der beschleunigten Divisionen!

Wozu die ganze Chose in Bewegung geht –
keine Fragestellung! Geschieht!
Spähtrupps –, mechanisierte Abteilungen,
mot.-, t-mot.-, Raupenschlepper
durch die blaue Zone,
wo die Maschinen schweigen müssen,
die letzten zweihundert Meter
für die Infanterie!

Vernichtung! Ein Rausch die Gräben!
wenn Sie wollen, vorher doppelte Rumration.
Hinweis auf die Feldpolizei.
Gefangene – –, Sie verstehn! Auf keinen Fall schriftlichen
                                        Befehl darüber!
Der Materialwert der Angrenzerländer
ist Reichsmark 10 000 für den Morgen,
in der Avenue de l'Opéra und den Docks von Bizerta
                                        wesentlich höher,
demnach Bomber nie zum Luftkampf
alle Last auf Produktionszentren!

– Jemand noch eine Frage? *Kriegserklärung?*
meine Herren, auf der Reede von Tschemulpo
versenkten 1904 acht dreckige Japszerstörer
die halbe russische Kriegsflotte
mitten im heitersten Frieden
frühmorgens, als die Brödchen ausgetragen wurden,
dann machten sie leider kehrt, statt zu vollenden:
das wird nie wieder vorkommen!
Einbrechen! Lost über das eingesiedelte Ungeziefer!
Steilfeuer! Sauerstoff an die Tresors!
Kostenanschlag – möchte ich sagen,
und dann bedienen wir die Maschinen!

Meine Herren –, Sieg! Pylone, wenn Sie heimkehren
und ein ewiges Feuer den Toten!
Halsorden! Beinamen wie: »Löwe von –«,
Nachrufe mit Stabreimen wie: »in Frieden und Front –«,
Kranzschleifen bei Todesfall – –, Lorbeer –, Mythen –!

Ich danke Ihnen, meine Herren! Für die Jüngeren:
beim letzten grossen Ausmarsch war *ich* Zugführer!
Hier spricht ein Herz!
Vernichtung!
Und wer mich sucht,
im Gegensatz zum Weltkrieg
bei Kampfwagenangriff
im vordersten Tank! –

Alter Kellner

Das Nichts, das Menschenlos, die Parzennähe
ein alter Kellner, schuftend prägt sie ein:
wenn eins ihn seiner Kinder sähe:
er möchte wohl ein anderer sein.

Ein anderer konnte er nicht werden,
Geburt und Schicksal, Trieb und Not,
verwehte Lust uralter Erden,
versehrte Vordern, früher Tod,

Des Geistes Ahnenschaft, des Fleisches Sippe,
Belastungen, Verrat, der Arten Lauf –
das alles stand um sein Gerippe
und schuf den alten Klepper auf.

Sein Leben fliesst dahin – ein Gast wird jäher –
er schleift den kranken Fuss, er ballt den Schuh, –
ein anderer scherzt mit ihm und tritt ihm näher
und flüchtigt ihm ein Wohlwort zu, –

Gewalt der Ewigkeit, Gesetz der Erden,
Reiz und Ermattung, spielerisch und gross –,
ein andrer konnte er nicht werden,
geschaffen in das Nichts, das Menschenlos.

So still –

Es würden Vögel, wanderweit,
sich ruhig und in breiten Massen
in ihren Ästen niederlassen:
so still ist die Unendlichkeit.

Auch unerbittlich ist das nicht!
sie spinnen und die Spindeln rauschen
und Lachesis und Klotho tauschen
den Rocken und die Wolleschicht.

Auch ob es wachte, ob es schlief,
ob es Gestaltung zeigt und Weiten –:
in Schöpfungen, in Dunkelheiten
sind es die Götter, fremd und tief.

Wohin –

Wohin kannst du mich noch führen,
dem längst die Sterne entfacht,
die Weiten atmen und spüren
die ganze Tiefe der Nacht?

Wovon kannst du mich noch lösen,
dem alles gleitet und rinnt,
die Stimmen, die guten, die bösen,
ihre Schilfe rauschen im Wind?

Wovon giebst du noch Kunde,
wozu, von wem erwählt,
dem in Fäden der Spinne die Stunde,
nur sie, die fallende, zählt?

Wenn dir am Ende der Reise
Erde und Wolke verrinnt,
sie nur noch Laute, leise,
vom Himmel gefallene sind,

und nur noch Farben, getönte
aus einem wechselnden Reich,
nicht bittere, nicht versöhnte,
Austausch alles und gleich,

wenn dir die Blicke nach oben
und dir die Blicke zu Tal
schweigend das Nämliche loben,
schweigend die nämliche Qual,

schliessen sich die Gesichte
über der lastenden Flut:
ach, die vielen Gewichte,
doch die Wage, sie ruht.

Dann gliederten sich die Laute,
erst war nur Chaos und Schrei,
fremde Sprachen, uralte,
vergangene Stimmen dabei.

Die eine sagte: gelitten,
die zweite sagte: geweint,
die dritte: keine Bitten
nützen, der Gott verneint.

eine gellende: in Räuschen
aus Kraut, aus Säften, aus Wein –:
vergessen, vergessen, täuschen
dich selbst und jeden, der dein.

eine andere: keine Zeichen,
keine Weisung und kein Sinn –,
im Wechsel Blüten und Leichen
und Geyer drüber hin.

eine andere: Müdigkeiten,
eine Schwäche ohne Mass –
und nur laute Hunde, die streiten,
erhalten Knochen und Frass.

Doch dann in zögernder Wende
und die Stimmen hielten sich an –,
sprach eine: ich sehe am Ende
einen grossen schweigenden Mann.

Der weiss, dass keinen Bitten
jemals ein Gott erscheint,
er hat es ausgelitten,
er weiss, der Gott verneint.

Er sieht den Menschen vergehen
im Raub- und Rassenraum,
er lässt die Welt geschehen
und bildet seinen Traum.

Welle der Nacht

Welle der Nacht –, Meerwidder und Delphine
mit Hyacinthos leichtbewegter Last,
die Lorbeerrosen und die Travertine
weh'n um den leeren istrischen Palast,

Welle der Nacht –, zwei Muscheln miterkoren,
die Fluten strömen sie, die Felsen her,
dann Diadem und Purpur mitverloren,
die weiße Perle rollt zurück ins Meer.

Wer Wiederkehr in Träumen weiss,
den dämmt kein sterbliches Gefüge,
dem aufersteht der alte Kreis,
die Sphinxallee, die Sagenzüge.

Starben die Götter? Nein, sie leben her!
Sie haben noch ihr Tier und ihre Reben
und nehmen Opfer über und vergeben,
wohnen im Hain und wandeln auf dem Meer.

Das Auge stirbt nur, das sich über sah,
das seinen Blick ins Unbegrenzte rollte,
das sich vor dem nicht senkte, was geschah
und still in jedem wirkt und wirken sollte.

Wer sich begrenzt, vollendet seine Spur,
wer trägt, damit es nicht das Sein verletze,
verzögernd sich, den sammelt die Natur,
den Schweigenden erhalten die Gesetze.

Valse d'Automne

Das Rot in den Bäumen
und die Gärten am Ziel –,
Farben, die träumen,
doch sie sagen soviel.

In allen, in allen
das Larvengesicht:
»befreit – zum Zerfallen,
Erfüllung – nicht.«

An Weihern, auf Matten
das seltsame Rot
und dahinter die Schatten
von Fähre und Boot,

die Ufer beschlagen
vom ewigen Meer
und es kreuzen sich Sagen
und Völker her,

das Locken der Frühe,
der Späte Sang
und der grosse
einsame
Untergang.

Der Farben so viele,
die Kelche weit,
und das Ziel der Ziele:
Verlorenheit.

In allen, in allen
den Gärten am Ziel,
befreit zum Zerfallen,
der Farben so viel.

Monolog

Den Darm mit Rotz genährt, das Hirn mit Lügen, –
erwählte Völker Narren eines Clown's,
in Späße, Sternelesen, Vogelzug
den eigenen Unrat deutend! Sklaven –,
aus kalten Ländern und aus glühenden,
immer mehr Sklaven, ungezieferschwere,
hungernde, peitschenüberschwungene Haufen:
dann schwillt das Eigene an, der eigene Flaum,
der grindige, zum Barte des Propheten!

Ach, Alexander und Olympia's Sproß
das Wenigste! Sie zwinkern Hellesponte
und schäumen Asien! Aufgetriebenes, Blasen
mit Vorhut, Günstlingen, verdeckten Staffeln,
daß keiner sticht! Günstlinge: – gute Plätze
für Ring- und Rechtsgeschehn! Wenn keiner sticht!
Günstlinge, Lustvolk, Binden, breite Bänder –
mit breiten Bändern flattert Traum und Welt:
Klumpfüße sehn die Stadien zerstört,
Stinktiere treten die Lupinenfelder,
weil sie der Duft am eigenen irre macht:
nur Stoff vom After! – Fette
verfolgen die Gazelle,
die windeseilige, das schöne Tier!
Hier kehrt das Maß sich um:
die Pfütze prüft den Quell, der Wurm die Elle,
die Kröte spritzt dem Veilchen in den Mund
– Hallelujah! – und wetzt den Bauch im Kies:
die Paddentrift als Mahnmal der Geschichte!

Die Ptolomäerspur als Gaunerzinke.
Die Ratte kommt als Labsal gegen Pest.
Meuchel besingt den Mord. Spitzel locken
aus Psalmen Unzucht.

Und diese Erde lispelt mit dem Mond,
dann schürzt sie sich ein Maifest um die Hüfte,
dann läßt sie Rosen durch, dann schmort sie Korn,
läßt den Vesuv nicht spein, läßt nicht die Wolke
zu Lauge werden, die der Tiere Abart,
die dies erlistet, sticht und niederbrennt, –
ach, dieser Erde Frucht- und Rosenspiel
ist heimgestellt der Wucherung des Bösen,
der Hirne Schwamm, der Kehle Lügensprenkeln
der obgenannten Art – die maßverkehrte!

Sterben heißt, dies alles ungelöst verlassen,
die Bilder ungesichert, die Träume
im Riß der Welten stehn und hungern lassen –
doch Handeln heißt, die Niedrigkeit bedienen,
der Schande Hilfe leihn, die Einsamkeit,
die große Lösung der Gesichte,
das Traumverlangen hinterhältig fällen
für Vorteil, Schmuck, Beförderungen, Nachruf,
indes das Ende, taumelnd wie ein Falter,
gleichgiltig wie ein Sprengstück nahe ist
und anderen Sinn verkündet –

– Ein Klang, ein Bogen, fast ein Sprung aus Bläue
stieß eines abends durch den Park hervor,
darin ich stand –: ein Lied,
ein Abriß nur, drei hingeworfene Noten
und füllte so den Raum und lud so sehr
die Nacht, den Garten mit Erscheinungen voll
und schuf die Welt und bettete den Nacken
mir in das Strömende, die trauervolle
erhabene Schwäche der Geburt des Seins –:
ein Klang, ein Bogen nur –: Geburt des Seins –,
ein Bogen nur und trug das Maß zurück,
und alles schloß es ein: die Tat, die Träume....

Aus einem Kranz scharlachener Gehirne,
des Blüten der verstreuten Fiebersaat
sich einzeln halten, nur einander:

»unbeugsam in der Farbe« und »ausgezähnt
am Saum das letzte Haar«, »gefeilt in Kälte«
zurufen, gesalzene Laken des Urstoffs:
hier geht Verwandlung aus! Der Tiere Abart
wird faulen, daß für sie das Wort Verwesung
zu sehr nach Himmeln riecht –, schon streichen
die Geier an, die Falken hungern schon –!

Henri Matisse: »Asphodèles«

»Sträuße – doch die Blätter fehlen,
Krüge – doch wie Urnen breit,
– Asphodelen,
der Proserpina geweiht –.«

Verse

Wenn je die Gottheit, tief und unerkenntlich,
in einem Wesen auferstand und sprach,
so sind es Verse, da unendlich
in ihnen sich die Qual der Herzen brach;
die Herzen treiben längst im Strom der Weite,
die Strophe aber streift von Mund zu Mund,
sie übersteht die Völkerstreite
und überdauert Macht und Mörderbund.

Auch Lieder, die ein kleiner Stamm gesungen,
Indianer, Yakis mit Aztekenwort,
längst von der Gier des weißen Manns bezwungen,
leben als stille Ackerstrophen fort:
»komm, Kindlein, komm im Schmuck der Siebenähren,
komm, Kindlein, komm in Kett' und Yadestein,
der Maisgott stellt ins Feld, uns zu ernähren,
den Rasselstab und du sollst Opfer sein –«.

Das große Murmeln dem, der seine Fahrten
versenkt und angejocht dem Geiste lieh,
Einhauche, Aushauch, Weghauch – Atemarten
indischer Büssungen und Fakirie –,
das große Selbst, der Alltraum, einem Jeden
ins Herz gegeben, der sich schweigend weiht,
hält sich in Psalmen und in Veden
und spottet alles Tuns und trotzt der Zeit.

Zwei Welten stehn in Spiel und Widerstreben,
allein der Mensch ist nieder, wenn er schwankt,
er kann vom Augenblick nicht leben,
obschon er sich dem Augenblicke dankt;
die Macht vergeht im Abschaum ihrer Tücken,
indes ein Vers der Völker Träume baut,
die sie der Niedrigkeit entrücken,
Unsterblichkeit im Worte und im Laut.

Gedichte

Im Namen Dessen, der die Stunden spendet,
im Schicksal des Geschlechts, dem Du gehört,
hast du fraglosen Aug's den Blick gewendet
in eine Stunde, die den Blick zerstört,
die Dinge dringen kalt in die Gesichte
und reißen sich der alten Bindung fort,
es gibt nur ein Begegnen: im Gedichte
die Dinge mystisch bannen durch das Wort.

Am Steingeröll der großen Weltruine,
dem Ölberg, wo die tiefste Seele litt,
vorbei am Posilipp der Anjouine,
dem Stauferblut und ihrem Racheschritt:
ein neues Kreuz, ein neues Hochgerichte,
doch eine Stätte ohne Blut und Strang,
sie schwört in Strophen, urteilt im Gedichte,
die Spindeln drehen still: die Parze sang.

Im Namen Dessen, der die Stunden spendet,
erahnbar nur, wenn er vorüberzieht
an einem Schatten, der das Jahr vollendet,
doch unausdeutbar bleibt das Stundenlied –,
ein Jahr am Steingeröll der Weltgeschichte,
Geröll der Himmel und Geröll der Macht,
und nun die Stunde, deine: im Gedichte
das Selbstgespräch des Leides und der Nacht.

Bilder

Siehst du auf Bildern in den Galerie'n
verkrümmte Rücken, graue Mäuler, Falten
anstößiger gedunsener Alten,
die schon wie Leichen durch die Dinge zieh'n,

Brüchige Felle, Stoppeln, käsiger Bart,
blutunterflossenes Fett von Fuselräuschen,
gewandt, für Korn zu prellen und zu täuschen,
den Stummel fischend und im Tuch verwahrt;

Ein Lebensabend, reichliches Dekor,
Reichtum an Unflat, Lumpen, Pestilenzen,
ein Hochhinauf wechselnder Residenzen:
im Leihhaus tags und nachts im Abflußrohr,

Siehst du auf Bildern in den Galerie'n,
wie diese Alten für ihr Leben zahlten,
siehst du die Züge derer, die es malten,
du siehst den großen Genius, – Ihn.

Unanwendbar

Du wolltest nichts, als das Gebot vollenden,
zu dem zwei Völker sich in dir vereint;
aus fernen Stunden, Gipfeln und Geländen,
Hirtengeräten, Jagdzeug, Säerhänden,
stieg eine Sehnsucht, die die Tat verneint –:
»zurück, zurück, wo still die Wasser stehn
und Glück um Glück zum Strand die Rosen wehn.«

Anschauen, Prüfen, Bildersammeln –: Worte,
darin Zusammenhang, erfahrener Sinn;
ordnendes Sein: Gedichte –: reine Horte
groß unanwendbaren Geblüts, die Pforte
in die Erinnerung, den Anbeginn –:
»zurück, zurück, wo still die Wasser stehn,
du bist Erinnerung an Urgeschehn.«

Die Jäger, Säer, Hirten dröhnen
mit ihrem Ahnennotgerät,
du hörst hinweg, du siehst die schönen
Gebilde, die die Welt versöhnen,
die ewig sind und nie zu spät –:
»doch noch nach Jahren büßt du für die Stunden,
darin du sie empfangen und empfunden.«

Krank, kunstbedürftig, im Verfall erhalten,
da ein Zusammenhang sich hebt und weckt;
entartet –, doch im Hauch der Weltgewalten,
du siehst ja in den herrlichsten Gestalten
den Tod von Zweig und Blüten zugedeckt –:
wer die Zerstörung flieht, wird niemals stehn,
»wo Glück um Glück zum Strand die Rosen wehn«.

Du trägst

Du trägst die Züge der Heloten
und lebst von Griffen mancher Art,
ein Außensein ist dem verboten,
der das Gedicht im Keim bewahrt.

Du kannst dein Wesen keinem nennen,
verschlossen jedem Bund und Brauch,
du kannst dich nur im Wort erkennen
und geben dich und trauern auch.

Gefragt nach deinem Tun und Meinen,
nach deinen Ernten, deiner Saat,
kannst du die Frage nur verneinen
und deuten auf geheime Tat.

Ein Wort

Ein Wort, ein Satz –: aus Chiffern steigen
erkanntes Leben, jäher Sinn,
die Sonne steht, die Sphären schweigen
und alles ballt sich zu ihm hin.

Ein Wort –, ein Glanz, ein Flug, ein Feuer,
ein Flammenwurf, ein Sternenstrich –,
und wieder Dunkel, ungeheuer,
im leeren Raum um Welt und Ich.

Abschied

Du füllst mich an wie Blut die frische Wunde
und rinnst hernieder seine dunkle Spur,
Du dehnst dich aus wie Nacht in jener Stunde,
da sich die Matte färbt zur Schattenflur,
Du blühst wie Rosen schwer in Gärten allen,
Du Einsamkeit aus Alter und Verlust,
Du Überleben, wenn die Träume fallen,
zuviel gelitten und zuviel gewußt.

Entfremdet früh dem Wahn der Wirklichkeiten,
versagend sich der schnell gegebenen Welt,
ermüdet von dem Trug der Einzelheiten,
da keine sich dem tiefen Ich gesellt;
nun aus der Tiefe selbst, durch nichts zu rühren,
und die kein Wort und Zeichen je verrät,
mußt du dein Schweigen nehmen, Abwärtsführen
zu Nacht und Trauer und den Rosen spät.

Manchmal noch denkst du dich –; die eigene Sage –:
das warst du doch –? ach, wie du dich vergaßt!
war das dein Bild? war das nicht deine Frage,
dein Wort, dein Himmelslicht, das du besaßt?
Mein Wort, mein Himmelslicht, dereinst besessen,
mein Wort, mein Himmelslicht, zerstört, vertan –,
wem das geschah, der muß sich wohl vergessen
und rührt nicht mehr die alten Stunden an.

Ein letzter Tag –: spätglühend, weite Räume,
ein Wasser führt dich zu entrücktem Ziel,
ein hohes Licht umströmt die alten Bäume
und schafft im Schatten sich ein Widerspiel,
von Früchten nichts, aus Ähren keine Krone
und auch nach Ernten hat er nicht gefragt –,
er spielt sein Spiel, und fühlt sein Licht und ohne
Erinnern nieder – alles ist gesagt.

Ach, das ferne Land –

Ach, das ferne Land,
wo das Herzzerreißende
auf runder Kiesel
oder Schilffläche libellenflüchtig
anmurmelt,
auch der Mond
verschlagenen Lichts
– halb Reif, halb Ährenweiß –
den Doppelgrund der Nacht
so tröstlich anhebt –

ach, das ferne Land,
wo vom Schimmer der See'n
die Hügel warm sind,
zum Beispiel Asolo, wo die Duse schlummert,
von Pittsburg trug sie der »Duilio« heim,
alle Kriegsschiffe, auch die englischen, flaggten
                                              halbmast,
als er Gibraltar passierte –

dort Selbstgespräche
ohne Beziehungen auf Nahes,
Selbstgefühle,
frühe Mechanismen,
Totemfragmente
in die weiche Luft –

etwas Rosinenbrot im Rock –,
so fallen die Tage,
bis der Ast am Himmel steht,
auf dem die Vögel einruhn
nach langem Flug.

Mittelmeerisch

Ach, aus den Archipelagen,
da im Orangengeruch
selbst die Trümmer sich tragen
ohne Tränen und Fluch,

strömt in des Nordens Düster,
Nebel- und Niflheim,
Runen und Lurengeflüster
mittelmeerisch ein Reim:

Schließlich im Grenzenlosen
eint sich Wahrheit und Wahn,
wie in der Asche der Rosen
schlummert der Kiesel, Titan,

dein aber ist das Schreiten,
dein die Grenze, die Zeit,
glaube den Ewigkeiten,
ford're sie nicht zu weit,

aus ihrer halben Trauer,
rosen- und trümmerschwer,
schaffe den Dingen Dauer –,
strömt es vom Mittelmeer.

Ein später Blick

Du, überflügelnd deine Gründe,
den ganzen Strom im Zug zurück,
den Wurzelquell, den Lauf, die Münde
als Bild im späten Späherblick.

Da ist nichts jäh, da ist nichts lange,
all eins, ob steinern, ob belebt,
es ist die Krümmung einer Schlange,
von der sich eine Zeichnung hebt:

Ein Großlicht tags, dahinter Sterne,
ein Thron aus Gold, ein Volk in Müh'n,
und dann ein Land, im Aufgang, ferne,
in dem die Gärten schweigend blüh'n.

Ein später Blick –, nichts jäh, nichts lange,
all eins, ob dämmernd, ob erregt,
es ist die Krümmung einer Schlange,
die sich zu fremdem Raub bewegt.

Erkenntnis – Dir, doch nichts zu künden
und nichts zu schließen, nichts zu sein –,
du, flügelnd über deinen Gründen,
und einer zieht dich dann hinein.

Verlorenes Ich

Verlorenes Ich, zersprengt von Stratosphären,
Opfer des Ion –: Gamma-Strahlen-Lamm –,
Teilchen und Feld –: Unendlichkeitschimären
auf deinem grauen Stein von Notre-Dame.

Die Tage geh'n dir ohne Nacht und Morgen,
die Jahre halten ohne Schnee und Frucht
bedrohend das Unendliche verborgen –,
die Welt als Flucht.

Wo endest du, wo lagerst du, wo breiten
sich deine Sphären an –, Verlust, Gewinn –:
ein Spiel von Bestien: Ewigkeiten,
an ihren Gittern fliehst du hin.

Der Bestienblick: die Sterne als Kaldaunen,
der Dschungeltod als Seins- und Schöpfungsgrund,
Mensch, Völkerschlachten, Katalaunen
hinab den Bestienschlund.

Die Welt zerdacht. Und Raum und Zeiten
und was die Menschheit wob und wog,
Funktion nur von Unendlichkeiten –,
die Mythe log.

Woher, wohin –, nicht Nacht, nicht Morgen,
kein Evoë, kein Requiem,
du möchtest dir ein Stichwort borgen –,
allein bei wem?

Ach, als sich alle einer Mitte neigten
und auch die Denker nur den Gott gedacht,
sie sich den Hirten und dem Lamm verzweigten,
wenn aus dem Kelch das Blut sie rein gemacht,

und alle rannen aus der einen Wunde,
brachen das Brot, das jeglicher genoß –,
oh ferne zwingende erfüllte Stunde,
die einst auch das verlor'ne Ich umschloß.

In einer Stadt

In einer Stadt einst, wo – ich unzuhause –
die Abende oft auf ein Wasser sah'n,
ein Rosenwasser, in der Rosen-Pause
vollzogen Schwäne ihren weißen Wahn,

und Klänge oft, erst dämmernder, dann jäher,
dem Nichts entstiegen und dem Nichts gesandt –,
laß leise klingen – nur, wer näher,
vernehme, was ich dort empfand.

Nachzeichnung

I.

O jene Jahre! Der Morgen grünes Licht,
auch die noch nicht gefegten Lusttrottoire –,
der Sommer schrie von Ebenen in der Stadt
und sog an einem Horn,
das sich von oben füllte.

Lautlose Stunde. Wässrige Farben
eines hellgrünen Aug's verdünnten Strahls,
Bilder aus diesem Zaubergrün, gläserne Reigen:
Hirten und Weiher, eine Kuppel, Tauben –
gewoben und gesandt, erglänzt, erklungen –,
verwandelbare Wolken eines Glücks!

So standest du vor Tag: die Spring-
brunnen noch ohne Perlen; tatenlos
Gebautes und die Steige; die Häuser
verschlossen, du erschufst
den Morgen, jasminene Frühe,
sein Jauchzen, uranfänglich
sein Strahl, – noch ohne Ende, – o jene Jahre!

Ein Unauslöschliches im Herzen,
Ergänzungen vom Himmel und der Erde;
Zuströmendes aus Schilf und Gärten,
Gewitter abends
tränkten die Dolden ehern,
die barsten dunkel, gespannt von ihren Seimen;
und Meer und Strände,
bewimpelte mit Zelten,
glühenden Sandes trächtig,
bräunende Wochen, gerbend alles
zu Fell für Küsse, die niedergingen
achtlos und schnell verflogen
wie Wolkenbrüche!

Darüber hing die Schwere
auch jetzt –, doch Trauben
aus ihr,
die Zweige niederziehend und wieder hochlassend,
nur einige Beeren,
wenn du mochtest,
erst –,

noch nicht so drängend und überhangen
von kolbengroßen Fruchtfladen,
altem schwerem Traubenfleisch –,

o jene Jahre!

II.

Dunkle Tage des Frühlings,
nicht weichender Dämmer um Laub;
Fliederblüte gebeugt, kaum hochblickend
narzissenfarben und starken Todesgeruchs,
Glückausfälle,
sieglose Trauer des Unerfüllten.

Und in den Regen hinein,
der auf das Laub fällt,
höre ich ein altes Wälderlied,
von Wäldern, die ich einst durchfuhr
und wiedersah, doch ich ging nicht
in die Halle, wo das Lied erklungen war,
die Tasten schwiegen längst,
die Hände ruhten irgendwo,
gelöst von jenen Armen, die mich hielten,
zu Tränen rührten,
Hände aus den Oststeppen,
blutig zertretenen längst, –
nur noch ihr Wälderlied
in den Regen hinein
an dunklen Tagen des Frühlings
den ewigen Steppen zu.

Alle die Gräber

Alle die Gräber, die Hügel
auf Bergen und an See'n,
die ich grub und von deren Wällen
ich die offene Erde gesehn,

die ich trug und weiter trage
als Tang und Muscheln im Haar,
die ich frug und weiter frage,
wie das Meer am Grunde denn war –,

Alle die Gräber, die Hügel,
in denen ich war und bin,
jetzt streift ein weißer Flügel
manchmal über sie hin,

der kann die Kränze nicht heben,
nicht wecken der Rosen Schein,
die ich hinabgegeben,
doch ein Wandelndes deutet er ein.

Gärten und Nächte

Gärten und Nächte, trunken
von Tau und alter Flut,
ach, wieder eingesunken
dem bilderlosen Blut,
aus Wassern und aus Weiden
ein Atem, glutbewohnt,
verdrängt das Nichts, das Leiden
vom letzten, leeren Mond.

Ach, hinter Rosenblättern
versinken die Wüsten, die Welt,
laß sie den Rächern, den Rettern,
laß sie dem Held,
laß sie dem Siegfried, dem Hagen,
denke: ein Lindenblatt
das Drachenblut geschlagen
und die Wunde gegeben hat.

Nacht von der Schwärze der Pinien,
hoch von Planeten porös,
tief von Phlox und Glyzinien
libidinös,
hüftig schwärmen die Horen,
raffen die Blüte, das Kraut
und verschütten mit Floren
Herkules' Löwenhaut.

Sinkend an sie, an beide,
ihr feuchtes Urgesicht,
ein Wasser und eine Weide,
du schauerst nicht –,
mit Menschen nichts zu sagen
und Haus und Handeln leer,
doch Gärten und Nächte tragen
ein altes Bild dir her.

Wenn etwas leicht

Wenn etwas leicht und rauschend um dich ist
wie die Glycinienpracht an dieser Mauer,
dann ist die Stunde jener Trauer,
daß du nicht reich und unerschöpflich bist.

Nicht wie die Blüte oder wie das Licht:
in Strahlen kommend, sich verwandelnd,
an ähnlichen Gebilden handelnd,
die alle nur der eine Rausch verflicht,

der eine Samt, auf dem die Dinge ruh'n
so strömend und so unzerspalten,
die Grenze zieh'n, die Stunden halten
und nichts in jener Trauer tun.

St. Petersburg – Mitte des Jahrhunderts

»Jeder, der einem anderen hilft,
ist Gethsemane,
Jeder, der einen anderen tröstet,
ist Christi Mund«
singt die Kathedrale des Heiligen Isaak,
das Alexander-Newsky-Kloster,
die Kirche des Heiligen Peter und Paul,
in der die Kaiser ruhn,
sowie die übrigen hundertzweiundneunzig griechischen,
acht römisch-katholischen,
eine anglikanische, drei armenische,
lettische, schwedische, esthnische,
finnische Kapellen.

Wasserweihe
der durchsichtigen blauen Newa
am Dreikönigstag.
Sehr gesundes Wasser, führt die fremden Stoffe ab.
Trägt die herrlichen Schätze heran
für das Perlmutterzimmer,
das Bernsteinzimmer
von Zarskoje Selo
in den Duderhoffschen Bergen,
den himmelblauen sibirischen Marmor
für die Freitreppen.
Kanonensalven
wenn sie auftaut,
Tochter der See'n
Onega und Ladoga!

Vormittagskonzert im Engelhardtschen Saal,
Madame Stepanow,
die Glinka's »Das Leben für den Zaren«
kreiert hatte, schreit unnatürlich,
Worojews Bariton hat schon gelitten.
An einem Pfeiler

mit vorstehenden weißen Zähnen,
afrikanischer Lippe,
ohne Brauen
Alexander Sergeitsch (Puschkin).
Neben ihm Baron Brambeus,
dessen »großer Empfang beim Satan«
als Gipfel der Vollkommenheit gilt.
Violoncellist: Davidoff.
Und dann die russischen Bässe: ultratief,
die normalen Singbässe vielfach in der Oktave
verdoppelnd,
das Contra C rein und voll,
aus zwanzig Kehlen
ultratief.

Zu den Inseln!
Namentlich Kretowsky – Lustort, Lustwort, –
Baschkiren, Bartrussen, Renntiersamojeden
auf Sinnlichkeits- und Übersinnlichkeitserwerb!
Erster Teil:
»Vom Gorilla bis zur Vernichtung Gottes«,
Zweiter Teil:
»Von der Vernichtung Gottes bis zur Verwandlung
des physischen Menschen« –
Kornschnaps!
Das Ende der Dinge
Ein Branntweinschluckauf
Ultratief!

Raskolnikow
(als Ganzes weltanschaulich stark bedrängt)
betritt Kabak,
ordinäre Kneipe.
Klebrige Tische,
Ziehharmonika,
Dauertrinker,
Säcke unter den Augen,
einer bittet ihn
»zu einer vernünftigen Unterhaltung«,

Heuabfälle im Haar.
(Anderer Mörder:
Dorian Gray, London,
Geruch des Flieders,
honigfarbener Goldregen
am Haus, – Parktraum, –
betrachtet Ceylonrubin für Lady B.,
bestellt Gamelangorchester.)

Raskolnikow,
stark versteift,
wird erweckt durch Sonja »mit dem gelben Billet«
(Prostituierte. Ihr Vater
steht der Sache »im Gegenteil tolerant gegenüber«),
sie sagt:
»Steh auf! komm sofort mit!
Bleib am Kreuzweg stehn,
küsse die Erde, die du besudelt,
vor der du gesündigt hast,
verneige Dich dann vor aller Welt,
sage allen laut:
ich bin der Mörder, –
willst Du?
Kommst Du mit?« –
und er kam mit.

Jeder, der einen anderen tröstet,
ist Christi Mund –

St. Petersburg – Mitte des Jahrhunderts

Dann –

Wenn ein Gesicht, das man als junges kannte
und dem man Glanz und Tränen fortgeküßt,
sich in den ersten Zug des Alters wandte,
den frühen Zauber lebend eingebüßt,

Der Bogen einst, dem jeder Pfeil gelungen,
purpurgefiedert lag das Rohr im Blau,
die Cymbel auch, die jedes Lied gesungen:
– »funkelnde Schale«, – »Wiesen im Dämmergrau«, –

Dem ersten Zug der zweite schon im Bunde,
ach, an der Stirne hält sie schon die Wacht
die einsame, die letzte Stunde –,
das ganze liebe Antlitz dann in Nacht.

Nasse Zäune

Nasse Zäune
über Land geweht,
dunkelgrüne Stakete,
Krähenunruhe und Pappelentblätterung
als Umwelt.

Nasse Zäune,
Gartenabgrenzung,
doch nicht für Abkömmlinge
der berühmten Tulpe Semper Augustus,
die Paris im 17. Jahrhundert mit unerhörten Preisen
bezahlte,
oder die Hyazinthe »Bleu Passe«
(1600 fl. anno 1734),
man trug seinen Namen in ein Buch ein,
erst mehrere Tage später
führte einen ein Gartendirektor vorbei –,
vielmehr für die alten bewährten Ranunkeln Ostades.

Nasse Zäune,
Holzfäulnis und Moosansatz
in der Stille der Dörfer,
kleine Ordnungszeile
über Land geweht,
doch Schnee und Salze sammeln sich,
rinnen Verfall –
die alten Laute.

Statische Gedichte

Entwicklungsfremdheit
ist die Tiefe des Weisen,
Kinder und Kindeskinder
beunruhigen ihn nicht,
dringen nicht in ihn ein.

Richtungen vertreten,
Handeln,
Zu- und Abreisen
ist das Zeichen einer Welt,
die nicht klar sieht.
Vor meinem Fenster,
– sagt der Weise, –
liegt ein Tal,
darin sammeln sich die Schatten,
zwei Pappeln säumen einen Weg,
du weißt, – wohin.

Perspektivismus
ist ein anderes Wort für seine Statik:
Linien anlegen,
sie weiterführen
nach Rankengesetz, –
Ranken sprühen, –
auch Schwärme, Krähen,
auswerfen in Winterrot von Frühhimmeln,

dann sinkenlassen –,

Du weißt – für wen.

1886

Ostern am spätesten Termin,
an der Elbe blühte schon der Flieder,
dafür Anfang Dezember ein so unerhörter Schneefall,
dass der gesamte Bahnverkehr
in Nord- und Mitteldeutschland
für Wochen zum Erliegen kam.

Paul Heyse veröffentlicht eine einaktige Tragödie.
Es ist Hochzeitsabend, die junge Frau entdeckt,
dass ihr Mann einmal ihre Mutter geliebt hat,
alle längst tot, immerhin
von ihrer Tante, die Mutterstelle vertrat,
hat sie ein Morphiumfläschchen:
»störe das sanfte Mittel nicht«,
sie sinkt zurück, hascht nach seiner Hand,
Theodor (düster, aufschreiend):
»Lydia! Mein Weib! Nimm mich mit Dir«! –
Titel: »Zwischen Lipp' und Kelchesrand.«

England erobert Mandelai,
eröffnet das weite Tal des Irawaday dem Welthandel;
Madagaskar kommt an Frankreich;
Russland vertreibt den Fürsten Alexander
aus Bulgarien.

Der Deutsche Radfahrbund
zählt 1500 Mitglieder.
Güssfeld besteigt zum ersten Mal
den Montblanc
über den Grand Mulet.
Die Barsois aus dem Perchinozwinger
im Gouvernement Tula,
die mit der besonders tiefbefahnten Brust,
die Wolfsjäger,
erscheinen auf der Berliner Hundeausstellung,
Asmodey erhält die Goldene Medaille.

Die Registertonne wird einheitlich
auf 2,8 cbm Raumgehalt festgesetzt;
Übergang des Raddampfers zum Schraubendampfer;
Rückgang der Holzschiffe;
über das chinesische Kauffahrteiwesen
ist statistisch nichts bekannt;
Norddeutscher Lloyd: 38 Schiffe, 63 000 t,
Hamburg – Amerika: 19 Schiffe, 34 200 t,
Hamburg – Süd: 9 Schiffe, 13 500 t.

Turgenjew in Baden-Baden
besucht täglich die Schwestern Viardot,
unvergessliche Abende,
sein Lieblingslied, das selten gehörte:
»wenn meine Grillen schwirren«
(Schubert),
oft auch lesen sie Scheffel's Ekkehard.

Es werden entdeckt:
der flügellose Vogel Kiwi-kiwi in Neuseeland,
der augenlose Molch in der Krainer Tropfsteinklamm,
ein blinder Fisch in der Mammuthhöhle von Kentucky.
Beobachtet werden:
Schwinden des Haarkleides (Wale, Delphine),
Weisslichwerden der Haut (Schnecken, Köcherfliegen),
Panzerrückbildung (Krebse, Insekten) –
Entwicklungsfragen,
Befruchtungsstudien,
Naturgeheimnis,
nachgestammelt.

Kampf gegen Fremdwörter,
Luna, Cephir, Chrysalide,
1088 Wörter aus dem Faust
sollen verdeutscht werden.
Agitation der Handlungsgehilfen
für Schliessung der Geschäfte an den
                    Sonntagnachmittagen,
sozialdemokratische Stimmen
bei der Wahl in Berlin: 68 535.
Das Tiergartenviertel ist freisinnig,

Singer hält seine erste
Kandidatenrede.
13. Auflage von Brockhaus'
Konversationslexikon.

Die Zeitungen beklagen die Aufführung
von Tolstoi's »Macht der Finsternis«,
dagegen ist Blumenthal's »Ein Tropfen Gift«
eines langen Nachklangs von Wohllaut sicher;
»Über dem Haupt des Grafen Albrecht Vahlberg,
der eine geachtete Stellung in der hauptstädtischen
                                        Gesellschaft
einnimmt,
schwebt eine dunkle Wolke«,
Zola, Ibsen, Hauptmann sind unerfreulich,
Salambo verfehlt,
Liszt Kosmopolit,
und nun kommt die Rubrik
»Der Leser hat das Wort«,
er will etwas wissen
über Wadenkrämpfe
und Fremdkörperentfernung.

Es taucht auf:
Pithekanthropos,
Javarudimente, –
die Vorstufen.
Es stirbt aus:
der kleine Vogel von Hawai
für die königlichen Federmäntel:
ein gelber Flaumstreif an jedem Flügel, –
genannt der Honigsauger.

1886 –
Geburtsjahr gewisser Expressionisten,
ferner von Staatsrat Furtwängler,
Emigrant Kokoschka,
Generalfeldmarschall v. W. (†),

Kapitalverdoppelung
bei Schneider-Creuzot, Krupp-Stahl, Putiloff.

Clemenceau

»Mit dem Blick auf das Ende
ist das Leben schön«,
der Blick lag auf den Rosen der Vendée.
Ferner:
»die Menschen haben keine Seele,
wenn sie doch wenigstens Haltung hätten.«

Ein überlegenes Gefühl zeigt folgende Bemerkung:
»es gibt Sterne,
die seit 2000 Jahren erloschen sind
und deren Licht wir noch erhalten.
Wenn man daran denkt,
ist alles in Ordnung.«

Über Kunst wußte er Bescheid.
Betreffend seinen Gutsnachbar Monet schrieb er:
»er hätte noch zehn Jahre leben müssen,
dann hätte man nichts von dem verstanden,
was er schuf,
auf seiner Leinewand
wäre dann vielleicht nichts mehr zu sehn gewesen.«

Witzig ist folgender Dialog:
»C.: er soll ein leidenschaftlicher Päderast
gewesen sein?
M.: nein, er spricht von der Päderastie,
ohne sich zu erregen.
C.: was, er erregte sich nicht einmal?«

Hinsichtlich unserer Besonderheit scherzte er:
»die Deutschen sehen,
wie ein niedliches Tier im Wasser umhertändelt
und das nennen sie dann Meerschwein.«

Die Perspektive tritt an Stelle der Emphase;
Fünfundachtzigjährig faßte er zusammen:
»nichts ist wahr. Alles ist wahr.
Das ist der Weisheit letzter Schluß.«

Oft war er in Griechenland gewesen,
dort viel gesammelt.
Sein Testament schloß:
»auf mein Grab den Marmor aus Hellas.«

September

I.

Du, über den Zaun gebeugt mit Phlox
(von Regenguß zerspalten,
seltsamen Wildgeruchs),
der gern auf Stoppeln geht,
zu alten Leuten tritt,
die Balsaminen pflücken,
Rauch auf Feldern
mit Lust und Trauer atmet –

aufsteigenden Gemäuers,
das noch sein Dach vor Schnee und Winter will,
kalklöschenden Gesellen
ein: »ach, vergebens« zuzurufen,
nur zögernd sich verhält –

gedrungen eher als hochgebaut,
auch unflätigen Kürbis nackt am Schuh,
fett und gesichtslos, dies Krötengewächs –

Ebenenentstiegener,
Endmond aller Flammen,
aus Frucht- und Fieberschwellungen
abfallend, schon verdunkelten Gesichts –

Narr oder Täufer,
des Sommers Narr, Nachplapperer, Nachruf
oder der Gletscher Vorlied,
jedenfalls Nußknacker,
Schilfmäher,
Beschäftigter mit Binsenwahrheiten –

vor Dir der Schnee,
Hochschweigen, unfruchtbar
die Unbesambarkeit der Weite:
da langt dein Arm hin,
doch über den Zaun gebeugt
die Kraut- und Käferdränge,
das Lebenwollende,
Spinnen und Feldmäuse –.

II.

Du, ebereschenverhangen
von Frühherbst,
Stoppelgespinnst,
Kohlweißlinge im Atem,
laß viele Zeiger laufen,
Kuckucksuhren schlagen,
lärme mit Vespergeläut,
gonge
die Stunde, die so golden feststeht,
so bestimmt dahinbräunt,
in ein zitternd Herz!

Du –: – Anderes!
So ruhn nur Götter
oder Gewänder
unstürzbarer Titanen,
langgeschaffener,
so tief eingestickt
Falter und Blumen
in die Bahnen!

Oder ein Schlummer früher Art,
als kein Erwachen war,
nur goldene Wärme und Purpurbeeren,
benagt von Schwalben, ewigen,
die nie von dannen ziehn, –

Dies schlage, gonge,
diese Stunde,
denn
wenn du schweigst,
drängen die Säume herab
pappelbestanden und schon kühler.

Chopin

Nicht sehr ergiebig im Gespräch,
Ansichten waren nicht seine Stärke,
Ansichten reden drum herum,
wenn Delacroix Theorieen entwickelte,
wurde er unruhig, er seinerseits konnte
die Notturnos nicht begründen.

Schwacher Liebhaber;
Schatten in Nohant,
wo George Sands Kinder
keine erzieherischen Ratschläge
von ihm annahmen.

Brustkrank in jener Form
mit Blutungen und Narbenbildung,
die sich lange hinzieht;
stiller Tod
im Gegensatz zu einem
mit Schmerzparoxysmen
oder durch Gewehrsalven:
man rückte den Flügel (Erard) an die Tür
und Delphine Potocka
sang ihm in der letzten Stunde
ein Veilchenlied.

Nach England reiste er mit drei Flügeln:
Pleyel, Erard, Broadwood,
spielte für 20 Guineen abends
eine Viertelstunde
bei Rothschilds, Wellingtons, im Strafford House
und vor zahllosen Hosenbändern;
verdunkelt von Müdigkeit und Todesnähe
kehrte er heim
auf den Square d'Orléans.

331

Dann verbrennt er seine Skizzen
und Manuskripte,
nur keine Restbestände, Fragmente, Notizen,
diese verräterischen Einblicke –,
sagte zum Schluß:
»meine Versuche sind nach Maßgabe dessen vollendet,
was mir zu erreichen möglich war.«

Spielen sollte jeder Finger
mit der seinem Bau entsprechenden Kraft,
der vierte ist der schwächste
(nur siamesisch zum Mittelfinger).
Wenn er begann, lagen sie
auf e, fis, gis, h, c.

Wer je bestimmte Präludien
von ihm hörte,
sei es in Landhäusern oder
in einem Höhengelände
oder aus offenen Terrassentüren
beispielsweise aus einem Sanatorium,
wird es schwer vergessen.
Nie eine Oper komponiert,
keine Symphonie,
nur diese tragischen Progressionen
aus artistischer Überzeugung
und mit einer kleinen Hand.

Die Form –

Die Form, die Formgebärde,
die sich ergab, die wir uns gaben –,
du bist zwar Erde,
doch du mußt sie graben.

Du wirst nicht ernten,
wenn jene Saat ersteht
in den Entfernten,
dein Bild ist längst verweht.

Riefst den Verlorenen,
Tschandala's, Paria's, – Du,
den Ungeborenen
ein Wort des Glaubens zu.

5. Jahrhundert

I.

»Und einer stellt die attische Lekythe,
auf der die Überfahrt von Schlaf und Staub
in weißen Grund gemalt als Hadesmythe,
zwischen die Myrthe und das Pappellaub.

Und Einer steckt Cypresse an die Pfosten
der lieben Tür, mit Rosen oft behängt,
nun weißer Thymian, Tarant und Dosten
den letztesmal Gekränzten unterfängt.

Das Mahl. Der Weieguß. Die Räucherschwaden.
Dann wird ein Hain gepflanzt das Grab umziehn
und eine Flöte singt von den Cykladen,
doch keiner folgt mir in die Plutonie'n.«

II.

Das Tal stand silbern in Olivenzweigen,
dazwischen war es von Magnolien weiß,
doch alles trug sich schwer, in Schicksalsschweigen
sie blühten marmorn, doch es fror sie leis.

Die Felder rauh, die Herden ungesegnet,
Kore geraubt und Demeter verirrt,
bis sich die beiden Göttinnen begegnet
am schwarzen Felsen und Eleusis wird.

Nun glüht sich in das Land die ferne Küste,
du gehst im Zuge, jedes Schicksal ruht,
glühst und zerreißest dich, du bist der Myste
und alte Dinge öffnen dir dein Blut.

III.

Leukée – die weiße Insel des Achill
Bisweilen hört man ihn den Päan singen,
Vögel mit den vom Meer benetzten Schwingen
streifen die Tempelwand, sonst ist es still.

Anlandende versinken oft in Traum.
Dann sehn sie ihn, er hat wohl viel vergessen,
er gibt ein Zeichen, zwischen den Cypressen,
weiße Cypresse ist der Hadesbaum.

Wer landet, muß vor Nacht zurück aufs Meer.
Nur Helena bleibt manchmal mit den Tauben,
dann spielen sie, an Schatten nicht zu glauben:
» – Paris gab dem den Pfeil, den Apfel der –«.

Kleines süßes Gesicht

Kleines süßes Gesicht,
eingesunken schon vor Vergängnis,
schneeblaß und tötlich,
Ausschütter großen Leids,
wenn du hingegangen
bald –

ach, wie wir spielten
entwicklungsvergessen,
Rück- und Weitblicke
abgefallen von unseren Rändern,
nichts lebend
außer dem Umkreis
unserer Laute!

Beschränkt! Doch dann
einmal der astverborgenen Männer
Oliven Niederschlagen,
die Haufen gären.
Einmal Weine vom Löwengolf
in Rauchkammern, mit Seewasser beschönigt.
Oder Eukalyptus, Riesen, 156 Meter hoch
und das zitternde Zwielicht in ihren Wäldern.
Einmal Cotroceni –
nicht mehr!

Kleines Gesicht,
Schneeflocke
immer so weiß,
und dann die Ader an der Schläfe
vom Blau der Traubenhyacinthe,
die ligurische,
die bisamartig duftet.

O gib –

Ach, hin zu deinem Munde,
du Tag vor Feiertag,
Sonnabendrosenstunde,
da man noch hoffen mag!

Der Fächer noch geschlossen,
das Horn noch nicht geleert,
das Licht noch nicht verflossen,
die Lust noch nicht gewährt!

O gib – Du, vor Entartung
zu Ich und Weltverwehr,
die bebende Erwartung
der reinen Wiederkehr!

Kein Trennen, kein Verneinen
von Denken und Geschehn;
ein Wesens-Vereinen
von Oxford und Athen!

Kein Hochgefühl von Räumen
und auch Erlösung nicht,
nur Stunden, nur Träumen –
o gib dein Kerzenlicht.

Der Traum

Wenn ich dies höre: Zisa und Menami,
Normannenschlösser an verklärter See,
oder das jetzt genannte: Cubola,
so lösen sie sich von den Bogenbrücken,
auch aus dem Felsreich und den Rosengärten,
verwehn sich in den alten toten Traum.

Nur die Cypresse bleibt an ihrer Schulter,
mit dieser treiben sie: einmal die Meere;
dann dieses ewig strahlende Gewölbe,
dies unangreifbare; und dann die Stunden,
unzählbare, nie mangelnde, erfüllte –:
durch dieses treiben sie. Ein toter Traum,
doch tief in sich vereint, auf Nichts auf Erden
beziehn sich seine Namen und sein Laut.
Ich trage ihn –: doch wer das ist,
ist nicht die Frage dessen, der sie leidet,
doch dessen Trauer ist sie, eine Trauer,
in die sich Tod mit hoher Lust verstreut,
doch nie das Schweigen bricht.

Oder mich streifen abends die Levkoien,
die nelkenartigen, auch Giroflée –:
ein Garten, hochgemauert, ob des Fleckens,
der ihn mit Lagern, Speichern, Schieferdächern
umzingelt und umspannt, – doch dann
genannter Blumen selbstgelüster Hauch,
darin der Sommer stockt und sich bewacht
und seinen Heimgang fühlt, – auch dies treibt mit,
verwandelnd sich in Flüchtigkeit, in Traum.

Wenn man Klematis auf die Wogen streute,
so schwankte kaum die Färbung dieses Meers:
Arearea –, auch in weißen Kratern
das ozeanisch Blau, – und knieend Frauen,
kaum in Zusammenhängen von Gestalt,
noch hingehängt die Häupter in den Dämmer,
der auch in Blumen sich vollendet schiene,
den Schöpfungsdämmer –, Noa-Noa, – Traum.

Gleichzeitig sind die Welten dieses Traums,
einräumig ebenso, sie wehn und fallen.
Mischfarben, Halbblau der Kartoffelblüte,
Latenz der Formen dort, – hier reine Bilder.
Das eine Boot zieht falsche Segel auf,
verleugnet Art und Herkunft, täuscht die Meere,
das andre Boot fährt immer hochbekränzt,
denn es ist unangreifbar –: dieses ist es,
das seine Ketten senkt in frühen Traum.

Überblickt man die Jahre –

Überblickt man die Jahre
von Ur bis El Alamein,
wo lag denn nun das Wahre,
Kabbala, der Schwarze Stein –,
Perser, Hunnen, Lascaren,
Pfeile, Fahnen und Schwert –
über die Meere gefahren,
von den Meeren versehrt?

Wasser- und Sonnenuhren –
welche Stunde gemeint?
Welche Gestirne fuhren
häuptlings – Alles vereint?
Welche Wassercascade
bis in die Träume erscheint –:
jene Uhr als Dryade,
aus der es tränt und weint.

Waffen mit Lorbeer gereinigt
brachten den Sieg ins Haus,
Stirn und Lorbeer vereinigt
ruhten die Helden dann aus,
Lorbeer, Marmor, Pylone,
Gordon und Prinz Eugen,
goldene Städte, Zione –:
thanatogen –.

Palmen bei Christen, bei Heiden,
frühester Schöpfungsrest,
Palmen mit Myrthen und Weiden
beim Laubhüttenfest,
Palmen an Syrthen, an Küsten
königlich hoch und rein –,
doch dann wandern die Wüsten
in Palmyra ein.

Überblickt man die Jahre,
ewig wühlende Flut
und die dunkle Barke, die Bahre
mit Helden, Heeren und Blut,
und die Sonnen- und Wasseruhren
schatten und rinnen es ein:
alles deine Figuren,
Kabbala, Schwarzer Stein.

Rosen

Wenn erst die Rosen verrinnen
aus Vasen oder vom Strauch
und ihr Entblättern beginnen,
fallen die Tränen auch.

Traum von der Stunden Dauer,
Wechsel und Wiederbeginn,
Traum – vor der Tiefe der Trauer:
blättern die Rosen hin.

Wahn von der Stunden Steigen
aller ins Auferstehn,
Wahn – vor dem Fallen, dem Schweigen:
wenn die Rosen vergehn.

Orpheus' Tod

Wie du mich zurückläßt, Liebste –,
von Erebos gestoßen,
dem unwirtlichen Rhodope
Wald herziehend,
zweifarbige Beeren,
rotglühendes Obst –
Belaubung schaffend,
die Leier schlagend
den Daumen an der Saite!

Drei Jahre schon im Nordsturm!
An Totes zu denken, ist süß,
so Entfernte,
man hört die Stimme reiner,
fühlt die Küsse,
die flüchtigen und die tiefen –,
doch du irrend bei den Schatten!

Wie du mich zurückläßt –,
anstürmen die Flußnymphen,
anwinken die Felsenschönen,
gurren: »im öden Wald
nur Faune und Schratte, doch du,
Sänger, Aufwölber
von Bronzelicht, Schwalbenhimmeln –,
fort die Töne –
Vergessen –!«

– drohen –!

Und Eine starrt so seltsam.
Und eine Große, Gefleckte,
bunthäutig (»gelber Mohn«)
lockt unter Demut, Keuschheitsandeutungen
bei hemmungloser Lust – (Purpur
im Kelch der Liebe –!) vergeblich!

drohen –!

Nein, du sollst nicht verrinnen,
du sollst nicht übergehn in
Jole, Dryope, Prokne,
die Züge nicht vermischen mit Atalanta,
daß ich womöglich Eurydike
stammle bei Lais –,

doch: drohen –!

und nun die Steine
nicht mehr der Stimme folgend,
dem Sänger,
mit Moos sich hüllend,
die Äste laubbeschwichtigt,
die Hacken ährenbesänftigt –:
nackte Haune –!

nun wehrlos dem Wurf der Hündinnen,
der wüsten –
nun schon die Wimper naß,
der Gaumen blutet –,

und nun die Leier
hinab den Fluß –

die Ufer tönen –.

– Gewisse Lebensabende

I.

Du brauchst nicht immer die Kacheln zu scheuern,
                                                Hendrickje,
mein Auge trinkt sich selbst,
trinkt sich zu Ende –,
aber an anderen Getränken mangelt es –,
dort die Buddhastatue,
chinesischen Haingott,
gegen eine Kelle Hulstkamp,
bitte!

Nie etwas gemalt
in Frostweiß oder Schlittschuhläuferblau
oder dem irischen Grün,
aus dem der Purpur schimmert –,
immer nur meine Eintönigkeit,
mein Schattenzwang –,
nicht angenehm,
diesen Weg so deutlich zu verfolgen.

Größe – wo?
Ich nehme den Griffel
und gewisse Dinge stehn dann da
auf Papier, Leinwand
oder ähnlichem Zunder –
Resultat: Buddhabronze gegen Sprit –,
aber Huldigungen unter Blattpflanzen,
Bankett der Pinselgilde –:
was fürs Genre –!

... Knarren,
Schäfchen, die quietschen,
Abziehbilder
flämisch, rubenisch
für die Enkelchen –!
(ebensolche Idioten –!)

Ah – Hulstkamp –
Wärmezentrum,
Farbenmittelpunkt,
mein Schattenbraun –
Bartstoppelfluidum um Herz und Auge –.

II.

Der Kamin raucht,
– schnäuzt sich der Schwan vom Avon –
die Stubben sind naß,
klamme Nacht, Leere vermählt mit Zugluft –,
Schluß mit den Gestalten,
übervölkert die Erde
reichlicher Pfirsichfall, vier Rosenblüten
pro anno –,
ausgestreut,
auf die Bretter geschoben
von dieser Hand,
faltig geworden
und mit erschlafften Adern!

Alle die Ophelias, Julias,
bekränzt, silbern, auch mörderisch –,
alle die weichen Münder, die Seufzer,
die ich aus ihnen herausmanipulierte –,
die ersten Actricen längst Qualm,
Rost, ausgelaugt, Rattenpudding –,
auch Herzens-Ariel bei den Elementen.

Die Epoche zieht sich den Bratenrock aus.
Diese Lord- und Lauseschädel,
ihre Gedankengänge,
die ich ins Extrem trieb –
meine Herren Geschichtsproduzenten
alles Kronen- und Szepteranalphabeten,
Großmächte des Weltraums
wie Fledermaus oder Papierdrachen!

Sir Goon schrieb neulich an mich:
der Rest ist Schweigen: –
ich glaube, das ist von mir,
kann nur von mir sein,
Dante tot –, eine große Leere
zwischen den Jahrhunderten
bis zu meinen Wortschatzzitaten –,

aber wenn sie fehlten,
der Plunder nie aufgeschlagen,
die Buden, die Schafotte, die Schellen
nie geklungen hätten –:
Lücken –?? Vielleicht Zahnlücken,
aber das große Affengebiß
mahlte weiter
seine Leere, vermählt mit Zugluft –,
die Stubben sind naß
und der Butler schnarcht in Porterträumen.

Quartär –

I.

Die Welten trinken und tränken
sich Rausch zu neuem Raum
und die letzten Quartäre versenken
den ptolemäischen Traum.
Verfall, Verflammen, Verfehlen –
in toxischen Sphären, kalt,
noch einige stygische Seelen,
einsame, hoch und alt.

II.

Komm – laß sie sinken und steigen,
die Cyclen brechen hervor:
uralte Sphinxe, Geigen
und von Babylon ein Tor,
ein Jazz vom Rio del Grande,
ein Swing und ein Gebet –
an sinkenden Feuern, vom Rande,
wo alles zu Asche verweht.

Ich schnitt die Gurgel den Schafen
und füllte die Grube mit Blut,
die Schatten kamen und trafen
sich hier – ich horchte gut –,
ein Jeglicher trank, erzählte
von Schwert und Fall und frug,
auch stier- und schwanenvermählte
Frauen weinten im Zug.

Quartäre Cyclen – Scenen,
doch keine macht dir bewußt,
ist nun das Letzte die Tränen
oder ist das Letzte die Lust
oder beides ein Regenbogen,
der einige Farben bricht,
gespiegelt oder gelogen –
du weißt, du weißt es nicht.

III.

Riesige Hirne biegen
sich über ihr Dann und Wann
und sehen die Fäden fliegen,
die die alte Spinne spann,
mit Rüsseln in jede Ferne
und an alles, was verfällt,
züchten sich ihre Kerne
die sich erkennende Welt.

Einer der Träume Gottes
blickte sich selber an,
Blicke des Spiels, des Spottes
vom alten Spinnenmann,
dann pflückt er sich Asphodelen
und wandert den Styxen zu –,
laß sich die Letzten quälen,
laß sie Geschichte erzählen –
Allerseelen –
Fini du Tout.

Du liegst und schweigst und träumst der Stunde nach,
der Süssigkeit, dem sanften Sein des Andern,
keiner ist übermächtig oder schwach,
du giebst und nimmst und giebst – die Kräfte wandern.

Gewisses Fühlen und gewisses Sehn,
gewisse Worte aus gewisser Stunde –,
und keiner löst sich je aus diesem Bunde
der Veilchen, Nesseln und der Orchideen.

Und dennoch musst du es den Parzen lassen,
dem Fädenspinnen und dem Flockenstreun –,
du kannst nur diese Hand, die schmale, fassen
und diesmal noch das tiefe Wort erneu'n.

Turin II

In deinen letzten Tagen
vor deiner letzten Nacht,
was hast du wohl für Fragen
in deiner Seele gedacht?

In Vor- und Nachgefühlen
den Vers, der nie verblich:
auf welchen schwarzen Stühlen
woben die Parzen dich?

Oder vor Drachentronen
hat dich der Pfeil erreicht,
wo Ming und Mandschu wohnen
und nie das Gold verbleicht?

Wo Schwarz und Gold sich trinken
wem Stuhl und Tron gebracht,
wohin kann der versinken –:
trug das dich in die Nacht?

Für Berlin

Wenn die Tore, aufgespalten
von den Wüsten, nicht zu halten
und die Burg im Sand verrinnt,
Jeder sieht hier etwas enden,
Jeder sieht sich hier was wenden
Keiner sieht, was hier beginnt,

Lass – die Farbe bleibt am Staube,
Lass – die Trümmer bleiben, glaube,
Löwen noch im Wüstensand:
wenn die Pfeiler niederbrechen,
werden noch die Splitter sprechen
von dem grossen Abendland.

Berlin

Wenn die Brücken, wenn die Bogen
von der Steppe aufgesogen
und die Burg im Sand verrinnt,
wenn die Häuser leer geworden,
wenn die Heere, wenn die Horden
über unseren Gräbern sind –

Eines lässt sich nicht vertreiben:
dieser Stätte Male bleiben
Löwen noch im Wüstensand,
wenn die Mauern niederbrechen,
werden noch die Trümmer sprechen
von dem grossen Abendland.

Sommers

Du – vor dem Sein der hocherglühten Tage
mit ihrem Blau von Nie- und Nieverwehn
streift dich nicht eine Flamme, eine Frage,
ein Doppelbild aus Ich und Raumgeschehn,

Du – der von Äon's Schöpfungsliedern allen
immer nur eines Reims gewusst und eines Lichts:
»Ach, du Hinfälliger – in eigene Fallen –«
»Ach, du Erleuchteter – vom eigenen Nichts –«.

So niederen Rangs, kaum bei den Bakkalauren,
wenn sich die Menschheit prüft und tief bespricht:
vor diesem Blau vom Doppel der Centauren
streift dich das schwere Sein der Himmel nicht?

Vier Privatgedichte

Wo du gewohnt, gewacht –

Ein breiter Graben aus Schweigen,
eine hohe Mauer aus Nacht
zieht um die Stuben, die Steigen,
wo du gewohnt, gewacht.

In Vor- und Nachgefühlen
hält noch die Strophe sich:
»Auf welchen schwarzen Stühlen
woben die Parzen dich,

aus wo gefüllten Krügen
erströmst du und verrinnst
auf den verzehrten Zügen
ein altes Traumgespinst.«

Bis sich die Reime schliessen,
die sich der Vers erfand,
und Stein und Graben fliessen
in das weite graue Land.

Die Himmel wechseln ihre Sterne –

Ein Grab am Fjord, ein Kreuz am Goldenen Tore,
ein Stein im Wald und zwei an einem See –
ein ganzes Lied, ein Ruf im Chore:
die Himmel wechseln ihre Sterne –, geh!

Was du dir trugst, dies Bild halb Wahn halb Wende,
das trägt sich selbst, du musst nicht bange sein
und Schmetterlinge, März bis Sommerende,
das wird noch lange sein.

Und sinkt der letzte Falter in die Tiefe
die letzte Neige und das letzte Weh,
bleibt doch der grosse Chor, der weiterriefe:
die Himmel wechseln ihre Sterne –, geh –.

Erinnerungen –

Erinnerungen –, Klänge, nachtverhangen,
und Farben, die ein Wind vom Meer bewegt,
sind eine Traumumarmung eingegangen
zu einem Bild, das etwas Letztes trägt:

Ein Uferschloss mit weissen Marmorsteigen
und plötzlich eines Liedes Übermacht –,
die Serenade spielen viele Geigen,
doch hier am Meer in dieser warmen Nacht –.

Es ist nicht viel, – Viel trägt nicht mehr das Eine, –
nach einem Bogen greifen dann und wann –
ein Spiel im Nichts –, ein Bild, alleine,
und alle Farben tragen Bleu mourant.

Es ist ein Garten –

Es ist ein Garten, den ich manchmal sehe
östlich der Oder, wo die Ebenen weit,
ein Graben, eine Brücke und ich stehe
an Fliederbüschen, blau und rauschbereit.

Es ist ein Knabe, dem ich manchmal trauere,
der sich am See in Schilf und Wogen liess,
noch strömte nicht der Fluss, vor dem ich schauere,
der erst wie Glück und dann Vergessen hiess.

Es ist ein Spruch, dem oftmals ich gesonnen,
der Alles sagt, da er dir nichts verheisst,
ich habe ihn auch in mein Buch versponnen,
er stand auf einem Grab: »tu sais« –, du weisst –.

Acheron

Ein Traum: – von Dir! Du Tote schrittest kühl
im Durcheinander streifender Gestalten,
die ich nie sah, – ein wogendes Gewühl,
mein Blick, der suchte, konnte dich nicht halten.

Und Alles starrte wie aus fremder Macht,
denn Alles trank sich Rausch aus weißen Drogen,
selbst Kindern ward ein Lid herabgezogen
und in die Falte Salbe eingebracht.

Zwei Knaben führtest du, – von mir doch nicht,
von dir und mir, – nein, ich erhielt doch keine,
auch ließest du mich dann nicht so alleine
und zeigtest mir nur flüchtig dein Gesicht,

Nein, du – Diana einst und alabastern,
ganz unvermischbar jedem Fall und Raum –
schwandest in diesem Zug aus Schmach und Lastern
und littest – sah ich so – in diesem Traum.

Ach, wie mein Herz in neuer Trauer ruht,
wenn Sie von offenen Türen schreiben,
durch die vom Rasen Perlen treiben
terrassenwärts als Crocusflut.

Wenn Sie im warmen Regen stehn, –
Vorgänge, stille, Sie berühren,
die über Nacht zu Blüten führen,
um Sie so nahe niedergehn.

Der Selige, dem jetzt ein Park gehört
und übers Meer gekommene Quitten,
er sieht hinein, er lebt inmitten
der Dinge, sanft und unzerstört!

Epilog 1949

1.

Die trunkenen Fluten fallen –
die Stunde des sterbenden Blau
und der erblaßten Korallen
um die Insel von Palau.

Die trunkenen Fluten enden
als Fremdes, nicht dein, nicht mein,
sie lassen dir nichts in Händen
als der Bilder schweigendes Sein.

Die Fluten, die Flammen, die Fragen –
und dann auf Asche sehn:
»Leben ist Brückenschlagen
über Ströme, die vergehn.«

2

Ein breiter Graben aus Schweigen,
eine hohe Mauer aus Nacht
zieht um die Stuben, die Steigen,
wo du gewohnt, gewacht.

In Vor- und Nachgefühlen
hält noch die Strophe sich:
»Auf welchen schwarzen Stühlen
woben die Parzen dich,

aus wo gefüllten Krügen
erströmst du und verrinnst
auf den verzehrten Zügen
ein altes Traumgespinst.«

Bis sich die Reime schließen,
die sich der Vers erfand,
und Stein und Graben fließen
in das weite graue Land.

3

Ein Grab am Fjord, ein Kreuz am goldenen Tore,
ein Stein im Wald und zwei an einem See –:
ein ganzes Lied, ein Ruf im Chore:
»Die Himmel wechseln ihre Sterne – geh!«

Das du dir trugst, dies Bild, halb Wahn, halb Wende,
das trägt sich selbst, du mußt nicht bange sein
und Schmetterlinge, März bis Sommerende,
das wird noch lange sein.

Und sinkt der letzte Falter in die Tiefe,
die letzte Neige und das letzte Weh,
bleibt doch der große Chor, der weiterriefe:
die Himmel wechseln ihre Sterne – geh.

4

Es ist ein Garten, den ich manchmal sehe
östlich der Oder, wo die Ebenen weit,
ein Graben, eine Brücke und ich stehe
an Fliederbüschen, blau und rauschbereit.

Es ist ein Knabe, dem ich manchmal traure,
der sich am See in Schilf und Wogen ließ,
noch strömte nicht der Fluß, vor dem ich schauere,
der erst wie Glück und dann Vergessen hieß.

Es ist ein Spruch, dem oftmals ich gesonnen,
der alles sagt, da er dir nichts verheißt –
ich habe ihn auch in dies Buch versponnen,
er stand auf einem Grab: »tu sais« – du weißt.

5

Die vielen Dinge, die du tief versiegelt
durch deine Tage trägst in dir allein,
die du auch in Gesprächen nie entriegelt,
in keinen Brief und Blick sie ließest ein,

die schweigenden, die guten und die bösen,
die so erlittenen, darin du gehst,
die kannst du erst in jener Sphäre lösen,
in der du stirbst und endend auferstehst.

An Ernst Jünger:

Wir sind von außen oft verbunden,
wir sind von innen meist getrennt,
doch teilen wir den Strom, die Stunden,
den Ecce-Zug, den Wahn, die Wunden
des, das sich das Jahrhundert nennt.

Radar

Ein Nebel wie auf See –
und meine Belle-Etage
fährt ohne Takelage
von Quai zu Quai.

Sie findet keinen Ort,
daran das Tau zu schlingen,
denn neue Wellen bringen
sie wieder fort.

Wie weit sind Sund und Belt
und schwer die Hafenfrage,
wenn – ohne Takelage –
noch Nebel fällt!

Herr Wehner

Dies ist meiner
dieser Herr Wehner
der bei uns Hauslehrer war
früh an Lungenphtise verschied
nachdem er meinen jüngsten Bruder angesteckt hatte,
der starb an meningitis tuberkulosa.

Stammte aus Lissa
Sohn eines Schmiedes
ging immer in Holzpantinen
was bei uns unüblich war,
seine Braut Liska
war einen Pfingsten bei uns
Tochter eines Polizeimajors
also was Besseres
sie kicherten oft abends
wenn die Mücken summten
und wir schlafen gehn mussten
aber, wie ich später hörte,
war es wohl doch nichts Rechtes.

Dieser Herr Wehner
ist insofern meiner
als er irgendwo begraben liegt,
vermodert in polnischem Kombinat,
keiner der Gemeindemitglieder
wird seiner gedenken,
aber vor mir steigt er manchmal auf
grau und isoliert
unter geschichtlichen Aspekten.

Kelche

Unfasslich sind die Kelche
der Blumen im Gewind,
man fragt sich, wo und welche
die rätselvollsten sind.

Sie stehen flach und gläsern
doch auch mit Knoll und Stab,
sie stammen von den Gräsern
doch auch vom Fleische ab

Man kann sie nie erfassen
zweideutig, wesenlos
Erglühen und Erblassen
aus kaum verdecktem Schoss.

Blaue Stunde

I

Ich trete in die dunkelblaue Stunde –
da ist der Flur, die Kette schließt sich zu
und nun im Raum ein Rot auf einem Munde
und eine Schale später Rosen – Du!

Wir wissen beide, jene Worte,
die jeder oft zu anderen sprach und trug,
sind zwischen uns wie nichts und fehl am Orte:
dies ist das Ganze und der letzte Zug.

Das Schweigende ist so weit vorgeschritten
und füllt den Raum und denkt sich selber zu
die Stunde – nichts gehofft und nichts gelitten –
mit ihrer Schale später Rosen – Du.

II

Dein Haupt verfließt, ist weiß und will sich hüten,
indessen sammelt sich auf deinem Mund
die ganze Lust, der Purpur und die Blüten
aus deinem angeströmten Ahnengrund.

Du bist so weiß, man denkt, du wirst zerfallen
vor lauter Schnee, vor lauter Blütenlos,
totweiße Rosen Glied für Glied – Korallen
nur auf den Lippen, schwer und wundengroß.

Du bist so weich, du gibst von etwas Kunde,
von einem Glück aus Sinken und Gefahr
in einer blauen, dunkelblauen Stunde
und wenn sie ging, weiß keiner, ob sie war.

III

Ich frage dich, du bist doch eines andern,
was trägst du mir die späten Rosen zu?
Du sagst, die Träume gehn, die Stunden wandern,
was ist das alles: er und ich und du?

»Was sich erhebt, das will auch wieder enden,
was sich erlebt, – wer weiß denn das genau,
die Kette schließt, man schweigt in diesen Wänden
und dort die Weite, hoch und dunkelblau.«

Satzbau

Alle haben den Himmel, die Liebe und das Grab,
damit wollen wir uns nicht befassen,
das ist für den Kulturkreis besprochen und
                                    durchgearbeitet.
Was aber neu ist, ist die Frage nach dem Satzbau
und die ist dringend:
warum drücken wir etwas aus?

Warum reimen wir oder zeichnen ein Mädchen
direkt oder als Spiegelbild
oder stricheln auf eine Handbreit Büttenpapier
unzählige Pflanzen, Baumkronen, Mauern,
letztere als dicke Raupen mit Schildkrötenkopf
sich unheimlich niedrig hinziehend
in bestimmter Anordnung?

Überwältigend unbeantwortbar!
Honoraraussicht ist es nicht,
viele verhungern darüber. Nein,
es ist ein Antrieb in der Hand,
ferngesteuert, eine Gehirnlage,
vielleicht ein verspäteter Heilbringer oder Totemtier,
auf Kosten des Inhalts ein formaler Priapismus,
er wird vorübergehn,
aber heute ist der Satzbau
das Primäre.

»Die wenigen, die was davon erkannt« – (Goethe) –
wovon eigentlich?
Ich nehme an: vom Satzbau.

Denk der Vergeblichen

Wenn ein Verzweifeln
– der du doch große Stunden hattest
und sicher gingst und viele Beschenkungen
aus Rausch und Morgenröten und Wendungen,
unerwarteten,
dir pflegen konntest –
wenn ein Verzweifeln,
selbst mit Zerstörung und Endverglimmen
aus dem Unergründlichen
in seine Macht dich will:

denk der Vergeblichen,
die zarter Schläfe, inngewendeten Gesichts
in der Erinnerungen Treue,
die wenig Hoffnung ließen,
doch auch nach Blumen fragten
und still Verschwiegenes
mit einem Lächeln von wenig Ausdruck
in ihren kleinen Himmel hoben,
der bald verlöschen sollte.

Restaurant

Der Herr drüben bestellt sich noch ein Bier,
das ist mir angenehm, dann brauche ich mir keinen
                              Vorwurf zu machen
daß ich auch gelegentlich einen zische.
Man denkt immer gleich, man ist süchtig,
in einer amerikanischen Zeitschrift las ich sogar,
jede Zigarette verkürze das Leben um sechsunddreißig
                                        Minuten,
das glaube ich nicht, vermutlich steht die Coca-Cola-
                                        Industrie
oder eine Kaugummifabrik hinter dem Artikel.

Ein normales Leben, ein normaler Tod
das ist auch nichts. Auch ein normales Leben
führt zu einem kranken Tod. Überhaupt hat der Tod
mit Gesundheit und Krankheit nichts zu tun,
er bedient sich ihrer zu seinem Zwecke.

Wie meinen Sie das: der Tod hat mit Krankheit nichts
                                        zu tun?
Ich meine das so: viele erkranken, ohne zu sterben,
also liegt hier noch etwas anderes vor,
ein Fragwürdigkeitsfragment,
ein Unsicherheitsfaktor,
er ist nicht so klar umrissen,
hat auch keine Hippe,
beobachtet, sieht um die Ecke, hält sich sogar zurück
und ist musikalisch in einer anderen Melodie.

Notturno

Im Nebenzimmer die Würfel auf den Holztisch,
benachbart ein Paar im Ansaugestadium,
mit einem Kastanienast auf dem Klavier
            tritt die Natur hinzu –
ein Milieu, das mich anspricht.

Da versinken die Denkprozesse,
die Seekrankheit, die einem tagsüber
die Brechzentren bearbeitet,
gehn unter in Alkohol und Nebulosem –
endlich Daseinsschwund und Seelenausglanz!

Auf Wogen liegen –
natürlich kann man untergehn,
aber das ist eine Zeitfrage –
doch Zeit – vor Ozeanen –?
Die waren vorher,
vor Bewußtsein und Empfängnis,
keiner fischte ihre Ungeheuer,
keiner litt tiefer als drei Meter
und das ist wenig.

Der Dunkle

I

Ach, gäb er mir zurück die alte Trauer,
die einst mein Herz so zauberschwer umfing,
da gab es Jahre, wo von jeder Mauer
ein Tränenflor aus Tristanblicken hing.

Da littest du, doch es war Auferstehung,
da starbst du hin, doch es war Liebestod,
doch jetzt bei jedem Schritt und jeder Drehung
liegen die Fluren leer und ausgeloht.

Die Leere ist wohl auch von jenen Gaben,
in denen sich der Dunkle offenbart,
er gibt sie dir, du mußt sie trauernd haben,
doch diese Trauer ist von anderer Art.

II

Auch laß die Einsamkeiten größer werden,
nimm dich zurück aus allem, was begann,
reihe dich ein in jene Weideherden,
die dämmert schon die schwarze Erde an.

Licht ist von großen Sonnen, Licht ist Handeln,
in seiner Fülle nicht zu überstehn,
ich liebe auch den Flieder und die Mandeln
mehr in Verschleierung zur Blüte gehn.

Hier spricht der Dunkle, dem wir nie begegnen,
erst hebt er uns, indem er uns verführt,
doch ob es Träume sind, ob Fluch, ob Segnen,
das läßt er alles menschlich unberührt.

III

Gemeinsamkeit von Geistern und von Weisen,
vielleicht, vielleicht auch nicht, in einem Raum,
bestimmt von Ozean und Wendekreisen
das ist für viele ein erhabner Traum.

Mythen bei Inkas und bei Sansibaren,
die Sintflutsage rings und völkerstet –
doch keiner hat noch etwas je erfahren,
das vor dem Dunklen nicht vorübergeht.

IV

Grau sind die Hügel und die Flüsse grau,
sie tragen schon Urahnen aller Jahre,
und nun am Ufer eine neue Frau
gewundene Hüften, aufgedrehte Haare.

Und auf der Wiese springen Stiere an,
gefährdend jedes, mit dem Horn zerklüften,
bis in die Koppel tritt geklärt ein Mann,
der bändigt alles, Hörner, Haare, Hüften.

Und nun beginnt der enggezogene Kreis,
der trächtige, der tragische, der schnelle,
der von der großen Wiederholung weiß –
und nur der Dunkle harrt auf seiner Stelle.

Was meinte Luther mit dem Apfelbaum?
Mir ist es gleich – auch Untergang ist Traum –
ich stehe hier in meinem Apfelgarten
und kann den Untergang getrost erwarten –
ich bin in Gott, der ausserhalb der Welt
noch manchen Trumpf in seinem Skatblatt hält –
wenn morgen früh die Welt zu Bruche geht,
ich bleibe ewig sein und sternestet –

meinte er das, der alte Biedermann
u. blickt noch einmal seine Käte an?
und trinkt noch einmal einen Humpen Bier
u. schläft, bis es beginnt – frühmorgens vier?
Dann war er wirklich ein sehr grosser Mann,
den man auch heute nur bewundern kann.

Wie ist das nur – ich will die Quitten sehn –
nun sind die Rosen da und blühn und eilen,
werde ich nie durch Ihren Garten gehn,
auf der Terrasse schweigend mich verweilen?

Werde ich nie an Ihren Deichen sein
im Blick das Bild der windgebogenen Bäume –
bald ist es Herbst, Madame, wir schlafen ein,
long, long ago die Glück- und Rosenträume...

Künstlermoral

Nur in Worten darfst du dich zeigen,
die klar in Formen stehn,
sein Menschliches muss verschweigen,
wer so mit Qualen versehn.

Du musst dich selber verzehren –
gib acht, dass es niemand sieht,
und lass es keinen beschweren,
was dir so dunkel geschieht.

Du trägst deine eigenen Sünden,
du trägst dein eigenes Blut,
du darfst nur dir selber verkünden,
auf wem dein Sterbliches ruht.

Fragmente

Fragmente,
Seelenauswürfe,
Blutgerinnsel des zwanzigsten Jahrhunderts –

Narben – gestörter Kreislauf der Schöpfungsfrühe,
die historischen Religionen von fünf Jahrhunderten
zertrümmert,
die Wissenschaft: Risse im Parthenon,
Planck rann mit seiner Quantentheorie
zu Kepler und Kierkegaard neu getrübt zusammen –

aber Abende gab es, die gingen in den Farben
des Allvaters, lockeren, weitwallenden,
unumstößlich in ihrem Schweigen
geströmten Blaus,
Farbe der Introvertierten,
da sammelte man sich
die Hände auf das Knie gestützt
bäuerlich, einfach
und stillem Trunk ergeben
bei den Harmonikas der Knechte –

und andere
gehetzt von inneren Konvoluten,
Wölbungsdrängen,
Stilbaukompressionen
oder Jagden nach Liebe.

Ausdruckskrisen und Anfälle von Erotik:
das ist der Mensch von heute,
das Innere ein Vakuum,
die Kontinuität der Persönlichkeit
wird gewahrt von den Anzügen,
die bei gutem Stoff zehn Jahre halten.

Der Rest Fragmente,
halbe Laute,
Melodienansätze aus Nachbarhäusern,
Negerspirituals
oder Ave Marias.

Finis Poloniae

Finis Poloniae –
eine Redewendung,
die abgesehn von ihrem historischen Inhalt
das Ende großer Reiche
bedeutet.

Verhexte Atmosphäre,
alles atmet beklommen,
Zwitterluft – falls sie Gedanken hätte,
wären es solche an uneuropäische Monsune
und gelbe Meere.

Das Große geht an sich selbst zu Grunde,
spricht zu sich selbst den letzten Laut,
das fremde Lied, meistens verkannt,
gelegentlich geduldet –

Finis Poloniae –
vielleicht an einem Regentag, wenig beliebt,
doch für den vorliegenden Fall ein Geräusch von
                                                    Glücken
und dann das Hornsolo,
im Anschluß eine Hortensie, die ruhigste der Blumen,
die bis November im Regen aushält,
leise auf die Grube.

Zerstörungen

Zerstörungen, –
aber wo nichts mehr zu zerstören ist,
selbst die Trümmer altern
mit Wegerich und Zichorie
auf ihren Humusandeutungen,
verkrampft als Erde –

Zerstörungen –
das sagt immerhin: hier war einmal
Masse, Gebautes, Festgefügtes –
o schönes Wort
voll Anklang
an Füllungsreichtum
und Heimatfluren –

Zerstörungen –
o graues Siebenschläferwort
mit Wolken, Schauern, Laubverdunkeltheiten,
gesichert für lange Zeit –
wo Sommer sein sollte
mit Fruchtgetränken,
Eisbechern, beschlagenen,
und Partys zu heller Nacht am Strande.

Ein Schatten an der Mauer

Ein Schatten an der Mauer
von Ästen, bewegt im Mittagswind,
das ist genügend Erde
und hinsichtlich des Auges
genügend Teilnahme
am Himmelsspiel.

Wieweit willst du noch gehn? Verwehre
doch neuen Eindrücken
den drängenden Charakter –

stumm liegen,
die eigenen Felder sehn,
das ganze Rittergut,
besonders lange
auf Mohn verweilen,
dem unvergeßlichen,
weil er den Sommer trug –

wo ist er hin –?

Auf –!

Auf – drüben in den Weiden,
da will ein Gauch, ein Gang
uns das Geschäft verleiden
und unseren Rundgesang.

Da steht ein Unbekannter,
der wittert jeden Wind,
es ist ein schwarzer Panther,
der schlägt das Rind.

Sechs Büchsen und vier Panzer –
das Fell vors Vertiko –:
nun sind die guten Pflanzer
im Blockhaus wieder froh.

Reisen

Meinen Sie Zürich zum Beispiel
sei eine tiefere Stadt,
wo man Wunder und Weihen
immer als Inhalt hat?

Meinen Sie, aus Habana,
weiß und hibiskusrot,
bräche ein ewiges Manna
für Ihre Wüstennot?

Bahnhofsstraßen und rue'en,
Boulevards, Lidos, Laan –
selbst auf den fifth avenue'en
fällt Sie die Leere an –

ach, vergeblich das Fahren!
Spät erst erfahren Sie sich:
bleiben und stille bewahren
das sich umgrenzende Ich.

Wir ziehn einen großen Bogen –

Wir ziehn einen großen Bogen –
wie ist nun das Ende – wie?
Über die Berge gezogen
und vor allem die Monts Maudits.

Wir holen aus Cannes Mimosen
für eine Stunde her,
wir hängen an unseren Neurosen
sonst hätten wir gar nichts mehr.

Wir träumen von Sternenbahnen
und fleischgewordner Idee,
wir spielen alle Titanen
und weinen wie Niobe.

Das Ende, immer das Ende –
schon schießt ein anderer vor
und nennt sich Wächter und Wende,
Hellene – goldenes Tor.

Die Gräber, immer die Gräber –
bald werden auch die vergehn,
hier, sagt der Friedhofsgärtner,
können neue Kreuze stehn.

Wer altert, hat nichts zu glauben,
wer endet, sieht alles leer,
sieht keine heiligen Tauben
über dem Toten Meer.

Auch wir gingen aus, uns üben
zu Sprüchen und sanfter Tat,
doch es schleifte uns zum Trüben
und zu guter Herzen Verrat.

Wir ziehn einen großen Bogen
um wen, um was, um wie?
Um Wenden, um Wogen –
und dann die Monts Maudits.

Stilleben

Wenn alles abgeblättert daliegt
Gedanken, Stimmungen, Duette
abgeschilfert – hautlos daliegt,
kein Stanniol – und das Abgehäutete
– alle Felle fortgeschwommen –
blutiger Bindehaut ins Stumme äugt –:
was ist das?

Die Frage der Fragen! Aber kein Besinnlicher
fragt sie mehr –
Renaissancereminiszenzen,
Barocküberladungen,
Schloßmuseen –

nur keine weiteren Bohrungen,
doch kein Grundwasser,
die Brunnen dunkel,
die Stile erschöpft –

die Zeit hat etwas Stilles bekommen,
die Stunde atmet
über einem Krug,
es ist spät, die Schläge verteilt
noch ein wenig Clinch und Halten,
Gong – ich verschenke die Welt
wem sie genügt, soll sich erfreun:

der Spieler soll nicht ernst werden
der Trinker nicht in die Gobi gehn,
auch eine Dame mit Augenglas
erhebt Anspruch auf ihr Glück:
sie soll es haben –

still ruht der See,
vergißmeinnichtumsäumt,
und die Ottern lachen.

Gladiolen

Ein Strauß Gladiolen
das ist bestimmt sehr schöpfungsdeutend,
fern von Blütengeweichel mit Fruchterhoffnung –:
langsam, haltbar, unirritiert,
großzügig, sicher der Königsträume.

Sonst die Natur- und Geisteswelt!
Dort die Wollherden:
Kleereste, mühselig, und daraus Schafsbröckel –
und hier die freundlichen Talente,
die Anna in den Mittelpunkt des Geschehens rücken,
sie läutern und einen Ausweg wissen!

Hier ist kein Ausweg:
Da sein – fallen –,
nicht die Tage zählen –
Vollendung
schön, böse oder zerrissen.

Begegnungen

Welche Begegnungen in diesen Tagen
reif, golden, pfirsichrund,
wo immer noch die Sonnenbräute (Helenium)
wirksame Farben in den Garten tragen –
von Alter schwer,
von Alter leicht,
wo selbst die Träne sich auf den Rücken klopft:
»nur halb so schlimm und nicht mehr lange« –

Begegnungen, zum Beispiel Dämmerstunde,
l'heure bleue, die Schöpfung zittert von Samba,
die Herren legen die Hände
zwischen die Schulterblätter der Dame,
von Fiesole bis La Paz
nun Sinnlichkeit und Freude global im Schwange –

oder die Lieder vom Ohio,
die hängen dort in den Bäumen,
im Schilfrohr und in den Träumen
der Jugend, die in das Leben zieht –
wie lange –?

Das Gelb des Strandes und das Blau der Nacht
und am Korallenriff das Weiß der Yacht,
was je an Traum und Mythen in dir war,
erblickst du vom Hotel in Denpasar –

Begegnungen, die ohne Zentrum sind,
sie haben keinen Vater und kein Kind,
Begegnungen von einer Pfirsichwange
mit einer Sonnenbraut im Himmelsgange,
Begegnungen – das Frühe und das Spät,
ein Sein, das dann an andere übergeht.

Die Gitter

Die Gitter sind verkettet,
ja mehr: die Mauer ist zu –:
du hast dich zwar gerettet,
doch wen rettetest du?

Drei Pappeln an einer Schleuse,
eine Möwe im Flug zum Meer,
das ist der Ebenen Weise,
da kamst du her,

dann streiftest du Haar und Häute
alljährlich windend ab
und zehrtest von Trank und Beute,
die dir ein Anderer gab,

ein Anderer – schweige – bitter
fängt diese Weise an –
du rettetest dich in Gitter,
die nichts mehr öffnen kann.

Kleiner Kulturspiegel

Die Zeitalter wechseln langsam,
Toska (1902) ist immer noch die Leidenschaft,
Bohème (1890) die Liebe,
selbst aus dem Schluss der Götterdämmerung (1876)
stürzen immer noch unsere Scheite.
Einiges blieb schemenhaft:
Iphigenie V. Akt
(bei der Premiere 1779 spielte Goethe den Orest)
Thoas's Verzicht und Humanitas hat sich politisch
nicht durchgesetzt.

Die Iden des März stehn in Zwielicht:
wenn eine neue Regierungsform hochwill,
muss die alte weichen.
Über Leonidas wird heute die Mehrzahl lachen
(ich persönlich allerdings nicht).

Ein Frisör, der wirklich gut rasiert,
(äusserst selten!)
ist bemerkenswerter als ein Hofprediger
(ich verkenne das Tragische und das Schuldproblem nicht).

Und sprechen Sie viel von der Lebensangst
zum Frühstück etwas Midgardschlange,
abends Okeanos, das Unbegrenzte, schauert
nachts die Geworfenheit – dann schläft es sich gut ein –
Verteidigen will sich das Abendland nicht mehr –
Angst will es haben, geworfen will es sein

Und nun die neue Nationalhymne!
Der Text ganz ansprechend, vielleicht etwas marklos,
der nächste Schritt wäre dann
ein Kaninchenfell als Reichsflagge.

Ein Schlager von Rang ist mehr 1950
als 500 Seiten Kulturkrise.
Im Kino, wo man Hut und Mantel mitnehmen kann,
ist mehr Feuerwasser als auf dem Kothurn
und ohne die lästige Pause.

(Das Quartär war der nach innen gewendete Mensch,
jetzt kommt der triploide)
66 Chromosomen, Riesenwuchs –,

persönlich unfruchtbar,
aber es wird schon werden.

Du übersiehst dich nicht –

Du übersiehst dich nicht mehr?
Der Anfang ist vergessen,
die Mitte wie nie besessen,
und das Ende kommt schwer.

Was hängen nun die Girlanden,
was strömt nun das Klavier,
was zischen die Jazz und die Banden,
wenn alle Abende landen
so abgebrochen in dir?

Du könntest dich nochmals treiben
mit Rausch und Flammen und Flug,
du könntest –: das heißt, es bleiben
noch einige Töpferscheiben
und etwas Ton im Krug.

Doch du siehst im Ton nur die losen,
die Scherben, den Aschenflug –
ob Wein, ob Öl, ob Rosen,
ob Vase, Urne und Krug.

Ideelles Weiterleben?

Bald
ein abgesägter, überholter
früh oder auch spät verstorbener Mann,
von dem man spricht wie von einer Sängerin
mit ausgesungenem Sopran
oder vom kleinen Hölty mit seinen paar Versen, –
noch weniger: Durchschnitt,
nie geflogen,
keinen Borgward gefahren –
Zehnpfennigstücke für die Tram,
im Höchstfall Umsteiger.

Dabei ging täglich soviel bei dir durch
introvertiert, extrovertiert,
Nahrungssorgen, Ehewidrigkeit, Steuermoral –
mit allem mußtest du dich befassen,
ein gerüttelt Maß von Leben in mancherlei Gestalt.

Auf einer Karte aus Antibes,
die ich heute erhielt,
ragt eine Burg in die Méditerranée,
eine fanatische Sache:
südlich, meerisch, schneeig, am Rande hochgebirgig –
Jahrhunderte, dramatisiert,
ragen, ruhen, glänzen, firnen, strotzen
sich in die Aufnahme –
nichts von alledem bei dir,
keine Ingredienzien zu einer Ansichtskarte –
Zehnpfennigstücke für die Tram,
Umsteiger,
und schnell die obenerwähnte Wortprägung:
überholt.

Konfetti

Mehr ist sie nicht, mehr bist du nicht – verweile:
auch dieser Stunde – selbst sie mit Besuch,
Geplärr, Angeberei und Formverwaistem –
gibt sich die Welt, hier scheitelt sie sich ein,
mehr hat sie nicht, mehr hast du nicht – verweile!

Natürlich kannst du durch das Fenster
auf das Konfetti sehn, das in den Sträuchern
noch von Sylvester hängt und flockig jetzt
zartfarbig pendelt in des Februars
blaustreifig unterkühltem Ahnungslicht,
und dich erweichen lassen von dem Blick
auf Schwärmendes, das in den Frühling geht
vielleichtiger nachfolgender Vergänge
durch Einsamkeit und Gärten schwerster Frucht,
durch Glück besonderer Art, nur dir bestimmt,
Gebrochenheiten, wo Rubine spielen,

doch nimm nicht als Gesetz, was Ahnung ist,
auch dieser Stunde – selbst sie mit Besuch –
gib Antwort, Rede wie den Kühen Heu,
das dann im Euter sich als Weißes bringt
im weiten Kreislauf, wo sich Dies und Das
mit großem Unterschied wohl kaum noch fühlt –

auch ahnst du tiefer, wenn es schnell vergeht.

Verhülle dich –

Verhülle dich mit Masken und mit Schminken,
auch blinzle wie gestörten Augenlichts,
laß nie erblicken, wie dein Sein, dein Sinken
sich abhebt von dem Rund des Angesichts.

Im letzten Licht, vorbei an trüben Gärten,
der Himmel ein Geröll aus Brand und Nacht –
verhülle dich, die Tränen und die Härten,
das Fleisch darf man nicht sehn, das dies vollbracht.

Die Spaltungen, den Riß, die Übergänge,
den Kern, wo die Zerstörung dir geschieht –,
verhülle, tu, als ob die Ferngesänge
aus einer Gondel gehn, die jeder sieht.

von Bremens Schwesterstadt
bis Sils-Maria –
ich hab das Alles satt,
die Vita mia,

weiss Gott, ich weiss nicht mehr,
was ich geschrieben,
ein Zug von d'outremer
hat mich getrieben,

doch jetzt kein Hafenglück,
man kehrt nicht wieder,
man sieht aufs Meer zurück
und senkt die Lider.

Ein stiller Tag

Ein stiller Tag, die Knospen tragen Zeichen,
ein warmer Regen, der die Quitten treibt,
jene kanadischen, die ohne Gleichen
ein Kapitän der Heimat einverleibt.

Weither, weithin, in das ich mich versenke,
vieles vergessen, einiges gelernt –
ein stiller Tag für mich, denn ich gedenke
an einen andern Tag, der weit entfernt.

Von Tropen, Wüsten und Anden
das blonde Haar gebleicht,
Señoras von soviel Landen
haben ihm den Becher gereicht,

voll Pulque, voll Schnaps der Agaven,
voll Feuerwasser und Wein –
nun zieht er in Zürichs Hafen
zu Keller und Meyer ein.

Eine Hymne

Mit jener Eigenschaft der großen Puncher:
Schläge hinnehmen können
stehn,

Feuerwasser in der Kehle gurgeln
sub- und supraatomar
dem Rausch begegnet sein,
Sandalen
am Krater lassen wie Empedokles
und dann hinab,

nicht sagen: Wiederkehr
nicht denken: halb und halb,
Maulwurfshügel freigeben
wenn Zwerge sich vergrößern wollen,
allroundgetafelt bei sich selbst
unteilbar
und auch den Sieg verschenken können –

eine Hymne solchem Mann.

Das Haus in Bremen,
das ich nun wirklich sah,
bisher ein Schemen,
mir nur im Geiste nah –

Das wird nun dauern
in steter Wiederkehr:
die weissen Mauern,
die Bäume, alt u. schwer. –

Spät

I

Die alten schweren Bäume
in großen Parks
und die Blumengärten,
die feucht verwirrten –

Herbstliche Süße.
Polster von Erika
die Autobahn entlang,
alles ist Lüneburger
Heide, lila und unfruchtbar,
Versonnenheiten, die zu Nichts führen,
in sich gekehrtes Kraut,
das bald hinabbräunt
– Frage eines Monats –
ins Nieerblühte.

Dies die Natur.
Und durch die City
in freundlichem Licht
fahren die Bierwagen
Ausklangssänfte, auch Unbesorgnis
vor Reizzuständen, Durst und Ungestilltem –
was stillt sich nicht? Nur kleine Kreise!
Die großen schwelgen
in Übermaßen.

So enden die Blicke, die Blicke zurück:
Felder und Seen eingewachsen in deine Tage
und die ersten Lieder
aus einem alten Klavier.

Begegnungen der Seele! Jugend!
Dann selbst gestaltet
Treubruch, Verfehlen, Verfall –
die Hintergründe der Glücke.

Und Liebe!
»Ich glaube dir, daß du gerne bei mir geblieben wärest,
aber es nicht konntest,
ich spreche dich frei von jeder Schuld« –
ja, Liebe
schwer und vielgestalt,
jahrelang verborgen
werden wir einander zurufen: »nicht vergessen«,
bis einer tot ist –
so enden die Rosen,
Blatt um Blatt.

III

Noch einmal so sein wie früher:
unverantwortlich und nicht das Ende wissen,
das Fleisch fühlen: Durst, Zärtlichkeit, Erobern,
                                        Verlieren,
hinüberlangen in jenes Andere, – in was?

Abends dasitzen, in den Schlund der Nacht sehn,
er verengert sich, aber am Grund sind Blumen,
es duftet herauf, kurz und zitternd,
dahinter natürlich die Verwesung,
dann ist es ganz dunkel und du weißt wieder dein Teil,
wirfst dein Geld hin und gehst –

soviel Lügen geliebt,
soviel Worten geglaubt,
die nur aus der Wölbung der Lippen kamen,
und dein eigenes Herz
so wandelbar, bodenlos und augenblicklich –

soviel Lügen geliebt,
soviel Lippen gesucht
(»nimm das Rouge von deinem Munde,
gib ihn mir blaß«)

und der Fragen immer mehr –.

IV

Little old Lady
in a big red room
little old Lady –
summt Marion Davies,
während Hearst, ihr Freund seit 30 Jahren,
in schwerem Kupfersarg unter dem Schutz einer
                              starken Eskorte
und gefolgt von 22 schwarzen Limusinen
vor dem Marmormausoleum eintrifft,
leise surren die Fernkameras.

Little old Lady, großer roter Raum,
hennarot, sanft gladiolenrot, kaiserrot (Purpurschnecke).
Schlafzimmer in Santa Monica Schloß
à la Pompadour –

Louella, ruft sie, Radio!
die Blues, Jitterburg – Zickzack –!
das Bürgertum im atlantischen Raum:
heiratsfähige Töchter und obliterierter Sexus,
Palazzos an den Bays, Daunendecken auf den Pfühlen,
die Welt teilen sie ein in Monde und Demimonde –
ich war immer Letzteres –

Louella, meine Mischung – hochprozentig!
Was soll das alles –
gedemütigt, hochgekämpft, hündisch gelitten –
die Züge, häßliche Züge, mit denen jetzt der Kupfersarg
                              Schluß macht,
überrann ein Licht, wenn er mich sah,
auch Reiche lieben, zittern, kennen die Verdammnis. –

Hochprozentig – das Glas an den Silberapparat,
er wird nun stumm sein zu jener Stunde,
die nur wir beide wußten, –
drollige Sprüche kamen aus der Muschel,
»in Frühstücksstuben entscheidet sich das Leben,
am Strand im Bathdreß hagelt es Granit,
das Unerwartete pflegt einzutreten,
das Erhoffte geschieht nie –«
das waren seine Stories.

Schluß mit der Promenade! Nur noch einige Steinfliesen,
auf die vorderste das Glas
hochprozentig, Klirren, letzte Rhapsodie –.
Little old Lady,
in a big red room. –

V

Fühle, doch wisse, Jahrtausende fühlten –
Meer und Getier und die kopflosen Sterne
ringen es nieder heute wie einst –

denke, doch wisse, die Allererlauchtesten
treiben in ihrem eigenen Kiel,
sind nur das Gelb der Butterblume,
auch andere Farben spielen ihr Spiel –

wisse das alles und trage die Stunde,
keine wie diese, jede wie sie,
Menschen und Engel und Cherubime,
Schwarzgeflügeltes, Hellgeäugtes,
keines war deines –
deines nie.

VI

Siehst du es nicht, wie einige halten,
viele wenden den Rücken zu,
seltsame hohe schmale Gestalten,
alle wandern den Brücken zu.

Senken die Stecken, halten die Uhren
an, die Ziffern brauchen kein Licht,
schwindende Scharen, schwarze Figuren,
alle weinen – siehst du es nicht?

Lebe wohl –

Lebe wohl, du Flüchtige, Freie
die Flügel zu Fahrt und Flug –
geschlossen die Rune, die Reihe,
die deinen Namen trug.

Ich muß nun wieder
meine dunklen Gärten begehn,
ich höre schon Schwanenlieder
vom Schilf der nächtigen Seen.

Lebe wohl, du Tränenbereiter,
Eröffner von Qual und Gram,
verloren – weiter
die Tiefe, die gab und nahm.

Verzweiflung

I.

Was du in Drogerien sprachst
beim Einkauf von Mitteln
oder mit deinem Schneider
außerhalb des Maßgeschäftlichen –
was für ein Nonsens diese Gesprächsfetzen,
warst du da etwa drin?

Morgens – noch etwas erschöpft
von den Aufstehmanipulationen –
leicht hingeplappert, um nicht gleich wieder hinauszugehn,
Dies und Jenes, Zeitgeschichtliches,
Grundsätzliches, alles durcheinander –
Grundsätzliches ist übrigens gut!
Wo sitzt das denn bei dir? Im Magen? Wie lange?
Was ist das überhaupt? Triebfond, Hoffnungszement,
                              Wirtschaftskalkül –
jedenfalls etwas ungemein Prekäres!

Alles zusammengerechnet
aus Morgen- und Tagesstunden
in Zivil und Uniform
erbricht sich rückblickend vor Überflüssigkeit,
toten Lauten, Hohlechos
und überhaupt mit nichts zusammensein –
oder beginnt hier die menschliche Gemeinschaft?

II.

Alle die Verschlagenheiten,
das Grinsen ins Gesicht von jemandem,
den du dir erhalten willst,
aber auch nicht die Wahrheit über dich sagen,
nicht fühlen lassen das Rohe, das Schielen, den Verrat,
vor allem, weil du selber gar nicht weißt,
was Schielen und Verrat eigentlich ist,
dies ganze Gewebe aus List, Unzucht und Halbtränen. –

Kürten – seinerzeit in Düsseldorf –
von 7 bis 9 abends Lustmörder,
im übrigen Kegelbruder und Familienvater –
war das nicht vollsinnig
und der Pithekanthropos erectus?

Kulturkreise hinten und vorn,
Morgen-, Mittag- und Abendländer,
Höhlenzeichnungen, dicke Madonnen,
Hermaphroditengeschlinge,
Sodomiterei als Rasensport –
alles hin und her und keiner sinnt es
bis zu den Göttern,
bis zu Ende.

Lächle, nimm duftende Seife,
eh du zu der Geliebten eilst
und vorm Rasieren einfetten,
das schönt die Haut.

III.

Sprich zu dir selbst, dann sprichst du zu den Dingen
und von den Dingen, die so bitter sind,
ein anderes Gespräch wird nie gelingen,
den Tod trägt beides, beides endet blind.

Hier singt der Osten und hier trinkt der Westen,
aus offenen Früchten rinnt es und vom Schaft
der Palmen, Gummibäume und in Resten
träuft auch die Orchidee den Seltsamsaft.

Du überall, du allem nochmals offen,
die letzte Stunde und du steigst und steigst,
dann noch ein Lied, und wunderbar getroffen
sinkst du hinüber, weißt das Sein und schweigst.

Außenminister

Aufs Ganze gerichtet
sind die Völker eine Messe wert,
aber im Einzelnen: läßt die Trompete zu der
                                        Pauke sprechen,
jetzt trinkt der König Hamlet zu –
wunderbarer Aufzug,
doch die Degenspitze vergiftet.

»Iswolski lachte.«
Zitate zur Hand, Bonmots in der Kiepe,
hier kühl, dort chaleureux, peace and goodwill,
lieber mal eine Flöte zuviel,
die Shake-hands Wittes in Portsmouth (1905)
waren Rekord, aber der Friede wurde günstiger.

Vorm Parlament –, das ist keineswegs Schaumschlägerei,
hat Methode wie Sanskrit oder Kernphysik,
enormes Labor: Referenten, Nachrichtendienst, Empirie,
auch Charakter muß man durchfühlen,
im Ernst: Charakter haben die Hochgekommenen
                                        ganz bestimmt,
nicht wegen etwaiger Prozesse,
sondern er ist unser moralischer sex appeal –
allerdings: was ist der Staat?
»Ein Seiendes unter Seienden«,
sagte schon Plato.

»Zwiespalt zwischen der öffentlichen
und der eigentlichen Meinung« (Keynes). Opalisieren!
Man lebt zwischen les hauts et les bas,
erst Oberpräsident, dann kleiner Balkanposten,
                                        schließlich Chef,
dann ein neues Revirement,
und man geht auf seine Güter.

Leicht gesagt: verkehrte Politik.
Wann verkehrt? Heute? Nach zehn Jahren? Nach einem
                                    Jahrhundert?
Mésalliancen, Verrat, Intrigen,
alles geht zu unseren Lasten,
man soll das Ölzeug anziehn,
bevor man auf Fahrt geht,
beobachten, ob die Adler rechts oder links fliegen,
die heiligen Hühner das Futter verweigern.
Als Hannibal mit seinen Elefanten über den Brenner zog,
war alles in Ordnung,
als später Karthago fiel,
weinte Salambo.

Sozialismus – Kapitalismus –: wenn die Rebe wächst
und die Volkswirtschaft verarbeitet ihren Saft
dank außerordentlicher Erfindungen und Manipulationen
zu Mousseux – dann muß man ihn wohl auch trinken?
Oder soll man die Kelten verurteilen,
weil sie den massilischen Stock
tauschweise nach Gallien trugen –
damit würde man ja jeden zeitlichen Verlauf
und die ganze Kulturausbreitung verdammen.

»Die Außenminister kamen in einer zweistündigen
                                    Besprechung
zu einem vorläufigen Ergebnis«
(Öl- und Pipelinefragen),
drei trugen Cutaway,
einer einen Burnus.

März. Brief nach Meran

Blüht nicht zu früh, ach blüht erst, wenn ich komme,
dann sprüht erst euer Meer und euren Schaum,
Mandeln, Forsythien, unzerspaltene Sonne –
dem Tal den Schimmer und dem Ich den Traum.

Ich, kaum verzweigt, im Tiefen unverbunden,
Ich, ohne Wesen, doch auch ohne Schein,
meistens im Überfall von Trauerstunden,
es hat schon seinen Namen überwunden,
nur manchmal fällt er ihm noch flüchtig ein.

So hin und her – ach blüht erst, wenn ich komme,
ich suche so und finde keinen Rat,
daß einmal noch das Reich, das Glück, das fromme,
der abgeschlossenen Erfüllung naht.

Keiner weine –

Rosen, gottweißwoher so schön,
in grünen Himmeln die Stadt
abends
in der Vergänglichkeit der Jahre!

Mit welcher Sehnsucht gedenke ich der Zeit,
wo mir eine Mark dreißig lebenswichtig waren,
ja, notgedrungen, ich sie zählte,
meine Tage ihnen anpassen mußte,
was sage ich Tage: Wochen, mit Brot und Pflaumenmus
aus irdenen Töpfen
vom heimatlichen Dorf mitgenommen,
noch von häuslicher Armut beschienen,
wie weh war alles, wie schön und zitternd!

Was soll der Glanz der europäischen Auguren,
der großen Namen,
der Pour le mérite,
die auf sich sehn und weiter schaffen,

ach, nur Vergehndes ist schön,
rückblickend die Armut,
sowie das Dumpfe, das sich nicht erkennt,
schluchzt und stempeln geht,

wunderbar dieser Hades,
der das Dumpfe nimmt
wie die Auguren –

keiner weine,
keiner sage: ich, so allein.

Schmerzliche Stunde

Das ist die schmerzliche Stunde,
da öffnet sich altes Leid:
ein Panorama die Runde
von Sinn- und Menschlichkeit.

Sie tragen rote Hüte
auch Trenchcoats mit Achselstück,
so wesen sie heute als Blüte
von Sein und Glück.

Sie haben volle Gesichter,
auch Lippen mit rouge baiser,
wer wollte als Rächer und Richter
hier sagen: entschminke dich, geh?

Sie sind geschichtlich geworden,
sie tragen das Ur und das Gen,
wer weiß, ob höhere Orden
besser wie sie bestehn?

Das ist die schmerzliche Stunde,
was littest du nur so sehr,
erhieltest du etwa Kunde
von Nach-Tod, Treue und mehr?

Viele Herbste

Wenn viele Herbste sich verdichten
in deinem Blut, in deinem Sinn
und sie des Sommers Glücke richten,
fegt doch die fetten Rosen hin,

den ganzen Pomp, den ganzen Lüster,
Terrassennacht, den Glamour-Ball
aus Crêpe de Chine, bald wird es düster,
dann klappert euch das Leichtmetall,

das Laub, die Lasten, Abgesänge,
Balkons, geranienzerfetzt –
was bist du dann, du Weichgestänge,
was hast du seelisch eingesetzt?

Es gibt –

Es gibt Zerstörung, wer sie kennt, kennt Meines,
jedoch nicht nötig, daß sie jemand kennt,
kein Goldenes, ein Nebelfließ, ein reines
Bedecktsein von der Schwaden Element.

Da kann dich kein Gefühl von Glück beschwören,
von Nichts, das hält, du willst nicht mehr
von Dingen wissen, die dich nicht zerstören,
willst als Musik im Funk nur Wolga hören
und Fernes, Fremdes und von Steppen her.

Es gibt Zerstörungen, nicht daß ich leide,
man kann die Götter ja nicht anders sehn,
und eine Liebe, arm und krank ihr beide,
du mußt für sie auf Höfe singen gehn.

Melodien

Ja, Melodien – da verbleicht der Frager,
er ist nicht mehr der Zahl- und Citymann,
die Wolken stäuben über seinem Lager,
die Ozeane schlagen unten an.

Manchmal sind Zebras oder Antilopen
im Busch des Njassaflusses auf der Flucht,
alles ist sanft, leichtfüßig, aus den Tropen
kommt Dunst, die Trommel und entrückte Sucht.

Und Eruption und Elemente
die denken noch viel länger her:
die fünf berühmten Kontinente
nur hinderliche Masse für das Meer.

Du bist nicht früh, du bist nicht später,
wahrscheinlich, daß du garnichts bist,
und nun Sibelius' Finnenlied im Äther:
Valse triste.

Alles in Moll, in Con sordino
gelassenen Blicks gelassener Gang
von Palavas bis Portofino
die schöne Küste lang.

Ja, Melodien – uralte Wesen,
die tragen dir Unendlichkeiten an:
Valse triste, Valse gaie, Valse Niegewesen
verfließend in den dunklen Ozean.

Entfernte Lieder

Entfernte Lieder – über Straße
und manchmal auch aus einem Nachbarhaus,
geeignet oft in hohem Maße
für einen Traum, ja Träumestrauß.

Ein Tag am Meer, mit den Gezeiten,
Gezeiten sind so ungewohnt
halb selbstbewegt, halb Ferngeleiten
halb aus der Sonne, halb vom Mond.

Und eine Nacht mit Barkarole,
im Schimmer stand ein weißes Marmorschloß,
Orion jagte oben, nun Triole,
die sich in eine stumme Welt ergoß.

Emporgerissen, doch wohin, in wessen
Gewalten, ganz zerrissen, wie zerstückt,
kein schönes Kreuz am Hügel, nie besessen
ein Zielgelingen oder Langgeglückt,

nur ferne Lieder über Straßen,
Orion, Meer – ein großes Fluidum,
in das du manchmal horchst im Camp, verlassen,
die Feuer Asche und das Lager stumm.

Jener

Ich habe die Erde oft gesehn
und sie manchmal auch verstanden,
Sterben und Stille und Auferstehn,
Korn und Flechten und Laubverwehn,
auch Moore, wo sie sich fanden.
Doch wie sieht die Erde für Jenen aus:
»Komm in unser umblühtes Haus«?

Ein Jubel aus Süden, ein Liebesschwarm
von Malven über den Stufen
zum Saale, zum Garten, die Brunnen warm,
Zikaden rings um den Villencharme,
die sonneversengten, rufen.
Sieht so die Erde für Jenen aus:
»Komm in unser umblühtes Haus«?

Ich weiß es nicht, ich kann auch nicht
weder Norden noch Süden trauen,
ich glaube, erst wenn der Raum zerbricht,
erst wenn die Stunde der Träume spricht,
kommen Oleander und Pfauen.
Dann sieht die Erde für Jenen aus:
»Komm in unser umblühtes Haus.«

Den jungen Leuten

»Als ob das alles nicht gewesen wäre« –
es war auch nicht!
war ich es denn, der dir gebot: gebäre
und daß dich etwas in die Ferse sticht?

»Der dichtet wie vor hundert Jahren,
kein Krieg, kein Planck, kein USA,
was wir erlitten und erfahren,
das ist ihm Hekuba!«

Lang her, aus Dunkel, Fackeln und Laterne
versuchten sich um eine klare Welt,
versuchten sich – doch Näh und Ferne
blieb reichlich unerhellt!

Nun sollte ich – nun müßte ich – beileibe
ich müßte nicht, ich bin kein Ort,
wo etwas sich erhellt, ich treibe
nur meinen kleinen Rasensport!

Allons enfants, tut nicht so wichtig,
die Erde war schon vor euch da
und auch das Wasser war schon richtig –
Hipp, hipp, hurra!

Eingeengt

Eingeengt in Fühlen und Gedanken
deiner Stunde, der du anbestimmt,
wo so viele Glücke Trauer tranken,
einer Stunde, welche Abschied nimmt,

Trauer nur – die Sturm- und Siegeswogen,
Niederlagen, Gräber, Kuß und Kranz,
Trauer nur – die Heere abgezogen,
sammeln sie sich wo – wer weiß es ganz?

Denke dann der Herzen wechselnd Träumen,
andere Götter, anderes Bemühn,
denk der Reiche, die Pagoden säumen,
wo die feuerroten Segel blühn,

denke andres: wie vom Himmel erben
Nord und Süd durch Funken und durch Flut,
denke an das große Mammutsterben
in den Tundren zwischen Eis und Glut,

eingeengt von Fühlen und Gedanken
bleibt in dich ein großer Strom gelegt,
seine Melodie ist ohne Schranken,
trauerlos und leicht und selbstbewegt.

Der Gedanke

Der Gedanke –
anderthalb Meter reicht er,
eine Dose Daten erschleicht er,
aber sonst –?

Zum Beispiel Schafzucht,
ein Erdteil lebt davon,
dann kommen die Ersatzstoffe
und die Mufflons sind k. o.
Ursache: asoziale Erfinder,
besessene Retortenchefs –
Fehltritte der Natur.

Oder die Wissenschaft
so eingleisig
ganz aus angelsächsischem Material.

Oder die Essaywelt,
einer webt den anderen ein
unter Aufsicht der Gewerkschaft.

»Sie kann man nicht mehr ernst nehmen«
gottseibeiuns – wunderbar!

Aber Eines ist die Wirklichkeit der Götter,
vielleicht aus trüben Quellen,
aber wenn sie da ist:
voll Erinnerung an Jene –

den Namen nenne ich nicht.

Auferlegt

Was Er uns auferlegt, ist ohnegleichen,
die Löwen lachen und die Schlange singt,
sie leben in gewiesenen Bereichen,
in die das Schicksal keine Reue bringt.

Was Er uns auferlegt, ist so verschlossen,
man ahnt es manchmal, doch man sieht es nie,
und was man sieht, ist schauerübergossen,
grau, übergrau, gesteigertes Cap gris.

Was Er den Tag entlang und auch die Nächte
uns auferlegt, ist einzig, daß man irrt,
das Tränen macht, kein Glück und keine Mächte
geben ein Etwas, welches Inhalt wird.

Was Er dir auferlegt in deine Hände:
ein Flockenspielen, das du nie gewinnst,
was Er dir auferlegt, das ist am Ende,
das ist um dich ein gläsernes Gespinst.

Wirklichkeit

Eine Wirklichkeit ist nicht vonnöten,
ja es gibt sie gar nicht, wenn ein Mann
aus dem Urmotiv der Flairs und Flöten
seine Existenz beweisen kann.

Nicht Olympia oder Fleisch und Flieder
malte jener, welcher einst gemalt,
seine Trance, Kettenlieder
hatten ihn von innen angestrahlt.

Angekettet fuhr er die Galeere
tief im Schiffsbauch, Wasser sah er kaum,
Möwen, Sterne – nichts: aus eigener Schwere
unter Augenzwang entstand der Traum.

Als ihm graute, schuf er einen Fetisch,
als er litt, entstand die Pietà,
als er spielte, malte er den Teetisch,
doch es war kein Tee zum Trinken da.

Nur zwei Dinge

Durch soviel Formen geschritten,
durch Ich und Wir und Du,
doch alles blieb erlitten
durch die ewige Frage: wozu?

Das ist eine Kinderfrage.
Dir wurde erst spät bewußt,
es gibt nur eines: ertrage
– ob Sinn, ob Sucht, ob Sage –
dein fernbestimmtes: Du mußt.

Ob Rosen, ob Schnee, ob Meere,
was alles erblühte, verblich,
es gibt nur zwei Dinge: die Leere
und das gezeichnete Ich.

Destille

I

Schäbig; abends Destille
in Zwang, in Trieb, in Flucht
Trunk – doch was ist der Wille
gegen Verklärungssucht.

Wenn man die Seele sichtet,
Potenz und Potential,
den Blick aufs Ganze gerichtet:
katastrophal!

Natürlich sitzen in Stuben
Gelehrte zart und matt
und machen aus Tintentuben
ihre Pandekten satt,

natürlich bauten sie Dome
dreihundert Jahre ein Stück
wissend, im Zeitenstrome
bröckelt der Stein zurück,

es ist nicht zu begreifen,
was hatten sie für Substanz,
wissend, die Zeiten schleifen
Turm, Rose, Krypte, Monstranz,

vorbei, à bas und nieder
die große Konfession,
à bas ins Hühnergefieder
konformer Konvention –

abends in Destillen
verzagt, verjagt, verflucht,
so vieles muß sich stillen,
im Trunk Verklärungssucht.

II

Es gibt Melodien und Lieder,
die bestimmte Rhythmen betreun,
die schlagen dein Inneres nieder
und du bist am Boden bis neun.

Meist nachts und du bist schon lange
in vagem Säusel und nickst
zu fremder Gäste Belange,
durch die du in Leben blickst.

Und diese Leben sind trübe,
so trübe, du würdest dich freun,
wenn ewig Rhythmenschübe
und du bliebest am Boden bis neun.

III

Ich erlebe vor allem Flaschen
und abends etwas Funk,
es sind die lauen, die laschen
Stunden der Dämmerung.

»Du mußt dich doch errichten
empor und hochgesinnt!«
»Ich erfülle meine Pflichten,
wo sie vorhanden sind.«

Mir wurde nichts erlassen,
Tode und oft kein Bett,
ich mußte mit Trebern prassen
im zerrissnen Jackett.

Doch nun ist Schluß, ich glühe
von Magma und von Kern,
von Vor-Quartär und Frühe
wort-, schrift- und kupferfern,

ich lasse mich überraschen,
Versöhnung – und ich verzieh:
aus Fusel, Funk und Flaschen
die Neunte Symphonie.

IV

Ich will mich nicht erwähnen,
doch fällt mir manchmal ein
zwischen Fässern und Hähnen
eine Art von Kunstverein.

Die haben etwas errichtet,
eine Aula mit Schalmei,
da wird gespielt und gedichtet,
was längst vorbei.

Ich lasse mich zerfallen,
ich bleibe dem Ende nah,
dann steht zwischen Trümmern und Ballen
eine tiefe Stunde da.

Traum

»Haltestelle und Lebensbahn«
las ich gerade in der Zeitung
als zwei Gestalten aus dem Wald traten
längst Verstorbene
beide mit steifem Hut und Rucksack

nicht gleichzeitig
an zwei Tagen hintereinander
alte Bekannte, ja Verwandte
ich fragte, wohin sie
zu dieser ungewohnten Lebens- beziehungsweise
                              Sterbensstunde wollten
aber sie blickten nur unwirsch auf
und einer deutete an, er werde
mehrere Wochen bei einem Apotheker verbringen.

Beide hielten zurück
ihre Züge deuteten auf:
Querverbindungen
Überraschungen
inzwischen Verändertes

ich war so klug wie vorher
wie vor Haltestelle und Lebensbahn.

Bar

Flieder in langen Vasen,
Ampeln, gedämpftes Licht
und die Amis rasen,
wenn die Sängerin spricht:

Because of you (ich denke)
romance had its start (ich dein)
because of you (ich lenke
zu dir und du bist mein).

Berlin in Klammern und Banden,
sechs Meilen eng die town
und keine Klipper landen,
wenn so die Nebel braun,

es spielt das Cello zu bieder
für diese lastende Welt,
die Lage verlangte Lieder,
wo das Quartär zerfällt,

doch durch den Geiger schwellen
Jokohama, Bronx und Wien,
zwei Füße in Wildleder stellen
das Universum hin.

Abblendungen: Fächertänze,
ein Schwarm, die Reiher sind blau,
Kolibris, Pazifikkränze
und die dunklen Stellen der Frau,

und nun sich zwei erheben,
wird das Gesetz vollbracht:
das Harte, das Weiche, das Beben
in einer dunkelnden Nacht.

»Der Broadway singt und tanzt«

Eine magnifique Reportage!

Das Debüt der Negersängerin als Wahrsagerin
Ulrika im Maskenball,
bisher nur als Lieder- und Arienvirtuosin bekannt,
nun mit großem Orchester und berühmten Stimmen:
»glückte vollendet«.

Vorfälle, dramatisiert: Alles Kompromißler,
nur bei einem einzigen der Versuch, »gegen die Mühle
der Mehrheitsmeinung«
»die Wahrheit an den Tag zu bringen«
(großartig – aber siehe Pilatus).

Kaiserinmutter und Prinzessin Irina:
ein »mit fast unerträglicher innerer (!) Spannung
geladenes Duell«,
drei Hochstapler kommen noch dazu –
(wenn das nicht prima ist!)

Noah und seine Familie – die ganze Sintflut,
die Fahrt der Arche bis zum Aufstoßen,
»der bekannte Patriarch«
eine »im tiefsten Sinne spannende Haltung«
»fast betäubend«,
dem Komponisten wurden die Songs
per Telefon von New York nach St. Moritz vorgespielt
(allerlei! Arche-Noah-Songs!)

Dagegen unser Europa! Vielleicht Urgrund der Seele;
aber viel Nonsens, Salbader:
»Die Wahrheit«, Lebenswerk, 500 Seiten –
so lang kann die Wahrheit doch garnicht sein!
oder:
»Das Denkerische über das Denken«,
das ist bestimmt nicht so betäubend
wie Broadway-Noah

Immer: Grundriß!

Kinder! Kinder!

433

Nimm fort die Amarylle

Ich kann kein Blühen mehr sehn,
es ist so leicht und so gründlich
und dauert mindestens stündlich
als Traum und Auferstehn.

Nimm fort die Amarylle,
du siehst ja: gründlich: – sie setzt
ganz rot, ganz tief, ganz Fülle
ihr Eins und Allerletzt.

Was wäre noch Stunde dauernd
in meinem zerstörten Sinn,
es bricht sich alles schauernd
in Augenblicken hin.

Radio

»– die Wissenschaft als solche« –
wenn ich Derartiges am Radio höre,
bin ich immer ganz erschlagen.
Gibt es auch eine Wissenschaft nicht als solche?
Ich sehe nicht viel Natur, komme selten an Seen,
Gärten nur sporadisch, mit Gittern vor,
oder Laubenkolonieen, das ist alles,
ich bin auf Surrogate angewiesen:
Radio, Zeitung, Illustrierte –
wie kann man mir da sowas bieten?

Da muss man doch Zweifel hegen,
ob das Ersatz ist für Levkoien,
für warmes Leben, Zungenkuss, Seitensprünge,
alles, was das Dasein ein bischen üppig macht
und es soll doch alles zusammengehören!

Nein, diese vielen Denkprocesse sind nichts für mich,
aber es gibt volle Stunden,
wo man auf keinem Sender (Mittel-, Kurz-, Lang-
                                              und Ultrawelle)
eine Damenstimme hört (»erst sagt man nein, dann
                                              vielleicht, dann ja«),
immer nur diese pädagogischen Sentenzen,
eigentlich ist alles im männlichen Sitzen produziert,
was das Abendland sein Höheres nennt –
ich aber bin, wie gesagt, für Seitensprünge!

»– würden alte Kulturbestände völlig verschwunden sein –«
(nun, wenn schon)
»– klingende Vergangenheit –«
(von mir aus)
»– in den Orten Neu-Mexicos
segnen die Farmer ihre Tiere und Felder
mit diesen Liedern –«
(angenehm,
aber ich meinerseits komme aus Brandenburg kaum
heraus).

Wir hören Professor Salem Aleikum,
der Reporter beliebäugelt ihn noch:
»der Professor liegt auf der Terrasse seines Hauses
die Laute im Arm
und singt die alten Balladen« –
wahrscheinlich auf einer Ottomane,
Eiswasser neben sich,
widerlegt Hypothesen, stösst neue aus –

die grössten Ströme der Welt
Nil, Bramahputra oder was weiss ich,
wären zu klein, alle diese Professoren zu ersäufen –

ich habe kein Feld, ich habe kein Tier,
mich segnet nichts, es ist reiner Unsegen,
aber diese Professoren
sie lehren in Saus und Braus
sie lehren aus allen Poren
und machen Kulturkreis draus.

Aufatmen

Spannungen, Zerfallenheiten
direkt pelzgefüttert
und dann sieht man:

– – »Zwei gesunde Schnäpse trinken
kalte
klaren Köhm
das Bier heben
soliden Blicks
schaumgeboren
unzerstört ohne
Irritationen
Zwischenstufen
Abbauprodukte,
reiner Abendausklang
musikmitwiegend
etwas muffig, aber
gebisssicher
undunstig
unschwitzig
rückentrocken

Mitte des Lebens,
Fleisch, das die Nacht durchsteht
schlafeingekränzt
reich behangen« – –

Aufatmen!

Bis wieder die Verlustziffern
Spannungen
Zerfallenheiten
direkt pelzgefüttert.

Ordnung

Antlitze mit Verzichten
um Schläfe oder Mund
das lässt sich nicht vernichten
es tut das Ewige kund

Männer, die nicht rauchen,
sie rechnen nicht mit Gewinn
sie werden es für andre verbrauchen
geben es hin –

Es steht ein Mond in der Weite
Du möchtest in Saus und Braus
Durch die Nacht die fiebernde schreiten
und gehst schnell nach Haus –

Es sind die Züge der Stille
Der hintergründigen Welt,
Dass Ordnung Last und Wille
in Eins zusammenfällt

An –

An der Schwelle hast du wohl gestanden,
doch die Schwelle überschreiten – nein,
denn in meinem Haus kann man nicht landen,
in dem Haus muß man geboren sein.

Sieht den Wanderer kommen, sieht ihn halten,
wenn ihn dürstet, wird ein Trank geschänkt,
aber einer nur, dann sind die alten
Schlösser wieder vor- und eingehängt.

Was schlimm ist

Wenn man kein Englisch kann,
von einem guten englischen Kriminalroman zu hören,
der nicht ins Deutsche übersetzt ist.

Bei Hitze ein Bier sehn,
das man nicht bezahlen kann.

Einen neuen Gedanken haben,
den man nicht in einen Hölderlinvers einwickeln kann,
wie es die Professoren tun.

Nachts auf Reisen Wellen schlagen hören
und sich sagen, daß sie das immer tun.

Sehr schlimm: eingeladen sein,
wenn zu Hause die Räume stiller,
der Café besser
und keine Unterhaltung nötig ist.

Am schlimmsten:
nicht im Sommer sterben,
wenn alles hell ist
und die Erde für Spaten leicht.

Erst – dann

Erst Wahn von Grösse
mit Kronen besteckt,
dann nichts wie Blösse,
die niemand bedeckt.

Erst in Gewittern,
in Räuschen und Rauch
und dann das Zittern:
durftest du auch –?

Und am Schlusse des Wahnes,
man sagt es nicht gern:
Domini canes –
Hunde des Herrn.

Hör zu

Hör zu, so wird der letzte Abend sein,
wo du noch ausgehn kannst: du rauchst die »Juno«,
»Würzburger Hofbräu« drei, und liest die Uno,
wie sie der »Spiegel« sieht, du sitzt allein

an kleinem Tisch, an abgeschlossenem Rund
dicht an der Heizung, denn du liebst das Warme.
Um dich das Menschentum und sein Gebarme,
das Ehepaar und der verhasste Hund.

mehr bist du nicht, kein Haus, kein Hügel dein,
zu träumen in ein sonniges Gelände,
dich schlossen immer ziemlich enge Wände
von der Geburt bis diesen Abend ein.

mehr warst du nicht, doch Zeus und alle Macht
das All, die grossen Geister, alle Sonnen
sind auch für dich geschehn, durch dich geronnen,
mehr warst du nicht, beendet wie begonnen –
der letzte Abend – gute Nacht.

Teils – teils

In meinem Elternhaus hingen keine Gainsboroughs
wurde auch kein Chopin gespielt
ganz amusisches Gedankenleben
mein Vater war einmal im Theater gewesen
Anfang des Jahrhunderts
Wildenbruchs »Haubenlerche«
davon zehrten wir
das war alles.

Nun längst zu Ende
graue Herzen, graue Haare
der Garten in polnischem Besitz
die Gräber teils-teils
aber alle slawisch,
Oder-Neißelinie
für Sarginhalte ohne Belang
die Kinder denken an sie
die Gatten auch noch eine Weile
teils-teils
bis sie weiter müssen
Sela, Psalmenende.

Heute noch in einer Großstadtnacht
Caféterrasse
Sommersterne,
vom Nebentisch
Hotelqualitäten in Frankfurt
Vergleiche,
die Damen unbefriedigt
wenn ihre Sehnsucht Gewicht hätte
wöge jede drei Zentner.

Aber ein Fluidum! Heiße Nacht
à la Reiseprospekt und
die Ladies treten aus ihren Bildern:
unwahrscheinliche Beauties
langbeinig, hoher Wasserfall
über ihre Hingabe kann man sich gar nicht erlauben
nachzudenken.

Ehepaare fallen demgegenüber ab,
kommen nicht an, Bälle gehn ins Netz,
er raucht, sie dreht ihre Ringe
überhaupt nachdenkenswert
Verhältnis von Ehe und Mannesschaffen
Lähmung oder Hochtrieb.

Fragen, Fragen! Erinnerungen in einer Sommernacht
hingeblinzelt, hingestrichen,
in meinem Elternhaus hingen keine Gainsboroughs
nun alles abgesunken
teils-teils das Ganze
Sela, Psalmenende.

Melancholie

Wenn man von Faltern liest, von Schilf und Immen,
daß sich darauf ein schöner Sommer wiegt,
dann fragt man sich, ob diese Glücke stimmen
und nicht dahinter eine Täuschung liegt,
und auch das Saitenspiel, von dem sie schreiben,
mit Schwirren, Dufthauch, flügelleichtem Kleid,
mit dem sie tun, als ob sie bleiben,
ist anderen Ohren eine Fraglichkeit:
ein künstliches, ein falsches Potpourri –
untäuschbar bleibt der Seele Agonie.

Was ist der Mensch, – die Nacht vielleicht geschlafen,
doch vom Rasieren wieder schon so müd,
noch eh' ihn Post und Telefone trafen,
ist die Substanz schon leer und ausgeglüht,
ein höheres, ein allgemeines Wirken,
von dem man hört und manches Mal auch ahnt,
versagt sich vielen leiblichen Bezirken,
verfehlte Kräfte, tragisch angebahnt:
man sage nicht, der Geist kann es erreichen,
er gibt nur manchmal kurzbelichtet Zeichen.

Nicht im Entferntesten ist das zu deuten,
als ob der Schöpfer ohne Seele war,
er fragt nur nicht so einzeln nach den Leuten,
nach ihren Klagen, Krebsen, Haut und Haar,
er wob sie aus Verschiedenem zusammen
das er auch noch für andere Sterne braucht,
er gab uns Mittel, selbst uns zu entflammen
– labil, stabil, labil – man träumt, man taucht:
schon eine Pille nimmt dich auf den Arm
und macht das Trübe hell, das Kalte warm.

Du mußt aus deiner Gegend alles holen,
denn auch von Reisen kommst du leer zurück,
verläßt du dich, beginnen Kapriolen
und du verlierst dir Stück um Stück.
Von Blumen mußt du solche wählen,
die blühn am Zaun und halb im Acker schon,
die in das Zimmer tun, die Laute zählen
des Lebens Laute, seinen Ton:
vermindert oder große Terzen –
ein Kältliches verstarrt die Herzen.

Die Blumen so –, dann zu Vergangenem
sich wendend oder Zukunft, wie sie wird,
da gehst du von Verschleiert zu Verhangenem,
einem Vielleicht zu einwandfrei Geirrt,
ein Hin und Her: einmal versiegte Güsse
und Noah strahlt, die Arche streift auf Land,
und einmal ist der Nil der Fluß der Flüsse,
Antonius küßt die braune, schmale Hand:
die Ruriks, Anjous, Judas, Rasputin
und nur dein eigenes Heute ist nicht drin.

Tiere, die Perlen bilden, sind verschlossen,
sie liegen still und kennen nur die See;
an Land und Luft: Gekrönte und Profossen –
noch eine Herme mehr in der Allee;
nur Äon schweigt, er hält die Perlengabe,
wo alles fehlt und alles zielt,
der Äon träumt, der Äon ist ein Knabe,
der mit sich selbst auf einem Brette spielt:
noch eine Herme mehr – man lasse sie,
auch sie führt zum Gedicht: Melancholie.

Schöner Abend

Ich ging den kleinen Weg, den oft begangenen,
und diesen Abend war er seltsam klar,
man sah ihn schon als einen herbstbefangenen,
obschon es mitten noch im Sommer war.

Die Himmelsblüte hatte weisse Dolden,
die Wolken blätterten das Blau herab,
auch arme Leute wurden golden,
was ihrem Antlitz Glück und Lächeln gab.

So auch in mir, – den immer graute
früh her, verschlimmert Jahr um Jahr
entstand ein Sein, das etwas blaute –
und eine Stunde ohne Trauer war.

Aber du –?

Flüchtiger, du mußt die Augen schließen,
denn was eindringt, ist kein Großes Los,
abends im Lokal ist kein Genießen,
selbst an diesem Ort zerfällst du bloß.

Plötzlich sitzt ein Toter an der Theke,
Rechtsanwalt, mit rotem Nierenschwund,
schon zwei Jahre tot, mit schöner Witwe,
und nun trinkt er lebhaft und gesund.

Auch die Blume hat schon oft gestanden,
die jetzt auf dem Flügel in der Bar,
schon vor fünfzig Jahren, stets vorhanden
Gott weiß wann, wo immer Sommer war.

Alles setzt sich fort, dreht von der alten
einer neuen Position sich zu,
alles bleibt in seinem Grundverhalten –
aber du –?

Olympisch

Erhebe dich nun aus der Reihe
der Frauen, die das ganze Land durchblühn,
du trittst hervor, du trägst die Weihe
der Hochberufenen zum Liebesglühn.

Erhebe dich aus Stamm und Zeiten,
aus Völkern, Ahnen, Mischung und Vergehn,
jetzt bist du die Gestalt – Gelassenheiten,
Erwartung, Lockung trägst du, aber wen

erwartest du für deine Schauer,
wer trinkt dich so und wer erkennte dich
in deiner Ewigkeit aus Lust und Trauer –
erwartest du den Gott –? Erwarte Mich!

Zwei Träume

Zwei Träume. Der erste fragte,
wie ist nun dein Gesicht:
was deine Lippe sagte
oder das schluchzend Gewagte
bei verdämmerndem Licht?

Der zweite sah dich klarer:
eine Rose oder Klee,
zart, süß – ein wunderbarer
uralter Weltenbewahrer
der Muschelformen der See.

Wird noch ein dritter kommen?
Der wäre von Trauer schwer:
Ein Traum der Muschel erglommen,
die Muschel von Fluten genommen
hin in ein anderes Meer.

Ebereschen

Ebereschen – noch nicht ganz rot
von jenem Farbton, wo sie sich entwickeln
zu Nachglut, Vogelbeere, Herbst und Tod.

Ebereschen – noch etwas fahl,
doch siehe schon zu einem Strauß gebunden
ankündigend halbtief die Abschiedsstunden:
vielleicht nie mehr, vielleicht dies letzte Mal.

Ebereschen – dies Jahr und Jahre immerzu
in fahlen Tönen erst und dann in roten
gefärbt, gefüllt, gereift, zu Gott geboten –
wo aber fülltest, färbtest, reiftest du –?

Tristesse

Die Schatten wandeln nicht nur in den Hainen,
davor die Asphodelenwiese liegt,
sie wandeln unter uns und schon in deinen
Umarmungen, wenn noch der Traum dich wiegt.

Was ist das Fleisch – aus Rosen und aus Dornen,
was ist die Brust – aus Falten und aus Samt,
und was das Haar, die Achseln, die verworrnen
Vertiefungen, der Blick so heiß entflammt:

Es trägt das Einst: die früheren Vertrauten
und auch das Einst: wenn du es nicht mehr küßt,
hör garnicht hin, die leisen und die lauten
Beteuerungen haben ihre Frist.

Und dann November, Einsamkeit, Tristesse,
Grab oder Stock, der den Gelähmten trägt –
die Himmel segnen nicht, nur die Zypresse,
der Trauerbaum, steht groß und unbewegt.

Das sind doch Menschen

Das sind doch Menschen, denkt man,
wenn der Kellner an einen Tisch tritt,
einen unsichtbaren,
Stammtisch oder dergleichen in einer Ecke,
das sind doch Zartfühlende, Genüßlinge
sicher auch mit Empfindungen und Leid.

So allein bist du nicht
in deinem Wirrwarr, Unruhe, Zittern,
auch da wird Zweifel sein, Zaudern, Unsicherheit,
wenn auch in Geschäftsabschlüssen,
das Allgemein-Menschliche,
zwar in Wirtschaftsformen,
auch dort!

Unendlich ist der Gram der Herzen
und allgemein,
aber ob sie je geliebt haben
(außerhalb des Bettes)
brennend, verzehrt, wüstendurstig
nach einem Gaumenpfirsichsaft
aus fernem Mund,
untergehend, ertrinkend
in Unvereinbarkeit der Seelen –

das weiß man nicht, kann auch
den Kellner nicht fragen,
der an der Registrierkasse
das neue Helle eindrückt,
des Bons begierig,
um einen Durst zu löschen anderer Art,
doch auch von tiefer.

»Abschluß«

Nachts in den Kneipen, wo ich manchmal hause
grundlagenlos und in der Nacktheit Bann
wie in dem Mutterschoß, der Mutterklause
einst, welternährt, kommt mich ein Anblick an.

Ein Herr in Loden und mit vollen Gesten,
er wendet sich jetzt ganz dem Partner zu,
verschmilzt mit Grog und Magenbitterresten:
Sie streben beide einem Abschluß zu.

Ach ja, ein Abschluß, wenn auch nur in Dingen,
die zeitlich sind, besiegelbar durch Korn:
Hier ist ein Endentschluß, hier ist Gelingen,
sie saugen tief das Glas, sie liegen vorn –

mir steht ein Meer vor Augen, oben Bläue,
doch in der Tiefe waberndes Getier,
verfratzte Kolben, Glasiges – ich scheue
mich, mehr zu sagen und zu deuten hier.

Eure Etüden

Eure Etüden,
Arpeggios, Dankchoral
sind zum Ermüden
und bleiben rein lokal.

Das Krächzen der Raben
ist auch ein Stück –
dumm sein und Arbeit haben:
Das ist Glück.

Das Sakramentale –
schön, wer es hört und sieht,
doch Hunde, Schakale
die haben auch ihr Lied.

Ach, eine Fanfare,
doch nicht an Fleisches Mund,
daß ich erfahre,
wo aller Töne Grund.

Melodie

Ich sterbe an diesem Sommer,
sein wolkenvoller Verlauf,
nur wenige Tage glomm er
etwas glühender auf.

Mein Herz schlug so zerschlagen,
dass es am Ende war,
wenn die Radios immer sagen
ihre Sprüche von millibar.

Nun kommen die Raben geflogen
– mit Odin flogen sie hell,
dunkel nach Norden gebogen,
schwarze undeutbare Wogen,
noch nie geschaute – farwell.

Impromptu

Im Radio sang einer
»In der Drosselgaß zu Rüdesheim« –
ich war erschlagen:
Drosseln, das ist doch wohl ein Frühlingstag,
wer weiß, was über die Mauern hing,
quoll, zwitscherte, sicher Hellgrünes –
das Herz stieg auf, noch nicht das alte jetzt
das junge noch, nach einem Wandertag,
berauscht und müde.

Auch wer nie Wein trank,
hier gab man Goldenes an seinen Gaumen,
schlug sich den Staub vom Rock,
dann auf ein Lager
den Rucksack unter den Kopf,
die beide nichts enthielten
als für des nächsten Tags
Gelegenheiten.

Ein Paar Schuhe. Ein Musensohn.
Damals war Liliencron mein Gott,
ich schrieb ihm eine Ansichtskarte.

Verließ das Haus –

I

Verließ das Haus, verzehrt, er litt so sehr,
soviele Jahre Mensch, mit Zwischendingen,
trotz Teilerfolg im Geistesringen
war keiner von olympischem Gewähr.

So ging er langsam durch die Rêverie
des späten Herbsttags, kaum zu unterscheiden
von einem Frühlingstag mit jungen Weiden
und einem Kahlschlag, wo der Häher schrie.

So träumerisch von Dingen überspielt,
die die Natur in Lenken und Verwalten
entfernter Kreise – jüngeren und alten –
als unaufhebbar einer Ordnung fühlt –:

So trank er denn den Schnaps und nahm die Tracht
Wurstsuppe, Donnerstags umsonst gereichte
an jeden Gast, und fand das angegleichte
Olympische von Lust und Leidensmacht.

II

Er hatte etwas auf der Bank gelesen
und in der letzten Rosen Grau gesehn,
es waren keine Stämme, Buschwerkwesen,
gelichtet schon von Fall und Untergehn.

Nun sank das Buch. Es war ein Tag wie alle
und Menschen auch wie alle im Revier,
das würde weiter sein, in jedem Falle
blieb dies Gemisch von Tod und Lachen hier.

Schon ein Geruch kann mancherlei entkräften,
auch kleine Blumen sind der Zeder nah –
dann ging er weiter und in Pelzgeschäften
lag manches Warme für den Winter da.

III

Ganz schön –, gewiß, – für Schnaps und eine Weile
im Park am Mittag, wenn die Sonne scheint,
doch wenn der Hauswirt kommt, gewisse Teile
der Steuer fehlen und die Freundin weint?

Verzehrt: wie weit darfst du dein Ich betreiben,
Absonderliches als verbindlich sehn?
Verzehrt: wie weit mußt du im Genre bleiben –
soweit wie Ludwig Richters Bilder gehn?

Verzehrt: man weiß es nicht. Verzehrt und man wendet
sich qualvoll Einzel zu wie Allgemein, –
das Zwischenspiel von Macht des Schicksals endet
glorios und ewig, aber ganz allein.

Verflucht die Evergreens! Die Platten dröhnen!
Schnaps, Sonne, Zedern – was verhelfen sie
dem Ich, den Traum, den Wirt und Gott versöhnen –
die Stimmen krächzen und die Worte höhnen –
verließ das Haus und schloß die Rêverie.

In einer Nacht

In einer Nacht, die keiner kennt,
Substanz aus Nebel, Feuchtigkeit und Regen,
in einem Ort, der kaum sich nennt
so unbekannt, so klein, so abgelegen,

sah ich den Wahnsinn alles Liebs und Leids,
das Tiefdurchkreuzte von Begehr und Enden,
das Theatralische von allerseits,
das niemals Gottgestützte von den Händen,

die dich bestreicheln, heiß und ungewaschen,
die dich wohl halten wollen, doch nicht wissen,
wie man den anderen hält, an welchen Maschen
man Netze flicken muß, daß sie nicht rissen –

ach, diese Nebel, diese Kältlichkeit,
dies Abgefallensein von jeder Dauer,
von Bindung, Glauben, Halten, Innigkeit,
ach Gott – die Götter! Feuchtigkeit und Schauer!

Heim

Wenn du die Nacht allein bestehst
etwas getrunken, doch nicht trunken
durch Schnee und Stäubungen und Funken
gottweißwoher den Heimweg gehst

den Heim-wohin, man liegt und starrt
leer, doch natürlich könnte man sich füllen
mit Reminiszenz, Reden, Wortpostillen,
durch die die Zeit sich spreizt als Gegenwart,

doch hinter ihr und vor ihr stehn der Ahn
sowie die Enkel, wechselnd und geteilte:
Meinst du, daß etwas anderes in dir weilte
mit Blick und Bild als der uralte Wahn?

Bauxit

Diese Woche war ziemlich teuer,
sagen wir: vierhundert Mark,
aber sie hatte zauberhafte Augenblicke
sublime, innerliche, seidenweiche
mit Strömen von berauschter Transzendenz.

Ich betrachte oft mit Interesse
die rechte Hand der Herren:
Es ist die Hand, die eröffnet,
meistens lohnt es sich kaum,
aber die Fälle, deren man sich erinnert,
sind die Glücke der tiefaufatmenden
weißen weichen Kastanienblüte,
die im Mai uns segnet.

Von Nebentischen hört man oft: »Wir Grossisten«,
»Herr Kraft, was nützen Kunden,
die die Solawechsel nicht zahlen«,
»Dreizehn Mark fünfzig als Monatsrate«:
Die ganze Welt ist voll von solchen Worten.
Demgegenüber die Inkassos des Himmels,
verderblich vielleicht, in gewissem Sinne sträflich,
aber man lag herum, abgeschabt, Ausverkauf, richtiger
                                        Verschleiß
und nun für vierhundert Mark
Quaderrisse
Felsensprengungen

die Adern leuchten
pures Gold
Bauxit –

eine ganze Woche, wo, des Himmels: »Wir Grossisten«.

Ein See

Immer füllst du dich neu,
See, den die Trauerweiden,
Schilf und Rohre umkleiden
eben den Ufern treu:

Ufern – Kiesel im Sand
einem feuchten, glänzenden, hellen,
doch schon beginnst du zu schwellen,
denn die Flüsse im Land

wenden zu dir den Lauf,
füllen dich – Tränen das Wasser
Verlassener und Verlasser
trinken die Ufer auf.

Wasser, das zögernd spricht,
dunkles, derer und dessen,
sein Wort heisst: »willst du vergessen?«
»Nein, ich will es nicht.«

Nur noch flüchtig alles

Nur noch flüchtig alles,
kein Orplid, keine Bleibe,
Gestalten, Ungestalten
abrupte
mit Verkürzung.

Serge Rubinstein
zwei Millionen Dollar
auf schmale, breite, strenge
zahnschöne, hell- und schmieräugige
Ladies, Stepgirls, Barvamps
umgelegt,
das Leukoplast über dem Rüssel,
als er erwürgt wurde,
auf Fingerabdrücke untersucht,
ergab keine Anhaltspunkte.

Nur noch flüchtig alles –
nun die Anden:
Ur, verrunzelt,
nichts für Geodäten,
a-nousisch
a-musisch
Randwelt
fortsehn –
gebt Steckrüben!
gebt Knollenhumus!

gebt Gottesliter,
Höllenyards,
gebt Rillen
einzuhalten,
aufzuhalten
einnisten möchte man schreien –
nichts –
gebt Rillen!

Nur noch flüchtig alles
Neuralgien morgens,
Halluzinationen abends
angelehnt an Trunk und Zigaretten

abgeschlossene Gene,
erstarrte Chromosomen,
noch etwas schwitzende Hüfte
bei Boogie-Woogie,
nach Heimkehr dann die Hose in den Bügel.

Wo schließt sich was,
wo leuchtet etwas ferne,
nichts von Orplid –
Kulturkreis:
Zahl Pi mit Seiltricks!

Worte

Allein: du mit den Worten
und das ist wirklich allein,
Clairons und Ehrenpforten
sind nicht in diesem Sein.

Du siehst ihnen in die Seele
nach Vor- und Urgesicht,
Jahre um Jahre – quäle
dich ab, du findest nicht.

Und drüben brennen die Leuchten
in sanftem Menschenhort,
von Lippen, rosigen, feuchten
perlt unbedenklich das Wort.

Nur deine Jahre vergilben
in einem anderen Sinn,
bis in die Träume: Silben –
doch schweigend gehst du hin.

Kommt –

Kommt, reden wir zusammen
wer redet, ist nicht tot,
es züngeln doch die Flammen
schon sehr um unsere Not.

Kommt, sagen wir: die Blauen,
kommt, sagen wir: das Rot,
wir hören, lauschen, schauen
wer redet, ist nicht tot.

Allein in deiner Wüste,
in deinem Gobigraun –
du einsamst, keine Büste,
kein Zwiespruch, keine Fraun,

und schon so nah den Klippen,
du kennst dein schwaches Boot –
kommt, öffnet doch die Lippen,
wer redet, ist nicht tot.

Bitte wo –

Wenn du noch Sehnsucht hättest
(bitte wann, bitte wo),
dich noch mit Küssen kettest
(amour – bel oiseau),

wenn du noch flügelrauschend
über den Anden schwebst
dich in zwei Meere tauschend
ahnungslos, wen du lebst,

wenn noch die Qualen sprechen,
Tränen durch bel oiseau
dich stürzen und zerbrechen –
bitte wann – bitte wo? –

Aprèslude

Tauchen mußt du können, mußt du lernen,
einmal ist es Glück und einmal Schmach,
gib nicht auf, du darfst dich nicht entfernen,
wenn der Stunde es an Licht gebrach.

Halten, Harren, einmal abgesunken,
einmal überströmt und einmal stumm,
seltsames Gesetz, es sind nicht Funken,
nicht alleine – sieh dich um:

Die Natur will ihre Kirschen machen,
selbst mit wenig Blüten im April
hält sie ihre Kernobstsachen
bis zu guten Jahren still.

Niemand weiß, wo sich die Keime nähren,
niemand, ob die Krone einmal blüht –
Halten, Harren, sich gewähren
Dunkeln, Altern, Aprèslude.

Gedicht

Und was bedeuten diese Zwänge,
halb Bild, halb Wort und halb Kalkül,
was ist in dir, woher die Dränge
aus stillem trauernden Gefühl?

Es strömt dir aus dem Nichts zusammen,
aus Einzelnem, aus Potpourri,
dort nimmst du Asche, dort die Flammen,
du streust und löschst und hütest sie.

Du weißt, du kannst nicht alles fassen,
umgrenze es, den grünen Zaun
um dies und das, du bleibst gelassen,
doch auch gebannt in Mißvertraun.

So Tag und Nacht bist du am Zuge,
auch sonntags meißelst du dich ein
und klopfst das Silber in die Fuge,
dann läßt du es – es ist: das Sein.

Letzter Frühling

Nimm die Forsythien tief in dich hinein
und wenn der Flieder kommt, vermisch auch diesen
mit deinem Blut und Glück und Elendsein,
dem dunklen Grund, auf den du angewiesen.

Langsame Tage. Alles überwunden.
Und fragst du nicht, ob Ende, ob Beginn,
dann tragen dich vielleicht die Stunden
noch bis zum Juni mit den Rosen hin.

Nike

Die Nike opfert – was enthält die Schale:
Blut oder Wein – ist das ein Siegesschluß,
wenn sie am Abend sich vom Liebesmahle
erhebt und schweigt und steht und opfern muß?

Sie senkt auf dieser attischen Lekythe
die Stirn, hat Pfeil und Messer abgetan,
wo blickt sie hin, erblickt sie schon die Mythe
vom Heiligen mit Pfeil: – Sebastian?

Sie schlug mit Zeus die Heere der Titanen
und stieß den Fels gen Kronos in der Schlacht,
Apollon, Kore zogen dann die Bahnen –
wem opfert sie – was sieht sie in der Nacht?

Menschen getroffen

Ich habe Menschen getroffen, die,
wenn man sie nach ihrem Namen fragte,
schüchtern – als ob sie garnicht beanspruchen könnten,
auch noch eine Benennung zu haben –
»Fräulein Christian« antworteten und dann:
»wie der Vorname«, sie wollten einem die Erfassung
                                             erleichtern,
kein schwieriger Name wie »Popiol« oder
                          »Babendererde« –
»wie der Vorname« – bitte, belasten Sie Ihr
                     Erinnerungsvermögen nicht!

Ich habe Menschen getroffen, die
mit Eltern und vier Geschwistern in einer Stube
aufwuchsen, nachts, die Finger in den Ohren,
am Küchenherde lernten,
hochkamen, äußerlich schön und ladylike wie
                                   Gräfinnen –
und innerlich sanft und fleißig wie Nausikaa,
die reine Stirn der Engel trugen.

Ich habe mich oft gefragt und keine Antwort gefunden,
woher das Sanfte und das Gute kommt,
weiß es auch heute nicht und muß nun gehn.

Schumann

Wie bist du darauf gekommen,
wie kamen die Töne dir bei,
wo aufgestiegen, erglommen
F Dur, die Träumerei?

War es die Frühe, die leere,
in der die Träume vergehn,
oder war es die Nacht, die schwere,
in der die Träume geschehn?

Waren Stunden, tränenerbebende,
oder Stunden des Glückes dein –
eine alles-zusammen-erlebende
muss es gewesen sein,

noch heute sendet sie Streifen
aus Einst und Immer und Nie,
wenn wir im Radio greifen
F Dur, die Rêverie.

Stille

Stille,
belebt von Innen her:
Gewesenheiten
ganz frühe Bande,
zarte, todgelöste;
auch Tage voll von Büschen von Jasmin
und Früchteschalen zwischen einem Paar
fragloser Gläubigkeit, zwei Flammen.

Stille,
von fernen Höfen her
Bereitungen von Fest und Heimatfühlen:
Klopfen von Teppichen,
auf denen, frisch gerichtet,
dann Schritte Vieler gehn
in Glück und Liebe.

Stille,
das Einstige und Kommendes für Fremde,
und wo das Heutige, ein dunkler Laut:
»bleib noch an meiner Seite,
vielleicht nicht lange mehr,
zuviel Verfall in mir
zu schwer
und müde.«

Kann keine Trauer sein

In jenem kleinen Bett, fast Kinderbett, starb die Droste
(zu sehn in ihrem Museum in Meersburg),
auf diesem Sofa Hölderlin im Turm bei einem Schreiner,
Rilke, George wohl in Schweizer Hospitalbetten,
in Weimar lagen die großen schwarzen Augen
Nietzsches auf einem weißen Kissen
bis zum letzten Blick –
alles Gerümpel jetzt oder gar nicht mehr vorhanden,
unbestimmbar, wesenlos,
im schmerzlos ewigen Zerfall.

Wir tragen in uns Keime aller Götter,
das Gen des Todes und das Gen der Lust,
wer trennte sie: die Worte und die Dinge,
wer mischte sie: die Qualen und die Statt,
auf der sie enden, Holz mit Tränenbächen –
für kurze Stunden ein erbärmlich Heim.

Kann keine Trauer sein. Zu fern, zu weit,
zu unberührbar Bett und Tränen,
kein Nein, kein Ja,
Geburt und Körperschmerz und Glauben,
ein Wallen, namenlos, ein Huschen,
ein Überirdisches, im Schlaf sich regend,
bewegte Bett und Tränen –
schlafe ein!

                                        6. 1. 1956

Fragmente 1930–1955

Fragmente 1930/1933

Schilfmatten zwischen Pfosten
mit Pech u Schlamm daran
das war das Haus im Osten
im Ur, wo es begann

*

Unter Baumgerüste
hält das Haupt der Greis –
mittels einer Büste,
die von nichts mehr weiss,
von den schmalen Wangen
wie dem Künstlerhaar
das auch ist vergangen
was erlitten war.

Selten, eine Stunde,
wenn Vermischung träumt,
wie aus fernem Grunde
sich die Urwelt bäumt –
giebt es wohl ein Führen
aus der Grenzen Bann
und die Dinge rühren
still einander an.

*

Ein Duft von Apfelsinen
bricht durch die Zäune hin
ach u das Summen der Bienen
seit allem Urbeginn –

*

all das Dunkle u das Tränensüsse
das man in Todesstunden lallt.

*

Die Rosen liegen im Schatten
und sind so kühl –

*

wo Tage sind
Traubentage
Schwellen, süsses Rund

nur der Tod, der uns lockert,
nur das Graun, das uns reift –

*

Nimmt man die Reisebücher in die Hände
den Inseratenteil der Bäderwelt
Da giebt es soviel sonniges Gelände,
Auch soviel waldige u

Im Kursaal Kino, auf den Fluren Sporte
Die Blutdruck- wie die Frauenleidenorte
Liegen so weich im Taunusübergang

Komm, nimm das Behmsche Echo-Lot
wie weit sind noch die Fluten (des Styx) –

*

von Blut   Leichen nass
die alten Völkerpforten
Ting-ling u Kheiberpass

der Teppich der Sassaniden
der 100 m wies
Korunde u Jaspiden
gestickt als Paradies.

*

Komm schon an Wässern an stillen,
dunklen von Blättern bestreut –

Durch rote Schatten und durch blaue Schatten
durch süsse Töne, die das Herz ermatten

*

das Zarte, Innige, Weiche
dem Glauben sich Ergebende
Wir sehen es nicht, aber da wir es in
uns fühlen, wird es vielleicht auch bei den
Göttern sein
wollen wir sagen:

*

Der Du
          Göttergestalten
stygische Gewalten
der alle Stiere getragen
u allen Schlangen zum Biss
dein Hirn hast hingeschlagen
                    hingehalten
vergiss –

Kann es Dich noch erreichen,
was aus den Gärten drang..

die kleinlichen Finessen
und nur das Eine
das eine ist gewiss:
das Du so lange vergessen –
vergiss –

vergiss die Trauer auch
oder die Städte erglommen
sphinxblau

Die Stimme, die mich riefe
ist nicht mehr aufgewacht
im Schweigen kommt der tiefe
Blumengeruch der Nacht.

          *

auch Du bist Mahadewa
Der Gott der Tränen, des Tods..

          *

Einmal der Widder der harte
der Mann, der deutet u weiss
dann die Hure Astarte
jedem Samen preis,
Amphimixie der Dinge –
lautlos u ohne Sinn
blüht von fern Syringe
die Dolde hin.

        *

Wasser   kalte Maren
uralt   sind
die Bäume fliehn in Scharen
gebeugt von Schnee u Wind.

        *

                 neu
immer die alte, immer die süsse
liebedurchwehte weisse Spreu.

mich interessiert das Interessante nicht
ich bin mir selbst das einzige Gewicht

ich sehe Dein Gesicht wie einen Traum

        *

            alleine
Thermopylen-Moral
wie das Gesetz das Deine
wie das Gesetz befahl..

Um was dämmert es so?
wenn im Haus die Räume
die schon so fremd wie Träume
                anderswo –

Um was sinkt so die Nacht?
alles vom Schicksal gebunden
              von den Wunden

    *

wo die Schatten   nie
                          endet
Traum über Orthygie, –
wo die Sonne sich wendet

war neu denn deine
alle die   Glücke
war neu denn deine Pein –
die Lust- u Trauerstücke
für Dich allein

    *

es ist ein Garten da vor allen
mit Becken drin, ein Wasserreich
mit Blumen auf den Grund gefallen

der Herr der Geyer u der Schwäne

    *

Und nichts mehr, dass uns deute,
unser Meer ist die Nacht..
wir sind einander die Beute
die weisse Fracht..

    *

u alles so sinnlos
u alles so weit
drohend Ende:
Unendlichkeit.

Schwarze Rosen
ein finnisches Lied.

die Trauerstunden
Du weisst es wohl.

*

Ach es ist ja keine Dichtung
in welchen Graden der Vernichtung
man die Dinge sieht.

*

Es giebt nichts als die Stunde
die gerade geschieht
Es giebt nur die Runde
die Dein Auge sieht

Was dahinter steht lass schweigen
was darüber steht lass ruhn
dunkle Reigen
die niemand vergisst

wen je sie riefen

zu den dunklen alten tiefen
Melancholien

*

485

Wer hat mich zu Grunde gerichtet
so einsam
so traurig gemacht   so vernichtet
das Leben,
das Unaufhörliche

Der Arglose
ist von Gott verlassen
nicht der Böse

Der Wehrlose wird ausgestossen
nicht der Schlechte

            *

Edel sei der Mensch
Hilfreich und gut
solang es die Verhältnisse erlauben
aber sofern ein Umschwung eintritt
aber das ist der Mensch
32 Lustmorde
gut Essen u Trinken
u nachts
ein gesunder Schlaf.

Das Gerede vom Abschaum
der Menschheit
ist grotesk.
Das Richtbeil wird geschändet
sagen die Humanen
wie denn?

dann fort mit dem
blutgenährten Maul
den Trinkerlippen
ja Durst u Liebe
neue Sphären
unbekannte

            *

»Da vergeht die Jugend drüber« –
Gieb Schnee ums Haus. Verschüttete Gefilde.

Würg Dich durch –
Würgen
Würgen
Würgen und

Dein Kind in weiter Ferne
u ein Heckenblatt weht ins Haus
das sind die Abendsterne

Dein Haupt in Masken

      das nie gewesen ist
in die Nacht halten

    *

Niemandes Vater
niemandes Sohn

      schon

    spät erst erfahren,
um was man litt

ja an den Tod zu drängen
mit Dir, sein Scharlach, ein Scharnier
selbst wo die Schauer schwängen
aufs Haupt hinab mit Dir

Fragmente 1933

Rundbogen blicken zur Erde
Spitzbogen blicken Gott an
tragen den Traum, das Werde,
das nie enden kann –

*

Noch bei Lebzeiten:

Hier hast du nun gewohnt in dieser Stadt..
ein grauer Nebel morgens Dunst u Räusche

*

Eine Ägypterin ging durch das
Alles, ein grüner Kamm bedeckte ihr Haar –

Acheron mit flachen dunklen
Ufern, gähnend Unendlichkeit
u Trauer

sollte den Sommer ich rufen
            Levkoie, Du

*

u keine war den Armen
wahrhaft untertan –

Siehst Du das gleiche Licht
ist es bei Dir auch so
aus Meer und Wassern steigen
Dunkelheiten, die schweigen

die Trauer der Boote
die

*

Wir sind keine Sachen
        kein Loos
was wir aus uns machen
das ist gross

        Orakel Schilder
    haben keinen Sinn
der Wille stellt die Bilder
der grossen Völker hin

Fragment 1939

Du kannst Dich nicht erlösen.
Durch keine Sonne durch Nichts
Du stehst im Guten im Bösen
Ausserhalb des Lichts
Du kannst in Blumengerüchen
Für eine Weile stehn
In des Hauches Niederbrüchen
die aus weissen Lilien gehn.

Fragmente 1946/1947

In welche Formen wirst Du mich verwandeln
auf welche Sterne wirst Du mich versehn
mit welchen Kräften wirst Du in mir handeln
u. dann mit welchen Tränen niedergehn?

Kunst ist die Wirklichkeit der Götter..
    ist Nordlicht. Näher erklungen
z. Z. nicht möglich

                *

Darfst Du Dich noch entfalten
oder musst Du schweigend hinab
im Schweigen der Uralten
von Tibet oder im Grab
Zählt für Dich schon zu den Sünden
dass Du noch Formen siehst
Worte, Laut, Ton verkünden –
wenn Du die Geige spielst u.
will nichts als Sein Dein Schweigen
still wie Blut u.
Ausdruck zeigen
extrovertiert

schweigendes Nichts
sendet das Sein noch her
Trenne Dich nicht von den Blüten
Hebe Dich nicht vom Meer
nimm die Rinde vom Munde
welche den Stamm umpresst
leide die Abendstunde
von dem grauen Geäst.
wohin kannst Du gelangen
niemals

Fragmente 1951

Auch die eigenen Dinge wandern
ich will nicht sagen: ins Nichts
doch sie waren schon früher bei andern
und im Leuchten fernerer Lichts –

*

Alles lebt verloren auf im Grunde
so vergangen, aber keinen Sinn
Hat auch was sich nähert, nur die Stunde
Wenn die Glocke läutet – doch wohin?

Weiss man denn, wofür die Glocken läuten
für so ferne Dinge, längst vorbei
fühlt man noch, was Kreuz u Kranz bedeuten
Rosen Kränze, Kelche, was es sei
welche Inbrunst, welches Gottsichweihen
alles schuf in Gold u Samt
u perlgeschnitzte Reihen
für den Bonzen, die die Hände drehn?

ob es schön oder nichtschön ist, ist mir gleich,
wo ich bin, wird es immer düster sein,
ein blaues Meer, ein goldener Himmel, auch sie
werden voll Schatten u. Dunkel sein –

*

– ein kurzes Schlittenglück,
die Sonne nahm sehr bald den Schnee zurück

sie hielt den Arm, die Innenhand nach oben,
bis an des Tänzers Schulter hochgehoben

*

diese Erdbewohner, die Stimmen, mit denen sie
singen, die Hunde, die neben ihnen auf der Bank
liegen, ihre Schnapsgläser, die sie wie in
einem grossen Auftrag leeren –

*

Ach wie dumpf ist die Erde
mit Äckern u schweren Seen
um die der Hirte, die Herde
in Nebel ertrinkend stehn –

Ja weisse Blüten sah ich oft u kenn ich
sie sind vom Schnee der Unendlichkeit
XI Gesang Odysse: »und pflanz auf den Hügel das Ruder
welches ich lebend geführt« –

Tröste Dich: Immer wieder
nach deinen Verfehlungen u Sünden
die Reinigung durch Wort u hohe Lyrik,
erhabene Gewalt
aus Gottweisswoher

Ach blüht nicht zu früh,
Blüht erst wenn ich komme

Fragmente 1952/1953

Es wird so sein, es wird nichts andres geben:
zu Menschen schweigend u zu Göttern kühl,
doch willst Du weiter aus Dir selber leben
verliere nie das grosse Schuldgefühl.

*

wer kann und will u darf das Dunkel deuten
den grauen Frost, die Gärten trüb u leer – –

Schlaflose Nächte, schlimmer noch als Träume
quälende selbst von Fallen u. Misslingen

Du hast so lange unter Schnee gelegen
mit Raben, die von Horst zu Horste ziehn

winterblau, löwenfarben

*

Du willst noch Ziel, Du willst noch Glück
armseliger Basaltschmarotzer
Du hast nichts als Dein Kleidungsstück

gut, reisse Dir die Flanken auf

üppige kurze Blüten
was schnell erblüht
hat tiefe Farben

*

Ein Volk, das untergeht
muss Lieder spielen –

*

Der Kern ist alles, die Schale
  zeigt
der Hirnstamm prägt die Male
  hypothalam

Lasse Dich gern verführen
doch schütze immer dein Sein,
lass nicht dein Magma berühren
lass Das im Dunkel allein

Die alten Büchsenmacher
kannten des Kernes Kraft,
sie sagten, die Läufe zielen
es trifft der Schaft.

                *

die Welt ist kein erweiterter Uterus,
so warm liegt sich's da nicht –

        *

sich selbst als Staub von den Stiefeln schütteln
heller Staub, von Sommerwegen –

Wenn mein Name als tot gemeldet wird
wird die Welt aufhorchen
(wird sie das wirklich?
Sie wird drüber hinweglesen
muss man eher vermuten
jedenfalls wird sie eher aufhorchen wenn
ein Ehepar seine Kinder Niobe
u Laokoon nannte.)

        *

Du musstest manches Verbrechen,
Irren und Stolz begehn
um zum Schluss zu sprechen:
Vielleicht ist es doch zu verstehn:

＊

Es blättert von den grossen Worten ab
u auch von jenen, die Dein Ich Dir gab.

hellblaue Blumen müssten es sein

＊

u dann ist es vorbei, das ganze Leben ist vorüber-
gegangen wie ein Nachmittag

Fragmente 1953

Ein Tag ohne Tränen ist ein Zufall
      eine Gedankenlosigkeit
    schon eine Manie

    *

als man noch schlechte Kragenknöpfe hatte
mit Schmerzen ging, um die Zehen Watte
da man noch nichts von Pedicure geahnt
                      angebahnt
u fand Gesichter, die man noch bestaunte
es waren Jahre, wo noch etwas raunte

Fragmente 1955

30 x unter Qualen die Zähne plombieren lassen
100 x Rosen aus dem Süden gehört
4 x an Gräbern geweint
25 Frauen verlassen
2 x die Tasche voll Geld u 98 x ohne Geld gehabt.
schliesslich tritt man in eine Versicherung ein
mit 12,50 pro Monat, um
seine Beerdigung sicher zu stellen.

*

Oder die 3 Takte von Tschaikowsky
die man durch 3 Etagen erkennt

*

was bist Du? Ein Symptom
ein Affe, ein Gnom –

    eingenistet in die Sommerstunde
das Gewürz von   u Wald –

Anhang

Editorischer Bericht

Die Gedichte Gottfried Benns liegen in dieser Ausgabe zum ersten Mal chronologisch geordnet vor. Durch Zufügung der Jahreszahl zum Gedichttitel ist dem Leser die Möglichkeit gegeben, das betreffende Gedicht spontan im historischen Kontext zu sehen. Er kann zudem Themen, Motive, Bilder und Metaphern in ihrer chronologischen Entfaltung und Veränderung überschauen.

Unter dem Gesichtspunkt historischer Annäherung ist dieser Band insgesamt konzipiert worden. Als Druckvorlage dient jeweils der Erstdruck in Zeitschriften oder in Buchform, nicht dagegen in Zeitungen. Zum ersten Mal werden damit die Gedichte Benns in der jeweils frühesten Publikationsform vorgelegt. Dadurch werden die expressiven Ausdrucksnuancen der Lyrik Benns, gerade diejenigen der Frühphase, greifbarer als bei einem traditionellen Editionsprinzip nach Maßgabe des Abdrucks »letzter Hand«. Aber auch das nachexpressionistische Werk vermittelt in der ersten Druckfassung oft unverdeckter den »extravaganten Eindruck« des lyrischen Ich. *(Probleme der Lyrik)* In späteren Jahren hat Gottfried Benn verschiedentlich seine Distanz zum Frühwerk bekundet. Insgesamt überwiegt bei ihm das Desinteresse an der zurückliegenden Produktion. Seine Großzügigkeit der letzten Jahre erreichte in diesem Zusammenhang jene sympathische Form von Lässigkeit, die jeder philologischen Akribie Hohn spricht. »Ich erhielt Korrektur für den Gedichtband. Das ist ja eine schlimme Sache! Soll ich das alte Zeug nochmals durchlesen? Wäre es nicht möglich, Sie... machen es nach Gutdünken?« (An den Verleger, 28. 2. 1956. Zum Band *Gesammelte Gedichte* mit seiner als »letzte Hand« authentisch geltenden Form.) – »Ich persönlich bin so sehr mit neuen Fragen u. Versuchen beschäftigt, dass ich mich für diesen Gedichtband im Augenblick nicht sehr interessiere...« (An Oelze, 28. 9. 1949) – Aber auch in früheren Jahren war Benn nicht der pedantische Verwalter seiner eigenen Produkte – wenn sie einmal erschienen waren. Nur Eingriffe von fremder Hand duldete er nicht. »Was mich angeht, so ist es mir im Grunde ja doch gleichgültig ob irgendwo ein Komma steht oder eine Klammer, ich fand nur die Tatsache an sich so chokant, daß jemand ohne zu fragen, also gewissermaßen korrigierend meine Artikel einschiebt oder einen Punkt setzt, wo keiner sein sollte ...« (An Max Krell, 11. 10. 1921) – In den fünfziger Jahren hatte Benn seinen Verlag ermächtigt, Orthographie und Interpunktion, ja auch Auswahl, Titel und Anordnung der Bände zu bestimmen. (Vgl. »Die Drucklegung des Spätwerks« in: *Den Traum alleine tragen.)*

Fest steht die Tatsache, daß Benn das Gedicht für fertig ansah, wenn er es aus der Hand gab. Er hat das wiederholt bekräftigt. 1951 noch einmal im Manifest *Probleme der Lyrik*: »Das Gedicht kann gar nicht anders lauten, als es eben lautet, wenn es fertig ist. Sie wissen ganz genau, wenn es fertig ist, das kann natürlich lange dauern, wochenlang, jahrelang, aber bevor es nicht fertig ist, geben Sie es nicht aus der Hand.« Spätere Überarbeitungen eines Gedichtes müssen somit als veränderte Perspektivik angesehen werden, nicht als ästhetische Korrektur. Benn widersetzte sich jeder klassischen Politur.

Änderungen der Erstdrucke wurden in vorliegender Ausgabe nicht vorgenommen. Eigenarten der Bennschen Schreibweise – auch wenn sie mit dem Duden nicht vereinbar sind – wurden grundsätzlich beibehalten. Abweichungen, die sich nicht als Bennsche Eigenart herausstellten, vielmehr offenkundige Druckfehler sind, wurden ohne Anmerkung korrigiert. In jedem Falle werden Textabweichungen des Erstdrucks von einem vorhandenen Manuskript oder Typoskript (vor 1930 fast ausnahmslos verloren) als Variante angegeben. Fremdwörter, Fachwörter, Sachbegriffe, Eigennamen, Bezeichnungen geographischer oder historischer Art, Wörter oder Satzteile in fremden Sprachen usw. wurden nicht verändert im Sinne der Einheitsrechtschreibung. Für Gottfried Benn hatten derartige Einlagen im Gedicht poetischen Signalcharakter, nicht einen pragmatischen Informationswert. Vielfach orientierte sich die Schreibweise Benns am gesprochenen Wort, wurde unkontrolliert aus dem Gedächtnis übernommen. Die poetische Akustik ist in solchen Fällen der musikalischen Intonation im Bereich des Lyrischen nahestehend. Gerade das moderne Gedicht ist geprägt von der exotischen

Imagination. Korrekturen verbieten sich in diesem Zusammenhang. Pounds Lyrik etwa mit Duden, Wörterbuch und Grammatik zu vereinheitlichen, käme kosmetischen Bemühungen gleich.

Selbstverständlich wurde die Zeichensetzung beibehalten. Die Erstdrucke garantieren gerade hier die spontane Handschrift, die viele Expressionisten als Prinzip von Nietzsche übernommen hatten. Die einzelnen Phasen der Bennschen Lyrik haben jeweils ihren signifikanten Zeichen-Stil. Ist die Häufung von Satzzeichen in der expressionistischen Periode eine Eigentümlichkeit des Stils, in Korrespondenz zum Substantivstil die bevorzugte Verwendung von Punkt, Ausrufungs- und Fragezeichen, so moderiert sich die Interpunktion in den zwanziger Jahren. Durchgehend bleibt aber eine eigenwillige Form der Interpunktion erhalten – das zeigen die Manuskripte und Typoskripte, aber auch die Arbeitshefte. Festzuhalten ist, daß der spontane Zeichencharakter dieser Dichtung unmittelbar zum poetischen Ausdruck gehört.

In den genannten Bereichen sind im Laufe der Textgeschichte bis zu den Fassungen »letzter Hand« deutliche Züge von Glättung und Vereinheitlichung festzustellen. Verwiesen wird im vorliegenden Band nur auf die Varianten »letzter Hand«. Die eingesehenen Zwischenstufen der Textgeschichte können aus ökonomischen Gründen hier nicht aufgenommen werden. Sämtliche Zeitschriften, in denen Benn publizierte, wurden systematisch überprüft. Darüber hinaus Zeitschriften und Publikationsorgane abgelegener Art. Es ist unwahrscheinlich, daß in diesem Zusammenhang noch verschollenes Material zutage treten wird. Die Beschaffung der Originale wurde, soweit möglich, der Benutzung von Reprints vorgezogen. Die genauen bibliographischen Angaben finden sich im Anmerkungsteil.

In Übersicht hier die Zeitschriften und Zeitungen, in denen Benn Gedichte veröffentlicht hat: ›Die Aktion‹, ›Akzente‹, ›Der Anbruch‹, ›Die Bücherei Maiandros‹, ›Dramaturgische Blätter des Oldenburger Landestheaters‹, ›Eckart‹, ›Faust‹, ›Der Fischzug‹, ›Das Gedicht‹, ›Die Grenzboten‹, ›Die Kolonne‹, ›Die literarische Welt‹, ›Die Literatur‹, ›Merkur‹, ›Die Neue Bücherschau‹, ›Die Neue Kunst‹, ›Der

Neue Merkur‹, ›Das Neue Pathos‹, ›Die Neue Rundschau‹, ›Pan‹, ›Der Querschnitt‹, ›Simplicissimus‹, ›Der Sturm‹, ›Der Taugenichts‹, ›Die Weißen Blätter‹, ›Die Weltbühne‹, ›Deutsche Allgemeine Zeitung‹, ›Frankfurter Allgemeine Zeitung‹, ›Das literarische Deutschland‹, ›Die Neue Zeitung. Frankfurter/Berliner Ausgabe‹, ›Der Tagesspiegel‹, ›Die Welt am Sonntag‹, ›Die Zeit‹.

Zur Eruierung der Textgeschichte lagen die folgenden Bände vor und wurden verglichen: *Morgue und andere Gedichte,* Berlin-Wilmersdorf 1912 (unpag.); *Söhne. Neue Gedichte,* Berlin-Wilmersdorf o.J. [1913] (unpag.); *Fleisch.* Gesammelte Lyrik, Berlin-Wilmersdorf 1917; *Die gesammelten Schriften,* Berlin 1. Aufl. Febr. 1922 und 2. Aufl. Dez. 1922; *Schutt,* Berlin 1924 (unpag.); *Betäubung.* Fünf neue Gedichte, Berlin-Wilmersdorf 1925; *Spaltung.* Neue Gedichte, Berlin-Wilmersdorf 1925; *Gesammelte Gedichte,* Berlin 1927; Textbuch zu dem Oratorium *Das Unaufhörliche* (Mainz 1931); *Gedichte.* Das Gedicht II, 7, Hamburg 1936 (unpag.); *Ausgewählte Gedichte,* Stuttgart, Berlin 1. Aufl. [April] 1936 und 2. Aufl. [November/Dezember] 1936; *Zweiundzwanzig Gedichte,* August 1943; *Statische Gedichte,* o.O. o.J. [1946] (unpag.); *Statische Gedichte,* Zürich 1948, Lizenzausgabe: Wiesbaden 1949; *Trunkene Flut.* Ausgewählte Gedichte, Wiesbaden 1. Aufl. 1949 und 2. Aufl. 1952; *Fragmente.* Neue Gedichte, Wiesbaden 1951; *Destillationen.* Neue Gedichte, Wiesbaden 1953; *Aprèslude,* Wiesbaden 1955; *Frühe Lyrik und Dramen,* Wiesbaden 1952; *Gesammelte Gedichte,* Wiesbaden 1956.

Zur chronologischen Einordnung wurden a) die datierten Manuskripte und Typoskripte aus dem Nachlaß verwendet, b) vollendete oder fast vollendete Entwürfe in den Kladden (= Arbeitshefte aus dem Nachlaß), c) Datierungen im Zusammenhang der Oelze-Briefe, d) Zeitungen und Zeitschriften, überhaupt Erstdrucke, wenn weitere Informationen fehlen. Eine Sonderstellung innerhalb der Textdatierung nehmen die Zyklen ein. Benn selbst hat im Laufe der Neuauflagen und Abdrucke der Gedichte ihre Zusammenstellung verschiedentlich geändert. In spätere Gedichtsammlungen nahm er oft nur Teile auf. Maßgebend ist im vorliegenden Band immer die Anordnung des Erstdrucks. Variiert bei einem späteren Druck entschieden die

Zusammensetzung der Teile, wird der Zyklus in seiner neuen Form noch einmal vollständig gebracht. Zur Chronologie sei noch angemerkt, daß Gedichte, die zu einem späteren Zeitpunkt in einen Zyklus eingefügt wurden, im Rahmen des Zyklus noch einmal wiedergegeben werden. Der zyklische Charakter mit seiner Deutungsinnovation gebietet die Wiederholung.

Im übrigen wurde der Nachlaß gründlich zu Rate gezogen. Er stand – dank der Großzügigkeit von Frau Dr. Ilse Benn – uneingeschränkt zur Verfügung. Zusätzliche Textvorlagen machten dankenswerterweise das Deutsche Literaturarchiv in Marbach und das Paul Hindemith Institut in Frankfurt zugänglich.

Für den Druck der Nachlaßgedichte wurden die vorhandenen Typoskripte verwendet. Selbstverständlich unter Beibehaltung aller Besonderheiten. Handschriftliche Korrekturen und Streichungen werden berücksichtigt. Die Fragmente aus den Arbeitsheften werden in geschlossener Form gebracht. Über den Nachlaßband *Primäre Tage* hinaus wird der Fragmentteil um Gedichtentwürfe aus der Zeit 1939 bis 1951 erweitert. Die Arbeitshefte Benns waren bestimmend für die Textgestaltung und die chronologische Einordnung. Als Editionsregel galt, daß ein lesbarer Text wiedergegeben wurde, ohne Vollständigkeit oder Abgeschlossenheit vorzutäuschen, wo diese nicht gegeben ist. Die Anordnung der Fragmente folgt der räumlichen und zeitlichen Sukzession in den einzelnen Heften. Jeder Neueinsatz wird kenntlich gemacht. Lücken innerhalb des Textes sind vom Autor freigelassene Stellen. – Poetische Texte größeren Umfangs in einiger Abgeschlossenheit bietet der Nachlaß nicht mehr über das Vorliegende hinaus.

Der vorliegende Band ist so eingerichtet, daß zunächst ein chronologisches Inhaltsverzeichnis die Gedichte mit der Überschrift (oder Anfangszeile statt Überschrift) im Erstdruck ausweist. Später aufkommende Gedichttitel werden in Klammern zugefügt. Es folgen in chronologischer Anordnung die Gedichte und die Fragmente. Nach dem Anmerkungsteil schließen sich eine Biographie Gottfried Benns und eine Werkbiographie zur Lyrik an. Eine vollständige Bibliographie der Literatur zum Werke Gottfried Benns findet sich im Zusatzband zur Ausgabe der Gesammelten Werke: *Über Gottfried Benn*. Der vorliegende Band enthält abschließend alphabetische Verzeichnisse der Gedichttitel und der Anfangszeilen. In Klammern aufgeführte Gedichttitel stammen von Gottfried Benn, wurden aber später erst, also nach dem Erstdruck, von ihm gesetzt. Ein detailliertes Namen- und Sachregister bringt Band IV dieser Ausgabe. Die Einführung in die Lyrik Gottfried Benns wendet sich an alle Leserkreise.

Einrichtung des Anmerkungsteils

Der Anmerkungsteil führt alle Gedichte mit der Seitenzahl des Textteils auf. In Klammern ist der Titel gesetzt, den das Gedicht in den *Gesammelten Gedichten* trägt, sofern dieser vom Erstdruck abweicht. Bei Zyklen werden die Teile einzeln ausgewiesen, wenn diese in verschiedenen Zusammenstellungen erscheinen. Tragen die Teile eigene Titel, werden diese zusätzlich genannt.

Chronologie:

Der frühest datierbare Entwurf, das erste Manuskript oder Typoskript ist als Grundlage der chronologischen Ordnung verzeichnet. Die Kladden (Arbeitshefte) werden in der von Harald Steinhagen durchgeführten Numerierung gebracht. Nur in wenigen Fällen ist der Entwurf in den Kladden datiert. Bei fehlender Datierung werden die dem Gedicht am nächsten stehenden Daten angegeben. Spezifizierungen werden vorgenommen, wenn Tages- und Monatsangaben vorliegen. Wird eine Jahreszahl in eckige Klammern gesetzt, bedeutet dies, daß sie an dieser Stelle ergänzt wurde nach Maßgabe eines Erscheinungsdatums in der Kladde. Bei undatierten Typoskripten aus dem Nachlaß wird mit Annäherungswerten gearbeitet, die ebenfalls in eckiger Klammer stehen. Hinweise in Briefen werden zur Eingrenzung und Verifizierung angegeben. Bei Daten von Oelze-Briefen wird eine spitze Klammer verwendet, wenn das Datum, der Ausgabe von Steinhagen und Schröder folgend, erschlossen ist. Hat Benn das Gedicht als Briefbeilage oder in einem Sammeltyposkript an Oelze gesandt, wird es in runder Klammer als Teil des Oelze-Archivs gekennzeichnet.

In der Anmerkung folgt die Nennung des Manuskripts oder Typoskripts, das die größte Übereinstimmung mit dem Erstdruck aufweist. Erforderlich ist das nur, wenn erstens mehrere Fassungen und zweitens lediglich undatierte Typoskripte als überarbeitete Fassungen im Nachlaß vorhanden sind.

Erstdruck und Druckvorlage werden für jedes Gedicht genannt, auch wenn die erste gedruckte Fassung nicht für den Druck zugrundegelegt wurde. Unterschiede von Erstdruck und Druckvorlage treten auf, wenn ein Gedicht in Zyklen variiert, wenn es in einer Zeitung erstmals veröffentlicht wurde und wenn es nach dem Tode Benns zum ersten Mal gedruckt wurde. Zur Präzisierung wird der Monat des Erstdrucks in Klammern angegeben. Für die Texte der Frühzeit, bei denen handschriftliche und maschinenschriftliche Vorstufen weitgehend fehlen, ist diese Angabe die Basis der chronologischen Zuordnung. Es gibt Jahre, in denen beinahe in jedem Monat Gedichte erscheinen (1913). Wurden lyrische Texte zu Lebzeiten Benns in keine spätere Sammlung aufgenommen, wird angegeben: ›einzige Veröffentlichung‹.

Wenn ein Teil eines Zyklus im selben Jahr erstveröffentlicht wurde, wird auf doppelten Abdruck verzichtet, um unnötige Wiederholungen zu vermeiden. Der Erstdruck wird zusätzlich vermerkt.

Beim Oratorium *Das Unaufhörliche,* dessen Musik Paul Hindemith komponierte, liefen Drucklegung des Klavierauszugs und des Textbuches parallel. Abgedruckt wird die Form, die Benn den Texten unabhängig von der Vertonung gegeben hat.

Varianten:

Auf Varianten wird im Text nicht aufmerksam gemacht, in den Anmerkungen verweist eine römische Ziffer auf die Strophe, eine arabische Ziffer auf die Zeile. Eine vorangestellte römische Ziffer mit Doppelpunkt kennzeichnet Teile eines Zyklus ohne eigenen Titel.

Sofern eine vor dem Druck liegende Fassung zugänglich war, werden Unterschiede dieser Vorform verzeichnet. Bei Typoskripten werden Textvarianten, Änderungen der Rechtschreibung und der Satzzeichen erfaßt. Liegt keine Tippfassung vor, werden bei dem Verweis auf die Handschrift keine Satzzeichenabweichungen verzeichnet. An Oelze gesandte Manuskripte werden wegen ihrer abgeschlossenen Form den Typoskripten gleichgestellt. Varianten, die innerhalb eines Textes durch handschriftliche Zusätze entstehen, werden außer acht gelassen. Eine ganze Strophe wird eingesetzt, wenn die Verbesserungen mehr als eine Zeile erfassen.

Es folgen die Varianten der »letzten Hand«, des letzten von

Benn autorisierten Druckes. Weitgehend betrifft das die *Gesammelten Gedichte* von 1956, weiterhin den Band *Frühe Lyrik und Dramen* und frühe Gedichtbände. Textvarianten, Änderungen der Schreibung und der Interpunktion stehen nebeneinander. Fehlende Satzzeichen der letzten Hand im Verhältnis zum Erstdruck werden in eckige Klammern gesetzt.

Die von Benn benutzte Schreibweise ss statt ß erscheint in einigen Erstdrucken. Die durchgehende Schreibung ß der »letzten Hand« wird in den Anmerkungen nicht erwähnt.

Eine besondere Situation ist gegeben, wenn ein Gedicht erstmals in einer Zeitung abgedruckt wurde. In diesem Fall werden die Varianten in folgender Reihenfolge angegeben: 1) vom Typoskript zum Gedichtband, 2) vom Zeitungsdruck zum Gedichtband, 3) vom Gedichtband zur letzten Hand.

Beim Oratorium werden Form und Inhalt des Textbuches von den Partien der Singstimmen im Klavier-Auszug nicht abgesetzt. Hingewiesen wird auf den Fahnenabzug als letzte Vorform des Textes. Der Fahnenabzug mit Korrekturen von Paul Hindemith ist im Besitz des Paul Hindemith Instituts in Frankfurt. Auf die vorhandenen Typoskripte aus der Zusammenarbeit Benns mit Hindemith wird verwiesen.

Große und kleine Buchstaben am Zeilenanfang geben das Bild des Originals wieder. Auch kleiner Satz- und Strophenanfang in *Betäubung, Spaltung* und in den *Gesammelten Gedichten* von 1927 entspricht dem Original. Bei Groß- und Kleinschreibung werden die Abänderungen der Ausgabe letzter Hand nicht aufgeführt. Auch wenn inkonsequente Schreibungen des Erstdrucks später verbessert wurden, wird dies nicht in die Anmerkung aufgenommen.

Die *Gesammelten Gedichte* (1956) beginnen am Zeilenanfang jeweils mit kleinen Anfangsbuchstaben, wenn ein Komma, ein Semikolon oder Gedankenstrich vorausgehen und das erste Wort kein Substantiv ist. Diese Abweichungen werden wegen der nicht einsehbaren Methode ihrer Entstehung – von Benn wurden sie nicht vorgenommen – und wegen der raumfüllenden Zahl nicht eigens vermerkt.

Fragmente:

Anmerkungen zu den Fragmenten sind nach folgendem Muster angelegt: Druckvorlage sind die Kladden in der numerierten Ordnung von Harald Steinhagen. Bei der Datierung erfolgt die Festlegung auf einzelne Kladden mit festen Endpunkten. Dieselbe Zeitspanne gilt für mehrere Fragmente und wird vor jeder Einheit angegeben. Eckdaten werden nur für den einzelnen Entwurf angegeben, wenn in einer Kladde deutliche Unterteilungen möglich sind.

Jedes Fragment wird in der Anmerkung mit seinem Zeilenanfang zitiert. Stehen in der Kladde mehrere Fragmente unmittelbar hintereinander, bleibt diese Anordnung erhalten, und es wird für die Bezeichnung der Varianten jede Einheit römisch numeriert. Die Zeilen werden arabisch beziffert.

Varianten in einem Textstück werden aufgeführt. Dies können Ergänzungen über, unter und neben der Zeile, Streichungen und Textvarianten in Klammern sein. Mehrere Ansätze zu einem Entwurf dokumentieren das Experimentierstadium. Fragmentzeilen, die in spätere Gedichte eingegangen sind, zählen hier als selbständige poetische Aufzeichnungen und nicht als Varianten.

Anmerkungen

Verwendete Abkürzungen

B	Brief
B Oe	Brief an Dr. Friedrich Wilhelm Oelze
D	Druckvorlage
Do	Doppelleben (Zwei Selbstdarstellungen, Wiesbaden 1950)
E	Erstdruck
FA	Fahnenabzug
FAZ	Frankfurter Allgemeine Zeitung
FLuD	Frühe Lyrik und Dramen (Wiesbaden 1952)
GG I	Gesammelte Gedichte (Berlin 1927)
GG II	Gesammelte Gedichte (Wiesbaden 1956)
i.B.	im Besitz
idZ	in der Zeile
iK	in Klammern
K	Kladde (Arbeitsheft)
M	Manuskript
masch.	maschinenschriftlich
ndZ	neben der Zeile
NRds	Die Neue Rundschau
Oe	Oelze, Dr. Friedrich Wilhelm
OeA	Oelze-Archiv, Marbach
o.J.	ohne Jahr
o.O.	ohne Ort
Red	Redaktionsanmerkung des Erstdrucks
S	Streichung
sign.	signiert
T	Typoskript
u.d.T.	unter dem Titel
udZ	unter der Zeile (ergänzt)
üdZ	über der Zeile (ergänzt)
ÜMS	Über mich selbst (1886–1956, München 1956)
undat.	undatiert
unsign.	unsigniert
V	Variante
W	Widmung
Z.	Zeile
Z	Zeit der Entstehung

Anmerkungen zu den Gedichten

Gefilde der Unseligen

E + D: Die Grenzboten 69, 1, 1910, S. 312
        (einzige Veröffentlichung) (Febr.)

Rauhreif

E + D: Die Grenzboten 69, 1, 1910, S. 312
        (einzige Veröffentlichung) (Febr.)

Morgue I–V

Kleine Aster

E + D: Morgue und andere Gedichte, Berlin-Wilmersdorf 1912
        (März)

GG II: Z. 10   Brusthöhle

Schöne Jugend

E + D: Morgue und andere Gedichte, Berlin-Wilmersdorf 1912
        (März)

Kreislauf

E + D: Morgue und andere Gedichte, Berlin-Wilmersdorf 1912
        (März)

GG II: Z. 9   zur Erde

Negerbraut

E + D: Morgue und andere Gedichte, Berlin-Wilmersdorf 1912
        (März)

GG II: Z. 10   Innere

Requiem

E + D: Morgue und andere Gedichte, Berlin-Wilmersdorf 1912
        (März)

GG II: I,1   Auf jedem Tisch
        III,3   Ich sah, von zweien

Blinddarm

E + D: Morgue und andere Gedichte, Berlin-Wilmersdorf 1912
        (einzige Veröffentlichung) (März)

Mann und Frau gehn durch die Krebsbaracke

M: undat., unsign. Manuskript der *Morgue* aus der Sammlung
        Rolf Dittmar, Wiesbaden

E + D: Morgue und andere Gedichte, Berlin-Wilmersdorf 1912
        (März)

M: I, 1/2   Der Mann: / Hier diese Reihe ...
                       (keine neue Zeile)

	IV,2	soviel
	V,2	sonntags
	VII,2	giebt
GG II:	I,1	zerfallene
	II,2	Sieh, Säfte, 3 Mann 4 auch (nicht gesperrt) Heimat. [–]
	III,3	nicht. [–]
	IV,2	Blut. 3 Hier dieser schnitt man (am Zeilenanfang) 4 Schoß. [–]
	V,2	sonntags 3 wacher. [–]
	VI,3	wäscht. [–]
	VII,3	ruft. [–]

29 Nachtcafé

E+D	Morgue und andere Gedichte, Berlin-Wilmersdorf 1912 (März)
GG II:	III,2	offenem
	VI,1	B-moll: die 3 das Blut
	VII,1	Weib. 2 Wüste ausgedörrt

30 Saal der kreißenden Frauen

E+D	Morgue und andere Gedichte, Berlin-Wilmersdorf 1912 (März)
GG II:	I,4/II,1	krümmen hier ihren Leib und wimmern. / Es wird nirgends so viel geschrien. (keine neue Strophe)
	II,4	gar nicht
	III,6/IV,1	Es kommt nicht selbst. Sie müssen was tun!« / Schließlich kommt es: ... (keine neue Strophe)
	VI,4	andere

31 Mann

E+D	Die Aktion 2, 1912, Sp. 819–820 (einzige Veröffentlichung) (Nr. 26 v. 26. 6.)

33 Café

E+D	Pan 2, 1912, S. 1055–1056 (Nr. 38 v. 8. Aug.)
Red:	Benns Gedicht ›Café‹ in Heft 38 ist durch zwei häßliche Druckfehler entstellt, die nur in einem Teil der Auflage berichtigt werden konnten. Statt Erni Degele Polisander heißt es beide Male nur ›Erni‹. (Pan 2, 1912, S. 1094)
FLuD:	I,1	Universum. [–] 2 Sofa, 4 vor. [–]
	II,1	Erni plätschert gesehen 2 küssen. [–]
	2/III,1	Sie ist braun, mütterlich und wird ihn küssen. – / Ich sitze ... (kein Abstand)
	III,5	Bruch. [–]
	IV,4	Stiefeln. [–]
	V,3	gesehen 4 drehn, 5 auf. [–]
	VI,1	Erni ist gesehen 4 Melodien. [–]

	VI,4/VII	Unerhörte Melodien. / Dabei ... (kein Abstand)
	VII/VIII,1	Dabei bohrt er einen jüngeren Herrn an: – / Der ... (kein Abstand)
	VIII,2	Hüfte, 5 peut. [–]

D-Zug

E + D: Pan 2, 1912, S. 1057–1058 (Nr. 38 v. 8. Aug.)

GG II:	I,2	Ostseebäder. [–]
	II,3	gesenkt, zu 4 Wie weit
	5	schon! [–]
	III,2	Entfaltungen 3 wirr. [–]
	V,3	Oh! Bei-sich-selbst-Sein
	VI,2	Unsägliches! Stirb hin! 4 Glück. [–]
	VIII,3	Oh, 4 Gärten. [–]

Kasino

E + D: Pan 2, 1912, S. 1056–1057
(einzige Veröffentlichung) (Nr. 38 v. 8. Aug.)

Herbst

E + D: Junge Dichtung. Gesammelt von Walther Heymann. Sonntagsbeilage der Königsberger Hartungschen Zeitung Nr. 564 vom 1. 12. 1912 (einzige Veröffentlichung)

Morgue II

E + D: Die Aktion 3, 1913, Sp. 39–40 (Nr. 2 v. 8. 1.)

Plötzlich schreit eine Leiche ...

GG II:	Z. 1	euch 2 getrieben! 3 Wer hat mir zum Beispiel / das Gehirn ... (neue Zeile)
	5	durchgehen 6/7 Alles was recht ist! / Das geht zu weit! – (keine neue Zeile)
	6	Alles, 7 weit! [–]

Na, und ich? ...

GG II:	Z. 1/2	Na [,] und ich? / Wie bin ich hergekommen? (keine neue Zeile) Na [,] und
	2	hergekommen!
	4	jetzt?
	5	Sie, waschen Sie mir gefälligst den Kot aus der Achselhöhle!
	6	Und das rechte Herzohr brauchte auch nicht grade / aus ... (neue Zeile) braucht dem After
	7	aus!

Café des Westens

E + D: Pan 3, 1913, S. 366
(einzige Veröffentlichung) (Nr. 15 v. 10. Jan.)

41 Dirnen

E+D: Pan 3, 1913, S. 366
(einzige Veröffentlichung) (Nr. 15 v. 10. Jan.)

42 Alaska I–XII

E+D: Die Aktion 3, 1913, Sp. 269–270, 640–642
(Nr. 9 v. 26. 2. / Nr. 26 v. 25. 6.)

42 Europa, dieser Nasenpopel ... (Alaska)

E+D: Die Aktion 3, 1913, Sp. 269 (Nr. 9 v. 26. 2.)

GG II: II,1   Meermensch, Urwaldmensch,

43 Wir gerieten in ein Mohnfeld ...

M: undat., unsign. I.B. Deutsches Literaturarchiv, Marbach

E+D: Die Aktion 3, 1913, Sp. 269 (Nr. 9 v. 26. 2.)

M: I,1   fehlt 2 schreien
     II,1   tanzen blöken 2 Morgenlied
     2/3   Dem Tod ein Morgenlied: /
                   Du zerspritzt ... (neue Strophe)
     3   zerspritzt 4 Wenn du uns zertrittst
                   (neue Zeile)
     Davor: Steiles Uferfeld.
                   Glut mürbt den Acker:
                   Schollen bröckeln herunter: klaffendrot:
                   Der See zischt. –

GG II: I,1   Mohnfeld, 2 herum:
        II,3   deiner Pfütze 10 gespannt. [–]

44 Einer sang: ...

E+D: Die Aktion 3, 1913, Sp. 269
(einzige Veröffentlichung) (Nr. 9 v. 26. 2.)

45 Don Juan gesellte sich zu uns ...

E+D: Die Aktion 3, 1913, Sp. 269–270 (Nr. 9 v. 26. 2.)

46 Vor einem Kornfeld sagte einer ...

E+D: Die Aktion 3, 1913, Sp. 270 (Nr. 9 v. 26. 2.)

FLuD: Z. 7   Weg. [–]

47 Gesänge

E+D: Die Aktion 3, 1913, Sp. 270 (Nr. 9 v. 26. 2.)

GG II: I: I,1   O [,] daß wir unsere Ururahnen
             II,1   Dünenhügel, 2 Geformtes 4 sehr. [–]
        II: I,3   schmerzliche [,] durchseuchte Göt-
                        ter [.–]
             II,2   Sterne, 4 Meer [.] –

48 Da fiel uns Ikarus vor die Füsse ...

E+D: Die Aktion 3, 1913, Sp. 270 (Nr. 9 v. 26. 2.)

GG II: Z. 1   Füße, 2 Treibt 5 alle. [–]

Drohungen

E + D: Die Aktion 3, 1913, Sp. 640
        (einzige Veröffentlichung) (Nr. 26 v. 25. 6.)

Der Räuber – Schiller

E + D: Die Aktion 3, 1913, Sp. 640–641 (Nr. 26 v. 25. 6.)

FLuD: I,6   Abelblut
        II,4   sän 5 Wolkenflug
        III,3   aus der Ecke

Das Affenlied

E + D: Die Aktion 3, 1913, Sp. 641
        (einzige Veröffentlichung) (Nr. 26 v. 25. 6.)

Madonna

E + D: Die Aktion 3, 1913, Sp. 641 (Nr. 26 v. 25. 6.)

Über Gräber –

E: Die Aktion 3, 1913, Sp. 641–642 (Nr. 26 v. 25. 6.)/Die neue
        Kunst 1, 1913, S. 139

D: Die Aktion 3, 1913, Sp. 641–642

GG II: I,1   backte nachts [,] gebrochen
        2   Fleisch [,]
        II,1   wehn. Ägäisch 3 im Haar, im Meer,
                    die

Englisches Café

E + D: Die Aktion 3, 1913, Sp. 376 (Nr. 13. v. 26. 3.)

GG II: I,2   Küsten, 3 Frühjahrsnacht. [–]
        II,2   Wüstenwind. [–]
        III,4   Schoß. [–]
        IV,1   Charme d'Orsay 3 Füßen. [–]
        V,3   Oh 4/5 Dir deine Schultern. Du, wir
                    reisen: / Tyrrhenisches Meer …
                    (neue Strophe) 8 Asphodelentod. [–]
        VI,1   tiefgefüllt 3 Herbst. [–]
        VII,3   Regenbogen. [–]

Kur-Konzert

E + D: Der Sturm 4, 1913, S. 26 (Nr. 160/61, Mai 1913)

GG II: I,3   Grieg-Lied
        III,1   Du, Glockenblumen Schal
        VI,4/VII,1 Wer nimmt mich winters auf?! /
                    Aus soviel Fernen zusammengeweht,
                    (keine neue Strophe) 4 auf? [!]

Untergrundbahn

E + D: Der Sturm 4, 1913, S. 26 (Nr. 160/61, Mai 1913)
GG II: II,2   Doch, 4 laues Geblühe, fremde

517

	III,1	Oh, 2 Rosenhirn Meer-Blut
		Götter-Zwielicht 4 den Gang hervor
	IV,1	Nun 2 Tier, gelöst
	V,1	Hirnhund, schwer 2 Oh, 4 schwölle
	VI,4	Meeres

58 Nachtcafé (Nachtcafé III)

E + D: Die Aktion 3, 1913, Sp. 919 (Nr. 39 v. 27. 9.)

FLuD:	I,1	hab 5 vor. [–]
	II,5	du ville.«
	III,3	mich.

59 Söhne I–X

E + D: Söhne. Neue Gedichte, Berlin-Wilmersdorf o. J. [1913]
(Okt. 1913)

59 Der junge Hebbel

E: Das neue Pathos H. 1, 1913, S. 13 (Jan./Mai 1913)

D: Söhne. Neue Gedichte, Berlin-Wilmersdorf o. J. [1913]

| E: | II,5 | Götter = Himmeln |
| | | Menschen = Erden |

GG II:	I,4	heraus, 5 meine
	II,5	Menschenerden. [–]
	III,2	sähet, 3 wir 6 darunter, 7 da
	8	entstellt. [–]
	IV,2	so viel 3 Kampf,

60 Wir gerieten in ein Mohnfeld ...

E: Die Aktion 3, 1913, Sp. 269

D: Söhne. Neue Gedichte, Berlin-Wilmersdorf o. J. [1913]

| GG II: | II,3 | deiner Pfütze 10 gespannt. [–] |

61 Ein Trupp hergelaufener Söhne schrie ...

E + D: Söhne. Neue Gedichte, Berlin-Wilmersdorf o. J. [1913]
(Okt. 1913)

FLuD:	I/II	Ein Trupp hergelaufener Söhne schrie / Bewacht, gefesselt des Kindes Glieder schon (kein Abstand)
	II,4	uns
	VI,10	gib 19 dein Blut. [–]

63 Don Juan gesellte sich zu uns ...

E: Die Aktion 3, 1913, Sp. 269–270

D: Söhne. Neue Gedichte, Berlin-Wilmersdorf o. J. [1913]

64 Vor einem Kornfeld sagte einer ...

E: Die Aktion 3, 1913, Sp. 270

D: Söhne. Neue Gedichte, Berlin-Wilmersdorf o. J. [1913]

| FLuD: | Z. 7 | Weg. [–] |

Mutter

E + D: Söhne. Neue Gedichte, Berlin-Wilmersdorf o. J. [1913]
(Okt. 1913)

GG II: I,4 / II,1   das Herz sich nicht draus tot. /
Nur manchmal . . . (kein Abstand)

Drohung

E: Das neue Pathos H. 2, 1913, S. 8 (Juni 1913)

D: Söhne. Neue Gedichte, Berlin-Wilmersdorf o. J. [1913]

E: Z. 1   ich   2 mein Leid   5 in deinem Blut

Ein Mann spricht . . .

E + D: Söhne. Neue Gedichte, Berlin-Wilmersdorf o. J. [1913]
(einzige Veröffentlichung) (Okt. 1913)

Räuber – Schiller

E: Die Aktion 3, 1913, Sp. 640–641

D: Söhne. Neue Gedichte, Berlin-Wilmersdorf o. J. [1913]

FLuD: I,6   Abelblut
II,4   sän   5 Wolkenflug

Madonna

E: Die Aktion 3, 1913, Sp. 641 (Nr. 26 v. 25. 6.) / Das neue
Pathos H. 2, 1913, S. 8 (Juni 1913)

D: Söhne. Neue Gedichte, Berlin-Wilmersdorf o. J. [1913]

E: I,1   zurück. 2 hingesunken 4 Oh
III,1   Tief erlöst 2 Raubpack Blutes:

Hier ist kein Trost

E: Söhne. Neue Gedichte, Berlin-Wilmersdorf o. J. [1913]
(Okt.) / Das neue Pathos H. 5/6, 1913, S. 43 (Nov.)

D: Söhne. Neue Gedichte, Berlin-Wilmersdorf o. J. [1913]

Schnellzug

E + D: Söhne. Neue Gedichte, Berlin-Wilmersdorf o. J. [1913]
(einzige Veröffentlichung) (Okt. 1913)

Blumen I–II

E + D: Beiblatt der Bücherei Maiandros, Berlin, 1. 11. 1913, S. 6

GG II: I: fehlt
II: IV, 3   [Hei!] Wie

Finish

E + D: Die neue Kunst 1, 1913/14, S. 134–139 (Dez. 1913)

FLuD: I: Z. 3   im entferntesten
III: I,4   und der Irre starb in seiner Streu
II,4   ausgeräumt

V: I,2   man bedenkt
       II,2   Schnee, ein Saum   3 Schnees,
       III,2   Die Flocken
IV, VI: fehlt

Das im Nachlaß vorhandene Exemplar der ›Neuen Kunst‹ enthält die
handschriftliche Variante zur ersten Strophe von *Requiem*:

> Ein Sarg kriegt Arbeit u. ein Bett wird leer.
> Dann rasch vors Tor: nun sind sie Landverdrecker
> Und Brunnengift. Man scharrt sie in die Äcker.
> Und wenn es regnet, riecht der Boden sehr.

75 Nachtcafé

E + D: Die Aktion 4, 1914, Sp. 4
          (einzige Veröffentlichung) (Nr. 1. v. 3. 1.)

76 Nachtcafé I (Nachtcafé IV)

E + D: Die Aktion 4, 1914, Sp. 98 (Nr. 5 v. 31. 1.)
FLuD: II,2   herunten
          III,5   dich; 6 ein Mund. [–]

77 Nachtcafé II (Nachtcafé V)

E + D: Die Aktion 4, 1914, Sp. 98–99 (Nr. 5 v. 31. 1.)
FLuD: III,3   befühlt. [–]

78 Marie

M: 27. 7. 1914 (B A. R. Meyer)
E + D: Der neue Frauenlob, Berlin-Wilmersdorf 1919, S. 5
          (einzige Veröffentlichung)

79 Ikarus

E + D: Die weißen Blätter 2, 1915, S. 618–619 (H. 5, Mai)
GG II: I: I,5   du 8/II,1 Mein Auge. / Noch durch
                            Geröll . . . (keine neue Strophe)
                 II,4   Verwehn der Sonne, überall (fehlt)
                 III,2   Erinnern, 3 der
                 IV,4/V,1   Veräfft vom Licht – /
                            O Du . . . (keine neue Strophe)
                 V,1   du 4 Farben, schwinge 7 Gefälle [.] –
          II: I,4/II,1   Gebüsch und Liebe. / Aus dir . . .
                            (keine neue Strophe)
                 II,1   dir du 5 Zwiegespräch [.] –
          III: I,1   Barke, 3/II,1 Und um die Glieder
                            schon den leichten Flaum – /
                            Ausrauschst Du . . .
                            (keine neue Strophe)
                 II,1   du 4 zerschmelzend,

81 Karyatide

E: Die weißen Blätter 3, 1916, H. 3, S. 370 (März 1916) /
          Die Aktion 6, 1916, Sp. 569

D:		Die weißen Blätter 3, 1916, H. 3, S. 370
GG II:	I,3	Flur! Verhöhne Gesimse – [–:]
	7	Scham!
	II,3	verhangenen 5 begehrt!
	III,1	hin, zerblühe dich, oh 5 sieh
	7	treiben;
	8	sieh 9 Südlichkeit [,]

2 Reise

E + D:		Die Aktion 6, 1916, Sp. 279 (Nr. 20/21 v. 20. 5.)
GG II:	Z. 1	O [,] dieses
	2	sternblaues her, 3 am
	4/5	Und sättigt täglich sich am Meer. / Es muß nichts ... (neue Strophe)
	5	zueinander hin, 6 die 8 nichts
	8/9	Im Mittelpunkt, den nichts beraubt. / Auch ich: ... (neue Strophe)
	12/13	Der keine Vertikale kennt. / Schon schwindet der Verknüpfungs- drang. (neue Strophe)
	13	Verknüpfungsdrang,
	14	schon Bezugssystem [.]
	15	und Hautgesang

3 Aufblick

E + D:		Die Aktion 6, 1916, Sp. 392–393 (Nr. 27/28 v. 8. 7.)
GG II:	I,4	Neu-Feuer 6/II,1 O Wander-Welt! / Vermetzung ... (keine neue Strophe)
	II,1	Nacht-Liebe 5/III,1 Mir Egge, Dolch und Hörner. / Noch Weg ... (keine neue Strophe)
	III,9	Amati-Cello

4 Kretische Vase

E + D:		Die Aktion 6, 1916, Sp. 441 (Nr. 31/32 v. 5. 8.)
GG II:	I,2	Rosen-Rotte [,]
	II,3	Felsen, 4 Schädel [,]
	III,2	Bacchanale 4 Bewußtseinshirn,
	5	stäube –
	7	Dich 10 Niedergang. [–]

5 O, Nacht –:

E + D:		Die Aktion 6, 1916, Sp. 544 (Nr. 39/40 v. 30. 9.)
GG II:	I,1	O [,] Nacht 2 Gange, 3 das fliehn
	II,1	O [,] Nacht viel, 2 ein
	III,1	Rotzellensaum, 2 Her [,] Gerüchen,
	IV,1	Erde, 2 nach Fisch, 3 nur
	V,1	O [,] Nacht dich
	VI,1	O [,] Nacht 2 dich Tag-verblühte;
	3	sei

| | VII,1 | O [,] still 2 es ist |

86 Durch's Erlenholz kam sie entlang gestrichen – – – –

E + D: Die Aktion 6, 1916, Sp. 626 (Nr. 45/46 v. 11. 11.)

GG II:
I,1	nämlich [,] – 6 unerschütterlich
18/II,1	Unter dem Begriff: Schnepfenjagd. / Da verschied . . . (keine neue Strophe)
II,1	Kopernikus 2 Kellergeruch:
7	Frühstücksbrötchen 8 lesend. [–]

87 Der Arzt

E + D: Fleisch. Gesammelte Lyrik, Berlin-Wilmersdorf 1917, S. 7–11
(März 1917)

GG II:
I:	Z. 13	vernarbt,
II:	Z. 2	um! [:] 13 ihr 14 ihr 15 Äh! –
III:	Z. 2	paart sich das 4 Frucht –: 9 quillt,
	12	Hingesetzt. [–]
	15	Goldfischchen – !!! – ! [:]
	19	Hirte – !! – – Allgemeingefühl! – [:]

90 Fleisch

E + D: Fleisch. Gesammelte Lyrik, Berlin-Wilmersdorf 1917, S. 51–60
(März 1917)

GG II: Leichen
II,6	seins. [–]
V/VI,1	(stürzen an die Kellerfenster und schreien auf die Straße): / Brecht aus . . . (kein Abstand)
VI,4	Meer. [–]
VII,2	Gott [,] 4 herum. [–]

Ein Mann tritt auf:
| IV,6 | Gesäß . . . [–] o Traum |
| VI,4 | Bestattungskümmel. [–] |

Eine Kinderstimme:
| Z. 2/3 | noch nicht in den dunklen Sarg! / Ach erst . . . (Abstand) |
| 5 | nimmermehr. [–] 6 zu. [–] |

Geschrei:
| Z. 1 | Bürgerhausleiche, 4 wennste reinkriechst 5 wer 6 erschlagen. [–] |

Ein anderer:
| Z. 1 | Na [,] hergekommen! |
| 6 | rauszusehn 7 aus! [–] |

Ein Selbstmörder:
| Z. 7 | Blut. [–] |

Ein Jüngling:
| I,1 | Geist, 2 schon 5 ich |

I,6	vor –! [:] Ein Fleckchen! [–]
II,4	brüllt 8 nun 9 uns . . . [–]

Nachtcafé I–V

E + D: Fleisch. Gesammelte Lyrik, Berlin-Wilmersdorf 1917,
S. 23–31
(März 1917)

Nachtcafé I

E: Morgue und andere Gedichte, Berlin-Wilmersdorf 1912

D: Fleisch. Gesammelte Lyrik, Berlin-Wilmersdorf 1917,
S. 25–26

GG II:	VI,1	B-moll 3 das Blut
	VII,1	Weib.

Nachtcafé II

E: Pan 2, 1912, S. 1055–1056 u.d.T. ›Café‹

D: Fleisch. Gesammelte Lyrik, Berlin-Wilmersdorf 1917,
S. 27–28

FLuD:	I,1	Universum. [–] 4 vor. [–]
	II,2	küssen. [–] 7 Bruch. [–]
	III,4	Stiefeln. [–]
	V,4	Melodien. [–] 6 Hüfte, peut. [–]

Nachtcafé III

E: Die Aktion 3, 1913, Sp. 919

D: Fleisch. Gesammelte Lyrik, Berlin-Wilmersdorf 1917, S. 29

FLuD:	I,5	vor. [–]
	II,5	ville.« [–]
	III,3	mich. [–]

Nachtcafé IV

E: Die Aktion 4, 1914, Sp. 98 u.d.T. ›Nachtcafé I‹

D: Fleisch. Gesammelte Lyrik, Berlin-Wilmersdorf 1917, S. 30

FLuD:	III,6	Mund. [–]

Nachtcafé V

E: Die Aktion 4, 1914, Sp. 98–99 u.d.T. ›Nachtcafé II‹

D: Fleisch. Gesammelte Lyrik, Berlin-Wilmersdorf 1917, S. 31

FLuD:	III,2	angelehnt, 3 wo befühlt. [–]

Der Psychiater 1–15

E + D: Fleisch. Gesammelte Lyrik, Berlin-Wilmersdorf 1917,
S. 65–84
(März 1917)

Der Psychiater

E + D: Fleisch. Gesammelte Lyrik, Berlin-Wilmersdorf 1917, S. 67
(März 1917)

FLuD:	I,5		Strauß. [–] 9 unbeholfen [,]
	10		Zerfallsgeruch. [–]
	II,5		Doch mich bewurzelt 9 bevatern mir mein 11 himmelblau. [–]

100 Das Instrument

E + D: Fleisch. Gesammelte Lyrik, Berlin-Wilmersdorf 1917, S. 68
(März 1917)

FLuD:	I,1	du 2 dir
	III,1	deiner

101 Notturno:

E + D: Fleisch. Gesammelte Lyrik, Berlin-Wilmersdorf 1917,
S. 69–70
(März 1917)

FLuD:	III,2	Oh! [:]
	VIII,4	Mittagsauge … ? [?] –
	IX,4	du
	XI,2	dich

103 Das Plakat

E: Die Aktion 7, 1917, Sp. 15 (Nr. 1/2 v. 6. 1.)

D: Fleisch. Gesammelte Lyrik, Berlin-Wilmersdorf 1917, S. 71

E:	Z. 11/12	Tröstet den Trambahngast / Allein … (neue Strophe)
	20/21	Steht selber vor der einen Litfaßsäule! –/ O Lüftung! … (neue Strophe)
	22	das Chaos
GG II:	Z. 5	Zahlen [,] 10 Bekennung [,] – 22 das Chaos 25 nach. [–]

104 Ball

E + D: Fleisch. Gesammelte Lyrik, Berlin-Wilmersdorf 1917, S. 72
(März 1917)

FLuD:	II,3	Heerschar
	III,3	Geblüte –

105 Pappel

E + D: Fleisch. Gesammelte Lyrik, Berlin-Wilmersdorf 1917, S. 73
(März 1917)

GG II:	I,2	Ranke, 3 aufzuschrein –:
	II,2	Samentöter, 4 Schaft [:]

106 Durch's Erlenholz kam sie entlang gestrichen – – – –

E: Die Aktion 6, 1916, Sp. 626

D: Fleisch. Gesammelte Lyrik, Berlin-Wilmersdorf 1917, S. 74

GG II:	Z. 1	nämlich [,] – 6 unerschütterlich

	19		Kopernikus 20 Kellergeruch:
	25		Frühstücksbrötchen
	26		lesend. [–]

7 O, Nacht –:

E: Die Aktion 6, 1916, Sp. 544

D: Fleisch. Gesammelte Lyrik, Berlin-Wilmersdorf 1917, S. 75

GG II:	I,1	O [,] 2 Gange, 3 das fliehn
	II,1	O [,] viel, 2 ein
	III,1	Rotzellensaum, 2 Her [,] Gerüchen,
	IV,1	Erde, 2 nach Fisch, 3 nur
	V,1	O [,] dich
	VI,1	O [,] 2 dich Tag-verblühte; 3 sei
	VII,1	O [,] 2 es ist

8 Cocain (Kokain)

E + D: Fleisch. Gesammelte Lyrik, Berlin-Wilmersdorf 1917, S. 76
             (März 1917)

GG II:	I,1	Ich-Zerfall 2 du
	II,2	tun, 3 schlägt [–] –:
	IV,3	du

9 Ikarus

E: Die weißen Blätter 2, 1915, S. 618–619

D: Fleisch. Gesammelte Lyrik, Berlin-Wilmersdorf 1917,
        S. 77–79

GG II:	I:	Z. 5	du 11 Felsen [,] – 12 Verwehn der
			Sonne, überall (fehlt) 16/17 Getragen-
			heit. / Das Tier lebt Tag um Tag (neue
			Strophe) 18 Erinnern, 19 der 20/21
			Und wird zerstört. / Nur ich … (neue
			Strophe) 25 du 28 Farben, schwin-
			ge 31 Gefälle [.] –
	II:	Z. 5	dir du 9 Zwiegespräch [.] –
	III:	Z. 1	Barke, 4 du 7 zerschmelzend,

10 Reise

E: Die Aktion 6, 1916, Sp. 279

D: Fleisch. Gesammelte Lyrik, Berlin-Wilmersdorf 1917, S. 80

GG II:	Z. 1	O [,] 2 sternblaues Wasser her,
	3	am 4/5 und sättigt täglich sich am
		Meer. / Es muß … (neue Strophe)
	5	zueinander hin, 6 die 8 nichts
	8/9	im Mittelpunkt, den Nichts beraubt. /
		Auch ich … (neue Strophe)
	12/13	der keine Vertikale kennt. / Schon …
		(neue Strophe)
	13	Verknüpfungsdrang,

| | 14 | schon Bezugssystem [.] 15 und
Hautgesang |

112 Kretische Vase

E: Die Aktion 6, 1916, Sp. 441

D: Fleisch. Gesammelte Lyrik, Berlin-Wilmersdorf 1917, S. 81

GG II:
	II,3	Felsen, 4 Schädel [,]
	III,2	Bacchanale 4 Bewußtseinshirn,
	5	stäube –
	7	dich 10 Niedergang. [–]

113 Aufblick

E: Die Aktion 6, 1916, Sp. 392–393

D: Fleisch. Gesammelte Lyrik, Berlin-Wilmersdorf 1917, S. 82

GG II:
	Z. 4	Neu-Feuer
	7	Nacht-Liebe
	20	Amati-Cello

114 Rückfall (O Geist)

E+D: Fleisch. Gesammelte Lyrik, Berlin-Wilmersdorf 1917, S. 83
(März 1917)

GG II:
	I,1	entfremdetest o glühe
	II,5	ich
	III,4	Kohlrabistauden –! 8 sterne-stet . . .!
	10	Rosenmöwenlied

115 Synthese

E+D: Fleisch. Gesammelte Lyrik, Berlin-Wilmersdorf 1917, S. 84
(März 1917)

GG II:
| | I,2 | Sterne, |
| | III,4 | Ich-Begriff |

116 Dunkler Sommer

E+D: Die weißen Blätter 4, 1917, H. 7, S. 81–82 (Juli)

117 Mein lieber Herr Przygode . . . (Widmung)

M: 23. 4. 1919, sign. Benn.

E: Gesammelte Werke in vier Bänden, hrsg. v. Dieter Wellers-
hoff, Bd. 3, Wiesbaden 1960, S. 392

D: Abschrift i. B. Deutsches Literaturarchiv, Marbach

118 Bolschewik

E+D: NRds 31, 1920, S. 1442–1443 (Dez. 1920)

GG II:
	I,5	Meer –
	II,5	Drohnenflur –
	III,2	und 3 Schalaputenleiche, 4 Som- merteiche,
	IV,1	Good bye, Mitropas Neophyten- Schwemme

| | IV,5 | Plejadenlümmelei – |
| | V,2 | Drohnentor, 4 Weltverbene, |

Strand

E+D:	NRds 31,1920, S. 1443 (Dez. 1920)	
GG II:	I,3	fruchtloser Schwemme 4 Raub –
	II,1	immer 4 Unaufhörlichkeiten –
	III,1	oh, Ton [,] 2 Möwentons

Café

| E+D: | Der Anbruch 4, 1921, Nr. 4, S. 3 |
| W: | Für George Groß |

Curettage

E+D:	Der Anbruch 4, 1921, Nr. 4, S. 3	
GG II:	I,1	Pose, Eisenring.
	II,1	Dauer, 3 Gib, gib 4 Tief.
	III,4	du …

Innerlich

| E+D: | Der Anbruch 4, 1921, Nr. 4, S. 3 |
| | (einzige Veröffentlichung) |

Puff

E+D:	Der Anbruch 4, 1921, Nr. 4, S. 3	
GG I:	II,1	Sinntendenzen, 4 Blindekuh.
	III,1	Jeu de Rosen, 4 anal.
	IV,4	ein,
	V,4	Bocksgesträuch,

Der späte Mensch

| E+D: | Der Anbruch 4, 1921, Nr. 4, S. 3 |
| | (einzige Veröffentlichung) |

Innerlich

E+D:	Die Gesammelten Schriften, Berlin [1]Febr. 1922, S. 41–43	
FLuD:	II:	I,3	flüchtig
	VI:	I,2	Bethlehem 4 Drogenflip

Pastorensohn

| E+D: | Die Gesammelten Schriften, Berlin [1]Febr. 1922, S. 17–18 |
| | (einzige Veröffentlichung) |

Prolog (Prolog 1920)

E+D:	Die Gesammelten Schriften, Berlin [1]Febr. 1922, S. 1–3	
FLuD:	I,1	Rosenrot, 6 steht,
	II,5	Brutkomplexe, 7 lacht,
	III,2	Apokalypsen 3 Jaktation
	V,6	Yohimbin
	VI,8	Puff Moscheeform

	VII,1	Vorortdämonen. 2 Grammophon –
	5	Farewell
	VIII,3	schmiers

133 Der späte Mensch (Das späte Ich)

E + D: Die Gesammelten Schriften, Berlin [1]Febr. 1922, S. 43–45

GG II:	I:	I,1	du,
	II:	I,2	Vieh, ihn
		III,4	Meer –
		IV,1	Bacchanalien
	III:	III,1	der Bambusquoll 3 Schatten [,]
		IV,3	kausalgenetisch haïssable:

135 Tripper

E + D: Die Gesammelten Schriften, Berlin [1]Febr. 1922, S. 10
(einzige Veröffentlichung)

136 Verlauste Schieber . . .

E + D: Die Aktion 12, 1922, Sp. 132
(einzige Veröffentlichung) (H. 9/10 v. 4. 3.)

Red: Damit nun das Völkchen der »Dichter« wisse, welch »echte, wahre Kulturwerte« im deutschen Liede zu feiern sind, schrieb Gottfried Benn für die AKTION diesen PROLOG

138 Man denkt, man dichtet . . .

M: 24. 5. 1922 (Geschrieben in ein Exemplar der *Gesammelten Schriften*)

E + D: Ausgewählte Briefe, Wiesbaden 1957, S. 20

W: (Für Gertrud Zenzes)

139 Chanson

E + D: Die Gesammelten Schriften, Berlin [2]Dez. 1922, S. 46–47
(einzige Veröffentlichung)

140 Schutt I–III

E + D: Die Gesammelten Schriften, Berlin [2]Dez. 1922, S. 47–51

140 Spuk – (Schutt)

E: Der neue Merkur 6, 1922, S. 51–52 (April 1922)

D: Die Gesammelten Schriften, Berlin [2]Dez. 1922, S. 47–48

E:	IV,6	Euch 8 Du
GG II:	I,2	Nacht, 6 Flor, 7 Lüge – 8 never –, o nevermore
	II,1	Schutt, alle 4 Grenzenlos – 5 trinke
	III,2	Gral 4 katadyomenal; 5 fiebernde Galoppade, 7 Hypermalade
	IV,1	verzogen, 2 gebannt, 5 Märe,
	7	Sphäre,
	V,1	Brüsten [,] 2 Tête-à-tête
	3	Lebensgelüsten,
	4	spät, 5 komm

Rot – (Palau)

E:	Der neue Merkur 6, 1922, S. 52–53 (April 1922)	
D:	Die Gesammelten Schriften, Berlin ²Dez. 1922, S. 49–50	
E:	I,5	schrei'n
	II,8	Meere –
	IV,5	zu Hauf
	V,1	vergeh'n
GG II:	II,5	Gliederlos, 6 Leere, 8 Meere.
	III,4	niemals immer 6 Furten,
	IV,7	Thor
	V,4	emporgefahren – 8 Zunge.
	VI,2	Korallen, 3 hält und hebt
	8	niemals immer

Schwer – (Schädelstätten)

E+D:	Die Gesammelten Schriften, Berlin ²Dez. 1922, S. 50–51	
GG II:	I,2	schon,
	II,7	neigen,
	III,1	Jochen, 5 Glaube,
	IV,1	Schädelstätten, 2 Begriffsmanie,
	5	Vergessen, 6 Verschmähn,
	V,6	Mänadenklang, 8 Panathenaen –

Nehmen Sie jene erste . . . (Für Klabund)

M:	[1922] (Faksimile: Schiller-Nationalmuseum Marbach a. N. Faksimiledruck Nr. 11, 1966)
E+D:	Limes-Lesebuch, Wiesbaden 1955, S. 74
Red:	Widmungsgedicht an Klabund, geschrieben in ein Exemplar der »Gesammelten Schriften«, Erich Reiss Verlag, 1922

M:	II,1	Nehmen 4 vergass
	III,1	Nehmen
	IV,1	Ach

Nacht . . . (Nacht)

E+D:	Der Querschnitt 3, 1923, S. 7–8 (H. 1/2, Sommer 1923)	
GG II:	I,7	Korybanten,
	II,1	Veste, 3 Reste, 6 schwer –
	III,3	Sande, 5 Leichenflüsse,
	IV,1	Fratzen, 4 Jüngste Gericht; 6 tödlich

Die Welten halten . . . (Finale)

E+D:	Der Querschnitt 3, 1923, S. 8 (H. 1/2, Sommer 1923)	
GG II:	I,2	Zenite 5 schweigen,
	6	Waidmannsruh,
	7	steigen – 8 du 9 du
	II,2	Rosentown, 3 Fjord 4 und, verblaun –
	III,1	Delhi Bengalenspeicher,
	2	Gomorrhamehl –

	III,3	Delhi 4 Malaienarchipel,
	IV,1	auf 2 stumm [,]

150 Chaos –

E+D: Die Weltbühne 19, 1923, Bd. 2, S. 555 (Nr. 49 v. 6. 12.)

GG II:
	I,5	Travertine, 7 Leichenkolombine:
	II,2	Erweichungsparasit, 4 sodomit [;]
	III,5	Gase –[:] 8 erektil
	IV,1	Flamingohähne, 2 kommod
	3	Tierschutzmäzene 7 Kränke:
	V,1	Rauschen. 3 Suff, Säfte tauschen
	4	an,

152 Ach, du zerrinnender – (Nebel)

E+D: Schutt, Berlin 1924 (Febr. 1924)

GG II:
	I,4	getaut, 5 ach [,] so
	II,2	kann, 4 Neige d'antan,
	III,4	du«, 5 Zweigen, 6 Opferstein,
	7	schweigen,

153 Die Dänin

E: Schutt, Berlin 1924 (Febr. 1924) / Faust. Eine Monatsschrift für Kunst, Literatur und Musik H. 7, 1923/24, S. 17–18

D: Schutt, Berlin 1924

GG II:
	II,8	Knien
	IV,2	Odds – 6 Vlies
	V,4	als Zeugen

155 Die Dänin

E+D: Das Kunstblatt 8, 1924, S. 177 (H. 6, Juni 1924)

GG II:
	I,6	Saharaportal
	II,5	du 8 du
	III,1	Terrasse, 5 du geschritten, 6 du,
	7	dich gelitten,
	IV,8	du
	V,2	Meer; 6 Saharaportal 8 weiter –

157 Ihnen, nubisches Land . . . (Widmung:)

M: 27. 12. 1924 (B Bertha Schiratzky: I)

E+D: Der Querschnitt 5, 1925, S. 136 (H. 2, Febr. 1925)

W: Widmung in die »Gesammelten Schriften«. Für Margarete Anton

M:
	III,3	Schöpfungskrisen
	IV,2	Occident [,]

GG II:
	I,1	Ihnen (nicht gesperrt)
	III,4	Manns
	IV,1	Ihnen (nicht gesperrt) 2 Okzident
	4	Welt. [–]

Wer bist du – ... (Wer bist du –)

M:	28. 12. 1924 (B Bertha Schiratzky: II)	
E + D:	Der Querschnitt 5, 1925, S. 136 (H. 2, Febr. 1925)	
W:	Widmung in die »Gesammelten Schriften«. Für Margarete Anton	
M:	I,3	Chimären, Schattenfieber
	II,3	Daphne, des Manns Erwehren,
	4	Dass sie
	IV,1	Leichen [,]
	V,1	Malen [,] 4 Schlafend (nicht hervorgehoben)
GG II:	I,2	geschah, 4 da,
	II,3	Manns 4 die nun loht,
	III,2	Thyrsenstab,
	IV,1	ist (nicht gesperrt) 3 scheint (nicht gesperrt)
	V,2	entwand –:

Stunden – Anthropophagen: ...

M:	[Jan. 1925], sign. Gottfried Benn. (B Bertha Schiratzky: III)
E:	Primäre Tage. Gedichte und Fragmente aus dem Nachlaß, Wiesbaden 1958, S. 12
D:	Manuskript i. B. des Deutschen Literaturarchivs, Marbach

Die Heimat nie – ...

M:	[Jan. 1925], sign. Benn. (B Bertha Schiratzky: IV)
E:	Primäre Tage. Gedichte und Fragmente aus dem Nachlaß, Wiesbaden 1958, S. 13
D:	Manuskript i. B. des Deutschen Literaturarchivs, Marbach

Betäubung I–V
(Entwurzelungen, Selbsterreger, Betäubung, Grenzenlos,
Schweifende Stunde)

E + D:	Betäubung. Fünf neue Gedichte, Berlin-Wilmersdorf 1925 (Sept. 1925)		
GG II:	I:	I,7	gib
		II,1	Kosmogonien 4 Heraklit
		III,5	zu – die
	II:	I,8	ruhn.
		III,6	Geistesstrahl –: 7 dir – o 8 Fanal!
	III:	II,8	Du
		III,1	alles
	IV:	I,1	Primären, 3 Gebrauchs-chimären,
		5	akausale
		III,7	blühte,
	V:	I,1	Stunde [,] 5 gib 6 Mordkomplex
		II,4	zerebral
		III,8	zerebral

531

166 Banane –

    E + D: Spaltung. Neue Gedichte, Berlin-Wilmersdorf 1925,
                  S. 32–34
                  (Nov. 1925)

    GG II: I,1   yes, Banane: 3 Lappentrane: 7 aasblau
              III,7   Zyklen

168 Die Dänin I–II

    E: Schutt, Berlin 1924 (I) / Das Kunstblatt 8, 1924, S. 177 (II)

    D: Spaltung. Neue Gedichte, Berlin-Wilmersdorf 1925,
                  S. 20–23

    GG II: I: II,8   Knien
                        IV,6   Vlies
                        V,4   als Zeugen
              II: III,1   Terrasse,   6 gelitten [,]
                        IV,6   gibt
                        V,2   Meer;

172 Dunkler –

    E + D: Spaltung. Neue Gedichte, Berlin-Wilmersdorf 1925,
                  S. 36–37
                  (Nov. 1925)

    GG II: III,4   Yggdrasil   5 Rute,
               IV,4   Promesse   bonheur,

173 Dynamik

    E + D: Spaltung. Neue Gedichte, Berlin-Wilmersdorf 1925, S. 31
                  (Nov. 1925)

174 Einzelheiten

    E + D: Spaltung. Neue Gedichte, Berlin-Wilmersdorf 1925, S. 30
                  (Nov. 1925)

    GG II: I,1   Sommertagen [,]
              II,3   Namen,
              III,5   beizeiten

175 Erst wenn

    E + D: Spaltung. Neue Gedichte, Berlin-Wilmersdorf 1925,
                  S. 29–30
                  (Nov. 1925)

    GG II: I,2   Tyrrhenische
              III,4   Ginsterbrand:

176 Levkoienwelle

    E + D: Spaltung. Neue Gedichte, Berlin-Wilmersdorf 1925,
                  S. 35–36
                  (Nov. 1925)

    GG II: I,1   du,
              II,3   tief;   7 ergib
              III,4   Gärten,   8 sinkt!

185 Annonce

E+D: Der Querschnitt 6, 1926, S. 758 (H. 10, Okt.)

GG II: I,3   Balustraden
        III,1   Sommerstunde: 4 son,
        IV,4   Gärtner [,] 6 eh

187 Jena

E+D: Der Querschnitt 6, 1926, S. 757–758 (H. 10, Okt.)

188 Stunden, Ströme –

M: 23. 11. 1926 (B Gertrud Zenzes) (5. u. 6. Strophe)

E+D: Der Fischzug 1, 1926, H. 5, S. 11

M=E

GG II: II,3   goldnen
        III,1   ihrer Lust 3 Flechtenmoos [,]
        V,1   Zeichen, 3 Grenzen,

189 Fürst Krafft

E+D: Simplicissimus 31, 1926, S. 502 (Nr. 38 v. 20. 12. 1926)

E: III,5/6   Reihenfolge der Zeilen umgekehrt.
                         Geändert wegen des Reims

GG II: I,1   Kraft 3 ererbte,
        II,2   in Stunde 8 Kiscazonypreis
        IV,1   Ganze [.] 2 und 4 gejagt, 5 drum

190 Weiße Wände

T: undat., unsign.

E+D: Simplicissimus 32, 1927, S. 84
        (einzige Veröffentlichung) (Nr. 7 v. 16. 5. 1927)

T: II,1   ach [,] 3 weisse Mäntel 4 Schwe-
                         sterntracht,
        III,1   Kongress 4 an, 5 ach [,] FETT
                         UND (Großbuchstaben) 8 Strand!
        IV,1   Frau, bescheiden, 4 Jahr,
        6   Sternallee [,] bellt 8 Welt!
        V,1   Federlesen – 4 vergehn, 6 weissen
        7   ach weisse

192 aus Fernen, aus Reichen

E+D: Gesammelte Gedichte, Berlin 1927, S. 162–163
        (Mai 1927)

GG II: II,7   spüren,
        III,4   er;« 8 Los

194 Dir auch –:

E+D: Gesammelte Gedichte, Berlin 1927, S. 160–161
        (Mai 1927)

GG II: II,3   ach,
        III,4   Nacht, 5 ach, 6 ach,

534

Mediterran

E + D: Gesammelte Gedichte, Berlin 1927, S. 118–119
(Mai 1927)

GG II: I,1   Eh   5 eh
V,1   Eh

Orphische Zellen

E + D: Gesammelte Gedichte, Berlin 1927, S. 120–121
(Mai 1927)

GG II: I,2   Okzident   5 Meten
III,3   er
V,4   ein [,] –:

Osterinsel

E + D: Gesammelte Gedichte, Berlin 1927, S. 116–117
(Mai 1927)

GG II: II,5   schwelt
V,4   Riesenformungszwang – [,]

Qui sait

E + D: Gesammelte Gedichte, Berlin 1927, S. 124–125
(Mai 1927)

W: für Carl Sternheim

GG II: II,2   Los
III,3   Zentauern   7 Züchtungspastorale
IV,2   Chic   6 Kalorien-Avalun
V,5   Orang-Utanhauern

Regressiv

E + D: Gesammelte Gedichte, Berlin 1927, S. 188
(Mai 1927)

Sieh die Sterne, die Fänge

E + D: Gesammelte Gedichte, Berlin 1927, S. 184–185
(Mai 1927)

GG II: I,4   dämmernde
II,5   Euphratthrone
III,7   gib   Krone,

Trunkene Flut

E + D: Gesammelte Gedichte, Berlin 1927, S. 107–108
(Mai 1927)

Vision des Mannes

E + D: Gesammelte Gedichte, Berlin 1927, S. 182–183
(Mai 1927)

GG II: III,1   zurücke –:

208 »wie lange –« (Wie lange noch)

E + D: Gesammelte Gedichte, Berlin 1927, S. 157–158
             (Mai 1927)

GG II: III,7   unseren (gesperrt)
            IV,1   Ja,
            V,2   Joch [,] 4 noch –,

210 Zwischenreich

E + D: Gesammelte Gedichte, Berlin 1927, S. 148–149
             (Mai 1927)

GG II: II,1   Grate! 2 Wo

211 Was singst Du denn –

T: 1927 (Unsichere Datierung auf dem Typoskript)

E: Primäre Tage. Gedichte und Fragmente aus dem Nachlaß,
          Wiesbaden 1958, S. 14–15

D: Manuskript i. B. Dr. Ilse Benn

212 Liebe

T: undat., unsign.

E + D: Dramaturgische Blätter des Oldenburger Landestheaters
          H. 9, 1927/28, S. 1

T: I,2   Wacht, 3 Meere – Ferne –
          II,4   par 5 landen Glaube: 7 Raube [,]
              8   hat!
          III,1   giebst 2 gesagt – 4 durchjagt –
              6   und die
              7   zwischen Schauern von andern
              8   giebst du und nimmst du dich.

GG II: I,2   Wacht, 3 Meere – Ferne –
          II,1   Stunden [,] 5 landen Glaube! –
          III,5   wandern [,] 6 und die 7/8 zwischen
                                  Schauern von andern / gibst du und
                                  nimmst du dich.

213 Die hyperämischen Reiche

E + D: Der Querschnitt 8, 1928, S. 194 (H. 3, März)

Red: Was sagen Sie zu Alfred Flechtheim? (Eine Rundfrage
          anläßlich seines 50. Geburtstags, am 1. April.)

W: Gedichtet unter Benutzung Rousseau'scher und Klee'scher
          Motive zum 50. Geburtstag von Herrn Alfred Flechtheim,
          dem durch die Äonen strahlenden Gründer des »Quer-
          schnitt«.

GG II: I,3   wie (nicht kursiv)
          II,1   Lianenbarren,
          III,1   es,
          IV,1   Dasein!

Schöpfung

E + D: Die neue Bücherschau 7, 1929, S. 36
          (einzige Veröffentlichung) (H. 1, Jan.)

Du mußt dir Alles geben

E + D: Die literarische Welt 5, 1929, H. 34, S. 3 (23. 8. 1929)
GG II: II,1   alles
          IV,2   an, 8 dein
          VI,1   alles

Sät dich der Traum in die Weite

E + D: Die literarische Welt 5, 1929, H. 34, S. 3
          (einzige Veröffentlichung) (23. 8. 1929)
E: I,8   ähnelnd (Korrektur Benns)
          IV,8   aber wieder in Schatten
                          (Korrektur Benns)

Immer schweigender –

T: 20. 11. 1929
E + D: Die Kolonne 1, 1930, S. 62 (Nr. 9, Dez. 1930)
T: I,1   Du – 2 Du [:] in   Licht [,]
          6   entblösst
          II,2   eines   zerstört [,]
          III,4   fern [,] von Schatten [,]   6 in
                          die Fernen
GG II: I,1   Du [:] in   2 du [:] in   3 Licht [,]
          III,4   in die Irre gedacht,   6 in Fernen

Primäre Tage

K 1:   2. 9. 1930
E + D: Der Taugenichts Nr. 2, 1931, S. 10
          (einzige Veröffentlichung) (Anfang 1931)
K 1:   I,5   die Fernen nahen sich   6 u stimmen die
                          frühen Sagen an
          II,1   Herbst: die Tage wo   4 giebt
          6   grossem Zwang
          III,8   weitergiebt

Z: 17. 2. 1931 (B Hindemiths an Strecker. Zusendung des ersten Teils des Textes)

T: 17. 5. 1931 (No. 14 Wechselchor); 22. 5. 1931 (No. 16+17 Bariton Solo und Knaben- und Männerchor); 24. 5. 1931 (No. 18 Schlußchor); 7. 6. 1931 (No. 18); 1. 6. 1931 (No. 15 Terzett); 14. 6. 1931 (No. 15 Terzett 1. Strophe und Tenor Solo); 18. 6. 1931 (No. 15 Terzett 4. Strophe)

FA: vor dem 28. 6. 1931 (vgl. Brief Hindemiths an Strecker)

E: Das Unaufhörliche. Textbuch, Mainz 1931 / Das Unauf-hörliche. Oratorium. Klavierauszug, Mainz, Leipzig, London, Paris, New York 1931 (Xerokopie des Exemplars der BBC London i.B. des Paul Hindemith Instituts)

D: Das Unaufhörliche. Textbuch, Mainz 1931

FA:	No.1:	I,1	Unaufhörliche.
		II,1	Unaufhörliche! 2 Mit 4 Meer.
		5	Mondlose
		III,2	es beugt die Jahre. / Der Tropen Brände, (kein Abstand)
		V,4	Das 5/VI,1 es beugt auch dich. / Das Unaufhörliche. (kein Abstand)
		VI,2	Wende. 3 Die
		VII,3	Höhn. 4 Kein 5/VIII,1 vor seinem Schwert. / O Haupt, (kein Abstand)
	No.3:	I,2	ein. 3 Nun
	No.4:	I,1	Nacht [,]
		IV,2	verlaßne Scharen, die Hyakynthos tru-gen, 3 den Knaben, früh verwandelt zu Asche 4 und Blumengeruch –:
	No.5:	II,1	ernährt [,] 2 Meer.
		III,1	überfrüht. 2 Hinan
		VI,2	Herden,
	No.6:	I,4	Soll man denn keine Kinder
		5	gebären, weil …
	No.7:	I,3	Denker;
		II,11	Verwandlung (nicht gesperrt)
	No.8:		Kleiner Marsch. Bariton Solo
		I,6	Sterne.
	No.9:	I,8/II,1	Vase und Krug. / Aus Kammern, (kein Abstand)
	No.10:	I,1	Götter, 2 Das
		III,2	Felsenhäupter. 3 Sie 4 Blitze
		V,3	Himmeln. 4 Sie 5 Wogen.
		VI,4	nieder.
		VII,3	vor. 4 Aus
	No.12:	III,6	Welten.
		VIII,1	der Frau 2 war. 4 fester.
	No.14:	VII,17	Von Segen … (nicht abgesetzt mit ›II‹)

	No.15:	I,2	verhängt [,]
		III,7	Schöpfungstagen [,]
	Lied:		jeweils vier Zeilen abgesetzt
	No.17:		(Feierlicher Marsch)
		II,1	das Menschenwort
		IV,3	die alten Götter
	No.18:	II,1	Unaufhörliche. Wende. 2 Im Lichts, 3 Mondlose
		IV,4	Ewig
		V + VI	Ewig
T:	No.14:	I,2	singen Asiens 3 unaufhörliches Lied
		II,3	sind selber unaufhörlich
		IV,4	(danach S:) aus Nebelwäldern, / Schlafatem der Gewässer
		8	(danach S:) o Götter, ewige, des Menschenglücks,
		VI	nach Z. 2, 4, 6, 9 Abstand. ›Meere‹, ›Wogen‹, ›Stürme‹ jeweils in neuer Zeile wiederholt.
		VII	nach Z. 2, 6, 9, 12 Abstand. ›Meere‹, ›Wogen‹, ›Stürme‹ in neuer Zeile wiederholt.
		VIII + IX	nur die Träume nur die Taten
T:	No.16		u. d. T. ›Der Relativist‹ nach Z. 4, 11, 20, 37 Abstand
T:	No.17		als Knabenchor in vierzeiligen Strophen
		II,1	das Menschenwort
T 24. 5.:	No.18	I/II	(dazwischen:) Das Unaufhörliche, / der dunkle Trank.
		II,1/2	Das Unaufhörliche – Verfall und Wende im Klang der Meere und im Sturz des Lichts.
		3–6	das Unaufhörliche – mit Tag und Nacht ernährt und spielt es sich von Meer zu Meer, mondlose Welten überfrüht, hinan, hinab.
		III	fehlt
		IV,1	Das Unaufhörliche: die
		2	tief und namenlos
		4	des Unaufhörlichen Gesetz ist gross.
T 7. 6.:	No.18	III,IV,II	in dieser Reihenfolge enthalten
		III,2	der Meere
		IV,1	Das Unaufhörliche – die

Choral

T:	[1931] (Im Zusammenhang mit dem Oratorium komponiert und datiert)	
E+D:	Die Literatur 36, 1933/34, S. 13 u. d. T. ›Studien zum Oratorium *Das Unaufhörliche*‹ (Okt. 1933)	
T:	I,1	Ihr 2 Blut, 3 Gerichte –
	II,1	Ihr 3 lässt
	III,1	enden auch in
	V,2	wo ist nicht auf Schwingen kreist
	3	Lichte – 4 Geist?
	VI,1	muss Allem

Lebe wohl ...

T:	[1931] (Im Zusammenhang mit dem Oratorium komponiert und datiert. Typoskript u. d. T. ›Thema aus dem *Unaufhörlichen*‹ i. B. des Paul Hindemith Instituts)	
E+D:	Die Literatur 36, 1933/34, S. 12–13 u. d. T. ›Studien zum Oratorium *Das Unaufhörliche*‹ (Okt. 1933)	
T:	I,2	god by 3 nevermoore 7/8 unaufhörlich tief vertraut (eine Zeile)
	II,1	lebe 3 notte –: 4 daß es nicht bleibt (neue Zeile) heisst dass
	6/7/8	der uns unaufhörlich treibt. (eine Zeile)
	III,1	Lebe wohl, weisst
	4	Schattenwiederkehr –,
	6	Unendlichkeit –:
	7	Werke [–], Welten [–], letzte Dinge
GG II:	II,2	farewell
	III,1	wohl – [,] du 7 Welten – [,] Werke – [,] letzte
	8	todgeweiht

Sie: wo möchtest du leben ...

M: 12. 6. 1931 (B Paul Hindemith)

E: Briefwechsel mit Paul Hindemith. Briefe Bd. 3, hrsg. v. Ann Clark Fehn, Wiesbaden und München 1978, S. 60–61

D: Manuskript i. B. des Paul Hindemith Instituts, Frankfurt

Entwurf im Zusammenhang des Oratoriums, den Benn Hindemith folgendermaßen vorstellt: Zwei Figuren, die im Duett miteinander singen. »Mir schwebt für Nr I. ein Duett vor zwischen reicher Amerikanerin, Pampasfüllen (U.S.A. ist schon zu depressiv, Südamerika ist noch lebfrischer) die *ihn* (der vielleicht mit dem Alten Krach kriegt) zu gewinnen sucht, ihn ›liebt‹, Hingabeparoxysmus – ein Duett, Musik von der anwesenden Luxuskapelle begleitet) 1 *cou.* über Lehar, ein *Schlager*, den jeder mitsingen wird – warum nicht? *Kunst ist auch Kitsch*, will ja auch wirken, verzaubern, hinreissen – also ein Duett, 1 cou über Kitsch, wunderbare *Melodie!* – etwa: ...«

»Er giebt leichten Patriotismus (sehr zeitgemäss!!) u seine privaten Düsterheiten dagegen: ...«

241 Ein Land –

T: 16. 2. 1933, sign. G.B.

E+D: Die Literatur 36, 1933/34, S. 14 (Okt. 1933)

T:
I,1	Meer [,]	3 dass
II,4	nicht –?	
IV,3	Lichten –:	4 hinab –, hinan –.
	(wie still sie nahn –)	

GG II:
I,4	hierher
II,2	Todesdränge: 3 Untergänge:
IV,3	Frein

242 Durch jede Stunde –

Z=K 1: vor dem 5. 3. 1933

T: 14. 8. 1933 (B Käthe von Porada)

E+D: Die Literatur 36, 1933/34, S. 14–15 (Okt. 1933)

T:
I,1	Stunde [,] 2 Durch 4 fort [,]
II,4	heim,
III,1	gab 2 erschuf: 3 Bügel, 4 Huf.
IV,1	fragen [,] 2 verstehn [,]
4	weitergehn –
V,3	Wunde –:
VI,1	die bleichen [,]
VII,1	Den 2 Ferngesicht, 3 Treue:
VIII,1	Treue aus Reichen 3 immer die Zeichen
IX,1	Ein 3 Schweigen –

GG II:
III,4	Huf – [,]
VIII,1	Reichen,

244 Wo keine Träne fällt

Z=K 1: nach dem 5. 3. 1933 (1. u. 4. Strophe, 3. Strophe Z. 5–8)

T: undat., unsign.

E+D: Die Literatur 36, 1933/34, S. 12 (Okt. 1933)

T:
I,6	Wein [,]
II,2	Maskenschar, 6 süssen 7 aber die Götter erlassen 8 keinem die Gesetze
IV,1	Sieht in die 7 wächst,

GG II:
I,1	Untröstlichkeiten – [,] in
II,1	Untröstlichkeiten – [,] beschwören
IV,5	nicht,

245 Dennoch die Schwerter halten

T: undat., unsign.

E: Die Literatur 36, 1933/34, S. 12 (Okt. 1933) / Deutsche

Allgemeine Zeitung Nr. 368/369, Sonntagsbeilage
v. 27. 8. 1933

D:		Die Literatur 36, 1933/34, S. 12
T:	I, 1	Nenner [,] 2 schlief [,] 3 heisst ein par grosse
	II, 1	heisst par grosse Stunden
	III, 1	heisst par 2 schattenblass:
	IV, 1	Ob Schlangen 2 das Gift, das Nass, den Zahn 3 Ecce-Homo-Schauer
	4	Bahn,
	V	er muss noch die Götter trösten bei den Übergöttern in Lehn, – wenn sie die unerlösten Qualen der Erde sehn.
	VI	fehlt
GG II:	II, 2	in Sils-Maria-Wind
	IV, 3	Ecce-homo-Schauer 4 Bahn –
	V, 1	heißt: So viel 2 Ruh, 4 zu –
	VI, 1	und

Mann –

E + D:		Die Literatur 36, 1933/34, S. 15 (Okt. 1933)
GG II:	I, 1	Mann – du alles 4 Feld – [,]
	II, 1	Feuer,
	III, 2	Schloß – [,]

Die Schale

T:		undat., unsign.
E + D:		Die Literatur 36, 1933/34, S. 14 (Okt. 1933)
T:	I, 4	mit Küssen und
	II, 1	Heute 4 weisse
	III, 1	Rassen [,] 2 Anbeginn,
	IV, 3	sahst du, 4 Träne
	V, 1	sahst Du in ihrem Neigen 2 vor Strömen 3 ihr Fall 4 Die

Variante zur letzten Strophe, in E nicht übernommen:

aber nun wird sie sich füllen
mit Strömen ohne Zahl
und sich in Schatten hüllen,
kommst du das letzte Mal.

GG II:	III, 2	Anbeginn,
	IV, 2	Spiel,
	V, 1	sahst

Sils-Maria

E + D:		Die Literatur 36, 1933/34, S. 13–14 (Okt. 1933)
GG II:	I: III, 4	trinkt (nicht gesperrt)
	II: Z. 4	todesnah – [,]

249 Leid der Götter

T: [1933, auch in Annäherung kaum bestimmbar]

E: Primäre Tage. Gedichte und Fragmente aus dem Nachlaß, Wiesbaden 1958, S. 37–38

D: Typoskript i. B. Dr. Ilse Benn

250 Noch einmal

Z = K 2:   4. 1. 1934

K 3:   nach dem 6. 3. 1935

E + D: Gedichte. Das Gedicht II, 7, 1936 (Jan. 1936)

K 3:	I,2	Dir 4 Den
	IV,2	Das 3 Die Trauer 4 Den
GG II:	IV,2	Sinn – [,]

251 Einst

T: undat., unsign.

E + D: Eckart 10, 1934, S. 33 (H. 1, Jan. 1934)

T:	I,1	einst
	II,2	Meer,
	III,1	alles
GG II:	II,2	Meer – [,]
	III,2	früh her 3 gelitten (gesperrt) 4 gut (nicht hervorgehoben)

252 Im memoriam Höhe 317

M: undat., unsign.

E + D: Eckart 10, 1934, S. 32 (H. 1, Jan. 1934)

M:	I,3	auf Sarg 6 Hörst Dus 8 Thor
	II,3	Dass 8 Sät
	III,6	Hörst Dus 8 der Schattenchor
GG II:	I,1	Auf den Bergen 3 auf Sarg
	4	Schlachten –: 6 Ohr –
	II,3	schauert, 4 lagen, 5 rinnt, 6 Ohr,
	7/8	von den Bergen rinnt, / spinnt ein Aschenflor.
	III,4	Ungeglänzt, 5 rinnt, 6 Ohr,

253 Widmung:

Z = M: Febr. 1934

M: in der Autographenmappe zu Loerkes 50. Geburtstag. Sign. Gottfried Benn. 13. 3. 1884–1934. Berlin. Bellealliancestr. 12

E: Akzente 4, 1957, S. 289

W: Für Oskar Loerke mit Dank für Vieles in vielen Jahren

D: Manuskript i. B. des Deutschen Literaturarchivs, Marbach

254 Olympia –, . . .

E + D: Deutsche Allgemeine Zeitung Nr. 229/230 v. 20. 5. 1934 (einzige Veröffentlichung)

Red: Olympische Hymnen: Die XI. Olympiade findet 1936 in Berlin statt. Bekanntlich hat zu diesem Anlaß das Organisationskomitee einen Preis für eine Olympische Hymne ausgesetzt, der von Börries Freiherrn v. Münchhausen verteilt wird. Dieses Festgedicht soll nach altem Brauch mit Orchesterbegleitung von einem großen Sängerchor vorgetragen werden. Richard Strauß hat die Vertonung übernommen, ohne sich damit zu binden, das preisgekrönte Gedicht zu wählen. Als Auftakt zur Olympiade bringen wir heute zwei Olympiahymnen, die außerhalb des Wettbewerbes entstanden sind, zugleich eine von Herder übersetzte Pindarsche Ode, die wohl als charaktervolles Beispiel der alten olympischen Hymne gelten kann. – Während Pindars Hymnen auf einzelne Sieger gedichtet waren, also auf Personen, so richten sich die nachfolgenden Gedichte gemäß dem Geist unseres Zeitalters an die Allgemeinheit. Ein tieferer Sinn liegt hier verborgen, denn während bei den griechischen Wettkämpfen vor allem die Sprossen götterentstammter Geschlechter den Kampfplatz betraten, so wird heute eine Auslese der körperlich Besten aus allen Nationen dazu berufen. Die Gedichte von Benn und Lernet-Holenia wählen beide die gehobene Sprache gemäß der großen Ueberlieferung, nach der die Olympische Hymne kein Sportlied war, sondern eine Kunstform, die sich an die Geistigen der Nation wendete.

Am Brückenwehr

K 3:			4.–6. 10. 1934

E + D:			Die Literatur 37, 1934/35, S. 72–73 (Nov. 1934)

K 3:	I:	I,1	Ich
		IV,2	giebt
		VI,4	Macht?
	II:	I,1	Vor 2 Ruh 4 Du
		II,2	Schalmein 3 Der Du
		III,4	weissen
		IV,1	Soviele 4 Nach Urgestein
		V,1	Dir
		VI,2	Du ihn
	III:	I,1	Doch
		II,4	Eine Lied
		III,3	an sich selbst
		IV,3	geronnen
		V,1	Lass
		VI,3	Gieb 4 gieb –
	IV:	I,1	Bist Du 2 Du 3 wirklich fliegen
		II,2	dass
		V,1	Deine
		VI,3	dass 4 ziehn.

GG II:	II:	I,2	Ruh
		II,2	Schalmein
	III:	III,2	Geschichtsgewalten [,] 4 tief – [,]

259 Dein ist –

Z = K 3:	6. 10. 1934/17. 11. [1934]	
K 3:	nach dem 6. 3. 1935	
E:	Gedichte. Das Gedicht II, 7, 1936 (Jan. 1936) / Die Literatur 38, 1936, S. 372	
D:	Gedichte. Das Gedicht II, 7, 1936	
K 3:	I,3	Du
	II,2	Dich
	IV,1	in Dem
	V,2	Dich
GG II:	I,3	leidest – [,] die thronen
	II,1	siehst – [,] ach, 2 gebeugt – [,]
	III,1	trägst – [,] ach,

260 Träume, Träume –

K 3:	1. 12. 1934 (1., 3. u. 4. Strophe)	
E + D:	Gedichte. Das Gedicht II, 7, 1936 (Jan. 1936)	
K 3:	I,2	Vergängnis
	III,1	Tot u doch nicht tot – es lebt ja weiter
	2	Träume, da schimmern 3 Hell
	IV,1	Gruss 2 Hätten gewusst
GG II:	I,2	Vergängnis
	III,1	tot [,] – es 2 Träume [,] schimmern
	3	gleiten,
	V,4	kann [,] –
	VI,1	Ach
	VII,4	vor – [,]
	VIII,1	Räume [,] die

262 Das Ganze

Z = M:	12. 12. 1934 (1. u. 3. Strophe) (B I.Seidel)	
M:	27. 3. 1935 (1. u. 3. Strophe) (B Oe)	
E:	Gedichte. Das Gedicht II, 7, 1936 (Jan. 1936) / Die Literatur 38, 1936, S. 372	
D:	Gedichte. Das Gedicht II, 7, 1936	
M:	I,3	diesen (unterstrichen) jenen (unterstrichen)
	4	Stürme [,] Stürme? –
	III,1	Dich Dich 2 der, zerstört –.
	3	Doch 4 Da Dir
GG II:	I,4	Stürme – wessen Stürme – wer?

263 Tag, der den Sommer endet

M:	6. 8. 1935 (B Oe)	
E + D:	Gedichte. Das Gedicht II, 7, 1936 (Jan. 1936)	
M:	I,1	Tag, der den Sommer endet, (unterstrichen)

	I,3	Die 4 Spiel!
	III,2	Trägst 3 Schaaren 4 weiterziehn
	IV,1	Waffen-Spanner 4 Unwiederbringlich-keit!
GG II:	I,1	endet,
	III,4	weiterziehn
	IV,1	Rosen und 4 Unwiederbringlichkeit

Die weißen Segel

T:	25. 8. 1935, sign. Be. (B Oe)	
E+D:	Gedichte. Das Gedicht II, 7, 1936 (Jan. 1936)	
M:	III,1	der
	IV,1	wo
	VI,2/3	dein ist Leiden und Denken: / so empfängst du das Sein (nicht hervorgehoben)
	VII,1	östliche
	VIII	nicht hervorgehoben
	1	wachen 2 verheisst
GG II:	I,3	eine (nicht gesperrt)
	II,3	seinen [,]
	V,3	dein (nicht gesperrt)
	VI,2	Brot 2/3 dein ist Leiden und Denken: / so empfängst du das Sein (nicht gesperrt)
	VIII	Strophe nicht gesperrt

Am Saum des nordischen Meer's

K1:	2. 9. 1930 / 5. 3. 1933 (1. Strophe)	
Z=T:	3. 9. 1935, sign. Be. (B Oe. Datum Oe)	
E+D:	Gedichte. Das Gedicht II, 7, 1936 (Jan. 1936)	
T:	I,8	Meers
	II,1	singt –: 3 weisse
	III,1	singt 4 süssen 5 vollendet: 6 die deutsche »Litanei«
	IV,2	Bambuszelt [,] 3 Niggerwunden [,]
	7	geworden:
	V,1	fern,
	VI,1	Englische –, Finnische 2 Häuser –:
	4	German Song 6 giebt 8 weissen
GG II:	I,1	Seele – [,] 4 Money 8 Meers
	II,1	singt – [,] und 8 Bahrain
	III,1	singt – [,] 3 »Ruhe
	VI,2	Häuser – [,] 4 German 6 Ruh – [,]

Ach, das Erhabene

| T: | 3. 9. 1935, sign. Be. (B Oe. Datum Oe) |
| E+D: | Gedichte. Das Gedicht II, 7, 1936 (Jan. 1936) |

T:	I,4	keiner wird
	II,2	so umschleiernd und versöhnt
	III,1	nur
GG II:	I,3	jeden 4 keiner
	II,1	Erhabne Strenge,

268 Astern

T:	3.9.1935, sign. Be. (B Oe. Datum Oe)
E+D:	Gedichte. Das Gedicht II, 7, 1936 (Jan. 1936)

T:	III,1	noch 4 zu –?
	IV,1	Noch 2 Gewissheit wacht,
GG II:	I,1	Astern – [,] schwälende
	III,2	Du – [,]

269 Spät im Jahre –

Z = K 4:	[1935]
M:	15.8.1936, sign. Be. (B Oe)
E+D:	Ausgewählte Gedichte, Stuttgart, Berlin [²November/ Dezember] 1936, S. 25

Von Benn nicht autorisierter Druck: Die Literatur 39, 1936/37

T:	I,1	Spät im Jahre (unterstrichen)
	II,1	Deinen
	III,1	Dich gebunden 2 Dich Dich
	3	Wunden,
	4	– letzte ich-erlöst
GG II:	II,2	gerät – [,] 3 Rosen – [,]
	III,2	entblößt – [,] 3 Wunden – [,]

270 Doppelkonzert

E+D:	Gedichte. Das Gedicht II, 7, 1936 (Jan. 1936)
GG II:	II,2 die sich weit bewahrt,

	III,2	Steine – [,] eine
	V,3	hör 4 Tosca

271 Turin

E+D:	Gedichte. Das Gedicht II, 7, 1936 (Jan. 1936)
GG II:	I,3 Brief – [,] dann 4 Jena – [,]

	II,3	Notizen – [,] dann
	III,1	Indes

272 Interieur

M:	13.1.1936 (B Oe)
E+D:	Zweiundzwanzig Gedichte, August 1943, S. 19 (einzige Veröffentlichung)

M:	I,2	Unter Pendeluhr,
	II,1	Schläge, Schreiten 2 Stunden-sinn
	4	Anbeginn

	III	Ein Ziel, ein Zeigen,
		Wirken um wann u. wen,
		wo Götter schweigen
		und Sonn' u. Mittag stehn,
	IV,1	und lächeln allen [,] 2 Alles nah – [,]
	3	fallen,

3 Prolog (Valse triste)

T:	21. 2. 1936 (1. Strophe, B Ellinor Büller-Klinkowström)
E + D:	Ausgewählte Gedichte, Stuttgart, Berlin [¹April] 1936, S. 5–6
	(Zur Datierung des Bandes vgl. B Frank Maraun vom 12. 4. 1936)

T:	Z. 2	Dem
GG II:	I,1	Trauer – [,]
	II,2	Schilde 3 Zephir
	III,8	deins
	V,7	zu Klängen 8 seins
	VI,2	Schlehn

5 Anemone

Z = K 5:	10. 4. 1936
M:	15. 4. 1936 (B Oe)
E + D:	Ausgewählte Gedichte, Stuttgart, Berlin [²November/Dezember] 1936, S. 29
	(Zur Datierung des Bandes vgl. B Oe vom 1. 11. 1936)

Von Benn nicht autorisierter Druck: Die Literatur 39, 1936/37

M:	I,2	Die nichts 3 Deine 4 Ein
	II,2	Der 3 Deine
	III,1	Erschütterer –, 2 Du 3 Den
	4	grossen
GG II:	I,2	nichts

6 Der Vordergrund der Kunst . . .

M:	29. 5. 1936 (B Oe)
E:	Lyrik und Prosa, Briefe und Dokumente. Eine Auswahl, hrsg. v. Max Niedermayer, Wiesbaden 1962, S. 132
D:	Manuskript im OeA im Deutschen Literaturarchiv, Marbach

7 Wer allein ist –

M:	⟨24. 7. 1936⟩, sign. Be. (B Oe)
E + D:	Ausgewählte Gedichte, Stuttgart, Berlin [²November/Dezember] 1936, S. 24
	(Zur Datierung des Bandes B Oe vom 1. 11. 1936)

Von Benn nicht autorisierter Druck: Die Literatur 39, 1936/37

M:	I,3	Keimnis [,] 4 Selbst
	II,1	Immer ist er trächtig 2 Denkerisch

	II,3	immer ist er mächtig 4 Allem
	III,2	andre

278 Leben – niederer Wahn

M: ⟨24. 7. 1936⟩, sign. Be. (B Oe)

E+D: Ausgewählte Gedichte, Stuttgart, Berlin [²November/
Dezember] 1936, S. 19
(Zur Datierung des Bandes vgl. B Oe vom 1. 11. 1936)

Von Benn nicht autorisierter Druck: Die Literatur 39, 1936/37

M:	I,1	Wahn, 3 Du
	II,1	Du 2 Immer 3 Stunden-vertauschung 4 Dir
	III,1	Du 2 Dir Alles
	IV,1	Tat! 2 Die
GG II:	IV,1	Form (nicht gesperrt)

279 Suchst du –

K 5: nach dem 10./11. 4. 1936

Z = T: 28. 7. 1936 (undat., sign. Be) (B Oe)

E+D: Ausgewählte Gedichte, Stuttgart, Berlin [²November/
Dezember] 1936, S. 26
(Zur Datierung des Bandes vgl. B Oe vom 1. 11. 1936)

Von Benn nicht autorisierter Druck: Die Literatur 39, 1936/37

T:	II,2	Ruh
GG II:	II,2	Ruh

280 Auf deine Lider senk' ich Schlummer

T: 28. 7. 1936 (undat., sign. Be.) (B Oe)

E+D: Ausgewählte Gedichte, Stuttgart, Berlin [²November/
Dezember] 1936, S. 28
(Zur Datierung des Bandes vgl. B Oe vom 1. 11. 1936)

Von Benn nicht autorisierter Druck: Die Literatur 39, 1936/37

T:	I,1	deine (hervorgehoben) 2 deine (hervorgehoben) Kuss 4 muss
	II,1	deine (hervorgehoben) 2 deine (hervorgehoben) 3 indess
	III,2	bin –, 3 muss 4 Kuss
GG II:	I,1	senk 2 send
	II,1	leg 2 leg
	III,2	bin [,] –

281 Einsamer nie –

M: ⟨4⟩. 9. 1936 (B Oe)

E+D: Ausgewählte Gedichte, Stuttgart, Berlin [²November/
Dezember] 1936, S. 30
(Zur Datierung des Bandes vgl. B Oe vom 1. 11. 1936)

| M: | I,2 | Erfüllungsstunde;   3 Die |

	II,2	Die 3 Siegbeweise 4 Dir
	III,1	wo 3 Dinge –, 4 Du Gegen-Glück
GG II:	I,2	Erfüllungsstunde – [,]
	III,3	Dinge –:

Die Gefährten

Z = T:	29. 3. 1937
T:	30. 10. 1938 (undat., sign. Be.) (OeA)
E + D:	Zweiundzwanzig Gedichte, August 1943, S. 11

T:	I,1	vergisst 4 bist,
	II,1	ein 4 kühl,
	III,1	einsamer 3 Gefährten, 4 liessest
	IV,1	für 2 du der Lande keines
	V,1	und 2 hörst du 3 eh
GG II:	V,3	eh

Ist das nicht schwerer

Z = T:	3. 5. 1937
T:	30. 10. 1938 (undat., sign. Be) (OeA)
E + D:	Zweiundzwanzig Gedichte, August 1943, S. 13

T:	I,2	Haus aus Stein
	II,1	Ende: 2 Fronten aus Felsen
	3	schliessen die Toten 4 schliessen ein –?
	III,1	denkst 2 Macht [,]
	IV,3	[–] atemloser Verdichtung,
	V,2	verbundenstem Du 4 zu –:
	VI,2	Not [–]: 4 grosses
GG II:	II,2	Stein,
	III,1	allen 4 Fackelnacht – [,]
	V,2	verbundenstem

Die Züge Deiner

M:	31. 12. 1937, sign. G.Be. (B Oe)
E + D:	Zweiundzwanzig Gedichte, August 1943, S. 20

M:	I,3	verloren, 4 Schweigenbedeckt u. schlummernd Deiner
	II,2	Die Becher 3 süssen 4 dass
	III,1	Die Eschen welken 2 Die verstiess, –: 3 allen: 4 dies!
GG II:	I,1	deiner 3 verloren,
	II,1	Pforten:
	III,2	verstieß, 4 sind [,] –

General

Z = K 7:	nach dem 25. 8. 1938
T:	30. 10. 1938 (undat., sign. Be.) (OeA)

551

	E:	Primäre Tage. Gedichte und Fragmente aus dem Nachlaß, Wiesbaden 1958, S. 27–28
	D:	Typoskript im OeA im Deutschen Literaturarchiv, Marbach

287 **Alter Kellner**

Z=T:	20. 10. 1938, sign. Be
T:	30. 10. 1938 (undat., sign. Be.) (OeA)
E:	Primäre Tage. Gedichte und Fragmente aus dem Nachlaß, Wiesbaden 1958, S. 26
D:	Typoskript im OeA im Deutschen Literaturarchiv, Marbach

288 **So still –**

T:	30. 10. 1938 (undat., sign. Be.) (OeA)
E:	Merkur 12, 1958, S. 202 / Primäre Tage. Gedichte und Fragmente aus dem Nachlaß, Wiesbaden 1958, S. 30
D:	Typoskript im OeA im Deutschen Literaturarchiv, Marbach

289 **Wohin –**

T:	30. 10. 1938 (undat., sign. Be.) (OeA)
E:	Merkur 12, 1958, S. 202 / Primäre Tage. Gedichte und Fragmente aus dem Nachlaß, Wiesbaden 1958, S. 25
D:	Typoskript im OeA im Deutschen Literaturarchiv, Marbach

290 **Wenn dir am Ende . . .**

Z=K 7a:	4. 3. 1939
T:	29. 4. 1940 (1940, sign. G.B.) (OeA)
E:	Primäre Tage. Gedichte und Fragmente aus dem Nachlaß, Wiesbaden 1958, S. 35
D:	Typoskript im OeA im Deutschen Literaturarchiv, Marbach

291 **Dann gliederten sich die Laute . . .**

Z=K 7a:	6. 3. 1939
T:	29. 4. 1940 (1940, sign. G.B.) (OeA)
E:	Merkur 12, 1958, S. 201–202 / Primäre Tage. Gedichte und Fragmente aus dem Nachlaß, Wiesbaden 1958, S. 33–34
D:	Typoskript im OeA im Deutschen Literaturarchiv, Marbach

292 **Welle der Nacht**

T:	28. 4. 1940 (1940, sign. G.B.) (OeA)
E+D:	Zweiundzwanzig Gedichte, August 1943, S. 10
W:	Für Alexander Lernet-Holenia

T:	I,1	Nacht – [,] 2 Hyakynthos 4 wehn
	II,1	Nacht – [,] 2 her, – 4 weisse
GG II:	I,1	Nacht – [,] Meerwidder 2 Hyakin-thos 4 wehn
	II,1	Nacht – [,] zwei

Wer Wiederkehr in Träumen weiss ...

T:	29. 4. 1940 (1940, sign. G.B.) (OeA); 2. Strophe am folgenden Tag (B Oe)
E:	Merkur 12, 1958, S. 203 u.d.T. ›Wiederkehr‹ / Primäre Tage. Gedichte und Fragmente aus dem Nachlaß, Wiesbaden 1958, S. 36
D:	Typoskript im OeA im Deutschen Literaturarchiv, Marbach

Erste an Oelze gesandte Fassung; die Strophe fällt in der 2. Fassung fort:

> Die Götter tot? Sie leben her!
> Mit ihrem Tier, mit ihren Reben,
> in Hainen wandelnd, auf dem Meer,
> und nehmen Opfer und vergeben!

Valse d'Automne

T:	8. 10. 1940 (Sept. 1940, sign. G.B.) (OeA)
E:	Merkur 12, 1958, S. 203–204 / Primäre Tage. Gedichte und Fragmente aus dem Nachlaß, Wiesbaden 1958, S. 31–32
D:	Typoskript im OeA im Deutschen Literaturarchiv, Marbach

Monolog

Z=T:	1941
T:	20. 4. 1941 (undat., unsign.) (OeA)
E+D:	Zweiundzwanzig Gedichte, August 1943, S. 22–25

T:	I,3	Spässe 4 Sclaven 5 glühenden [,]
	6	Sclaven
	II,1	Spross 5 dass 7 Bänder – –
	9	Klumpfüsse
	12	After! [–] 15 Mass
	III,3	lässt 4 lässt 10 massverkehrte
	IV,1	heisst 3 Riss 4 heisst 6 grosse
	9	indess
	V,2	stiess eines Abends 3 in dem ich
	4	Abriss 9 erhabne 10 Seins – –,
	11	nur: Mass 12 schloss
	VI,6	– gesalzene 8 dass 9 riecht, –
GG II:	I,1	Lügen [,] – 2 Clowns 4 Sklaven – [,]
	II,1	Olympias 2 wenigste
	19/III,1	die Paddentrift als Mahnmal der Geschichte! / Die Ptolomäerspur ... (keine neue Strophe)

	III,1	Ptolemäerspur Gaunerzinke, 2 die
	IV,6	niederbrennt [,] –
	V,10	gleichgültig
	VI,2	Abends 10 Seins – [,]
	VII,9	riecht – [,] schon

298 Henri Matisse: »Asphodèles«

M: 29. 9. 1941, sign. G.B. (B Oe)

E+D: Zweiundzwanzig Gedichte, August 1943, S. 14

M:	Z.1	– Sträusse, fehlen [,] 2 Krüge, breit –: 3 [–] Asphodelen
	4	Der geweiht – [.]
GG II:	Z.2	Krüge, 4 geweiht – [.]«

299 [Biographische Gedichte]

T: Weihnachten 1941
Gerichtet an F. W. Oelze. Es enthält sieben Gedichte in der Reihenfolge: 1. Verse, 2. Gedichte, 3. Bilder, 4. Unanwendbar, 5. Du trägst, 6. Ein Wort, 7. Abschied. Numerierung auf dem Deckblatt vorhanden.

299 Verse

K 7a: vor dem 4. 3. 1939

Z=T: 21. 12. 1941 (OeA: Biographische Gedichte, Weihnachten 1941)

E+D: Zweiundzwanzig Gedichte, August 1943, S. 1–2

T:	II,3	weissen 8 sein –.«
	III,1	grosse 5 grosse
	IV,6	sein Vers
GG II:	I,1	unerkenntlich [,]
	II,6	Jadestein 8 sein –« [.]
	III,4	Büßungen Fakirie – [,] 5 jeden
	IV,4	obwohl

300 Gedichte

K 8:   [1940/1941]

Z=T: 21. 12. 1941 (OeA: Biographische Gedichte, Weihnachten 1941)

E+D: Zweiundzwanzig Gedichte, August 1943, S. 3

T:	I,6	reissen
	II,1	grossen 4 Racheschritt, 8 sang (gesperrt)
	III,4	Parzenlied
GG II:	I,1	dessen 2 du 3 du
	III,1	dessen 4 Stundenlied – [,]

Bilder

T:	21. 12. 1941 (OeA: Biographische Gedichte, Weihnachten 1941)	
E + D:	Zweiundzwanzig Gedichte, August 1943, S. 4	
T:	I,3	anstössiger 4 ziehn
	II,4	verwahrt,
	III,4	Abflussrohr
	IV,3	das Leben derer 4 grossen Genius, [–]
GG II:	I,1	Galerien 4 ziehn
	II,1	brüchige
	III,1	ein 3 Residenzen;
	IV,1	siehst Galerien 4 Genius [,] –

Unanwendbar

K 7a:	nach dem 2. 8. 1939	
Z = T:	21. 12. 1941 (OeA: Biographische Gedichte, Weihnachten 1941)	
E + D:	Zweiundzwanzig Gedichte, August 1943, S. 29–30	
T:	I,2	Dir 4 Säerhänden [,]
	II,4	gross
	III,7	büsst
GG II:	IV,3	entartet – [,] doch 7 wehn«.

Du trägst

T:	21. 12. 1941 (OeA: Biographische Gedichte, Weihnachten 1941)	
E + D:	Zweiundzwanzig Gedichte, August 1943, S. 26 (einzige Veröffentlichung)	
T:	I,3	Aussensein

Ein Wort

T:	21. 12. 1941 (OeA: Biographische Gedichte, Weihnachten 1941)	
E + D:	Zweiundzwanzig Gedichte, August 1943, S. 27	
T = E		
GG II:	I,1	Chiffren
	II,1	Wort – [,] ein 2 Sternenstrich – [,]

Abschied

K 7a:	16. 7./2. 8. [1939]	
Z = T:	21. 12. 1941 (OeA: Biographische Gedichte, Weihnachten 1941)	
E + D:	Zweiundzwanzig Gedichte, August 1943, S. 31–32	
T:	I,8	gewusst
	II,7	musst
	III,2	vergasst 4 besasst 5 mein 7 muss

555

GG II:	I,3	du 5 du 6 du 7 du
	III,1	dich –: 6 vertan – [,]
	IV,6	gefragt – [,]

306 Ach, das ferne Land –

Z:	[1941/1944] (vgl. B Oe vom 21. 12. 1941; Do: Block II, Zimmer 66)
T:	3. 1. 1945 (OeA: Statische Gedichte)
E + D:	Statische Gedichte, o. O. o. J. [Berlin 1946] (Mai 1946

T:	I,2	Herzzerreissende 8 Ährenweiss
	II,1	Ach
	III,1	Dort
	IV,1	Etwas
GG II:	I,3	runden
	II,2	Seen 4 ruht
	III,3	Selbstgefühle [,] 6 / IV,1 in die weiche Luft – / etwas … (keine neue Strophe)
	IV,1	Rock – [,]

307 Mittelmeerisch

| M: | 19. 4. 1943 (B Oe) |
| E + D: | Zweiundzwanzig Gedichte, August 1943, S. 28 |

M:	I,1	Ach,
	II,1	Strömt
	III,1	Schliesslich 4 Titan, –
	IV,1	Dein 2 Dein 3 Glaube 4 weit:
GG II:	IV,4	fordre
	V,3	Dauer – [,]

308 Ein später Blick

| K 9: | 30. 5. 1943 |
| E + D: | Zweiundzwanzig Gedichte, August 1943, S. 12 |

K 9:	I,2	Du schwebst den ganzen Strom zurück
	4	begreift Dein später Späherblick.
	III,1	Grosslicht 2 Tron Mühn 3 im Osten, ferne 4 blühn
	IV,1	Das ist nichts jäh, das ist nichts lange,
	V,1	Erkenntnis – wohl 2 schliessen
	3	auf Flügeln über 4 Dich
GG II:	III,2	Mühn 4 blühn
	IV,1	Blick – [,] nichts
	V,1	dir 2 sein – [,]

309 Verlorenes Ich

| K 9: | nach dem 30. 5. 1943 |
| E + D: | Zweiundzwanzig Gedichte, August 1943, S. 5–6 |

K 9:	I,1		Gespaltenes Ich 4 Auf Deinem
	II,1		gehn Dir 2 Du siehst die Jahre ohne
		3	Unendlichkeiten drohn u. borgen,
		4	Die
	III,1		Verlorenes Ich – wo 2 Sich Deine
			Kreise
	IV,1		die Welten als 2 Der 4 Hinab
	V,1		Hinab, hinab: der 2 Mensch – trüber
			Monolog Aus dem 4 Die Mythe log
	VI,2		Kein Evoe 3 Du Dir
	VII,1		Als alle sich zu einer Mitte
	VIII,2		Brod Jeglicher
GG II:	I,2		Gamma-Strahlen-Lamm – [,]
	II,1		gehn 3 verborgen – [,]
	III,2		an – [,] Verlust
	V,3		Unendlichkeiten – [,]
	VI,1		wohin – [,] nicht 3 borgen – [,]
	VIII,2		genoß – [,] 4 verlorne

11 In einer Stadt

K 9:	4./5. 6. 1943	
E + D:	Zweiundzwanzig Gedichte, August 1943, S. 21	
	(einzige Veröffentlichung)	
K 9:	I,2	Die sahn 4 weissen
	II,3	lass leiser

12 Nachzeichnung

Z:	[Juli 1943] (vgl. B Oe vom 18. 7. 1950)		
E + D:	Zweiundzwanzig Gedichte, August 1943, S. 15–17		
GG II:	I:	I,2	Lusttrottoire – [,]
		III,2	Perlen, 7 Strahl [,] – Ende [,] –
		V,2	jetzt – [,] doch 3/4 aus ihr, /
			die Zweige niederziehend...
			(neue Strophe) 7 erst – [,]
		VI,3	Traubenfleisch – [,]
	II:	II,12	längst [,] –

15 Alle die Gräber

T:	undat., unsign.	
E + D:	Zweiundzwanzig Gedichte, August 1943, S. 18	
T:	III,3	weisser
GG II:	I,2	Seen
	II,4	war – [,]

16 Gärten und Nächte

E + D:	Zweiundzwanzig Gedichte, August 1943, S. 8–9	
GG II:	IV,4	nicht – [,]

317 Wenn etwas leicht

    E+D: Zweiundzwanzig Gedichte, August 1943, S. 7

    GG II: I,2   Glyzinienpracht   4 bist,
                 II,1   nicht
                 III,1   ruhn   3 ziehn

318 St. Petersburg – Mitte des Jahrhunderts

    Z: [1943] (vgl. B Carl Schmitt vom 1. 9. 1943; Do: Block II,
          Zimmer 66)

    T: undat., sign. Gottfried Benn.

    E+D: Statische Gedichte, o.O. o.J. [Berlin 1946]
           (Mai 1946)

    T: I,12   esthnische [,]
         III,7   weissen Zähnen [,] 8 Lippe [,]
             12   Grosser
         IV,13   Ultratief!
         VI,7   Komm

    GG II: I,3   jeder   4 Mund«,   7 heiligen
                12   estnische
         II,14   Seen
         III,3   Glinkas   6 Pfeiler,   9 Brauen,
             10/11   Alexander Sergeitsch (Puschkin). /
                         Neben ihm ...
                         (neue Strophe)
               14   Violoncellist 18 Contra-C
         IV,2   Lustwort –, 7 zweiter 12 ein
               13   ultratief
         V,16   Haus [,] – Parktraum [,] –
         VI,3   Billett 7 Komm 11 dich 13 Ich
                         Mörder [,] – 14 du 15 du
         VIII   St. Petersburg – Mitte des Jahrhunderts
                         (fehlt)

321 Dann –

    Z: [1943/1944] (vgl. Do: Block II, Zimmer 66)

    T: 3. 1. 1945 (OeA: Statische Gedichte)

    E+D: Statische Gedichte, o.O. o.J. [Berlin 1946]
           (Mai 1946)

    T: I,2   fortgeküsst 4 eingebüsst

    GG II: I,4   eingebüßt,
         II,4   Funkelnde Schale« [,] –
                        Dämmergrau« [,] –
         III,2   Wacht,   3 Stunde – [,]

322 Nasse Zäune

    Z: [1943/1944] (vgl. B Oe vom 18. 1. 1945)

    T: 3. 1. 1945 (OeA: Statische Gedichte)

    T: Juli 1949 (Abschrift Oe. Datum Oe)

| E: | | Primäre Tage. Gedichte und Fragmente aus dem Nachlaß, Wiesbaden 1958, S. 45 |
| D: | | Typoskript im OeA im Deutschen Literaturarchiv, Marbach |

Statische Gedichte

Z:		[1943/1944] (vgl. Do: Block II, Zimmer 66)
T:		3. 1. 1945 (OeA: Statische Gedichte)
E+D:		Statische Gedichte, o.O. o.J. [Berlin 1946] (Mai 1946)

T:	I,1	Entwicklungsfeindschaft
	II,7	[–] sagt Weise, [–] 11 weisst [,] –
	III,6	Ranken sprühen (nicht hervorgehoben)
	IV	sinken lassen
	V	weisst
GG II:	II,6	Fenster [,] 7 Weise [,] –
	11	weißt [,] –
	III,5	Rankengesetz – 6 sprühen –,
	IV	sinken lassen – [,]
	V	du

4 1886

Z=T:		1944, sign. Gottfried Benn
T:		3. 1. 1945 (OeA: Statische Gedichte)
T:		Juli 1949 (Abschrift Oe. Datum Oe)
E:		Statische Gedichte, o.O. o.J. [Berlin 1946] (Mai 1946) (Kürzere Fassung) / Gottfried Benn. Dichter über ihre Dichtungen, hrsg. v. Edgar Lohner, München 1969, S. 171 (Abdruck der zusätzlichen Strophen der längeren Fassung)

(Für Do machte Oelze zu spät auf die zweite Fassung aufmerksam. Vgl. B Oe v. 1. 2. 1950)

| D: | | Typoskript im OeA im Deutschen Literaturarchiv, Marbach |

E:	I,4	daß
	II,3	daß
	III,4	Rußland
	IV,1	deutsche 3 Güßfeld
	V	fehlt
	VI,3	unvergeßliche
	VII	fehlt
	VIII,6	Sonntagnachmittagen.
	7	Sozialdemokratische
	9	freisinnig.
	IX,4	sicher: 8 Wolke;«
	X,3	Javarudimente [,]
	6–9	der kleine Vogel von Hawai, genannt der Honigsauger,

		für die königlichen Federmäntel
		ein gelber Flaumstreif an jedem Flügel.
		(die ganze Strophe an 6. Stelle)
	XI,3	Dirigent Furtwängler
ÜMS:	I,4	daß
	II,1	Tragödie: 3 daß
	III,1	Mandalay Irawadi Welthandel.
	3	an Frankreich 4 Rußland
	IV,1	deutsche 2 15000 3 Güßfeld
	V	fehlt
	VI,3	unvergeßliche 5 Wenn 7 Scheffels
	VII	fehlt
	VIII,3/4	1088 Wörter aus dem Faust / sollen
		verdeutscht werden (neue Strophe)
	6	Schließung 9 freisinnig.
	IX,2	Tolstois 3 Blumenthals 4 sicher:
	6	Gesellschaft (neue Zeile)
	8	Wolke« –
	X,3	Javarudimente, [–]
	6–9	der kleine Vogel von Hawai,
		genannt der Honigsauger,
		für die königlichen Federmäntel
		einen Flaumstreif an jedem Flügel.
		(die ganze Strophe an 6. Stelle)
	XI,3	Dirigent Furtwängler 4 Bundesbruder
		Kokoschka 5 von W.

327 Clemenceau

Z=T:	1944
T:	3. 1. 1945 (OeA: Statische Gedichte)
E+D:	Statische Gedichte o.O. o.J. [Berlin 1946]
	(einzige Veröffentlichung) (Mai 1946)

T:	III,1	wusste
	VI,2	fünfundachtzigjährig fasste 4 schluss
	VII,2	hatte von der Akropolis Manches mit-
		gebracht; 3 sein schloss

329 September

Z:	[Sept. 1944] (vgl. B Oe vom 18. 1. 1945)
T:	3. 1. 1945 (OeA: Statische Gedichte)
E+D:	Statische Gedichte, o.O. o.J. [Berlin 1946]
	(Mai 1946)

T:	I:	I,2	Regenguss
		V,4	Nussknacker
	II:	I,3	Stoppelgespinst 4 Kohlweisslinge
		5	lass
GG II:	I:	I,2	vom Regenguß

	II,4	zuzurufen [,]
	IV,1	Ebenen-entstiegener 4/V,1 abfallend, schon verdunkelten Gesichts – / Narr . . . (keine neue Strophe)
	VI,1	dir 8 Feldmäuse – [.]
II:	I,3	Stoppelgespinst
	II,1	Du: – anderes 4 Titanen [,]
	III,5	ziehn [,] – 5/IV,1 die nie von dannen ziehn – / Dies . . . (keine neue Strophe)

Chopin

Z:	Okt. 1944 (vgl. B Oe vom 18. 1. 1945)
T:	3. 1. 1945 (OeA: Statische Gedichte)
E + D:	Statische Gedichte, o.O. o.J. [Berlin 1946] (Mai 1946)

T:	V,5	Schluss 6 Massgabe
	VII,1	Préludien
GG II:	I,4	Theorien
	IV,3	zwanzig 9 Orléans
	V,4	Einblicke – [,] 6 Meine
	VII,7/8	wird es schwer vergessen. / Nie . . . (neue Strophe)

Die Form –

T:	3. 1. 1945 (OeA: Statische Gedichte)
E + D:	Statische Gedichte, o.O. o.J. [Berlin 1946] (Mai 1946)

T:	I,4	musst
GG II:	I,2	gaben – [,]
	III,2	Tschandalas, Parias, du

5. Jahrhundert

T:	3. 1. 1945 (OeA: Statische Gedichte)
E + D:	Statische Gedichte, o.O. o.J. [Berlin 1946] (Mai 1946)

T:	I:	I,1	Einer 3 weissen
		II,3	weisser
		III,1	Weiheguss
	II:	I,2	weiss 3 Schicksalsschweigen,
		II,4	Schwarzen Felsen
		III,3	zerreissest
	III:	I,1	Leukée (nicht gesperrt) weisse Achill
		II,4	weisse
		III,1	muss
GG II:	I:	I,4	Myrte
		II,1	einer Zypresse
		III,3	Zykladen 4 Plutonien
	II:	I,3	Schicksalsschweigen,

	II,4	Schwarzen
III:	I,1	Achill!
	II,1	im Traum 3 Zypressen 4 Zypresse
	III,4	der –« [.]

336 Kleines süßes Gesicht

T:	3. 1. 1945 (OeA: Statische Gedichte)
E+D:	Statische Gedichte, o.O. o.J. [Berlin 1946]
	(einzige Veröffentlichung) (Mai 1946)

T:	I,1	süsses 3 schneeblass 4 grossen
	II,6	ausser
	IV,1	Gesicht [,] 3 weiss [,]
	5	Traubenhyazinthe

337 O gib –

T:	3. 1. 1945 (OeA: Statische Gedichte)
E+D:	Statische Gedichte, o.O. o.J. [Berlin 1946]
	(Mai 1946)

T:	III,4	Wiederkehr,
	IV,1	kein 2 Geschehn, 4 Athen,
	V,1	kein

GG II:	III,1	du 4 Wiederkehr.
	IV,3	Wesens-Vereinen, 4 Athen,
	V,1	kein

338 Der Traum

T:	3. 1. 1945 (OeA: Statische Gedichte)
E+D:	Statische Gedichte, o.O. o.J. [Berlin 1946]
	(Mai 1946)

| T: | IV,3 | weissen |

GG II:	II,1	Zypresse 7 nichts
	III,5	umspannt [,] – 8 fühlt [,] –
	IV,3	Arearea – [,] 4 Blau [,] – kniend
	6	hoch 8 – [,] Noa-Noa [,] –
	V,4	dort [,] –

340 Überblickt man die Jahre –

T:	3. 1. 1945 (OeA: Statische Gedichte)
E:	Primäre Tage. Gedichte und Fragmente aus dem Nachlaß,
	Wiesbaden 1958, S. 41–42
D:	Typoskript im OeA im Deutschen Literaturarchiv,
	Marbach

342 Rosen

Z=K 11:	30. 5. [1946] + M: 30. 5. 1946, sign. G.B. (B Oe)
T:	⟨Sept. 1946⟩ (Statische Gedichte, verwendet für die
	Ausgabe im Arche Verlag)

E + D:		Trunkene Flut. Ausgewählte Gedichte, Wiesbaden 1949, S. 99
		(Okt. 1949)
T:	II,4	Rosen dahin
	III,1	der Stunde 2 Aller 3 Schweigen,

Orpheus' Tod

Z = K 12:		11. 8. 1946
T:		⟨Sept. 1946⟩ (Statische Gedichte, verwendet für die Ausgabe im Arche Verlag)
E + D:		Statische Gedichte, Zürich 1948, S. 15–17
		(Sept. 1948)
T:	I,1	Du zurücklässt 2 gestossen
	6	Obst, 8 schlagend
	II,2	süss 5 Küsse [,] 7 Du
	III,1	Du zurücklässt 3 anlocken die
	5	Du
	6	Barde, Aufwölber 7 Broncelicht, Schwalbenhimmeln, 8 – fort
	IV	Drohen!
	V,1	seltsam 2 und
	3	– »gelber Mohn« –
	5	hemmungsloser 6 Liebe –),
	VI	Drohen!
	VII,1	Du 2 Du 4 die Züge vermischen
	6	Lais.
	VIII	Doch
	IX,1	Und 6 Harken ährenbesänftigt – [:]
	X,1	und wehrlos
	XI,2/XII,1	der Gaumen blutet –, / und ... (keine neue Strophe)
	XI,2	blutet [–],
	XII,2	Fluss, – 2/XIII hinab den Fluss – / die Ufer tönen –. (kein Abstand)
GG II:	I,1	Liebste – [,]
	II,6	tiefen – [,]
	III,1	zurückläßt – [,]
	7	Schwalbenhimmeln – [,]
	V,1	eine 5 hemmungsloser
	VII,3	Iole 6 Lais [,]
	X,4	blutet – [,] 4/5 der Gaumen blutet –, / und nun die Leier (kein Abstand)
	XII,2	tönen – [.]

– Gewisse Lebensabende

Z = K 12:	11. 8. 1946 / 23. 10. [1946]

T:			3. 10. 1946 (22. 9. 1946, sign. G.Be.) (OeA)

E + D: Statische Gedichte, Wiesbaden 1949, S. 59–62
(März 1949)

T:	I:	I,1	Hendricke 3 Ende, – 4 es:
		5	Buddhabronce
		8	bitte – !
	II,1		nie 2 Frostweiss 4 schimmert, –
		6	Schattenzwang – [,]
	III,1		Grösse 6 Buddhabronce Sprit – –,
		8	Pinselgilde – [:] 9 fürs Genre .. !
	IV,1		[...] Knarren 4 flämisch, rubenisch (fehlt)
		6	Idioten – –).
	V,1		Ah, – Hulstkamp, – 3 Farben-Mittelpunkt –
		4	Bartstoppelfluidum 5 um Herz und Auge ..
	II:	I,3	nass 4 Zugluft – –: 5 Schluss
		6	Erde, 7 anno,
	II,1		Ophelia's Julia's 5 Aktricen
		6	Rattenpudding [–],
	III,1		zieht den Bratenrock aus 4 trieb –:
		6	Scepter-Analphabeten 7 Grossmächte
	IV,2		[»] der Schweigen [«] –, 5 tot – [,] grosse
	V,1		nicht aufgeschlagen 4 hätten – –:
		6	grosse Affengebiss 8 Zugluft – –,
		9	nass
		10	Porterträumen –.
GG II:	I:	I,3	Ende – [,] 4 es – [,]
		II,4	schimmert – [,]
		6	Schattenzwang – [,]
		III,6	Sprit – [,]
		V,5	Auge – [.]
	II:	I,1	raucht [,] 2 schneuzt Avon –,
		4	Zugluft – [,] 8 anno – [,]
		II,2	mörderisch – [,]
		4	herausmanipulierte – [,]
		5	Aktricen 6 Rattenpudding – [,]
		IV,2	»Der Schweigen« 5 tot – [,]
		7	Wortschatzzitaten – [,]
		V,8	Zugluft – [,]

349 Quartär

Z = K 13: 1. 10. 1946

T: 4. 11. 1946 (Okt. 1946, sign. G.B.) (OeA)

E + D: Statische Gedichte, Zürich 1948, S. 9–11
(Sept. 1948)

T:	I:	Z. 4	Traum, 5 Verfehlen –,
	II:	I,1	lass 6 Gebet [–] 8 Alles
		II,4	hier –, 6 frug –,
		III,1	Cyclen, – 2 bewusst 5 Beides
		7	gelogen –: 8 weisst
	III:	I,6	Alles
		II,3	Spottes, 8 lass Geschichte (hervor-gehoben) erzählen –,
GG II:	II:	I,2	Zyklen
		II,5	jeglicher
		III,1	Zyklen Szenen
	III:	II,6	zu – [,] 10 tout

Du liegst und schweigst ...

Z = K 13:	1. 10. 1946/28. 2. 1947
T:	Febr. 1947, sign. G. B.
E:	Primäre Tage. Gedichte und Fragmente aus dem Nachlaß, Wiesbaden 1958, S. 46
D:	Typoskript i. B. Dr. Ilse Benn

Turin II

Z = T:	[1946/1947] (Auf einem Blatt mit dem Gedicht *Erinnerung*, dessen Entstehung bis ins Jahr 1946 zurückreicht. Ein Entwurf zu *Erinnerung* ist enthalten in K 13: 1. 10. 1946/ 28. 2. 1947)
T:	undat., sign. G. B.
E:	Primäre Tage. Gedichte und Fragmente aus dem Nachlaß, Wiesbaden 1958, S. 54
D:	Typoskript i. B. Dr. Ilse Benn

Für Berlin

| T: | [1948] |
| D: | Typoskript i. B. Dr. Ilse Benn |

Berlin

Z = T:	1948, masch. sign. Gottfried Benn
T:	[Ende Juni 1950], sign. G. B. (OeA: Fragmente 1950/51. Datum Oe)
E:	Merkur 14, 1960, S. 401
D:	Typoskript im OeA im Deutschen Literaturarchiv, Marbach

Sommers

T:	undat., unsign.
E + D:	Statische Gedichte, Zürich 1948, S. 72 (Sept. 1948)
T:	I,2	aus Nie = 3 Frage [,] 4 Raumge-schehn [,]

	II,3	Hinfälliger [–] in 2 Erleuchteter [–]
		vom Nichts« –
	III,3	Centauren
GG II:	II,1	du Äons 2 gewußt 4 Nichts –« [.]
	III,3	Zentauren

356 Vier Privatgedichte

K 13:	1. 10. 1946/28. 2. 1947 (Erinnerungen –), K 14: 24. 12. 1948 (Die Himmel wechseln ihre Sterne –), 29. 1. 1949 (Es ist ein Garten –)
M:	25. 11. 1948, sign. G.B. (B Oe) (Wo du gewohnt, gewacht –)
Z = T:	17. 2. 1949, sign. G.B. (OeA)
W:	für das Oelze – GB Archiv, – und damit enden die blauen Bogen, die mich, glaube ich, sieben Jahre begleitet haben.
D:	Typoskript im OeA im Deutschen Literaturarchiv, Marbach

356 Wo du gewohnt, gewacht – (Epilog 1949 II)

E:	Trunkene Flut. Ausgewählte Gedichte, Wiesbaden 1949, S. 108 (Okt. 1949)
GG II:	IV,1 schließen 3 fließen 4 weite,

357 Die Himmel wechseln ihre Sterne – (Epilog 1949 III)

E:	Trunkene Flut. Ausgewählte Gedichte, Wiesbaden 1949, S. 109 (Okt. 1949)
GG II:	I,1 goldenen 2 See –: 4 »Die geh!«
	II,1 Das Bild, 2 mußt
	III,1 Tiefe, 3 große 4 Sterne – [,] geh [–].

358 Erinnerungen –

E:	Gesammelte Werke in vier Bänden, hrsg. v. Dieter Wellers-hoff, Bd. 3, Wiesbaden 1960, S. 445

359 Es ist ein Garten – (Epilog 1949 IV)

E:	Trunkene Flut. Ausgewählte Gedichte, Wiesbaden 1949, S. 110 (Okt. 1949)
GG II:	I,3 Brücke,
	II,2 ließ 3 Fluß 4 hieß
	III,2 alles verheißt 3 in dies Buch
	4 sais« – [,] weißt [–].

360 Acheron

T:	undat., sign. G.B.

E + D:	Statische Gedichte, Wiesbaden 1949, S. 37	
	(März 1949)	
T:	II,2	weissen
	III,3	dann liessest du mich doch
	IV,1	Du
GG II:	I,1	dir 3 sah [,]
	II,1	alles 2 alles
	III,1	du [,] – 2 mir [,] –
	IV,1	nein

Ach, wie mein Herz ...

Z = M:	7. 4. 1949
T:	9. 4. 1949 (B Oe)
E:	Gesammelte Werke in vier Bänden, hrsg. v. Dieter Wellershoff, Bd. 3, Wiesbaden 1960, S. 446
T:	Typoskript im OeA im Deutschen Literaturarchiv, Marbach

Epilog 1949

K 14:	24. 12. 1948 (III), 29. 1. 1949 (IV), undat. (V)		
M:	25. 11. 1948, sign. G.B. (B Oe) (II)		
Z = T:	15. 6. 1949 (undat., sign. G.B.) (OeA)		
E + D:	Trunkene Flut. Ausgewählte Gedichte, Wiesbaden 1949, S. 107–111		
	(Okt. 1949)		
T:	I:	I,1	fallen, – 3 erblassten
	II:	III,1	Aus
		IV,1	schliessen 3 fliessen
	III:	I,1	Goldenen Tore 4 die Sterne, –
		II,1	Bild [,] 2 musst
		III,3	grosse
	IV:	II,2	liess 3 Fluss 4 hiess
		III,2	Alles Nichts verheisst, –
	V:	I,4	liessest
GG II:	II:	IV,4	weite,
	IV:	I,3	Brücke,

An Ernst Jünger:

T:	11. 12. 1949 (B Oe)	
E + D:	Freundschaftliche Begegnungen. Festschrift für Ernst Jünger zum 60. Geburtstag, hrsg. v. Armin Mohler, Frankfurt 1955, S. 171 (einzige Veröffentlichung)	
T:	Z. 1	wir Aussen 2 Innen 5 dess'

Radar

Z = T:	15. 12. 1949, sign. GB
T:	[Ende Juni 1950], sign. GB (OeA: Fragmente 1950/51. Datum Oe)

567

E: Gesammelte Werke in vier Bänden, hrsg. v. Dieter Wellershoff, Bd. 3, Wiesbaden 1960, S. 447

D: Typoskript im OeA im Deutschen Literaturarchiv,
Marbach

366 Herr Wehner

Z = M: 8. 2. [1950]

T: undat., sign. GB

E: Gesammelte Werke in vier Bänden, hrsg. v. Dieter Wellershoff, Bd. 3, Wiesbaden 1960, S. 471–472

D: Typoskript i. B. Dr. Ilse Benn

367 Kelche

T: [1950/1951]

E: Gesammelte Werke in vier Bänden, hrsg. v. Dieter Wellershoff, Bd. 3, Wiesbaden 1960, S. 470

D: Typoskript i. B. Dr. Ilse Benn

368 Blaue Stunde

Z = T: 19. 3. 1950 u.d.T. ›Une heure bleue‹ (OeA)

T: Febr. 1951 (OeA: Fragmente. 20 Gedichte, sign. G.B)

E + D: Fragmente. Neue Gedichte, Wiesbaden 1951, S. 20–21

T:	I:	II,3	Orte;
GG II:	I:	I,4	du
		III,4	du
	II:	II,3	todweiße
	III:	II,2	erlebt [,] –

370 Satzbau

Z: 23. 3. 1950 (B Oe)

T: Febr. 1951 (OeA: Fragmente. 20 Gedichte, sign. G.B)

E + D: Fragmente. Neue Gedichte, Wiesbaden 1951, S. 11

T = E

371 Denk der Vergeblichen

Z = T: 13. 4. 1950

T: [Ende Juni 1950], sign. GB. (OeA: Fragmente 1950/51.
Datum Oe)

E: Die Neue Zeitung. Frankfurter Ausg. Nr. 13 v. 16. 1. 1951,
S. 4

D: Fragmente. Neue Gedichte, Wiesbaden 1951, S. 7

T:	II,1	denk'

E = D

372 Restaurant

Z = M: 14. 4. 1950

T: Febr. 1951 (OeA: Fragmente. 20 Gedichte, sign. G.B)

E+D:	Fragmente. Neue Gedichte, Wiesbaden 1951, S. 19	
T:	I,6	36 Minuten 7 Coca-cola-Industrie

Notturno

Z=T:	18. 4. 1950, sign. GB
T:	Febr. 1951 (OeA: Fragmente. 20 Gedichte, sign. G.B)
E+D:	Fragmente. Neue Gedichte, Wiesbaden 1951, S. 17
T=E	
GG II:	III,3	Zeitfrage [–]

Der Dunkle

Z=T:	18. 5. 1950
T:	Febr. 1951 (OeA: Fragmente. 20 Gedichte, sign. G.B)
E+D:	Fragmente. Neue Gedichte, Wiesbaden 1951, S. 14–15
T=E	

Was meinte Luther mit dem Apfelbaum? . . .

M:	26. 5. 1950, sign. Be
E:	Thilo Koch, Gottfried Benn, München 1957, S. 62–63 / Ausgewählte Briefe, Wiesbaden 1957, S. 191–192
D:	Manuskript i. B. des Deutschen Literaturarchivs, Marbach

Wie ist das nur . . .

M:	9. 6. 1950, sign. Gottfried Benn.
E:	Briefe an F. W. Oelze. Bd. 2,2. 1950–1956, hrsg. v. Harald Steinhagen und Jürgen Schröder, Wiesbaden und München 1980, S. 38–39
W:	Oberneuland – Berlin. Frau Charlotte Oelze
D:	Manuskript im OeA im Deutschen Literaturarchiv, Marbach

Künstlermoral

Z=T:	12. 6. 1950, sign. G.B.
T:	undat., sign. GB
E:	Gesammelte Werke in vier Bänden, hrsg. v. Dieter Wellershoff, Bd. 3, Wiesbaden 1960, S. 449
D:	Undat. Typoskript i.B. Dr. Ilse Benn

Fragmente

Z=T:	24. 6. 1950, sign. GB.	
T:	Febr. 1951 (OeA: Fragmente. 20 Gedichte, sign. G.B)	
E+D:	Fragmente. Neue Gedichte, Wiesbaden 1951, S. 8–9	
T:	II,5	Keppler (Korrektur Oe:) ungetrennt zusammen
	III,4	Blau's
	V,3	Vacuum

380 Finis Poloniae

Z=T: [27. 6. 1950] (OeA)

T: Febr. 1951 (OeA: Fragmente. 20 Gedichte, sign. G.B)

E+D: Fragmente. Neue Gedichte, Wiesbaden 1951, S. 13

T=E

381 Zerstörungen

Z=T: [27. 6. 1950] (OeA)

T: Febr. 1951 (OeA: Fragmente. 20 Gedichte, sign. G.B)

E+D: Fragmente. Neue Gedichte, Wiesbaden 1951, S. 12

T:	I,4	Cichorie
GG II:	I,1	Zerstörungen [,] –

382 Ein Schatten an der Mauer

Z=2 T: 30. 6. 1950, sign. GB.

T: undat., sign. G.B.

E: Die Neue Zeitung, Frankfurter Ausg. Nr. 304/305 v. 23. 12. 1950, S. A 5 u.d.T. ›Schatten‹

D: Fragmente. Neue Gedichte, Wiesbaden 1951, S. 6

T:	III,6	unvergesslichen 7 der einst den Sommer
E:	III,7/IV	weil er den Sommer trug – / wo ist er hin –? (kein Abstand)

383 Auf –!

T: [Ende Juni 1950], sign. GB. (OeA: Fragmente 1950/51. Datum Oe)

E: Gesammelte Werke in vier Bänden, hrsg. v. Dieter Wellershoff, Bd. 3, Wiesbaden 1960, S. 450

D: Typoskript im OeA im Deutschen Literaturarchiv, Marbach

W: (Gewissen Kritikern . . .!)

384 Reisen

T: [Ende Juni 1950], sign. GB. (OeA: Fragmente 1950/51. Datum Oe)

E: Die Neue Zeitung. Frankfurter Ausg. Nr. 304/305 v. 23. 12. 1950, S. A 5

D: Fragmente. Neue Gedichte, Wiesbaden 1951, S. 31

T:	II,1	weiss
	III,1	Bahnhofsstrassen
E:	I,1	Meinen Sie,
GG II:	III,1	Bahnhofstraßen Rueen 3 Fifth Avenueen
	IV,1	Ach

Wir ziehn einen großen Bogen –

Z = T:	[Ende Juni 1950], sign. GB (OeA: Fragmente 1950/51. Datum Oe)
T:	Febr. 1951 (OeA: Fragmente. 20 Gedichte, sign. G.B)
E + D:	Fragmente. Neue Gedichte, Wiesbaden 1951, S. 27–28

T:	I,4	Monts maudits
	IV,4	goldnes
	VI,4	Meer –
	VII,4	Verrat –
	VIII,4	Monts maudits
GG II:	II,3	unseren 4 garnichts

Stilleben

Z = T:	19. 7. 1950, sign. G.B. (OeA)
T:	Febr. 1951 (OeA: Fragmente. 20 Gedichte, sign. G.B)
E + D:	Fragmente. Neue Gedichte, Wiesbaden 1951, S. 25–26

T:	II,3	Renaissancereminiscenzen
	IV,4	verteilt,

Gladiolen

Z = T:	22. 7. [1950], sign. G.B.
T:	Febr. 1951 (OeA: Fragmente. 20 Gedichte, sign. G.B)
E + D:	Fragmente. Neue Gedichte, Wiesbaden 1951, S. 18

T:	III,2	Fallen
GG II:	III,2	fallen – [,]

Begegnungen

Z = M:	14./15. 10. [1950]
T:	Febr. 1951 (OeA: Fragmente. 20 Gedichte, sign. G.B)
E + D:	Fragmente. Neue Gedichte, Wiesbaden 1951, S. 29–30
T = E	

GG II:	IV,2	Jacht

Die Gitter

Z = K 15:	24. 11. 1950 + M: 24. 11. 1950 (B Oe)
T:	Febr. 1951 (OeA: Fragmente. 20 Gedichte, sign. G.B)
E + D:	Fragmente. Neue Gedichte, Wiesbaden 1951, S. 24

T:	II,2	Möve
GG II:	III,4	anderer
	IV,1	anderer

Kleiner Kulturspiegel

T:	[1951] (vgl. B Oe v. 3. 2. 1951)
E:	Gesammelte Werke in vier Bänden, hrsg. v. Dieter Wellershoff, Bd. 3, Wiesbaden 1960, S. 473–474
D:	Typoskript i. B. Dr. Ilse Benn

393 Du übersiehst dich nicht –

T:	Febr. 1951 (OeA: Fragmente. 20 Gedichte, sign. G.B)
E:	Die Zeit 6, Nr. 17 v. 26. 4. 1951, S. 4
D:	Fragmente. Neue Gedichte, Wiesbaden 1951, S. 5

T = D
E = D

394 Ideelles Weiterleben?

T:	Febr. 1951 (OeA: Fragmente. 20 Gedichte, sign. G.B)
E + D:	Fragmente. Neue Gedichte, Wiesbaden 1951, S. 22–23

T:	II,3	Ehebruch
	III,13	oben erwähnte
GG II:	I,6	Versen [,] –
	II,1	so viel

395 Konfetti

T:	Febr. 1951 (OeA: Fragmente. 20 Gedichte, sign. G.B)
E + D:	Fragmente. Neue Gedichte, Wiesbaden 1951, S. 16

T = E

GG II:	III,5	dies und das

396 Verhülle dich –

T:	Febr. 1951 (OeA: Fragmente. 20 Gedichte, sign. G.B)
E + D:	Fragmente. Neue Gedichte, Wiesbaden 1951, S. 10

T:	III,3	verhülle –
GG II:	III,2	geschieht [–],

397 von Bremens Schwesterstadt . . .

M:	22. 2. 1951, sign. Be
E:	Briefe an F. W. Oelze. Bd. 2,2. 1950–1956, hrsg. v. Harald Steinhagen und Jürgen Schröder, Wiesbaden und München 1980, S. 88
D:	Manuskript im OeA im Deutschen Literaturarchiv, Marbach

398 Ein stiller Tag

Z =

K o. Nr.:	vor dem 19. 4. [1951]
T:	undat., sign. GB.
E:	Gesammelte Werke in vier Bänden, hrsg. v. Dieter Wellershoff, Bd. 3, Wiesbaden 1960, S. 466
D:	Typoskript i. B. Dr. Ilse Benn

399 Von Tropen, Wüsten und Anden . . .

T:	19. 3. 1951, masch. sign. Benn

E:	Zürich zum Beispiel. Signatur einer Stadt in lyrischen Texten von heute, St. Gallen 1959, S. 65
W:	Für Erhard Hürsch
D:	Typoskript i.B. Dr. Ilse Benn

Eine Hymne

T:	undat., sign. GB	
E+D:	Fragmente. Neue Gedichte, Wiesbaden 1951, S. 32	
T:	I,1	grossen 2 können,
	II,5	Empedocles
	III,1	Wiederkehr, 3 freigeben,
	4	vergrössern

Das Haus in Bremen . . .

M:	1./3. 9. 1951 (OeA: geschrieben in ein Exemplar des Bandes *Fragmente*)
E:	Briefe an F. W. Oelze. Bd. 2,2. 1950–1956, hrsg. v. Harald Steinhagen und Jürgen Schröder, Wiesbaden und München 1980, S. 323
W:	Dem Ehepaar Oelze in aufrichtiger Dankbarkeit 1–3 IX 51, Oberneuland Gottfried Benn
D:	Manuskript im OeA im Deutschen Literaturarchiv, Marbach

Spät

Z=T:	4./5. 9. 1951		
T:	15. 9. 1951 (Sept. 1951, sign. GB) (OeA)		
E+D:	Das literarische Deutschland. Zeitung der Deutschen Akademie für Sprache und Dichtung 2, 1951, S. 3		

(Ausnahmsweise nach Zeitungserstdruck. In *Destillationen* fehlt *Spät IV*. Vgl. B Oe vom 26. 1. 1952)

Red:	Träger des Georg-Büchner-Preises 1951		
T:	IV:	II,2	(Purpurschnecke),
		III,2	Jitterbug
		V,6	Bathdress
	V:	II,1	Denke
GG II:	I:	II,1	herbstliche Süße, 6 nichts
	II:	III,9	ist – –
	III:	I,4	andere [,] –
		III,1	so viel 2 so viel
		IV,1	so viel 2 so viel
		V	mehr – [.]
	IV:	I,1	lady 3 lady 5 dreißig 7 zweiundzwanzig Limousinen
		II,1	lady
		III,2	Die Jitterbug Zickzack [-]! 3 Das
		7	letzteres

		IV,6	Verdammnis. [-]
		V,3	wußten [,] –
		VI,2	Glas, 3 Rhapsodie – [.] 4 little
			lady 5 room [.] –
	V:	I,1	Fühle – doch
		II,1	denke – doch

408 Lebe wohl –

T: ⟨26. 1. 1952⟩, sign. GB (B Oe)

E + D: Merkur 6, 1952, S. 821 (H. 9, Sept. 1952)

| T: | I,1 | wohl – 4 trug [.] |
| | II,1 | muss 4 Seen [.] |

409 Verzweiflung

T: 19. 7. 1952

E + D: Merkur 6, 1952, S. 824–826 (H. 9, Sept. 1952)

T:	I:	I,1	ausserhalb Maassgeschäftlichen
		II,1	Morgens, 2 Aufstehmanipulationen,
		III,3	Civil 6/7 und überhaupt mit nichts
			zusammensein – / oder beginnt …
			(neue Strophe)
	II:	I,4	sagen [,] 5 Rohe, Schielen, Verrat [,]
		7	weisst 8 Halbtränen [.] –
		II,1	Kürten, Düsseldorf [–]
		2	Lustmörder [,]
		3	im Übrigen
		III,3	Madonnen [,] 5 Rasensport [-]
	III:	I,3	gelingen [,] 4 beide enden
		III,4	weisst

GG II:	I:	II,4	dies und jenes 8 Triebfonds
		III,6/7	und überhaupt mit nichts zusammen-
			sein – / oder beginnt … (neue Strophe)
		7	Überhaupt-mit-nichts-Zusammensein
	II:	I,8	Halbtränen [.] –
		II,2	sieben neun 3 Familienvater [–]
		5	Pithekanthropus

412 Außenminister

K 18: nach Mai 1952

Z = T: 27. 7. 1952, sign. GB

T: undat., unsign.

E + D: Merkur 6, 1952, S. 823–824 (H. 9, Sept. 1952)

T:	I,3	lasst
	III,6	Processe
	V,3	Intriguen
	VI,3	ausserordentlicher 4 muss
	VII,1	Aussenminister
GG II:	I,3	einzelnen

574

	III,1	Parlament – [,] 7 ihr moralischer Sex-Appeal
	V,2/3	Wann verkehrt? Heute? Nach zehn Jahren? Nach einem Jahrhundert? / Mésalliancen ... (neue Strophe)
	9	über den Simplon

März. Brief nach Meran

T:	undat., unsign.
E + D:	Merkur 6, 1952, S. 822–823 (H. 9, Sept. 1952)
T = E	

Keiner weine –

T:		undat., unsign.
E:		Merkur 6, 1952, S. 821–822 (H. 9, Sept. 1952) / Die Neue Zeitung v. 13./14. 9. 1952
D:		Merkur 6, 1952, S. 821–822
T:	II,2	1,30 M waren [,] 3 ja [,]
	4	musste [,] 5 Wochen [,] mit Brod
	6	irdenem Topf
	7	mitgenommen [,] 8 beschienen [,]
	9	zitternd [!]
	III,1	Auguren [,] 2 grossen Namen [,]
	3	Merite [,] 4 weiterschaffen
	IV,1	ach [,] nur das Vergehende schön [,]
	2	Armut [,] 3 erkennt [,] 4 geht [,]
	V,1	Hades [,]
	VI,1	weine [,]
GG II:	III,4	weiterschaffen
	IV,1	Vergehendes 4/V,1 schluchzt und stempeln geht, / wunderbar dieser Hades, (keine neue Strophe)
	V,3/VI,1	wie die Auguren – / keiner weine, (keine neue Strophe)

Schmerzliche Stunde

M:		22. 10. 1952
E + D:		Destillationen. Neue Gedichte, Wiesbaden 1953, S. 16 (Mai 1953)
M:	I,2	Da alles Leid
	III,4	Dich – geh
	IV,2	Ur und Gen 3 weiss [,] ob
	4	vor ihnen besser bestehn
	V,2	Du sehr – 3 Du
	(II)	Sie sind die grossen Gestalten die Gott erschuf in unbekannten Gewalten aus seinem Ruf
GG II:	III,2	Rouge baiser

417 Viele Herbste

Z=M: 22. 10. 1952 (Entwurf)

T: undat., unsign.

E+D: Destillationen. Neue Gedichte, Wiesbaden 1953, S. 25
        (Mai 1953)

T: II,3   wird es wüster

418 Es gibt –

Z=M: 4. 11. 1952, sign. G.B.

M: 28. 11. 1952 (B Oe: geschrieben in ein Exemplar des Bandes
        Frühe Lyrik und Dramen)

E+D: Destillationen. Neue Gedichte, Wiesbaden 1953, S. 9
        (Mai 1953)

M: I,1   Zerstörung – 2 dass 3 Nebel-Vliess
        II,1   Dich 2 nichts hält – Du 3 Dich
        4   am Funk
        III,1   dass sehn – 4 Du musst

GG II: I,3   Nebelvlies

419 Melodien

K 18:   20. 9. [1952] / 11. 12. 1952

Z=T: 12. 12. 1952, sign. GB

E: Destillationen. Neue Gedichte, Wiesbaden 1953, S. 8
        (Mai 1953) / Neue literarische Welt 4, Nr. 9 v. 10. 5. 1953, S. 5

D: Destillationen. Neue Gedichte, Wiesbaden 1953, S. 8

T: I,1   Melodieen 3 Lager [,]
        II,2   Njassaufers 3 leichtfüssig
        IV,2   dass garnichts bist – 4 valse
        VI,1   Wesen [,] 3 valse 4 verfliessend

GG II: V,1   con sordino

420 Entfernte Lieder

Z=K 18: nach dem 11. 12. 1952

T: 27. 12. 1952, sign. GB

E+D: Destillationen. Neue Gedichte, Wiesbaden 1953, S. 17
        (Mai 1953)

T: I,1   Strasse 3 Masse 4 Träume-strauss
        II,1   Meer, –
        III,1   Barkarole [,]
        2   weisses Marmorschloss
        4   ergoss.
        V,1   Nur Strassen 2 grosses 3 Kamp

421 Jener

Z=K 18: nach dem 11. 12. 1952

T: 20. 1. 1953, sign. G.B.

E+D:	Destillationen. Neue Gedichte, Wiesbaden 1953, S. 7 (Mai 1953)	
T:	I,1	wohl oft 2 manchmal sie
	II,4	Cicaden,
	III,1	weiss

Den jungen Leuten

Z=K 18:	nach dem 11. 12. 1952	
T:	29. 12. 1952, sign. GB	
E+D:	Destillationen. Neue Gedichte, Wiesbaden 1953, S. 20 (einzige Veröffentlichung) (Mai 1953)	
T:	I,1	Alles 4 dass
	II,3	errungen und erfahren
	III,4	unerhellt,
	IV,1	nun müsste 2 müsste
	V,1	enfants – 4 Hipp hipp hurrah

Eingeengt

Z=K 18:	nach dem 11. 12. 1952	
T:	1. 1. 1953, sign. GB	
E:	Der Tagesspiegel Nr. 2249 v. 1. 2. 1953, 1. Beil., S. 2	
D:	Destillationen. Neue Gedichte, Wiesbaden 1953, S. 39	
T:	I,3	soviele
	II,2	Kuss 4 weiss
	III,2	Bemühn 3 denk 4 Segeln blühn
	IV,3	grosse Mammuthsterben
	V,2	grosser 3 deine Melodie Schranken [,]
E:	III,2	Bemüh'n 3 Denk' 4 blüh'n

Der Gedanke

Z=K 18:	nach dem 11. 12. 1952
T:	17. 1. 1953, sign. GB.
E:	Primäre Tage. Gedichte und Fragmente aus dem Nachlaß, Wiesbaden 1958, S. 47
D:	Typoskript i. B. Dr. Ilse Benn

Auferlegt

Z=K 18:	nach dem 11. 12. 1952	
T:	21. 1. 1953, sign. GB	
E+D:	Destillationen. Neue Gedichte, Wiesbaden 1953, S. 31 (Mai 1953)	
T:	I,1	ohne Gleichen
	II,1	er 2 nie [,]
	III,1	er 2 dass
	IV,2	er 4 Gespinnst
GG II:	II,4	Cap Gris

577

426 Wirklichkeit

T: 30. 12. 1952, sign. G.B. Besitz des Limes Verlags

E+D: Destillationen. Neue Gedichte, Wiesbaden 1953, S. 18
         (Mai 1953)

427 Nur zwei Dinge

Z=T: 2. 1. 1953, sign. GB

T: undat., unsign.

E: Die Neue Zeitung, Frankfurter Ausg. Nr. 72 v. 26. 3. 1953,
        S. 4

D: Destillationen. Neue Gedichte, Wiesbaden 1953, S. 19

T:	I,4	wozu.
	II,2	zu spät bewusst 3 Eines 4 das fernbestimmte: du musst
	III,2	verblich, –
GG II:	I,1	so viel

428 Destille

K 18:   nach dem 11. 12. 1952 (IV)

Z=T: 11. 1. 1953 (I), 23. 1. 1953 (III), 4. 2. 1953 (IV), 26. 1. [1953]
        (II u.d.T. ›Bis neun‹)

E+D: Destillationen. Neue Gedichte, Wiesbaden 1953, S. 11–13
        (Mai 1953)

T:	I:	I,1	Destille, 3 Durst, doch
		II,1	sichtet [,] 2 Potential [,]
		III,2	sanft und matt
		IV,2	300 das Stück, 4 zurück [,]
		V,1	begreifen [,] 2 Substanz [,]
		VI,2	grosse Konfession, – 3 jetzt vorbei – ins Hühnergefieder 4 konforme
		VII,1	Abends 2 verflucht – 3 muss
	II:	I,1	Melodieen 2 gewisse Rhythmen
		3	[und] du bist Neun
		II,1	Meistens nachts, du bist
		III,1	trübe [,] 2 es würde dich freun,
		3	ewig die Rhythmenschübe 4 [und] du bliebest Neun
	III:	I,1	Alles 2 Funk [,] 3 lauen [,]
		4	Dämmerung [,]
		II,1	du musst 3 ich
		III,1	erlassen [,] 2 Bett [,] 3 musste
		4	Jackett
		IV,1	Schluss 2 Kern [,] 4 kupfern [,]
		V,1	überraschen [,] 2 verzieh –
	IV:	II,1	errichtet [,] 2 Schalmei [,] 3 gedichtet [,] 4 vorbei [.]
		III,1	ich zerfallen [,] 2 nah [,]

Traum

T:	11. 1. 1953	
E+D:	Destillationen. Neue Gedichte, Wiesbaden 1953, S. 30 (Mai 1953)	
T:	I,2	Zeitung, 5 Rucksack.
	II,1	Nicht 5 wollten, 6 aber beide
	III,1	zurück, 3 Querverbindungen,
	4	Überraschungen, 5 Verändertes,
	IV,1	vorher,

Bar

T:	13. 1. 1953, sign. GB (Typoskript im Nachlaß nicht vorhanden; Faksimile in: Der Georg-Büchner-Preis 1951–1978. Eine Ausstellung des Deutschen Literaturarchivs Marbach und der Deutschen Akademie für Sprache und Dichtung Darmstadt, Marbach 1978)	
E+D:	Destillationen. Neue Gedichte, Wiesbaden 1953, S. 21–22 (Mai 1953)	
T:	I,1	silbernen Vasen 2 Licht,
	II,2	Romance 4 mein [.]
	III,1	u Banden 2 6 Meilen Town
	3	Clipper
	IV,4	zerfällt.
	V,1	Doch durch die Geige
	2	Yokohama 3 Füsse
	VI,2	Ein 3 Pazifik-Kränze 4 Frau [,]
GG II:	III,2	Town

»Der Broadway singt und tanzt«

M:	24. 1. [1953]	
Z=T:	25. 1. 1953, sign. GB. Besitz des Limes Verlags	
E+D:	Aprèslude, Wiesbaden 1955, S. 16–17 (August 1955)	
M:	I,2	Ulrica in der Maskenball
	3	Arienvirtuosin klassisch 4 grossem
	II,1	Kompromissler 4 grossartig – aber wohin?
	III,4	3 Hochstapler
	IV,9	Dagegen Europa vielleicht Urgrund der Seele,
	11	500 Seiten lang 12 kann doch die W[ahrheit]
	15	das hat kaum die »betäubende Wirkung«
	16	Kinder, Kinder! –

Nimm fort die Amarylle

T:	26. 1. [1953] + T: 26. 1. 1953, sign. G.B.

E+D: Destillationen. Neue Gedichte, Wiesbaden 1953, S. 10
(Mai 1953)

T: II,2 gründlich, –

435 Radio

T: 28. 1. 1953 (B Limes Verlag)

E: Primäre Tage. Gedichte und Fragmente aus dem Nachlaß,
Wiesbaden 1958, S. 48–49

D: Typoskript i. B. des Limes Verlags

437 Aufatmen

T: 25. 2. 1953, sign. GB.

E: Gesammelte Werke in vier Bänden, hrsg. v. Dieter Wellershoff, Bd. 3, Wiesbaden 1960, S. 457–458

D: Typoskript i. B. Dr. Ilse Benn

438 Ordnung

K 18: 24. 4. 1953

E: Primäre Tage. Gedichte und Fragmente aus dem Nachlaß,
Wiesbaden 1958, S. 77

D: Kladde i. B. Dr. Ilse Benn

439 An –

T: undat., sign. GB

E+D: Destillationen. Neue Gedichte, Wiesbaden 1953, S. 14
(Mai 1953)

T: I,4 muss
II,2 durstet

440 Was schlimm ist

E+D: Destillationen. Neue Gedichte, Wiesbaden 1953, S. 15
(Mai 1953)

441 Erst – dann

T: [1954/1955] (Datierung Lohner. Vgl. Vorbemerkung zum
Erstdruck im ›Merkur‹)

E: Merkur 14, 1960, S. 402 (H. 5, Mai 1960)

D: Typoskript i. B. Dr. Ilse Benn

442 Hör zu

T: [1954/1955], sign. G.B. (Datierung Lohner. Vgl.
Vorbemerkung zum Erstdruck im ›Merkur‹)

E: Merkur 14, 1960, S. 402 (H.5, Mai 1960)

D: Typoskript i. B. Dr. Ilse Benn

443 Teils – teils

K 19: 21. 4./2. 6. [1954]

E+D: Merkur 8, 1954, S. 831–832 (H. 9, Sept. 1954)

K 19:	Von der Druckfassung stark abweichender Entwurf	
GG II:	II,6	Oder-Neiße-Linie
	V,3	Ringe,

45 Melancholie

Z = K:	2. 6. 1954	
T:	3. 6. 1954 (B Oe)	
E + D:	Merkur 8, 1954, S. 832–834 (H. 9, Sept. 1954)	
T:	I,2	dass 5 schreiben [,]
	II,5	Wirken [,] 6 manchesmal
	III,5	zusammen,
	IV,1	du musst 3 verlässt 5 musst
	7	zählen, 9 grosse
	V,7	Fluss 8 küsst
GG II:	II,1	Mensch [,] – die 3 eh 9 Man
	III,1	entferntesten 9 Schon
	V,1	so – [,] dann 5 Einmal 9 Die
	VI,9	Noch

47 Schöner Abend

T:	12. 6. 1954, sign. G.B.
E:	Gesammelte Werke in vier Bänden, hrsg. v. Dieter Wellershoff, Bd. 3, 1960, S. 460
D:	Typoskript i. B. Dr. Ilse Benn

48 Aber du –?

M:	21. 7. [1954], unsign.	
E:	Die Welt am Sonntag Nr. 37 v. 12. 9. 1954, S. 9	
D:	Aprèslude, Wiesbaden 1955, S. 9	
M:	I,1	Du musst schliessen 2 grosses Loos
	3	Geniessen 4 Du bloss
	II,3	2 Jahre
	III,3	50 Jahren 4 weiss
E = D		

49 Olympisch

K 19:	12. 8./23. 9. [1954]	
E + D:	Aprèslude, Wiesbaden 1955, S. 26 (August 1955)	
K 19:	I,1	Dich jener Reihe 2 von Frauen
	3	Du
	II,1	Dich 3 Du (nicht hervorgehoben)
	4	Du
	III,1	Du, erwarten Dich die Schauer
	2	Dich so erkennte Dich 3 Deiner
	4	mich

450 Zwei Träume

K 19:   12. 8./23. 9. [1954] (1. und 2. Strophe)

E: FAZ Nr. 240 v. 15. 10. 1954, S. 12 u.d.T. ›Warum gabst du uns die tiefen Blicke‹

D: Aprèslude, Wiesbaden 1955, S. 35

K 19:	I,1	2 Träume 2 Dein 5 verhangenem Licht
	II,1	Der 2. Dich 3 süss voll wunderbarer
	4	Geschlossenheit wahrer
	5	Muschelwogen der See
	III	fehlt

E = D

451 Ebereschen

E: Die Welt am Sonntag Nr. 37 v. 12. 9. 1954, S. 9

D: Aprèslude, Wiesbaden 1955, S. 37

E = D

452 Tristesse

Z = K 19:   23. 9. [1954] / 19. 10. 1954

M: 28. 10. 1954

T: 18. 3. 1955, sign. G.B. (OeA. Datum Oe)

E + D: Aprèslude, Wiesbaden 1955, S. 38 (August 1955)

T:	II,4	heiss
	III,2	küsst
	VI,3	Cypresse 4 gross

453 Das sind doch Menschen

E: FAZ Nr. 240 v. 15. 10. 1954, S. 12

D: Aprèslude, Wiesbaden 1955, S. 10–11

E = D

454 »Abschluß«

Z = K 19:   19. 10. 1954

M: 19. 10. [1954]

E + D: Aprèslude, Wiesbaden 1955, S. 36 (August 1955)

M:	I,1	hause, 3 Mutterschoss
	II,4	treiben beide Abschluss
	III,1	Abschluss 3 hier Endentschluss Gelingen üdZ: voll

455 Eure Etüden

Z = K 19:   19. 10. 1954/5. 11. [1954]

E + D: Aprèslude, Wiesbaden 1955, S. 25 (August 1955)

M:	II,3	Dumm
	III,1	Sacramentale 3 Doch
	IV,3	Dass 4 woher der Töne Grund

5 Melodie

M:	2. 11. [1954], sign. GB
E:	Gesammelte Werke in vier Bänden, hrsg. v. Dieter Wellers-hoff, Bd. 3, Wiesbaden 1960, S. 467
D:	Manuskript i. B. Dr. Ilse Benn

7 Impromptu

Z=K 19:	nach dem 5. 11. [1954]
T:	21. 1. 1955, sign. GB.
E:	Die Neue Zeitung, Berliner Ausg., Nr. 25 v. 30. 1. 1955, S. 17
D:	Aprèslude, Wiesbaden 1955, S. 22
W:	Gewidmet der Feuilletonredaktion der »NEUEN ZEITUNG« als Dank zum Abschied
T:	I,2	Drosselgass 5 weiss 7 jetzt,
	II,5	unter dem Kopf
	III,1	Schuhe, –
E:	II,5	unter dem Kopf

8 Verließ das Haus –

| T: | 28. 10. 1954, sign. G.B. |
| E+D: | Akzente 2, 1955, S. 37–38 |

T:	I:	I,1	Verliess
	III:	I,1	gewiss
		II,3	musst
		III,1	weisst
		IV,4	verliess
GG II:	I:	I,2	so viele
		II,1	Reverie
		IV,2	donnerstags
	III:	I,1	schön – [,] gewiß [,] –
		II,4	so weit
		III,1	Verzehrt: Man wendet
		2	Allgemein [,] –

9 In einer Nacht

M:	19. 12. 1954, sign. GB
E+D:	Aprèslude, Wiesbaden 1955, S. 32 (August 1955)
M:	II,1	Sah 2 Das 3 Das Allerseits 4 Das
	III,1	Dich heiss 2 Dich 3 andern
	4	muss, dass
	IV,1	diese Örtlichkeit

461 Heim

M: 17. 2. 1955, sign. G.B.

E+D: Aprèslude, Wiesbaden 1955, S. 12
       (August 1955)

462 Bauxit

M: 24. 2. 1955, sign. GB

E+D: Aprèslude, Wiesbaden 1955, S. 23–24
       (August 1955)

M:	I,2	400 Mark
	II,7	weissen
	III,1	wir 4 13,50 M 5 die 6 Incassos
	8	Ausverkauf, Verschleiss 9 400 M
	V	wo, des Himmels: »Wir Grossisten«.
		(fehlt)

GG II: III,15   Bauxit [-]

463 Ein See

Z = K 20: 5./6. 3. 1955

T: undat., unsign.

E: Gesammelte Werke in vier Bänden, hrsg. v. Dieter Wellers-
      hoff, Bd. 3, Wiesbaden 1960, S. 469

D: Typoskript i. B. Dr. Ilse Benn

464 Nur noch flüchtig alles

Z = K 20: 15. 3. [1955]

M: 17. 3., 18. 3. [1955]

T: undat., unsign.

E+D: Aprèslude, Wiesbaden 1955, S. 27–28
       (August 1955)

T:	I,1	alles [,] 2 Bleibe [,]
	II,5	Steppgirls 7 Rüssel [,] 8 wurde [,]
	9	untersucht [,]
	III,1	fehlt 2 Anden [:] 3 verrunzelt [,]
	4	Geodäten [,] 8 fortsehn!
	V,2	morgens [,] 2a (Quadronal)
	3a	(Bromglidine) 4 Cigaretten
	VI,1	Gene [,] 2 Chromosomen [,]
	VII,1	schliesst 2 ferne [,]
	IV	Oder Urwald, Masse aus Saft
		dunkelgrünem
		unmessbar
		gebt Gottesliter
		Höllenyards
		gebt Rillen
		nichts –
		Zahnräder
		aus wo und wann und immer

Worte

Z=K: 20. 3./26. 3. [1955]

T: undat., unsign. (3. und 4. Strophe)

E: Aprèslude, Wiesbaden 1955, S. 8 (August 1955)/Dank und
        Erkenntnis. Paul Fechter zum 75. Geburtstag am
        14. 9. 1955, hrsg. v. Joachim Günther, Gütersloh 1955, S. 15

D: Aprèslude, Wiesbaden 1955, S. 8

T: I,2   Menschenhort [,]
        II,3   Träume [:]
        (I)   Es ist ein grosser Reigen
                    der zwingt Dich in sein Joch
                    zum Beispiel das Wort »neigen« –
                    kannst Du das noch?

Kommt –

M: 3. 4. [1955], sign. Be. I. B. Prof. Dr. Hermann Kunisch

E+D: Aprèslude, Wiesbaden 1955, S. 33
        (August 1955)

M: I,1   zusammen,
        II,3   schauen –   8 redet [,]
        III,2   Gobi Graun –!
        IV,2   Boot,

Bitte wo –

M: 9. 4. [1955], sign. G. B.

E+D: Aprèslude, Wiesbaden 1955, S. 31
        (August 1955)

M: I,1   Du   3 Dich   4 l'amour
        II,1   Du   3 Dich   4 Du
        III,2   Tränen des bel oiseau   3 u. dann das
                    Tiefe zerbrechen

Aprèslude

Z=K 21: 11. 5. [1955]

M: 11. 5. [1955]

M: 11. 5. 1955, sign. Gottfried Benn (Faksimile in:
        Limes-Lesebuch, Wiesbaden 1955)

E+D: Aprèslude, Wiesbaden 1955, S. 40
        (August 1955)

M: I,1   musst Du   3 Du   Dich
        II,1   harren   4 Dich
        IV,1   keiner weiss, wie   2 Keiner, ob
        3   halten, harren

Gedicht

Z=K 21: 13. 5. [1955]

M: undat., unsign.

585

E+D:	Aprèslude, Wiesbaden 1955, S. 7	
	(August 1955)	
M:	I,2	Halb Calcul 3 Dir
	II,1	Dir 3 machst Du 4 Du
	III,1	weisst, Du 3 Dies u. Das, Du
	4	Missvertraun
	IV,1	Und Tag Du 2 meisselst Du Dich
	4	lässt Du
GG II:	II,2	einzelnem

471 Letzter Frühling

Z=K 21:	20. 5. [1955]
T:	20. 5. [1955]
E+D:	Aprèslude, Wiesbaden 1955, S. 39
	(August 1955)

T:	I,2	der Rotdorn kommt, vermisch'
	II,1	Langsamen Blicks. Und hast Du
		überwunden.
	2	fragst nicht mehr

472 Nike

K 21:	14. 6. [1955]
E:	Aprèslude, Wiesbaden 1955, S. 18 (August 1955) / Dank und Erkenntnis. Paul Fechter zum 75. Geburtstag am 14. 9. 1955, hrsg. v. Joachim Günther, Gütersloh 1955, S. 15
D:	Aprèslude, Wiesbaden 1955, S. 18

K 21:	I,2	welches war der Sieg
	3/4	fehlen
	II,4	Des Heiligen
	III,3	Apolon zogen die Bahnen

473 Menschen getroffen

E+D:	Aprèslude, Wiesbaden 1955, S. 32
	(August 1955)

474 Schumann

Z=K 22:	4. 11. / 5. 11. [1955]
T:	undat., sign. Benn
E:	Freundesgabe für E. R. Curtius zum 14. 4. 1956, Bern 1956, S. 31
D:	Typoskript i. B. Dr. Ilse Benn

475 Stille

Z=K 22:	24. 12. [1955] + M Entwurf: 24. 12. 1955, sign. G.B.
T:	undat., sign. Benn
E:	Freundesgabe für E. R. Curtius zum 14. 4. 1956, Bern 1956, S. 32
D:	Typoskript i. B. Dr. Ilse Benn

Kann keine Trauer sein

K 22:   nach dem 24. 12. 1955
Z = GG II: 6. 1. 1956 (vgl. B Max Niedermayer v. 16. 2. 1956)
E + D: Merkur 10, 1956, S. 401 (H. 5, Mai 1956)

K 22:	I,1	Droste Hülshoff 4 Rilke u George
	10	schmerzlos-göttlichem
	II,3	trennt 4 mischt 6 für kurze Stunden
		aneinandergereiht (V auf der folgenden
		Seite)
	III,1	Von zu weit her 5 ein Huschen, von
		Rätseln
	6	als Überirdisches, im Schlaf bewegt
		(6–8 als Entwurf oben auf der Seite)
GG II:	I,8	garnicht 9 wesenlos [,]
	10	schmerzlos-ewigen
	II,2	Lust – 5 Tränenbächen,
	III,4	Glauben [,]

Anmerkungen zu den Fragmenten

479 Fragmente 1930/1933

    K 1:   2. 9. 1930/5. 3. 1933

    D: Kladde i. B. Dr. Ilse Benn

    E: Primäre Tage. Gedichte und Fragmente aus dem Nachlaß, Wiesbaden 1958, S. 57–67

Schilfmatten ...

    K 1:   Z. 2   Schlamm üdZ: Ziegel iK: verputzt

Unter Baumgerüste ...

    K 1:   I,7   das auch   S: alles

Nimmt man die Reisebücher ...

    K 1:   I,1   üdZ: Reisebücher   idZ: den Bädernachweis
               II,1   auf den Fluren Sporte   udZ: u auf den Fluren Golf   S: Sporte
                 2   udZ: Frauenleidenorte   idZ: [...] orte

Das Zarte ...

    K 1:   Z. 4   wird es auch   üdZ: vielleicht

Der Du ...

    K 1:   III,5   vergiss –   udZ: Zerfall
             V: der alle Stiere trug u hin den Schlangen das Hirn zum Bisse hielt

Die Stimme ...

    K 1:   V: der tiefe Blumengeruch des Glücks
                      die Auflösung mit

immer die alte ...

    K 1:   II,2   einzige Gewicht   S: von

Thermopylen-Moral ...

    K 1:   I,4   Gesetz befahl   S: es   V: wie die Welt gebot
             IV,1   idZ: endet   üdZ: nie
               2   Orthygie   üdZ: Traum über
             V,5   für Dich allein   S: Stücke für viele

Und nichts mehr ...

    K 1:   V: Es ist nichts mehr zu finden
                      wir haben die Stille von Blinden

Ach es ist ...

    K 1:   Z. 2   idZ: bis zu   udZ: in

Edel sei der Mensch . . .

K 1:   I,3   idZ: Das Interesse erlaubt
                        üdZ: die Verhältnisse erlauben

Da vergeht . . .

K 1:   IV,3   halten udZ: stossen

Niemandes Vater . . .

K 1:   II   V: Man erfährt so spät, um was man eigentlich litt –
           III,3 die Schauer udZ: Schwerter

88 Fragmente 1933

    K 1:   1933

    D: Kladde i. B. Dr. Ilse Benn

    E: Primäre Tage. Gedichte und Fragmente aus dem Nachlaß,
              Wiesbaden 1958, S. 68–69

Noch bei Lebzeiten: . . .

K 1:   Z. 3   Dunst und Räusche udZ: Räusche

Eine Ägypterin . . .

K 1:   III,1 idZ: nennen üdZ: rufen
                      V: Wenn ich den Sommer malen sollte, den
                      schweren der Gärten, würde ich Levkoien malen

und keine . . .

K 1:   III,1 idZ: Trauer aller Boote üdZ: Zug der

Wir sind . . .

K 1:   II,3/4 V: Geist: stellt er Bilder
                    der grossen Völker hin –

90 Fragment 1939

    K 7a: vor dem 26. 6. [1939]

    D: Kladde i. B. Dr. Ilse Benn

91 Fragmente 1946/1947

    K 11:   4. 2. 1946 / 12. 2. 1946 –

    K 13:   1. 10. 1946 / 28. 2. 1947

    D: Kladden i. B. Dr. Ilse Benn

92 Fragmente 1951

    K o. Nr.: 19. 4./12. 5. [1951]

    D: Kladde i. B. Dr. Ilse Benn

Alles lebt . . .

K o. Nr.: I,2 idZ: doch üdZ: aber
                3 ndZ: Hat auch Neues nicht – u nur
                4 üdZ: denn

589

II,4   idZ: welches   üdZ: was es
5   S: Glauben
7   idZ: u der Perlen aufgereihte Reihen
        S: Trauben
        üdZ: Holze   rundgeschnittene   perlgeschnitzte

493 Fragmente 1951/1952

K 17:   6. 12. [1951]/1952
D: Kladde i. B. Dr. Ilse Benn
E: Primäre Tage. Gedichte und Fragmente aus dem Nachlaß,
            Wiesbaden 1958, S. 69–70

diese Erdbewohner . . .

K 17:   Z. 2   die auf der Bank   üdZ: neben ihnen

Ach wie dumpf . . .

K 17:   II,4   welches   S: das
            III,2   Verfehlungen   S: Missgriffen

494 Fragmente 1952/1953

K 18:   20. 9. [1952]/24. 4. 1953
D: Kladde i. B. Dr. Ilse Benn
E: Primäre Tage. Gedichte und Fragmente aus dem Nachlaß,
            Wiesbaden 1958, S. 72–76, 83

Es wird so sein . . .

K 18:   Z. 4   idZ: ein grosses Schuldgefühl   üdZ: das

Wer kann und will . . .

K 18:   Z. 2   idZ: stumm   üdZ: trüb

Du willst noch . . .

K 18:   I + II: V: Ein par armselige Basaltschmarotzer solange das
                            hält
                        Ich fuhr durch rote Wasser, das Zinnobermeer im
                            Golf von Mexico –
                        sind behaust auf einer Erde, auf der 79% Ozean u
                            nur 21% Land ist, also sind wir von vornherein
                            Eremiten
                        u demgegenüber nur die par Kleidungsstücke, die
                            man hat
                        Wellen von 38 m Höhe Sturmfluten
                        wenn die nötige Anfahrtsstraße da ist
                            800–900 Meilen, unheimliche dunkle geheim-
                            nisvolle Tiefen mit Luftdruck von 2000 Ton-
                            nen u da lebt was.
                        »hinderliche Massen« sogar die Meere zu tief

                III   V: üppiges kurzes Blühn
                        was schnell erblüht
                        hat tiefe Farben,   Colorit

Der Kern ist alles ...

K 18:   V: und nicht zur Erde   verführen
                                        entzwein
                   Ich lasse an mein Magma nicht rühren
                   Das bleibt im Dunkel allein
                   Lass es

                   Der Kern ist alles, die Schale
                   Die alten Büchsenmacher kannten des
                        Kernes Kraft
                        die Läufe zielen
                   Der Schaft trifft

                   Kerngesegnet
                   Aus ihm die Schöpfung u von ihm das Sein

Wenn mein Name ...

K 18:   Z. 6   wird sie aufmerksamer
                   üdZ: eher aufhorchen wenn   S: dass

Du musstest ...

K 18:   Z. 4   V: Etwas lässt sich verstehn

Es blättert ...

K 18:   Z. 2   die Dein Ich Dir gab
                   udZ: die man selbst sich gab

und dann ist ...

K 18:   Z. 1   das Leben   üdZ: ganze

Fragment 1953

K 18a: 12. 5. 1953 / 14. 6. [1953]

D: Kladde i. B. Dr. Ilse Benn

E: Primäre Tage. Gedichte und Fragmente aus dem Nachlaß,
           Wiesbaden 1958, S. 78, 79

Fragmente 1955

K 20:   20. 3./26. 3. [1955]

D: Kladde i. B. Dr. Ilse Benn

E: Primäre Tage. Gedichte und Fragmente aus dem Nachlaß,
           Wiesbaden 1958, S. 83

Biographie

1886: Gottfried Benn in Mansfeld, Kreis Westpriegnitz, als Sohn eines protestantischen Pfarrers geboren. Mutter Schweizerin. »Heimat meiner Mutter von weitem gesehn: Yverdon, Neuchâteler See. Reizend. Wie diese arme Frau aus der Weingegend u. der heiteren Berggegend es in dem grausigen kahlen neumärkischen Dorf aushalten konnte, mir unbegreiflich.« (An Oelze, 14. 4. 1953) Benns Großvater väterlicherseits war schon Pfarrer im selben Dorf, dessen Vorfahren waren Bauern. »Da meine Väter über hundert Jahre zurück evangelische Geistliche waren, durchdrang das Religiöse meine Jugend ganz ausschließlich ... So gewiß ich mich früh von den Problemen des Dogmas, der Lehre der Glaubensgemeinschaft entfernte, da mich nur die Probleme der Gestaltung, des Wortes, des Dichterischen bewegten, so gewiß habe ich die Atmosphäre meines Vaterhauses bis heute nicht verloren: in dem *Fanatismus zur Transcendenz*, in der Unbeirrbarkeit, jeden Materialismus historischer oder psychologischer Art als unzulänglich für die Erfassung und Darstellung des Lebens abzulehnen. Aber ich sehe diese Transcendenz ins Artistische gewendet, als Philosophie, als Metaphysik der Kunst.« (Gottfried Benn. In: *Dichterglaube,* 1931)
»Als ich ein halbes Jahr alt war, zogen meine Eltern nach Sellin in der Neumark; dort wuchs ich auf. Ein Dorf mit siebenhundert Einwohnern in der norddeutschen Ebene, großes Pfarrhaus, großer Garten, drei Stunden östlich der Oder. Das ist auch heute noch meine Heimat, obgleich ich niemanden mehr dort kenne, Kindheitserde, unendlich geliebtes Land. Dort wuchs ich mit den Dorfjungen auf, sprach Platt ... und wenn es nicht die Arbeiterjungen waren, waren es die Söhne des ostelbischen Adels, mit denen ich umging. Diese alten preußischen Familien ... hier besaßen sie ihre Güter, und mein Vater hatte einen ungewöhnlichen seelsorgerischen Einfluß gerade in ihren Kreisen ... Brandenburg blieb auch weiter meine Heimat. Das Gymnasium absolvierte ich in Frankfurt an der Oder, zum Glück ein humanistisches, studierte dann auf Wunsch meines Vaters Theologie und Philologie zwei Jahre lang

entgegen meiner Neigung; endlich konnte ich meinem Wunsch folgen und Medizin studieren. Es war das dadurch möglich, daß es mir gelang, auf die Kaiser-Wilhelm-Akademie für das militärärztliche Bildungswesen in Berlin aufgenommen zu werden ... Eine vorzügliche Hochschule, alles verdanke ich ihr! Virchow, Helmholtz, Leyden, Behring waren aus ihr hervorgegangen, ihr Geist herrschte dort mehr als der militärische, und die Führung der Anstalt war mustergültig. Ohne den Vater stark zu belasten, wurden für uns alle die sehr teuren Kollegs und Kliniken belegt ... Dazu bekamen wir eine Reihe von Vorträgen und Vorlesungen über Philosophie und Kunst und allgemeine Fragen und die gesellschaftliche Bildung des alten Offizierkorps ... Rückblickend scheint mir meine Existenz ohne diese Wendung zur Medizin und Biologie völlig undenkbar.« (*Lebensweg eines Intellektualisten*. 1934)

1896–1903: Gymnasium. Freundschaft mit Klabund.

1903–1904: Studium der Theologie und Philologie in Marburg und Berlin.

1905–1911: Kaiser-Wilhelm-Akademie, Berlin. Dienst beim 2. Garderegiment. Physikum. 1. Preis der Medizinischen Fakultät der Universität Berlin. 1910–1911: Unterarzt an der Berliner Charité, vermutlich in der psychiatrischen Abteilung. 1912: Promotion mit der Dissertation »Über die Häufigkeit des Diabetes mellitus im Heer«. Zunächst aktiver Militärarzt. Abschied vom Militär aus Gesundheitsgründen. 1912–14: Assistenzarzt am pathologisch-anatomischen Institut des Krankenhauses Charlottenburg-Westend. Annähernd dreihundert Sektionen. Freundschaft mit Else Lasker-Schüler. Umgang mit Literaten: Carl Einstein, Paul Zech, Franz Pfemfert, Herwarth Walden, Alfred Lichtenstein.

1913: Bekanntschaft mit der Schauspielerin Eva Brandt (Edith Brosin, geb. Osterloh) auf der Ostseeinsel Hiddensee. 1914: als Schiffsarzt nach New York im März – Juni. Rücktritt als Hapag-Schiffsarzt vor einer Reise nach Wladiwostok: »der Segler kam nie zurück«. Juli: Benn heiratet Edith Osterloh, nach dem Urteil ihrer Mutter »ein so ausgesprochener Gesellschaftsmensch ... die Zierde eines jeden Salons«. Benn später: »eine ganz charmante elegante Dame von Welt ... viel gereist, mir weit überlegen, 8 Jahre älter als ich, sehr wohlhabend, aus einer Dresdener Patrizierfamilie, 2 Onkel, Brüder ihres Vaters, aktive Generäle, einer Excellenz u. sächsischer Ministerpräsident, königlicher.« (An Oelze, 29. 6. 1938) 1915: Geburt der Tochter Nele. Einziges Kind.

1914–1917: Benn als Sanitätsarzt im Kriegsdienst. Brüssel. »Ich war Arzt an einem Prostituiertenkrankenhaus, ein ganz isolierter Posten, lebte in einem konfiszierten Haus, elf Zimmer, allein mit meinem Burschen, hatte wenig Dienst, durfte in Zivil gehen, war mit nichts behaftet, hing an keinem, verstand die Sprache kaum; strich durch die Straßen, fremdes Volk; eigentümlicher Frühling, drei Monate ganz ohne Vergleich...« (*Epilog.* 1921) Freundschaft mit Carl und Thea Sternheim.

Herbst 1917: Niederlassung als Facharzt für Haut- und Geschlechtskrankheiten mit Praxis in Berlin, Belle-Alliance-Str. 12 (bis 1935).

Nach einem sehr intensiven Jahrzehnt dichterischer Produktion schreibt Benn im August 1921: »fünfunddreißig Jahre und total erledigt, ich schreibe nichts mehr – man müßte mit Spulwürmern schreiben und Koprolalien; ich lese nichts mehr... ich denke keinen Gedanken mehr zu Ende...« (*Epilog*) »Mir geht es heute miserabel. Vollkommen dezentralisiert, überarbeitet, verludert. Es ist kein Leben dies tägliche Schmieren u. Spritzen u. Quacksalbern u. abends so müde sein, daß man heulen könnte. Aber wenn ich mir vorstelle, was ich machen sollte, weiß ich es auch nicht. Den Laden verkaufen u. fortgehn! Aber wohin? ... Oder eine Arbeit anfangen, ein Stück, eine Novelle, aber wozu, für wen, worüber, alles so erledigt, ausgepowert, abgeknabbert u. schließlich kotzt man vor sich selber, vor der Methode seiner eigenen Gedanken, seiner produktiven Technik...« (An Gertrud Zenzes, 29. 12. 1921) Dr. Gertrud Zenzes, Archivarin, zwölf Jahre jünger als Benn, seit dieser Zeit befreundet mit ihm. »...ich habe nur oft, ja meistens so viel Mauern um mich rum, daß ich dem andern kein Verstehen zeigen mag, ich bin so hart geworden, um nicht selber zu zerschmelzen u. schließlich auch sehr fremd u. sehr allein. Es mag auch sein, daß ich menschliches Leid nicht mag, da es nicht Leid der Kunst ist, sondern nur Leid des Herzens.« (An Gertrud Zenzes, Anfang 1922) – »Es gibt

Tage, die so leer sind, daß man sich wundert, daß die Fensterscheiben nicht rausgedrückt werden von dem negativen Druck; es gibt Gedankengänge von einer Aussichtslosigkeit, die bewußtseinsraubend ist. Das ist so, da ist nichts zu machen.« (An Gertrud Zenzes, 1922) Im November 1922 stirbt Edith Benn, geb. Osterloh, Neles Mutter. »Vielleicht war es das beste, daß sie starb. Sie war ... bedeutend älter als mein Vater und er nicht für die Ehe geschaffen. Er stammte auch aus einem ganz anderen Milieu als sie, aus dem Pfarrhaus in Sellin, das auch ich so liebte. Mein Vater fand wohl immer die Verwandten meiner Mutter – Ärzte, hohe Beamte, Gutsbesitzer und Bankiers – irgendwie *zu* lebensfroh und *zu* lustig –...« (Nele Soerensen. Mein Vater Gottfried Benn) Bekanntschaft mit der Opernsängerin Ellen Overgaard, die 1923 Nele in ihr Haus in Kopenhagen aufnimmt.

Ab 1924: Freundschaften mit dem Verleger Erich Reiss, mit George Grosz, Alfred Flechtheim, Tilly Wedekind, Heinz Ullstein u. a. Zur Konstitution: »körperlich u. seelisch äußerst apathisch u. abgekämpft, von geradezu krankhafter Menschen-, Unterhaltungs- u. Eindrucksflucht«. (An G. Zenzes, 4.9.1926) – Benn im Gespräch mit Nico Rost: »Ich schreibe nicht mehr, gar nichts. Seit Monaten nichts. Wozu auch? Es liest mich nur ein sehr kleiner Kreis ... Man soll mich in Ruhe lassen!« – »Ich habe seit zehn Jahren eine Praxis für Haut- und Geschlechtskrankheiten in Berlin. Die Geschlechtskrankheiten gehen, wie allgemein bekannt, auffallend zurück ... Ich möchte eine Stellung mit festem Einkommen, damit ich etwas mehr für mich arbeiten kann. Ich bin über vierzig und habe nie in meinem Leben länger als vierzehn Tage Ferien machen können, ich möchte auch einmal vier Wochen verreisen und doch am Ersten meine Miete zu bezahlen wissen.« (*Neben dem Schriftstellerberuf.* 1927) 1928 wird Benn Mitglied des Berliner PEN-Clubs. Im August stirbt Klabund. Benn hält die Totenrede. 1929 Selbstmord der Schauspielerin Lili Breda. »Meine Freundin, von der ich Ihnen so oft erzählte, und die ich ja im Grunde unverändert liebte, tief liebte, wie in den Jahren des Altwerdens u. der schwindenden Gefühlsfähigkeit der Mann liebt, ist am 1. II freiwillig aus dem Leben geschieden. Auf grauenvolle Art. Sie stürzte sich hier von ihrer Wohnung im 5. Stock auf die Straße u. kam tot dort an. Sie rief mich an, daß sie es tun würde. Ich jagte im Auto hin, aber sie lag schon zerschmettert unten u. die Feuerwehr hob den gebrochenen Körper auf... Wenn ich dies alles überwinde, wird irgendein neuer Mensch aus mir, ich fühle es, ich weiß noch nicht welcher Art. Aber wohl ein kalter, armer Mensch mit einer Vakuumschicht um sich herum, es war so viel, was ich in den letzten Jahren erlebte u. auch litt.« (An G. Zenzes, 24.2.1929) »Nur wer an jeder Stunde die Klauen, die Hauer, die rostigen Nägel sieht, mit denen sie unser Herz in Stücke reißt, der hat das Leben in sich aufgenommen u. steht ihm nahe u. darf leben.« (An Sophia Wasmuth, 10.5.1929) – Klaus Mann schreibt 1929 in der Zeitschrift ›Die Literatur‹ einen emphatischen Artikel über *Gottfried Benns Prosa*. »Unstillbar sein Heimweh, sein Durst nach Menschheitsepochen, die tragisch und entfernt von der Idee des Fortschritts waren... Wer so ruft, steht vereinsamt. Er läßt seine Stimme klagen, dabei wartet er kaum mehr auf Antwort. Der Rest ist Bitterkeit, Einsamkeit, Haß. – Der Haß eines solcherart Vereinsamten ist positiver, befruchtender, stärker als unsere kompromißbereiten Liebenswürdigkeiten... Mit ihm verglichen sehen wir alle ein bißchen wehleidig, ein bißchen verzärtelt aus.«

1930: Benn an Gertrud Hindemith: »sehn Sie, ich kann doch meine innere Existenz nicht darauf aufbauen, ob u. daß ich für geeignet gehalten werde, monatlich ohne Beanstandungen einmal im Radio sprechen zu dürfen, ich kann doch nur danach gehn, was ich denke u. was ich denken *muß*, sonst käme ich doch zu dem Mischmasch des gewöhnlichen Feuilletonisten oder gar Ministerialrats im Kultusministerium.« (6.6.1930) – Benn im Gespräch mit Nico Rost: »Ihr Tretjakow wird bald vergessen sein. Man wird in der Kunst immer fragen nach *Substanz*, nach *Werken* – nicht nach billigen Theorien und Redensarten... nach dem Gehirn, das die Zeit durch seine Existenz zeugend legitimierte, das nicht überall mitlief, den Rummel mitmachte... Ihr Tretjakow wird mit seinen sozialen Theorien nichts zu diesem Prozeß beitragen, aber auch überhaupt gar nichts, glauben Sie mir.« Nico Rost berichtet von Benns sozialer Einstellung als Arzt: »einen Arbeitslosen aus dem dritten Stock nicht nur umsonst behandelt, sondern auch monatelang die Kohlen für ihn bezahlt ...« – An Paul Hindemith: »ich bin gerade in einer Periode, wo ich neuen Dingen auf der Spur bin und wo ich mich treiben lassen möchte, abwartend, zu welchen Resultaten ich komme ...« (29.10.1930)

1931: »Bin heute wieder von der Steuer mit Pfändung bedroht, wenn ich nicht sofort 500 M. zahle. Die Leute sind irre, der Staat muß zertrümmert werden. Die *freien* Berufe, die kein festes Einkommen, keine Pension, keine Ferien und keine Bürostunden nach der Uhr kennen, die müssen wieder ran, den verkrachten u. verlumpten Staat zu finanzieren. Nein, da bleibt einem die Spucke weg u. da vergeht einem die Laune.« (An Thea Sternheim, 18.8.1931) »Dank für Ihre Invitation, aber unmöglich. Gesellige Veranstaltungen, gemeinsamer Meinungsaustausch, Geben Nehmen sind mir fremd. Ihre Freunde in Ehren, aber es sind nicht die meinen, ihre Worte kein Gewinn u. seelische Erneuerung für mich.« (28.8.1931)

1932: Wahl in die Preußische Akademie der Künste. »Etwa fünfundzwanzig der bedeutendsten Schriftsteller dichterischer Richtung und Substanz waren die Mitglieder. Als ich 1932 hineingewählt wurde, war Max Liebermann Präsident der Gesamtakademie, Heinrich Mann Abteilungs-Präsident für die Dichtung. Die Wahl war damals eine außerordentliche Ehre, die größte, die einem Schriftsteller innerhalb des deutschen Sprachraums zuteil werden konnte.« (*Doppelleben*) Beginn des Briefwechsels mit dem Bremer Importkaufmann Dr. F. W. Oelze, der Benns Essay *Goethe und die Naturwissenschaften* in der ›Neuen Rundschau‹ gelesen hatte. Benns erste Antwort: »Mir eine grosse Freude, wenn Ihnen meine Aufsätze gefallen haben. Eine mündliche Unterhaltung würde Sie enttäuschen. Ich sage nicht mehr, als was in meinen Büchern steht.« (21.12.1932) Der Briefwechsel wird für Benn zum wichtigsten Gedankenaustausch in den kommenden Jahren der »inneren Emigration«. Bis 1956 schreibt Benn rd. 700 Briefe an Oelze.

1933: Gottfried Benn im Bann des Nationalsozialismus. Nachdem Hitler im Januar Kanzler wurde, hält Benn am 24. April seine Rundfunkrede *Der neue Staat und die Intellek-*

tuellen: »Der neue Staat ist gegen die Intellektuellen entstanden. Alles, was sich im letzten Jahrzehnt zu den Intellektuellen rechnete, bekämpfte das Entstehen dieses neuen Staates. Sie, die jeden revolutionären Stoß von seiten des Marxismus begeistert begrüßten, ihm neue Offenbarungswerte zusprachen ... Lohnfragen als den Inhalt aller menschlichen Kämpfe anzusehen. Welch intellektueller Defekt, welch moralisches Manko ... Ich spreche im Namen des Gedankens und derer, die sich ihm beugen ... wir empfinden in dieser geschichtlichen Bewegung durchaus die vorwärtsgerichtete, ordnende, positive, die moderne Staatstendenz, die moderne Staatsidee, die den unfruchtbar gewordenen marxistischen Gegensatz von Arbeitnehmer und Arbeitgeber auflösen will in eine höhere Gemeinsamkeit, mag man sie wie Jünger ›Der Arbeiter‹ nennen oder nationalen Sozialismus. Und so gewiß einmal in einer anderen historischen Stunde ein hohes Ethos darin lag, die Ausgebeuteten gegen die Ausbeuter zu führen, und das Bebelpathos jener Stunde echt war ... Eine echte neue geschichtliche Bewegung ist vorhanden ... der Mensch will groß sein, das ist seine Größe; dem Absoluten gilt unausweichlich sein ganzes inneres Bemühen. Und so erhob sich diese Jugend von den gepflegten Abgründen ... Große, innerlich geführte Jugend, der Gedanke, der notwendige Gedanke, die überirdischste Macht der Welt ... gibt dir Recht: die Intelligenz, die dir schmähend nachsieht, war am Ende; was sollte sie dir denn vererben; sie lebte ja nur noch von Bruchstücken und Erbrechen über sich selbst ... Eine Villa, damit endete für sie das Visionäre, ein Mercedes, das stillte ihren wertesetzenden Drang.« Benn war über die Zielsetzung der neuen Machthaber nicht informiert. Weder hatte er *Mein Kampf* gelesen, noch kannte er die Parteiprogramme, noch hatte er je eine Parteiversammlung besucht. Er glaubte an die geistige Erneuerung eines Volkes und ignorierte zunächst die brutalen Methoden des Regimes. Bei der Umfunktionierung der Akademie durch die Nazis (Heinrich und Thomas Mann, Alfred Döblin, Käthe Kollwitz, Franz Werfel u. a. waren ausgetreten) spürt Benn bereits im April, daß er den neuen Kollegen unerwünscht ist. »Benn nahm Anmaßung und Feindlichkeit wahr. Er meinte, wir würden nicht nur ausgeschaltet, sondern auch körperlich vernichtet werden.« (Oskar Loerke, *Tagebuch* 1933) Klaus Mann fragt im Mai aus Frankreich an, warum Benn nicht aus der Akademie austrete und gegen die Nazis auftrete. Benn antwortet über den Berliner Funk mit grober Schärfe: »*ich gehöre nicht zu der Partei, habe auch keine Beziehung zu ihren Führern ... Es ist meine fanatische Reinheit, von der Sie in Ihrem Brief so ehrenvoll für mich schreiben, meine Reinheit des Gedankens und des Gefühls, das mich zu dieser Darstellung treibt.*« (*Antwort an die literarischen Emigranten*) – Benn lebt in der Isolation: »Es ist tödliche Stille, im Geschäft, im Privaten, im Telefon, in der Post ...« (An Käthe v. Porada, 26. 7. 1933). »Eben kommt der telefonische Anruf vom Rundfunk, daß die Lesung meiner Gedichte unterbleiben muß – Ursache: peinliches Schweigen. Wahre Ursache, von mir erwartet: wegen Defaitismus!« (19.9.1933) Die Emigrantenzeitschrift ›Die Sammlung‹ bringt einen scharfen Artikel ihres Herausgebers Klaus Mann gegen Benn (*Gottfried Benn oder Die Entwürdigung des Geistes*). Scharfe Attacke des NS-Ideologen Börries von Münchhausen gegen Benn. Im Winter wird Benn vom NS-Ärztebund von der Liste attestberechtigter Ärzte gestrichen.

1934: Spätestens der sog. Röhm-Putsch Ende Juni, die Liquidierung von rd. 200 SA-Spitzenfunktionären und anderen politischen Gegnern des Regimes, konfrontierte die Öffentlichkeit mit dem Faschismus. Die Einsicht in die politischen Verhältnisse hatte Benn bis zu diesem Zeitpunkt idealistisch verdrängt. Ab Mitte des Jahres stellt er seine Haltung in den Briefen an Oelze klar heraus. Auch anderen Briefpartnern gegenüber äußert er sich offen. »Ich bin ganz Ihrer Meinung. Es giebt keine Worte mehr für diese Tragödie.« (An Oelze, 24.7.1934) – »Ich lebe mit vollkommen zusammengekniffenen Lippen, innerlich u. äußerlich. Ich kann nicht mehr mit. Gewisse Dinge haben mir den letzten Stoß gegeben. Schauerliche Tragödie! Das Ganze kommt mir allmählich vor wie eine Schmiere, die fortwährend ›Faust‹ ankündigt, aber die Besetzung langt nur für ›Husarenfieber‹. Wie groß fing das an, wie dreckig sieht es heute aus. Aber es ist noch lange nicht zu Ende.« (An Ina Seidel, 27.8.1934) – »Die Kunst erregt sie [die Nazis] immer wieder so sehr, weil hier etwas ist, wo sie absolut mit ihren Methoden nicht rankönnen, hier genügt nicht, mit dem Hacken ins Gesicht zu treten u. das Maul cäsarisch aufzureissen...« (An Oelze, 7.9.1934) »Möglich, dass ich hier alles hinter mir lasse: Wohnung, Praxis, Berlin... einschl. Akademie etc – und gerade das ist es, was ich möchte.« (An Oelze, 18.11.1934) »Heute würde ich schreiben: ›die Fresse von Cäsaren u. das Gehirn von Troglodythen‹.« (An Oelze, 24.11.1934) – »am 1. I. 35 verlasse ich meine Wohnung, Praxis, Existenz, Berlin u. trete in die Armee zurück, aus der ich hervorgegangen bin. Standort unbekannt, Zukunft ungewiß, Titel: Oberstabsarzt... es ist eine aristokratische Form der Emigrierung. Kein leichter Entschluß! Im November bewarb ich mich bei der Stadt Berlin um eine Stellung in meiner Spezialität... Ich erhielt mein Gesuch nach einigen Wochen wieder mit einem Schreiben ohne Anrede u. Unterschrift: ›Kein Bedarf. Papiere anbei zurück.‹« (An Ina Seidel, 12.12.1934)

1935: Benn als Militärarzt bei der Heeressanitäts-Inspektion in Hannover. Lösung aller literarischen Bindungen in Berlin. »Ebenso will ich bei dieser Gelegenheit gleich erwähnen, daß ich trotz meiner Reaktivierung kein Militarist und Kriegstreiber war... Das Offizierkorps, in das ich nun 1935 eintrat, war das sogenannte E-Offizierkorps, E hieß Ersatz, es waren die Reaktivierten, die Alten, sie trugen besondere Uniformen und die aktive Truppe nahm sie nicht für voll...« (*Doppelleben* – hier ausführliche Darstellung der Vorgänge.) »Morgen beginnt der Dienst – abwarten, was er bringt. Skeptischer, kälter, erwartungsloser kann man ein neues Leben nicht beginnen, als ich es hier tue.« (An P. u. E. Fleischmann, 31.3.1935) – »Die äusserst labile Stimmung dieser Tage, meine körperliche Über-Anstrengung bis zur Erschöpfung, hervorgerufen durch die Umschichtung von Berlin hierher...« (An Oelze, 7.4.1935) – »Der Dienst ist anstrengend, die Umstellung als Ganzes, innerlich und äußerlich, natürlich sehr einschneidend, sehr anstrengend, liege meistens abends um 9 erschöpft im Bett.« (An Frank Maraun, 5.5.1935) – »Sie machen sich nicht klar, wie völlig isoliert ich bin, ohne jede Beziehung geistiger Art zu meiner Umwelt. Meine Umwelt ist z. Z. nicht in diesem Land. Ich schreibe niemandem, antworte niemandem, brauche allerdings auch nieman-

den.« (An Oelze, 1. 9. 1935) »Wir haben keine Wirklichkeit
mehr weder im Besitz noch in den Trieben noch in den
Erkenntnissen, wir sind leer in der Magengrube.« (An
Oelze, 7. 10. 1935) »Es geht mir nämlich viel elender, als ich
dachte. Ich mag die Uniform *absolut nicht.* Bin völlig
unglücklich darin.« (An Oelze, 21. 10. 1935)
1936: Benns Geschichtspessimismus kulminiert angesichts
der politischen Verhältnisse: der extreme Dualismus von
Geist und Leben wird thematisch in den Briefen an Oelze
entwickelt. Das Prosastück *Weinhaus Wolf* bringt ein Jahr
später die Zusammenfassung: geistiger und moralischer
Bankrott der westlichen Zivilisation. – »Schreibe wenig,
bin abgearbeitet u. nicht gut dran. Alter u Verbrauchtheit;
immer 2 Berufe betrieben u. ausgefüllt, in beiden immer
Sorgen u. Kämpfe. Schlafe schlecht, liege stundenlang
wach, habe Schmerzen, weine im Traum. Mag nicht mehr,
weder Leben noch Arbeit, alles durchgemacht u zu
Ende... Es wird nicht ausbleiben *können* die Erkenntnis,
dass nur der Geist lebt, trächtig ist, verwandelnd... Nur Er
erlöst, nur er überwindet. Seine *Verwendung* zur Überwin-
dung des Lebens, das ohne ihn völlig sinnlos u. unerträglich
ist.« (An Oelze, 6. 4. 1936) – »Wissen Sie, ich mache diese
subalterne Kunstpolitik nicht mehr mit. Ich bin 50 Jahre, –
soll man mich erschießen. Es kommt bestimmt aus Opfer-
toden auch nichts heraus, aber sie sind doch wohl noch
besser, als Dreck zu machen. Und es ist *Dreck*, was sich
heute als Dichtung gegenseitig hochlobt und preiskrönt.«
(An Frank Maraun, 12. 4. 1936) – Der Band *Ausgewählte
Gedichte* erscheint zu Benns Geburtstag und erhält ausge-
zeichnete Kritiken. Unmittelbar als Antwort erfolgt der
anonyme Angriff der SS-Wochenzeitung ›Das Schwarze
Korps‹ mit ausführlichen Zitaten aus den frühen Gedichten.
»Aber Herr Benn wühlt seinen Stift nicht nur in stinkende
Wunden, er macht auch in Erotik, und wie er das macht, das
befähigt ihn glatt zum Nachfolger jener, die man wegen
ihrer widernatürlichen Schweinereien aus dem Hause jag-
te.« (7. Mai) Abdruck des Artikels in der Regime-Zeitung
›Der Völkische Beobachter‹ (8. Mai). »Der Angriff im
›Schwarzen Korps‹ wird mir unter Umständen Uniform u.
Stellung kosten.« (An Oelze, 8. 5. 1936) – »*Die Folgen*:
Meldung bei meinem Kommandeur... Nachweis, dass es

sich nicht um ›Ferkelei‹, sondern *wertvolle* Gedichte handelt. Ehrenwörtliche Erklärung, dass ich nicht schwul bin ... Ist das alles schon jemals jemandem passiert? *Prognose*: die Militärs benehmen sich *fabelhaft*. Mein General sagt, nicht die Pöbeleien an sich könnten mich beleidigen, nur wenn ich darauf reagierte, auch nur mit einem Blick, wäre ich als Offizier in seinen Augen unehrenvoll ... Es wird weiter gehn, schreibt mir mein Verleger, Rosenberg u. ›die Reichsstelle zur Förderung deutschen Schrifttums‹ würden das Buch weiter verfolgen, also mich auch; einige Privatfeinde von mir sind dabei, vor denen ich mich sehr zu hüten habe, Korrumpierte, aber bürgerlich Korrumpierte mit kleinen Schiebungen u. Diebstählen, die ich seinerzeit aus der ›Union nat. Schriftsteller‹ entfernte. Also es wird weitergehn. Aber ich mag nicht mehr ... Satt habe ich den Dreck, den deutschen Dreck.« (An Oelze, 12. 5. 1936) – »Schreiben kann und darf ich nichts mehr, wenigstens nichts mehr veröffentlichen, solange ich Soldat bin ... Die bürgerlichen Schriftsteller Deutschlands würden z. B. mich viel kaltblütiger, roher, intriganter umlegen als die Rabauken ... Dieser bürgerliche Schleim das ist ja das eigentliche Gift im Rachen der Zeit.« (An Oelze, 29. 5. 1936) – »Ich möchte aber doch noch einmal auf den Satz hinweisen, von dem ich glaube, daß er bis heute nicht überholt ist, und daß ihn auch das ganze Jahrhundert nicht überholen wird. Es ist der von mir oft zitierte Satz Nietzsches, daß die Kunst die letzte metaphysische Tätigkeit innerhalb des europäischen Nihilismus sei.« (An Egon Vietta, 8. 11. 1936) – »Auch in meinen Kreisen hier eine unendliche Depression. Die Versteinerung schreitet fort ... Kein Wort mehr darüber ...« (An Oelze, 6. 12. 1936)

1937: »Die finsterste Epoche meines Lebens ... ich habe das Leben satt, da ich keine äußere Form mehr finde, in der ich es leben u. führen mag.« (An Ellinor Büller-Klinkowström, 22. 1. 1937) »Natürlich frage ich mich auch oft, ob der *Durchbruch* noch einmal kommt ... Vor allem müßte ich wohl hier fort. Aber dann frage ich mich, ob nicht die Vorstellung des Sich-Vollendens u. des sich Ganz-Aussprechen-Wollens oder -Könnens falsche Vorstellungen sind. Das Vollendete gibt es nicht.« (An Ellinor Büller-Klinkowström, 24. 2. 1937) – »Ich will ja versuchen, mit Hilfe des

Militärs mich zu verändern in der Richtung Berlin...
Natürlich kommen einem dann wieder alle Privatwünsche
und Hoffnungen lächerlich u. absurd vor, vor dem zermal-
menden Gang der Geschichte, des Rassenwahns u. der
Tyrannenlüste.« (An Ellinor Büller-Klinkowström, 9. 3.
1937) »Es war kein gutes Jahr. Trotzdem bin ich immer von
neuem überrascht, wie viel in jedem Jahr Neues an innerer
Erfahrung, immer kühlerem Erleben, Skepsis, Klärungen,
aber natürlich auch Erstarrungen hinzukommt. Von Haus
aus bin ich ein ungemein unfertiger, unskeptischer, erfah-
rungsloser Mensch gewesen, sehr naiv; erst die Jahre, die
Schläge, die Schwierigkeiten brachten einen gewissen inneren Besitz.« (An Ellinor Büller-Klinkowström, 19.3.1937)
– »Auch der Geist ist wohl nicht das Letzte. Auch er wird
wohl einmal überwunden werden müssen.« (An Max
Bense, 21.3.1937) – »Es gehört viel dazu, morgens damit
aufzuwachen u. abends damit schlafenzugehn bezw. nicht
einschlafen zu können, weil man nur u. in allem außerhalb
der Zeit steht u. nur aus Widerspruch zu ihr besteht. Es ist
keine Laune, keine Koketterie, keine Literatur, es ist kör-
perlicher, konstitutioneller Zwang.« (An Ellinor Büller-
Klinkowström, 19.5.1937) – Erneuter Angriff von seiten
der SS in dem Buch: ›Säuberung des Kunsttempels. Eine
kunstpolitische Kampfschrift zur Gesundung deutscher
Kunst im Geiste nordischer Art‹. Benn wird als »Kulturbol-
schewist« und »Rasseschänder« diffamiert. Wiederum Ver-
teidigung bei den vorgesetzten Behörden. Im Juli zieht
Benn nach Berlin, übernimmt dort als Sanitätsoffizier einen
neuen Aufgabenbereich.
1938: Benn heiratet Herta von Wedemeyer im Januar. Eine
Bekanntschaft aus Hannover. Benn gibt in Briefen prak-
tische Gründe an, Führung des Haushalts etc. – Im März
Mitteilung des Präsidenten der Reichsschrifttumskammer
(»Im Einvernehmen mit dem Herrn Reichsminister für
Volksaufklärung und Propaganda«) über Ausschluß aus
der Kammer und Schreibverbot: »Im Übertretungsfalle
müßten die Strafbestimmungen des Reichskulturkammer-
gesetzes gegen Sie in Anwendung gebracht werden.« Der
Präsident teilt weiterhin mit, daß Reichsmarschall Göring
ein Ehrengerichtsverfahren gegen Benn eingeleitet habe,
mit dem Ziel der Ausstoßung aus dem Offizierskorps.

»Der Reichsmarschall – mir wankten die Knie, aber der Reichsmarschall und ein Oberstabsarzt – das erschien mir unproportioniert.« (*Doppelleben*) Die Sache erwies sich als Irrtum. – »Unerträglich doch manchmal das alles! Kaum ein Tag ohne die schlimmsten Dinge. Dass man das alles immer weiter durchführt, sogar noch Angst hat vor dem Aufhören des Ganzen, ist eines der Rätsel mehr.« (An Oelze, 20. 3. 1938) »Was für eine unerschöpfliche dumme tierische Menschheit das, die das alles hinnimmt u. dabei gröhlt! Ist sie ein Holzweg oder wir, Herr Oelze?« (24. 4. 1938) – »Von meinen Freundschaften endeten zwei durch Erschossenwerden (eine von einem eifersüchtigen Freund, eine aus politischen Gründen kürzlich in Russland), vier durch Selbstmord, zwei weitere sehr nahe Beziehungen starben so. Diese meine 31 jährige Frau nun umgebe ich mit der ganzen Sorgfalt u. Vorsicht meines so häufig von Gefahren und Zusammenbrüchen etwas ermüdeten und wunschlos gewordenen Lebens...« (An Oelze, 29. 6. 1938)

1939: »Mein Büro ist im Bendlerblock, zwischen Tirpitzufer und Tiergartenstrasse... Meine Tätigkeit ist natürlich geringfügiger Art...« (An Oelze, 10. 10. 1939) – »zum Schreiben bin ich zu müde. Ich gehe bei Dunkelheit fort u. komme wenn es wieder dunkel ist, zurück. Manchmal gehe ich während der Frühstückspause eine halbe Stunde durch den schönen alten Teil Berlins...« (An Oelze, 8. 11. 1939)

1940: »Um das Jahr 1000 lag vielleicht ein ähnliches Weltbild vor: das Versinken der Erde u. die Erwartung des Endes, das verkündet war. Wir stehn also wieder vor dem Dualismus des Innen und Aussen...« (An Oelze, 27. 10. 1940) – »dass meine extremen Positionen eine Hartnäckigkeit u. Sturheit bekunden... Aber wie soll man seine Substanz *vor*treiben in geistige Begriffe, wenn nicht durch *Über*treibung? Nur so werden sie sichtbar.« (An Oelze, 3. 11. 1940) – »Ich möchte einmal wieder ganz allein sein, auch ohne Wohnung. Ich kann diese sturen Gestalten ringsherum garnicht mehr verächtlich finden etwa, keineswegs, sie gehen alle ihren armseligen engen Weg mit Weib und Kindern u. starken Dekorationsdrängen und Kriegsverdienstkreuzbestrebungen – nichts gegen sie, es muss so sein, bloss vor der Berührung mit ihnen behüte mich, wenn es irgendetwas Transcendentes giebt, Schicksal oder Ordnung oder Götter oder Zufall, es behüte mich.« (An Oelze, 5. 12. 1940)

1941: »Das Altern, das Herz, die Schlaflosigkeit, die Depressionen, die völlige Isoliertheit, die ununterbrochene innere Spannung, sich zu halten, auch sich zu verbergen, alles dies zusammen ist kaum erträglich.« (An Oelze, 24. 4. 1941) – »Es erscheint mir auch zweifelhaft, ob ich mich noch werde regenerieren können, die Erschöpfung ist zu tief, ich habe eine regelrechte klinische Depression, wohl auf arteriosclerotischer Grundlage; ich bin mir völlig klar darüber, dass ich im Ausgang meines Lebens stehe, aber seien Sie sicher, dass ich das mit grosser Fassung tue.« (An Oelze, 21. 6. 1941) – »Der tiefe u. echte Drang des Deutschtums zum Analphabetentum sprach sich in dieser Bemerkung aus, zum Faustischen, zum Einfältigen und zum Schwung –«. (An Oelze, 24. 10. 1941)

1942: »Die Zukunft muss man sich wohl sehr grausig vorstellen. Die Frage ist wohl nur die, ob man Stalin Deutschland bis zur Oder oder bis zur Elbe versprochen hat ... Generäle sind 11 fort. Dass sie noch lange am Leben bleiben werden, ist mir unwahrscheinlich. Himmler soll Innenminister werden ...« (An Oelze, 4. 1. 1942) – »Mir geht es gesundheitlich nicht gut. Eine schwere Verbrauchtheit im Kopf, Schmerzen im Zwischenhirn, Schund u. Schmutz an den Centralorganen. Aber was tuts; einmal ist es zu Ende ...« (An Oelze, 11. 4. 1942)

1943: Versetzung Benns nach Landsberg an der Warthe. Leben in der Kaserne. »Zu tun ist nichts. Die Dienststellen sind auseinandergerissen, die Desorganisation macht sich angenehm geltend ... In der Stadt nichts zu essen; nichts zu kaufen ... Vorige Woche war ich einen Tag dienstlich in Berlin. Meine Wohnung steht, trotzdem 6 Brandbomben ins Haus gingen, aber gelöscht wurden. Die Umgebung ist stark betroffen ... Mein Eindruck ist, dass man die Wohnung abschreiben muss. Keine grosse Wahrscheinlichkeit, dass sie heil bleibt. Man raubt u. plündert aus seiner eigenen Wohnung, als ob es schon eine fremde wäre, stopft noch dies u jenes in die Handtasche, den Rest stehlen andere.« (An Oelze, 30. 8. 1943) Die Vorgänge hat Benn dargestellt in: *Doppelleben II. Block II, Zimmer 66.*

1944: »Es ist also noch alles da, es bleibt auch da, es wird nichts zerstört, unsere Gedanken, Formen und Träume leben weiter, da sie älter u. echter sind als gewisses Gequatsche u. Gelärme...« (An Oelze, 13. 4. 1944) – »Ich bin noch hier in der Kaserne. Glaube auch zunächst, dass ich noch bleibe. Es wird 12 km östlich von L. geschanzt von Jung u. Alt...« (An Oelze, 14. 8. 1944)

1945: »im letzten Augenblick aus L. entkommen über Stock u. Stein, im offenen Viehwagen bei 10° Kälte, 12 Stunden dauerte die Fahrt von Küstrin hierher. Dann die Angriffe hier, der vom 3 II. war schauerlich. Auf den Bayrischen Platz allein kamen 9 Volltreffer. Alle Sachen in L. gelassen; hier kein Gas, kein Wasser, kein Telefon, nichts zu Essen.« (An Oelze, 9. 2. 1945) – »So verlief das Ende des ganzen Ostens, Stadt für Stadt. In der Wohnung waren dann fremde Leute, die Stuben leer, wir deckten uns mit meinem Soldatenmantel und Zeitungspapier zu, um aufzuwachen, als die Sirenen heulten. So klang es aus –«. (*Doppelleben*) – Die Russen besetzen Berlin, die Bozenerstraße, in der Benn wohnt, am Tage von Hitlers Selbstmord (30. 4.). Im Juli nimmt sich Herta Benn das Leben in der Nähe Berlins, wohin sie evakuiert war, aus Angst vor den Russen. – »Soweit ich aus dem Aschenhaufen meiner Existenz in den letzten Monaten überhaupt aufblickte u. aufdachte... Haben Sie Dank für Ihre Worte der Teilnahme zum Tode meiner Frau. Nichts in meinem Leben hat mich so getroffen, so tief getroffen wie dieser Tod... Dies Grab u. dieser Tag dort! Mit jedem neuen Tag jetzt wird mein Kummer unerträglicher, es trifft wohl garnicht zu, dass die Zeit einen Verlust lindert.« (An Oelze, 7. 11. 1945) – »daß Ihr die Lage so empfindet wie sie tatsächlich ist, nämlich daß durch dies Ereignis mein Leben einen endgültigen Stoß und Niederwurf erlitten hat, von dem ich noch nicht weiß, ob ich mich davon erholen werde u. erholen will. Diese Verbindung war keine Leidenschaft, aber eine so unendliche Freundschaft u. Zärtlichkeit, daß ihr Verlust eine Kette von Trauer u. Tränen für mich bedeutet. Im September war ich an ihrem Grab, überhaupt nichts in meinem Leben hat mich so erschüttert wie dieser Tag in dem armseligen Dorf, in der Küche, in der sie seit Monaten wohnte u. auf mich wartete...« (An E. C. Kraus u. A.

Schuster, 18.11.1945) Im selben Brief zur literarischen Situation: »Ich habe noch keinen Schritt unternommen um festzustellen, ob ich überhaupt publizieren darf. Es interessiert mich nicht sehr, aber ich höre, daß ich auch bei den Jetzigen ›unerwünscht‹ bin u. auf schwarzen oder grauen Listen stehe. Ich unternehme nichts, um das aufzuklären … Ich lebe völlig allein. Damals unerwünscht, heute von neuem unerwünscht …, ich finde das richtig u. eine Bestätigung meines Grundgefühls, das ich oft aussprach, daß Kunst außerhalb der Zusammenhänge von Staat u. Geschichte steht u. daß ihre Ablehnung durch die Welt zu ihr gehört.«

1946: »Meine Depression war grenzenlos, meine Hoffnungslosigkeit so tief, dass ich keinen Gedanken mehr fassen konnte.« (An Oelze, 27. 2. 1946) – »Daß mein Name auf den schwarzen u. grauen Listen steht, überrascht mich gewissermaßen, da ich ja doch nie PG. war u. seit 1934 jede Beziehung zu der Literatur abgebrochen hatte u. im Schwarzen Korps u. sw. fortgesetzt angepöbelt u. aus der Reichsschrifttumskammer hinausgeworfen war … Es ist mir alles sehr fern gerückt, ich lebe wie ein Trappist, schweigend u. wüstenumdröhnt.« (An Pamela Regnier-Wedekind, 7. 3. 1946) – »Ich stehe mir nicht mehr nahe u kann mich garnicht mehr an mich in meiner jetzigen Existenzform gewöhnen. Ich finde es so niedrig, noch zu leben; alles dies mitzumachen, was sich stündlich um einen abspielt äusserlich u. innerlich. Die Zeitgenossen!« (An Oelze, 20. 3. 1946) – »Übermorgen werde ich nun 60 Jahre, – die Zeit ist rum, aber ich bin einverstanden damit. Ich kann auch nichts bedauern oder gar bereuen, was ich je literarisch publizierte, es war immer echt u. kam aus meinem Wesen … Man kann nur für sich selbst entscheiden u. dann die Folgen auf sich nehmen.« (An Tilly Wedekind, 30. 4. 1946) – »Leer! Zu Ende! Solipsistischer Nihilismus; letzte Objectivität, fast schon Beziehungslosigkeit in Bezug auf sich selbst, Herabsehn aus grosser Höhe auf sich selbst wie der Falke in einen Abgrund.« (An Oelze, 15. 10. 1946) – »Nun, ich mache mir nicht mehr viel aus alledem u. tue nichts, um mich beliebt zu machen. Es sind gute Bücher, die ich schrieb u. eines Tages werden sie bekannt sein, – wenn ich tot bin.« (An Gertrud Zenzes, 26. 11. 1946) – Am

18. Dezember heiratet Benn Ilse Kaul, Dr. med. dent., die eine eigene Praxis führt.

1947: »dass diese Ehe, die nicht leicht – von beiden Seiten – zu Stande kam, für mich ein ausgesprochenes Glück bedeutet, mit dem das Leben mich überraschenderweise beschenkt hat. Ich habe meine inneren u. äusseren Erfahrungen, die geistigen, die menschlichen u. die erotischen einsetzen müssen, um diese reizende Person zu gewinnen, die – wollen Sie das bitte für sich behalten – 27 Jahre jünger ist als ich. Es ist von beiden Seiten eine ausgesprochene Liebesheirat...« (An Oelze, 10. 1. 1947) – »Ich rechne garnicht mehr mit Veröffentlichungen zu meinen Lebzeiten und ich sehe, daß man bei dieser inneren Voraussetzung noch viel freier und weitsichtiger schreiben kann, als wenn man sich die doch nur gröhlenden Zeitgenossen dabei vorstellt.« (An Fritz Werner, 23. 4. 1947) – Benn berichtet in den Briefen von seiner gutgehenden Praxis, Schwarzhandel, Trümmer-Berlin. Dargestellt in dem Prosastück *Der Ptolemäer. Berliner Novelle, 1947.* Verlage treten an Benn heran, u. a. Goverts u. Rowohlt. Artikel erscheinen über ihn, u. a. in der ›Neuen Rundschau‹: »im Ganzen äusserst interessant u tief, u. politisch nicht unangenehm, eine der besten Sachen über mich u dies nach 11 Jahren Schweigen von meiner Seite.« (An Oelze, 23. 6. 1947) Benn arbeitet ununterbrochen an literarischen Werken, wie er das auch in den Jahren zuvor getan hatte. Zum Jahresende Abschluß mit dem Arche-Verlag über den Band *Statische Gedichte.* Die Korrespondenz umkreist zunehmend die literarische Produktion und Publikation. »Ich bekomme z. Z. erstaunlich viel Briefe... Als ob eine Art metaphysischen Bebens z. Z. meinen Namen oder meine Erscheinung an vielen Orten in Erinnerung bringt.« (An Oelze, 4. 12. 1947) Benn spricht von seinem »Come-back«.

1948: Dr. Oelze, der die Bennsche Produktion der vergangenen 15 Jahre in einem Archiv gesammelt hatte, bekommt den Auftrag: »Bitte geben Sie nichts aus der Hand, das ist mein ausdrücklicher Wunsch.« (17. 1. 1948) – »Vor allem ist es so lächerlich, so zu tun, als ob hinter literarischen Arbeiten, Kritik oder Feuilletons eine lautere objective Wahrheit stünde, zu der alle streben u. der sie alle dienen –: jeder weiss, dass es sich in diesem Milieu um reine Prostitution handelt...« (An Oelze, 13. 5. 1948) – »Wir werden nicht verreisen u. die Bitterkeit der Ruinen u. der kleinen Staubgärten auf unseren kurzen Spaziergängen schmekken.« (An Oelze, 4. 6. 1948) – »Die deutsche, die abendländische Öffentlichkeit ist doch nur noch eine Latrine, auf der die politisch Privilegierten publizistisch unter sich lassen.« (An Oelze, 15. 6. 1948) – Benn schreibt den *Berliner Brief* (Juli 1948), der seine Lage darstellt: »Geschrieben in einem schattenreichen Zimmer, in dem von den 24 Stunden zwei beleuchtet sind...« (Veröffentlicht 1949 in der Zeitschrift ›Merkur‹, die viele neue Werke von Benn bringt.) – Der Verleger Max Niedermayer interessiert sich für das Gesamtwerk. »*In jedem Satz muß alles stehn...* – absolut sein in jeder Chiffre, in jedem Wort. Das ist die Krise! Sie sehen, sehr verehrter Herr Niedermayer, in welche Verstrickungen ich Sie zu führen gezwungen bin, wenn Sie sich mit mir als Autor einzulassen die Gewogenheit haben wollen...« (18. 9. 1948)

1949: »Wäre es ohne diese ewigen Krisen gegangen, müsste ich in meinen Jahren, um bürgerlich reputierlich dazustehn, ein Auto aufweisen können, ein Weekendhaus und Perserbrücken, was mir aber schlechthin nie möglich gewesen wäre zu beschaffen bei meiner Facon, Geld in die linke Westentasche einzunehmen und aus der rechten sofort wieder auszugeben.« (An Oelze, 19. 1. 1949) – »Heute von Herrn Paeschke einen Brief von geradezu überströmender Ergebenheit: er legt sich, den Merkur, die D. V. A. mir zu Füssen u bittet, den Merkur als einzige Zeitschrift für meine Publikationen betrachten zu wollen.« (An Oelze, 22. 2. 1949) – »Das ist also mein Come-back in Berlin nach 15 Jahren. Nun geht also das Gefrage hier los: ›Haben Sie was damit zu tun?‹ ›Ist das ein Verwandter von Ihnen?‹ ›Das hängt wohl garnicht mit Ihnen zusammen?‹ Ich antworte immer, das ist mein Urgroßvater, den sie wieder ausgebuddelt haben.« (An Frank Maraun, 7. 3. 1949) – »Wenn man alt wird, wird man bescheiden... Ich war zerrissen u. habe wohl auch nicht von Anfang an zielbewusst und systematisch mich vorgenommen, sondern mich treiben lassen u. viel gespielt. Aber eine abschliessende Persönlichkeit zu schaffen, war wohl die Epoche nicht mehr berufen.« (An Oelze, 30. 3. 1949) – »Wenn man mir gegenüber reserviert ist, – ich bin es jedenfalls noch mehr, nichts wäre mir fataler als offene Arme und Feuilletonlakritze.« (An Fritz Werner, 9. 5. 1949) – »Die wenigen Jahre, die ich vielleicht noch lebe, werde ich zu keiner Konzession meiner mein Leben lang verfolgten extremen Richtung bereit sein. *Man kann es ja auch garnicht:* kein Satz, kein wirklicher Satz, kommt zustande, wenn nicht hinter ihm das ganze Pathos und das ganze innere Leiden der Persönlichkeit steht. Meine ärztliche Praxis, die mir bisher keine Instanz nehmen konnte, gibt mir die äußere Möglichkeit, dem inneren Gesetz zu leben.« (An Erich Pfeiffer-Belli, 3. 7. 1949) – »ich bin wohl der einzige in Deutschland, der den Mut (und infolge seiner Praxis, der ärztlichen) die Möglichkeit hat, den Dingen so ins Auge zu sehen, wie sie sind, so erbarmungslos, so nihilistisch und doch nicht ganz hoffnungslos.« (An Erna Pinner, 16. 7. 1949) – »Meine vier Bücher sind ein ganz sensationeller Erfolg. Täglich kriege ich Aufsätze und Kritiken, – den meisten bin ich widerlich, aber sie müssen anerkennen, daß ich ein großer Magier bin (ein Charlatan, wie Ilse immer sagt). Nun ich bin lieber ein Charlatan, der anregt, als ein Kleinbürger, der Stimmungen von sich gibt.« (An Nele Soerensen, 30.7.1949) Die vier Bücher sind: *Statische Gedichte, Drei alte Männer, Der Ptolemäer, Ausdruckswelt.* – Zusammenfassung seiner Lebenssituation in einem langen Brief an Thea Sternheim: »mich kann nichts mehr tief treffen, auch kein Ruhm u. dergl mich mehr erfreuen, die wenigen Jahre, die ich vielleicht noch lebe, wird mich niemand mehr sehr gesprächig machen... Meine eigentliche Natur ist ja immer weiter das gänzliche Alleinsein... Als Fazit meiner Existenz sage ich, daß es nichts Besseres für einen potenten Kopf gibt, als immer wieder und das ganze Leben lang für anrüchig zu gelten und unterdrückt zu werden...« (12. 8. 1949) – »Ich verachte die Menschen, die mit ihren eigenen Dingen nicht fertig werden und nun in Gebeten den lieben Gott anflehen, ihnen behilflich zu sein und sie zu erretten.« (An Nele Soerensen, 24. 8. 1949) – »Ahnte doch jemand, welche Last man auf sich nimmt, wenn man seinen inneren Auftrag ausführt, gegen den man alle Einwände genau kennt und den man doch vertreten muss, wenn man einmal angefangen hat.« (An Oelze, 2. 11. 1949) – »Durch alles fasst man durch, bis die Hand wieder in der eisigsten Polarkälte blau wird u. erstarrt, Frostbeulen an Hand u Herz – ein Herz, das eigentlich lyrisch u weich ist.« (An Oelze, 29. 11. 1949)

1950: Internationales publizistisches Echo auf Benns Werk. Kontakt mit Ernst Jünger, Ernst Robert Curtius, Max Bense, Friedrich Sieburg, Max Rychner. Artikel über Benn im ›Spiegel‹. »Es sind ja wieder allerlei Sachen über mich erschienen, aber ich lese es kaum bezw. garnicht mehr. Es ist auch möglich, dass ich beschliesse, garnicht mehr zu arbeiten u zu schreiben, ich halte weniger von mir als je. Alle Einladungen nach Westdeutschland habe ich abgesagt; mir vorzustellen, dass sich einige hinsetzen und meine fade Grimasse anstarren, ist mir unerträglich.« (An Oelze, 4. 3. 1950) – »Ich habe den Kreis, in dem sich mein Leben abspielt so eng gezogen und so genau determiniert, dass ich ihn im Augenblick kaum durchbrechen kann.« (An Oelze, 3./4. 5. 1950) – »Eigentlich ist mein privates Leben völlig undurchsichtig, eine Kontinuität aus Lücken und Verlusten, keiner könnte von mir etwas erzählen, einen Zusammenhang erblicken und schildern.« (An Oelze, 11. 9. 1950)

1951: »Je älter man wird, um so unklarer werden die Dinge, um so fragwürdiger das Persönliche, schließlich vergißt man sich selbst und will auch garnichts mehr von sich wissen. Auch der Trost mit dem Kulturkreis, in dem irgend etwas angeblich weiterlebt, erscheint einem als Illusion und idealistisches Keep-smiling.« (An Ewald Wasmuth, 27. 3. 1951) – »Nun, es ist Zeit, daß man einpackt; das Leben war manchmal schwer, aber ich habe es ertragen u. im wesentlichen würde ich nichts anders machen als ich es machte.« (An Gertrud Zenzes, 23. 4. 1951) – »man hat gelebt, seine Versuche dargeboten u. man sollte gehn, ohne Zuspruch zu erwarten ... Ich hoffe, daß Sie weniger müde sind, als ich es bin, und mehr Zustrom von den jenseitigen Dingen haben, als mir beschieden ist.« (An Ina Seidel, 8. 5. 1951) – »Über nichts denke ich im übrigen mehr nach als über die Fragwürdigkeit eines langen geistigen Lebens.« (An Oelze, 7. 6. 1951) – Einladung von seiten der Belgischen Regierung zu einem Europäischen Dichtertreffen: »Ich habe keine Lust; die Dichtertreffen werden dort eben so blöd sein wie bei uns.« (An Oelze, 16. 8. 1951) 21. August: Vortrag in Marburg: *Probleme der Lyrik*. Verleihung des Georg-Büchner-Preises von der Deutschen Akademie für Sprache und Dichtung im Oktober: »Darmstadt: ein glorreicher Tag, der glänzendste meines Lebens völlig gelungen in Stimmung, Äusserem u. Gesellschaftlichem. Am 18 X las ich in Hannover die Marburger Rede vor, auf Einladung. Auch da wurde ich als grosser Mann gefeiert u aufgenommen, Minister zu Füssen ...« (An Oelze, 25. 10. 1951)

1952: »Auch bin ich der Meinung, es ist besser u. anständiger, bis zum Schluß seiner Produktion hart zu bleiben, statt milde, reif u. familienhaft zu werden ... Ich bin mir völlig klar darüber, daß ich mir durch diese neue Publikation Anhänger verscherze u Chancen äußerer Art nehme (Preise usw.), aber wenn etwas aus echter produktiver Substanz u. menschlicher Notwendigkeit stammt u strömt, wäre es feige, zurückzuschrecken.« (An Max Niedermayer, 16. 2. 1952) – »Nicht häufig, aber manchmal überfällt mich der Gedanke, dass ich nun 66 Jahre bin, also am Ende, darüber kann ich mir keine Illusion mehr machen, jeden Tag kann es ohne Präludien aus sein. Es zieht sich doch eine Linie von: ›Die Krone der Schöpfung, das Schwein, der Mensch‹ bis zu dem letzten Siegel: ›im Dunkel leben, im Dunkeln tun, was wir können –‹.« (An Oelze, 6. 8. 1952) – Bundesverdienstkreuz I. Klasse; von Benn angenommen: »Ablehnen wäre Angeberei, also nehme ich es hin. Tragen werde ich es nicht ...« (An Oelze, 16. 12. 1952) – Teilnahme als Vertreter Deutschlands an der ›Biennale internationale de Poésie‹ in Knokke, Belgien.

1953: »Meine Frau ist reizend wie immer, viel zu gut für mich alten Brummbär, der nie aus seinem Zwinger geht.« (An Thea Sternheim, 7. 3. 1953) – »Ich möchte Ihnen gleich mitteilen, daß meine Pensionssache günstig ausgegangen ist und ich wohlwollender beurteilt wurde, als ich zu hoffen wagte. Ich glaube, nun für den Rest meiner Jahre im Gröbsten ohne Sorgen sein zu können.« (An Oelze, 18. 7. 1953) – »Überhaupt Berlin-West – eine größere innere Tragödie als Sie sich denken können.« (An Joachim Moras, 24. 8. 1953) – »Ich bat den ›Merkur‹, einen Aufsatz über meine Gedichte *nicht* zu bringen, ich mag nicht mehr, es sagt mir alles nichts mehr; ich kann kaum noch einen Schritt gehn vor Müdigkeit ...« (An Oelze, 30. 10. 1953)

1954: »man sage nicht, der Geist kann es erreichen, / er gibt nur manchmal kurzbelichtet Zeichen.« (*Melancholie*) – »je älter ich werde, umso intensiver empfinde ich den Zwang, unter dem man jede Zeile produziert...« (An Max Rychner, 10. 10. 1954) Benn stehe auf der Nobel-Preis-Liste, sagt ihm ein Ordinarius für Deutsche Literatur aus Fribourg. – »Die Vereinsamung, in der ich lebe, ist ja doch sehr groß und über die helfen auch alle Briefe literarischer Anhänger, Männer und Frauen, nicht hinweg. Innen in einem ist es grau und fragwürdig und unaussprechbar, und hinter der Maske der Ironie und Höflichkeit nach außen zerreißen sich immer von neuem die letzten Bestände von Leben und Glück.« (An Max Niedermayer, 30. 12. 1954)

1955: »von einer krankhaften Müdigkeit u. Apathie, es gibt Tage, wo ich nur auf der Couch liege... Dies Jahr habe ich alles abgesagt, selbst Rom, Florenz, Basel, Zürich. Ich mag nicht mehr. Erfolg habe ich ja genug, aber es bedeutet mir alles nichts mehr.« (An Tilly Wedekind, 4. 5. 1955) – »Montag geht es nach Köln. Der NWDR schreibt mir: ›der Andrang nach Eintrittskarten hat den Grad eines Naturereignisses angenommen.‹ Gilt aber sicher zu über 50% R. Schneider.« (An Oelze, 10. 11. 1955)

1956: 70. Geburtstag am 2. Mai. In der Amerika-Gedenkbibliothek findet eine offizielle Feier des Berliner Senats statt. Benn feiert im Kreise der Familie und Freunde (vgl. Nele Soerensen: *Mein Vater Gottfried Benn*). »Reden dürfen nicht gehalten werden.« (An Max Niedermayer, 8. 4. 1956) – Zu Jahresanfang war Benn in einem Berliner Krankenhaus stationär behandelt worden. »Die Röntgenuntersuchung hat ein sehr gutes Resultat ergeben: kein Karzinom.« (An Nele Soerensen, 24. 3. 1956) »Als der Geburtstag dann kam, sah mein Vater wirklich so aus, als ob er sich sehr wohl fühle und alles schön fände, auch die vielen Menschen, die sich um ihn drängten.« Benn wird in Schlangenbad auf Rheuma behandelt. »Das alles aber ist, wie gesagt, für die Katz. Ich warte noch eine Woche, dann werfe ich mich vor einen der grossen Reiseomnibusse und dann wird die Neuritis sich ja beruhigen. Den rechten Arm kann ich kaum noch bewegen.« (An Oelze, 15. 6. 1956) – Letzter Brief an Oelze: »Jene Stunde... wird keine Schrecken haben, seien Sie beruhigt, wir werden nicht fallen wir werden steigen – Ihr

B.« (16. 6. 1956) Nach der Rückkehr wird in Berlin ein Wirbelsäulenkrebs festgestellt (6. Juli). Gottfried Benn stirbt am 7. Juli morgens gegen 8 Uhr in Gegenwart seiner Frau.

Werkbiographie zur Lyrik

1912

März: *Morgue und andere Gedichte* wird als »Flugblatt« in einer Auflage von 500 Exemplaren im Verlag A. R. Meyer verlegt. Benn: »Als ich die ›Morgue‹ schrieb, mit der ich begann und die später in so viele Sprachen übersetzt wurde, war es abends, ich wohnte im Nordwesten von Berlin und hatte im Moabiter Krankenhaus einen Sektionskurs gehabt. Es war ein Zyklus von sechs Gedichten, die alle in der gleichen Stunde aufstiegen, sich heraufwarfen, da waren, vorher war nichts von ihnen da; als der Dämmerzustand endete, war ich leer, hungernd, taumelnd und stieg schwierig hervor aus dem großen Verfall.« *(Lebensweg eines Intellektualisten)* – »Gottfried Benn? Noch bis zum März 1912 wußte niemand von ihm. Bis auf wenige seiner Freunde. So auch Adolf Petrenz, der Redakteur, der mir ein wirres Manuskript zugehen ließ, dessen Lektüre mich mißmutig machte... bis ich dann zu einem angehängten Zyklus, der mit den bisherigen Versen schier unvereinbar schien, gelangte und – aufschrie. Der das geschrieben hatte, kam nicht von der Theorie, sondern aus den Erlebnissen des ärztlichen Berufes...« »Wohl nie in Deutschland hat die Presse in so expressiver, explodierender Weise auf Lyrik reagiert wie damals bei Benn.« (A. R. Meyer)

1913

8. Januar: *Morgue II* erscheint in der expressionistischen Zeitschrift ›Die Aktion‹ in der Gedenknummer für Georg Heym.

26. Februar/25. Juni: ›Die Aktion‹ bringt den Zyklus *Alaska*. Das Gedicht *Drohungen* ist an Else Lasker-Schüler gerichtet, die in der Nummer vom 25. Juni ihren Text *Doktor Benn* veröffentlichte: »Gottfried Benn ist der dichtende Kokoschka. Jeder seiner Verse ein Leopardenbiß, ein Wildtiersprung. Der Knochen ist sein Griffel, mit dem er das Wort auferweckt.«

4. September: Zum Gedichtheft *Söhne* – das im Oktober erscheint – äußert sich Benn A. R. Meyer gegenüber: »Hier ist der Schund. Taugt nichts. Gibt eine Pleite... habe überhaupt kein Interesse mehr an der Sache... Wie kann man überhaupt Gedichte schreiben u. herausgeben.« Kurt Wolff hatte die Gedichte zuvor abgelehnt: »mit 3 kühlen Zeilen, daß jedes Interesse für meine Person ihm fernläge«.

Oktober: *Söhne* mit Titelzeichnung von Ludwig Meidner und Widmung: »Ich grüße Else Lasker-Schüler: »Ziellose Hand aus Spiel und Blut.« – »Es war 1912, als ich sie kennenlernte. Es waren die Jahre des ›Sturms‹ und der ›Aktion‹, deren Erscheinen wir jeden Monat oder jede Woche mit Ungeduld erwarteten.« (*Rede auf Else Lasker-Schüler, 1952*)

In den Jahren 1912/13 erschienen in rascher Folge Gedichte Benns in: ›Die Aktion‹, ›Der Sturm‹, ›Das Neue Pathos‹, ›Die neue Kunst‹, ›Pan‹, ›Die Bücherei Maiandros‹.

1914

27. Juli: »Und im Prinzip bin ich gegen alle Anthologien und Massenaufzüge... Ich bin in Eile. Ich muß in den Krieg u. bin nicht ausgerüstet...« (An A. R. Meyer)

1915

September: In Brüssel entsteht das Gedicht *Karyatide*: »Ein Septembertag... Die Straße zu gehen war kurz, doch von den Horizonten brach das Dionysische, die Stunde war zerstückt und bronzen, Verbranntes überall, auf ihrer Kuppe hatte ein Feuer gewütet.« (*Lebensweg eines Intellektualisten*)

1916

März: *Karyatide* in ›Die Weißen Blätter‹.

Juli, August, September, November: *Aufblick, Kretische Vase, O, Nacht –*: und *Durch's Erlenholz kam sie entlang gestrichen – – – –* in: ›Die Aktion‹.

März: Der Gedichtband *Fleisch* erscheint als dritter Band der von Franz Pfemfert herausgegebenen ›Aktions-Lyrik‹. Er wird von Oskar Loerke in der ›Neuen Rundschau‹ besprochen: »Freilich die Stücke in dem Zyklus ›Morgue‹, die uns vor Jahren durch ihre Kühnheit erstaunlich waren, wirken heute wie Stilleben mit Leichenteilen. Aber in anderen ›klaftern Wünsche ihre Flügel adlerhaft, als wollten sie einen Flug wagen aus der Erde Schatten‹. Benn schleudert fast wahllos Unrat und Sternenmasse. Er stammelt, stöhnt, schreit. Manchmal möchte man seine herausfordernde Besessenheit verspotten, doch aus den Stellen, die man mit kalter Hand berührt, fährt ein Schlag.« (1918)
Juli: *Dunkler Sommer* in: ›Die Weißen Blätter‹.

1918

»Benn ist der wahrhaft Aufständische ... erschüttert Begriffe von innen her, daß Sprache wankt und Bürger platt auf Bauch und Nase liegen.« (Sternheim: *Kampf der Metapher*)

1919

Herbst: Kurt Pinthus bringt in der Anthologie *Menschheitsdämmerung* von Benn: *Kleine Aster, Der junge Hebbel, Mann und Frau gehn durch die Krebsbaracke, D-Zug, Karyatide, O, Nacht –:, Gesänge, Synthese* (in dieser Reihenfolge verstreut im Buch).
Ludwig Rubiner ignoriert Benn in seiner sozialrevolutionären Anthologie *Kameraden der Menschheit*.

1920

Dezember: *Bolschewik* und *Strand* in: ›Die Neue Rundschau‹.

1921

19. August: »Lebenslauf« für die *Gesammelten Schriften*. »Bei Erich Reiss erscheinen in diesem Herbst meine gesammelten Werke, ein Band, 200 Seiten, sehr wenig,

man müsste sich schämen, wenn man noch am Leben wäre. Kein nennenswertes Dokument, ich wäre erstaunt, wenn sie jemand läse...«

1922

22. Mai: Im ›Börsenblatt für den Deutschen Buchhandel‹ annonciert Erich Reiss die *Gesammelten Schriften*: »Die ›Gesammelten Schriften‹ werden auch einem weiteren Kreise seine einsame Gestalt und Größe vermitteln. Ein Dutzend seiner klassischen Gedichte wird das Antlitz dieser Zeit in eine bessere oder schlechtere Zukunft hinüberretten.«

Dezember: Die *Gesammelten Schriften* werden aus verlagsrechtlichen Gründen auseinandergenommen, die Gedichte *Chanson*, *Spuk*, *Rot* und *Schwer* kommen hinzu.

1923

April: »Benn bedeutet der reinste Ausdruck des neuen Stilwillens. Der Spießer wird schreien: Wehe, welch ein Zyniker!« (In: Der Zwiebelfisch)

Sommer: Gedichte im ›Querschnitt‹: *Nacht*... und *Die Welten halten*...

Neudruck der *Morgue* in München.

1924

Februar: Die Sammlung *Schutt* erscheint bei A. R. Meyer.

26. Oktober: Carl Werckshagen rezensiert positiv die *Gesammelten Schriften* in der »Vossischen Zeitung«.

Oktober: Von Rudolf Kayser erscheint in der ›Neuen Rundschau‹ eine positive Rezension von *Schutt* und anderen Gedichten.

1925

September: Der Zyklus *Betäubung* kommt bei A. R. Meyer in 300 Exemplaren als »Flugblatt« heraus. (Der Maximilian-Gesellschaft gewidmet und zur Verteilung übergeben)

November: *Spaltung. Neue Gedichte.* (28 Stück, davon 14 neue) ebenfalls bei A. R. Meyer.

Kritik an diesen Gedichten, an Fremdwörtern, fachsprachlichem Wortbestand: »nicht nur die Ausführlichkeit, die Farbigkeit, die Sonderbarkeit wächst bei so wörtlichem Verfahren, auch die Direktheit wird unentrinnbar, auch die Wucht, auch der Gedanke kann wachsen. Aber wächst nicht auch die Gefahr für Benn, ein Vorläufer, ein Außenseiter, ein Abgestempelter des Speziellen zu werden?« (Oskar Loerke 1926 im »Berliner Börsen-Courier«)

1926

26. Juni: In der ›Weltbühne‹ erscheint Benns literarischer Lagebericht. »Was speziell die Gedichte angeht, so verdiente ich 1913 für ein lyrisches Flugblatt bei meinem Freund Alfred Richard Meyer 40 Mark, während des Krieges für Gedichte in den Weißen Blättern von Schickele 20 Mark, nach dem Krieg im Querschnitt für zwei Gedichte 30 Mark, das macht zusammen für Lyrik 90 Mark... bin ich übersetzt ins Französische, Englische, Russische, Polnische und in lyrische Anthologien Amerikas, Frankreichs und Belgiens übergegangen... In einem Vortrag in der Sorbonne rechnete mich Herr Soupault zu den fünf größten Lyrikern nicht nur Deutschlands, sondern Europas... In Deutschland gelte ich den Literaturgeschichten als einer der prominenten Lyriker des Expressionismus...« *(Summa summarum)*

4. September: Brief an Gertrud Zenzes. »Ich hausiere jetzt mit Gedichten, Neue Rundschau, Querschnitt etc. haben das Stück 75 M gegen Kasse angenommen. Ich wollte, ich wäre so fingerfertig wie Klabund, der ja heute abend schon wieder einen ›Cromwell‹ im Lessingtheater hervorkarnickelt.«

23. November: Brief an G. Zenzes. »Lasen Sie im Oktober-Querschnitt meine 2 miesen Poeme *[Jena* und *Annonce]* u. den *interessanten* Artikel von R. Kurtz *über mich?*«

20. Dezember: Im ›Simplicissimus‹ erscheint das ironisch parodierte Nachrufgedicht *Fürst Krafft.*

Brecht schickt Benn ein Exemplar seiner *Hauspostille* mit handschriftlicher Widmung.

März: Benn liest den autobiographischen Text *Lyrisches Ich.*

Mai: Die *Gesammelten Gedichte* erscheinen im Verlag ›Die Schmiede‹. Dazu Carl Einstein in der ›Neuen Rundschau‹: »Diese undeskriptiven Substantive sind gehirnlich-empfindsame Summationen ... Sie totalisieren das innere Geschehen, denn in ihnen wird das Einzelerlebnis grammatikalisch typisiert. Kaum getrennt, rasch folgen diese Hauptworte einander. Ausrufe und Anrufungen.«

7. Juni: Benn liest Gedichte im Berliner Funk.

1928

März: Benn widmet das Gedicht *Die hyperämischen Reiche* dem Herausgeber des ›Querschnitt‹, Alfred Flechtheim.

1929

23. August: In Nr. 34 der ›Literarischen Welt‹ erscheinen *Du mußt dir Alles geben* und *Sät dich der Traum in die Weite.*

1930

Juli: Beginn der Zusammenarbeit mit Paul Hindemith: »Ihre Aufforderung nun, einen Text zu machen, der für Sie in Betracht käme, ist für mich sehr ehrenvoll u. der Gedanke regt mich auch an.« (8. Juli)

Dezember: In der von Günter Eich in Dresden herausgegebenen Zeitschrift ›Die Kolonne‹ erscheint das Gedicht *Immer schweigender –.*

1931

Rudolf Kayser (Herausgeber der ›Neuen Rundschau‹) nennt Benn »den größten Lyriker dieses Zeitalters«.

30. August: Die »Vossische Zeitung« bringt einen Artikel

Carl Werckshagens über *Das Unaufhörliche*, der bei Hindemith und auch bei Benn volle Zustimmung findet.

22. November: Uraufführung des Oratoriums *Das Unaufhörliche* in der Berliner Philharmonie unter Otto Klemperer.

17. Dezember: Benn resümiert in einem Brief an Ewald Wasmuth: »Die Sache hat mich sehr beschäftigt, die Sinnlosigkeit nämlich, gute Texte für Musik zu versuchen, das geringe Verständnis für Wortkunst, die direkten injurialen Anwürfe der Provinzpresse, der Fehlgriff im Grunde, mich der Musikwelt u Kritik zu stellen... Hi. will nun dringend mit mir weitermachen, eine Oper, aber ich kann mich nicht entschließen.«

1932

Laut ›Querschnitt‹ vom Januar: Im Katalog der ›Deutschen Zentralpolizeistelle zur Bekämpfung unzüchtiger Bilder, Schriften und Inserate‹ von 1926 wird Benns Gedichtband *Fleisch* (Die Aktionslyrik Bd. 3) geführt.

1933

Benns nationalsozialistisches Engagement, literarisch in Rundfunkreden und Essays hervortretend, äußert sich nicht in der Lyrik.

6. August: »So sehr geht der Sommer hin u. man bleibt weiter gebannt in seine Linien u. in seine Zeichen, und so kommt der Herbst u. man steht weiter unverrückbar an seinen Grenzen, und so blickt jene Frau auf Dürers Melancholie... weiter über Stein u. Kugel und Licht u Wasser, darf man sagen: in das Nichts, jedenfalls in unvorstellbar fernen Trost, wahrscheinlich aber doch: Untröstlichkeiten.« (An Ina Seidel) *Wo keine Träne fällt*: »Untröstlichkeiten – in Sagen...«

14. August: An Käthe von Porada das Gedicht *Durch jede Stunde* –: »nur nicht fragen, / nur nicht verstehn / ... ein Rausch aus Schweigen / mehr gibt es nicht.«

19. September: »Eben kommt der telefonische Anruf vom Rundfunk, daß die Lesung meiner Gedichte unterbleiben muß...« (An Käthe von Porada)

Oktober: In der Zeitschrift ›Die Literatur‹ erscheinen *Wo keine Träne fällt, Sils-Maria, Die Schale, Durch jede Stunde –, Dennoch die Schwerter halten.* – Insgesamt Melancholie und Resignation. »Ich hätte Ihnen auch gerne ein Gedicht gesandt ... ›wo keine Träne fällt‹, da es ausging von meiner letzten Karte an Sie im Sommer: die Melancholie.« (An Ina Seidel, 7. 11. 33)

1934

Herbst: Im Novemberheft der ›Literatur‹ der Gedicht-zyklus *Am Brückenwehr.*

24. November: »Lassen Sie uns dagegen ein Kloster grün-den, nur Mönche, echte, sind des ›Lebens‹ wert.« (An Oelze)

1935

Zunehmend enthalten die Briefe an Oelze Gedichte, lyrische Einfälle, Anmerkungen zur lyrischen Produk-tion.

27. März: Vorstufe des Gedichtes *Das Ganze* an Oelze.

6. August: *Tag, der den Sommer endet* ... an Oelze: »Un-widerbringlichkeit!«

25. August: *Die weissen Segel* – an Oelze.

3. September: *Ach, das Erhabene –, Astern –, Am Saum des nordischen Meers* an Oelze. Wie die vorausgehenden Gedichte auf der Rückseite von Speisekarten der Stadt-halle Hannover.

9. Dezember: Gedruckte Sammlung *Gedichte* liegt in ein-facher Form einem Brief an Oelze bei. »Ich muss, wenn ich überhaupt publiziere, das etwas Unbemerkte bevor-zugen, ich möchte nicht, dass meine Dienststellen viel davon bemerken.«

1936

Januar: Die *Gedichte* erscheinen in der Reihe ›Das Gedicht. Blätter für die Dichtung‹ im Verlag Ellermann, Ham-burg.

13. Januar: *Interieur* an Oelze: »die Zeiger fallen, / und nur der Gott ist da.«

19. Januar: An Oelze den Plan eines Gedichtbandes für die DVA: »Wie fänden Sie es, wenn ich dem Gedichtband (natürlich Deutsch. Verl. Anst.) einen Titel gäbe, einen Vers, der etwas aussagt, bezw. etwas aussagen soll oder möchte? Wenn ich ein Motto für diese Sammlung mir bedenke, ein Stichwort für dies Panoptikum lyricum, einen Ruf über sie alle, wäre es vermutlich:

entweder: ›Leben ist Brückenschlagen
über Ströme, die vergehn‹
(aus *Schleierkraut*)

oder: ›Du musst dir Alles geben
Götter geben Dir nicht –‹

oder ›Dein ist Leiden u Denken
so empfängst Du das Sein‹

oder: ›Dennoch die Schwerter halten vor die
Stunde der Welt –‹

Aber alles keine Buchtitel u. nicht als Nennung zu verwerten, am ehesten noch: ›dennoch die Schwerter halten‹ – Wie denken Sie?«

24. Januar: »Ich sass lange, bis hoch in die Nacht, u wollte die Absicht des Buches aufgeben. Unendliche Scham über meinen Abstieg und zu langes Leben, Über-leben, unendliche Trauer über den Verrat, den ich an mir zu begehn plante, warf mich um.« (An Oelze) Der Brief enthält eine detaillierte Aufstellung des geplanten Bandes. »Im Wesentlichen chronologische Ordnung.« – »Es werden mehr als 50 Gedichte werden. Mit dem Oratorium wohl 65–70 Stücke.« – »Bitte um weitere stille Teilnahme. Kranzspenden verbeten. Die Aufbahrung findet vor der Deutschen Verlags Anstalt statt.«

27. Januar: »Der Gedichtband steht mir sehr fern, ich muss mich zwingen, mich mit ihm zu beschäftigen.«

21./22. Februar: »Aber wer außer mir kann das alles noch verteidigen, aussprechen, darstellen in Germany?« – »Bin mir selber mehr als zweifelhaft, wenn ich so die kläglichen Resultate der 25jährigen Dichterei betrachte... Was für ewige Gereiztheiten in meinem Kopf, Spüren nach Kunst, Ausdruck, Spannung, Überspannung bis zum Lächerlichen... Und wozu? Das ist die Frage! Um isoliert, absonderlich dazustehn, wenn das Alter beginnt...« (An Ellinor Büller-Klinkowström)

12. April: »Der Band beginnt mit einem *Prolog*, gereimte Weltanschauung à la Benn, der gänzlich im Gegensatz steht zum Reichskultursenat und zu allem, was heute als Kunst und Aufbau gilt. Er beginnt:

>Verfeinerung, Abstieg, Trauer –‹

er führt dies als schöpferisches Prinzip vor. –
Wissen Sie, ich mache diese subalterne Kunstpolitik nicht mehr mit.« (An Frank Maraun)

21. April: Der Band *Ausgewählte Gedichte* liegt vor: »Wollen Sie bitte gütigst für Übersendung des Buches nicht danken, gerade dies Buch zeigt mir, wie sehr alles vorüber ist, jedes Wort darüber würde mir nur Schmerz machen.« (An Oelze)

2. Mai: Der Band erscheint offiziell zum Geburtstag Benns.

7. Mai: Vernichtender Artikel (anonym) im ›Schwarzen Korps‹, dem offiziellen SS-Blatt, gegen *Ausgewählte Gedichte* und Verfasser. »Gib es auf, Dichter Benn, die Zeiten für derartige Ferkeleien sind endgültig vorbei... eine derartige Geistesverblödung ins Volk zu tragen...«

8. Mai: Der ›Völkische Beobachter‹ bringt zustimmende Zusammenfassung.

12. Mai: Benn an Oelze: »...das schafft nur die naive Pöbelhaftigkeit, die deutsche Volksseele. *Die Folgen*: Meldung bei meinem Kommandeur... Meldung an das *R. Krie. Min.* Vorlegen der *günstigen* Kritiken. Nachweis, dass es sich nicht um ›Ferkelei‹, sondern *wertvolle* Gedichte handelt. Ehrenwörtliche Erklärung, dass ich nicht schwul bin...« – »Wenn ich mir so mein Leben ansehe, das ich führe, dies bescheidene, stille, armselige Leben in 3 kleinen Stuben mit genau auskalkulierten Ausgaben, billigem Essen u Trinken, Einschränkungen mancher Art, weil ich noch anderen helfe, helfen muss, denen es noch weit schlechter geht u. die gut zu mir waren, weiss ich oft nicht, wofür ich diese vielen Kämpfe, Peinigungen, geradezu doch Verfolgungen eigentlich ertrage... Vielleicht auch löst sich vorher bei einem S.S. Mann ein Schuss auf der Strasse u ich bin hinüber.«

24. Juli: *Wer allein ist*... – und *Leben – niederer Wahn*... an Oelze.

28. Juli: *Suchst Du . . .* und *Auf deine Lider senk' ich Schlummer* (zunächst mit dem Titel *Drei*) an Oelze.

4. August: »Der Stellvertreter des Führers Stab Parteiamtliche Prüfungskommission« an die DVA: »Die von Ihnen herausgebrachte Gedichtsammlung von Gottfried Benn: Ausgewählte Gedichte darf auf keinen Fall unter Bezugnahme auf den Nationalsozialismus vertrieben werden.« (Briefwechsel mit der DVA, mitgeteilt von Kurt Pagel. Neue deutsche Hefte 1972)

14. August: *Spät im Jahre . . .* an Oelze.

4. September: *Einsamer nie als im August . . .* an Oelze.

15. Oktober: »Der Stellvertr. d. F. hat den schriftlichen Bescheid an meinen Verlag gesandt über den Gedichtband von mir. Es müssen entfernt werden: D. Zug. Untergrundbahn. O Nacht. Synthese. Dann darf das Buch ›still schweigend u. ohne jede Propaganda weiter vertrieben werden‹. Soll ich darauf eingehn?« (An Oelze)

18. Dezember: »Werde Ihnen den *gereinigten* Gedichtband zu Weihnachten übersenden.« (An Oelze)

Dezember: In der ›Literatur‹ erscheinen sechs Gedichte Benns als letzte Veröffentlichung im Dritten Reich (nicht autorisiert).

1937

30. März: *Die Gefährten* an Oelze.

31. Dezember: *Die Züge Deiner –* an Oelze.

1938

7. August: »›– meerisch lagernde Stunde, Bläue – mythischer Flor –‹, eine meiner Lieblingsstrophen de moi même . . .« *(Die Dänin)* (An Oelze)

30. Oktober: »eine neue Bedrängung u. Überfall auf Sie 6 Gedichte für den Nachlass, zur Verwahrung bitte.« *(Die Gefährten; Ist das nicht schwerer wie Kummer –; Wohin –; So still –; General; Alter Kellner).* (An Oelze)

1940

28. April: *Verse; Welle der Nacht; Wenn dir am Ende . . .; Wer Wiederkehr in Träumen weiss . . .; Dann gliederten sich die Laute . . .* an Oelze.

5. September: »Die Krone bleibt das *Gedicht,* zu dem aber nur unter äusseren Bedingungen für mich zu gelangen ist, die mir zur Zeit nicht zur Verfügung stehn.« (An Oelze)

22. September: »Ein Gedanke, der immer nur darnach schielt, ob die Tatsachen und die Geschichte ihn bestätigen, ist ein Abgänger.« (An Oelze)

8. Oktober: *Valse d'Automne* an Oelze (auf Beutepapier der Wehrmacht)

5. Dezember: Verweis auf »das mir besonders nahe stehende ›Einsamer nie als im August –‹ . . . der Schlussvers ist so erkenntnisreich: ›dienst Du dem Gegenglück, dem Geist‹.« (An Oelze)

1941

10. April: »Ach, diese schwatzhaften Aufsätze von mir aus früherer Zeit, Materien, denen ich nicht gewachsen war, – sicher u. gesichert ist nur das Gedicht.« (An Oelze)

24. April: *Monolog* an Oelze. Wegen der scharfen Antinazi-Thematik des Gedichtes tarnt sich Benn vor einer möglichen Zensur: »In einem mittelalterlichen englischen Band fand ich ein Fragment eines Monologs . . . Der Autor . . . schildert Zeiten u. Zustände, die zum Glück vorüber sind.«

21. Dezember: An Oelze geht der Zyklus *Biographische Gedichte: Verse; Gedichte; Bilder; Unanwendbar; Du trägst; Ein Wort; Abschied* (später in *Statische Gedichte*). »Sie haben bewusst nicht die Losgelöstheit von eigenem Ich, die grosse Gedichte haben u. haben sollen; aber Lyrik ist Existentialkunst – voilà.«

1943

19. April: *Mittelmeerisch:* an Oelze. (»schaffe den Dingen Dauer«)

628

7. August: »22 Gedichte, die Ihnen z. T. bekannt sind u. die jetzt durch einen Bekannten von mir in einen Privatdruck gehn, ich wollte sie gerne noch gedruckt vor mir sehn... Etwas von den Sachen, die von mir vorliegen, wird vielleicht in dem einen oder anderen eine Weile leben, welche Sachen das sind, ist mir nicht klar, z. T. solche, auf die ich nicht rechnete z. B. Gedichte, diese scheinen lebendiger zu bleiben als die Gedanken u. die Erkenntnisse.« (An Oelze)

10. November: Zum Heft der *Zweiundzwanzig Gedichte*: »trotz der Gefahr, die es für mich ja doch bedeutete« (enthalten darin *Monolog*) – schickt Benn u. a. ein Exemplar an Frank Maraun. »Er schrieb, sein Urteil u. Instinkt reiche aus, um zu erklären, dass die Gedichte neben dem alten Goethe u. Hölderlin bestünden, es seien meine ›Duineser Elegien‹. Dann fährt er fort, er besässe das ganz besondere Wohlwollen u. das immer für ihn offene Ohr des Propagandaministers [Goebbels], er wolle ihm vorschlagen, daß er Buch schreiben wolle: ›Hölderlin, Rilke, Benn‹. Ich fasste mich an den Kopf. Wer ist hier geistig gestört? Ich klärte ihn sofort auf, dass jeder Schritt in dieser Richtung zu unterbleiben habe.« (An Oelze)

1944

25. Dezember: Benn schickt Oelze 14 der *Statischen Gedichte* in Typoskriptfassung: *Die Form; Der Traum; Dann; Chopin; September; 5. Jahrhundert; Nasse Zäune; Clemenceau; Ach, das ferne Land; 1886; Kleines süsses Gesicht; Überblickt man die Jahre; O gib; Statische Gedichte.* »Sie brauchen sie nicht gut zu finden. Durchschnittlichkeiten im gehobenen Ton, was der Deutsche im Allgemeinen als Dichtung empfindet, ist es nicht.«

1945

18. Januar: »Die neuen sachlichen Gedichte könnten auch in einem Essayband stehn... Sie sollen, zwischen anderer u. bewährter Lyrikform, sagen: dies ist auch Lyrik, so sieht sie heute sogar *vornehmlich* aus, so ist sie echt,

nämlich Wirklichkeit so angeordnet u. zum Ausdruck
gebracht, dass sie phantastischer wird als sogen. Phan-
tasie ... Mein liebstes Gedicht ist ›ach das ferne Land‹,
das war eine Augenblickssache u. steht mir nahe. In
›September‹ sind soweit orphische Elemente, als sie
heute erträglich u. sprachlich fassbar sind. Sie beobachten ja wohl auch ohne meinen Hinweis, dass mir daran
lag, neue Themen, neue Wirklichkeiten in die fade
deutsche Lyrik zu bringen, fort von Stimmung u. Sen-
timents ... Dann liebe ich: ›*Leukée*, die weisse Insel des
Achill‹ –, erscheint mir gelungen. – ›Überblickt man die
Jahre‹ ist eine Karikatur auf G. B. 1928 ... Eines darf ich
vielleicht noch erwähnen: mein Bestreben, meine innere Wahrhaftigkeit verlangt u. arbeitet solange an einem
solchen Ding, bis folgendes Grundgesetz klar wird: wir
beziehen uns als Wesen u. Existenz doch ehrlicherweise
gesagt auf *garnichts mehr*, auf nichts Vergangenes u. auf
nichts Zukünftiges, wir stehn allein, schweigend aber
auch zitternd in uns selbst. Das muss auf jeden Vers, auf
jede Reihe, jeden Satz übertragen werden, auch er muss
für sich allein stehn u. *alles* tragen, nichts stützt ihn
mehr, keine Beziehung, kein Glaube, keine Hoffnung,
keine Täuschung.« (An Oelze)

1946

In der Nachkriegszeit wird die Information und Aussprache über die lyrische Produktion zum Lektoratsge-
spräch mit Oelze. Eine vollständige Dokumentation ist
aus Platzgründen hier nicht möglich. Die ausgewählten
Zitate lassen erkennen, daß F. W. Oelze weiterhin der
intime Partner des Arbeitsgesprächs bleibt.

27. Februar: »Ich stehe jetzt vor der Frage, ob ich die
›Statischen Gedichte‹ (Kombination der 22 Gedichte
vom Jahre 1943 u. der Ihnen zugesandten Statischen
Gedichte vom 3 I 1945, etwas modifiziert, im ganzen
30) erscheinen lassen soll.« (An Oelze)

2. Mai: Privatdruck der Statischen Gedichte fertiggestellt.
»Wenn ein par Verse von einem noch ein par Jahre
übrigbleiben, ist das schon enorm ...« (An Oelze)

1. Juni: *Rosen* an Oelze mit Widmung für Frau Oelze

19. Juli: »ein weiter Weg vom frühen G. B, dem wüsten Encephalitiker... bis zum Verfasser der harmlosen Rosenverse, die von Gustav Falke sein könnten u von Phili Eulenburg komponiert –, zum Speien alles: das Stillestehn u. das Weitermüssen, der Stumpfsinn u. die Produktion, alles von Fratzen umstellt, von Zweifeln zerrüttet, von Schlagern an die Wand gedrückt u. aufgehoben.« (An Oelze)

1. September: »In der Skizze zu Orpheus sind die Dinge sehr hart neben einander gesetzt u. sie muss studiert werden u. bedacht vom Leser. Eine Zumutung! Aber Gedichte sind eigentlich immer eine Zumutung, das ist ihr Wesen.« (An Oelze)

12. September: »Natürlich wird schon allein der Titel ›Statische Gedichte‹ Anstoss erregen in einer Zeit, die sich in einer – wenn auch sinnlosen – Bewegung zu befinden als ihr besonderes Verdienst u. ihre politische Forderung ansieht.« (An Oelze)

15. Oktober: »Die Verse sind salopp, aber sie sollen es sein. Sie sollen die ganze Nonchalance ausdrücken selbst dem eigenen Werk gegenüber, die Gleichgiltigkeit gegen das eigene Ich, die Vergesslichkeit selbst den produktiven Strömen gegenüber, die einen vielleicht einst erfüllten. *Leer* ist es geworden...« Zum Gedicht – *Gewisse Lebensabende*. »(A propos: vergessen Sie auch nicht, dass ja der folgende Vers *vorbereitet* werden musste, der letzte, mit dem grossen Affengebiss! Ein Poem ist ein schwieriges Werk, alles muss in einander verzahnt werden, eine furchtbare An- u Ausgleichsarbeit, bis alles zusammenpasst u stimmt, dazu können auch leere Stellen nötig sein, um eventuell gefülltere stärker hervortreten zu lassen. Man will ja mit einem Gedicht nicht ansprechend sein, gefallen, sondern es soll die Gehirne spannen u. reizen, aufbrechen, durchbluten, schöpferisch machen).« (An Oelze)

1947

24. Mai: »Finden Sie auch, – seien Sie ehrlich, – die Gedichte der letzten Jahre formal qualitativ so abfallend gegen die stürmischen jugendlichen.« (An Oelze)

13. Juli: »Selbst die Frage des Schweizer Gedichtbandes habe ich nahezu vergessen, nichts darin getan –, verzeihen Sie es mir, gestatten Sie mir bitte, nicht mehr an Hervortreten u. Bemerktwerden zu denken, gewähren Sie mir, den letzten Zerfall nur in mir selber schweigend zu erleben.« (An Oelze)

24. November: »Nun hat sich inzwischen der Schweizer Archeverlag bei mir gemeldet mit einem wirklich ungemein netten Brief. Die Sache geht in Ordnung. Ich werde dort einen Gedichtband erscheinen lassen, 40–50 Gedichte. Die neueren. Titel bleibt wohl: ›Statische Gedichte‹.« (An Oelze)

4. Dezember: »Ich bin der Meinung, ein Gedichtband soll auch *interessant* sein, nicht nur auf einen – erhaben-melancholischen – Ton gestimmt sein.« (An Oelze)

27. Dezember: »Ich bin ja *kein Städter*, ich hänge an Dörfern u. am Land; Lyrik kann u konnte ich immer nur machen mit Landschaft um mich oder wenigstens in unmittelbarer Nähe, aber ich bekämpfe diese Neigung, sowie es sich um Gedankliches u Prosa handelt . . .« (An Oelze)

1948

22. Januar: »Der Verleger bat mich abzusehn von: Chopin. / Monolog. / Clemenceau. / St. Petersburg / 1886. / u dafür 3 frühere einzusetzen nämlich: 1) Ach, das Erhabene / 2) Astern / 3) Tag, der den Sommer endet – Gegen die Ablehnung von *Chopin* habe ich auf das Bestimmteste protestiert u. ich glaube, dass es mit erscheinen wird. Mit dem übrigen bin ich einverstanden. Sie machen also einen Sanften Heinrich aus dem Ganzen, aber je m'en fiche.« (An Oelze)

19. Mai: »Inzwischen erhielt ich Korrektur von ›Stat. Gedichte‹ u. sandte sie zurück. Nicht mein Fall. Halte nichts davon . . . Gehalten an die Prosa des entschieden potenteren u. störrigen neueren Prosagehirn fallen sie als Produktion ab.« (An Oelze)

18. September: In der Zürcher Zeitung »Die Tat« erscheinen mit einem Begleittext von Max Rychner: *Gedichte; Astern; Gärten und Nächte; Liebe.*

22. November: »Als ich neulich im Radio von den Gedich-

ten vorlas, bemerkte ich, dass ich überhaupt nur noch die stillen, in sich gekehrten, von denen Sie einige erwähnen, über die Lippen bekomme, alle anderen sind mir fremd und widerstehn mir.« (An Oelze)

1949

15. Februar: Rezension Friedrich Sieburgs (›Die Gegen-wart‹): »Mit einem einzigen Flügelschlage reißt uns eine neue Dichtung Gottfried Benns über das Stim-mengewirr der um lyrischen Ausdruck bemühten Gegenwart hoch hinaus (›Statische Gedichte‹, Verlag der Arche, Zürich). Es ist die Stunde des zerstreuten Gewölks. In eisigem Licht wird das menschliche Herz in seiner Einsamkeit plötzlich sichtbar... Daß eine Dichtung so vollständig aus der Schöpfung heraustritt, um das Leben einer eigenen Schöpfung zu führen, widerfährt uns selten... Die deutsche Dichtung bietet wenig Beispiele dieser Kunst... Erst Benn ist es gelun-gen, diesem letzten Rückzug des Menschen auf sich selbst eine süße, fast schluchzende Sangbarkeit zu geben.«

28. Februar: »Dies ist die erhabenste Kritik, die je über mich erschienen ist –, eigentlich müsste man umfallen u. sterben.« (An Oelze)

März: Im Limes-Verlag erscheint die deutsche Ausgabe der Statischen Gedichte. Neuer Verlag und publizistischer Neuanfang nach dem Kriege.

 4. April: Inhaltsverzeichnis des Gedichtbandes Trunkene Flut an Oelze. »Auch bei dieser Fassung wären die Gedichte, die 1912 meinen sogenannten Ruhm begrün-deten (Morgue, Nachtcafé), nicht vorhanden, vor allem die berühmte ›Krebsbaracke‹ fehlte.«

 7. April: »Die Auswahl ist getroffen unter dem alleinigen Gesichtspunkt künstlerischen Rangs u. ästhetischer Wirkung.« (An Oelze)

28. Mai: »Nicht enthalten sind die Verse, die meinen eigentlichen Namen (den berüchtigten) begründeten, aus den Jahren 1912–1922, aber die wollen wir lieber unterschlagen, darin wimmelt es so von Leichen und Huren und Syphilisquadrillen, daß es mir jetzt unfaßbar

ist, daß so was jemals gedruckt und nicht konfisziert worden ist.« (An Max Niedermayer)

Juni: »*Lyrik.* Es gibt Stimmungen und Erkenntnisse, die kann man in Worten ausdrücken, die es schon gibt. Es gibt Stimmungen und Erkenntnisse, die kann man nur in Worten ausdrücken, die es noch nicht gibt. Tut man das letztere, gerät man in Konflikte. Studienräte, Irrenärzte, Sprachreiniger, Politiker treten an... Es ist ein Laboratorium, ein Laboratorium für Worte, in dem der Lyriker sich bewegt. Hier modelliert, fabriziert er Worte, öffnet sie, sprengt, zertrümmert sie, um sie mit Spannungen zu laden... Das Wort des Lyrikers vertritt keine Idee, vertritt keinen Gedanken und kein Ideal, es ist Existenz an sich, Ausdruck, Miene, Hauch.« (*Aphoristisches.* In: *Ausdruckswelt*)

14. Juni: *Rosen.* – »Ich hänge an diesem kleinen melancholischen Gedicht, ich weiss nicht warum, vielleicht in Erinnerung an die Zeit seines Entstehens, des Momentes seiner Konzeption, der Trauer, in der ich mich damals befand oder gottweiss warum.« (An Oelze)

7. August: *Trunkene Flut.* – »Aber irgendwie wird man doch darauf hin weisen müssen, dass der Band die älteren [Gedichte] enthält. Sehr entzückt bin ich von dem ganzen Band nicht, dessen Fahnenkorrektur bei mir eingegangen ist. Er tritt doch in eine völlig *veränderte* geistige Situation, verändert in Bezug auf Inhalte u. Methoden; soll man sich sagen lassen: überflüssige Reminiscenzen u. vergreiste Substanzen?« (An Oelze)

22./24./27. September: Änderungsvorschläge, Einrichtung etc. des Gedichtbandes an Oelze: »O Herr Oelze, wie peinlich für mich, Sie immerzu mit meinem Zinnober belästigen zu müssen.« (24.9.)

28. September: »Eine schlaflose Nacht wegen plundriger Gedichte, – lieber Herr Oelze... Es ist schon höflich von Ihnen, wenn Sie einen Mann, der Gedichte fabriziert, *nicht* lächerlich finden. (Ich tue es manchmal). Also, ich meine, man soll nun den Band ruhig als ›Trunkene Flut‹ laufen lassen. Lyrik ist doch schliesslich immer romantisch u. sentimental... Ich persönlich bin so sehr mit neuen Fragen u. Versuchen beschäftigt, dass

ich mich für diesen Gedichtband im Augenblick nicht
sehr interessiere . . . «

Oktober: *Trunkene Flut* erscheint.

19. November: Vorschlag für eine holländische Anthologie: »Wie wäre es mit einem Gedicht, das in keiner
Ausgabe steht, dem ich aber in gewisser Weise anhänge:
dem *Monolog*, dessen Beginn ja zwar politisch und
dessen ganzer Inhalt ja sehr aggressiv und zeitbestimmt
ist, das aber sprachlich mir nicht ohne Gehalt erscheint.« (An Oelze)

1950

18. April: »Mit Gedichten ist es ja eine heikle Sache: ich
finde eigentlich alle, die ich irgendwo lese, furchtbar
und ebenso werden die anderen das von meinen finden.« (An Hans Paeschke)

25. April: »Ich will nichts Essayistisches und Gedankliches
mehr schreiben, nur noch Lyrik . . . « (An Oelze)

12. Juni: »Was die mitgegebenen Gedichte angeht, so muss
man auch gelegentlich mittelmässiges machen, es wirkt
innerlich in einem als Sprungbrett für Besseres. Man
steckt die Krallen in den Sand, wo man gerade liegt, u es
ist nicht immer Rubin drin, nicht mal Bernstein.« (An
Oelze) (Es handelt sich um die 1. Fassung der *Fragmente*.)

19. Juni: »Aber ich bin nicht dafür, dass man sich bei
Gedichten immer nochwas dazu denken soll (›symbo-
lisch‹), ich will lieber das Ganze aufnehmen und entweder wirft es mich um oder das erfolgt nicht.« (An Oelze)

27. Juni: »Die neuen sogenannten Gedichte sind ja wohl alle
eines Akademikers u. Olympier unwürdig. Aber Sie
wissen, wie sehr ich die Unwürde liebe.« (An Oelze)

4. Juli: »Die Gedichte sind meistens, wie ich sehe, noch
nicht perfekt, müssen noch vielfach in die Retorte . . .
Ich strebe an, von der weichen gesammelten introvertierten *edlen* Lyrik abzukommen, der heiligen grossen
Lyrik – auch hier: on verra . . . Die Rosen, ja die Rosen!
Meine Frau hat mir verboten, noch in einem Gedicht
das Wort Rosen zu verwenden, – schade, es ist so ein
schönes Wort.« (An Oelze)

18. Juli: »Immer nur in Fragmenten, in einigen Reihen, in zwei Versen ist der Geist so einsam u so gross, wie wir ihn uns wünschen.« (An Oelze)

22. Juli: »Eine *Sehnsucht* zum Reim, bleibt natürlich immer.« (An Oelze)

22. August: »Aus Freiburg bekam ich die Nachricht, dass Heidegger in seinem ersten Kolleg, das er wieder vor Studenten hielt, 4 Gedichte von mir vorgelesen hat, z. B. ›Dennoch die Schwerter halten‹, ›In Memoriam Höhe 317‹, ›Gedichte‹, ›Ach das Erhabene‹ u. ein 5., das der Schreiber nicht mehr weiss.« (An Oelze)

1951

25. Februar: *Fragmente* an Oelze: »Anbei eine Sendung für das Archiv: 20 Gedichte ... Sie haben nur Sinn, wenn sie alle zugleich publiziert werden, sie ergänzen einander und heben sich gegenseitig auf. Wenn Sie sie gelegentlich betrachten, bedenken Sie bitte meine These, man muss immer wieder den Ast absägen auf dem man sitzt, nur dann kommt man weiter, nur dann wird man sich weniger langweilig, als man es an sich schon in hohem Masse ist. Ob man sie tief oder flach nennt, brutal oder sentimental, gut oder schlecht, ist mir nicht nahegehend ... Was ist man überhaupt – die ersten Gedichte, die der Morgue und der Nachtcafés, die meinen Namen begründeten, will man heute nicht mehr wissen (auch Sie nicht), die ›tiefen‹ der mittleren Periode, die jetzt in den Anthologieen stehn, sagen mir nichts mehr ... also man hat gar keinen anderen Massstab als die Laune, die Stimmung, die Malaise in sich selbst, wenn man eben so alt wird und weiter dichtet.«

5. Juni: Gedichtband *Fragmente* erscheint. »Die ›Fragmente‹ sandte ich Ihnen nicht, da sie ja so sehr gegen die Grundsätze der Bremensischen Poetik verstossen. Nun, tut nichts. Besser jedenfalls als Einrosten u. christlich werden ...« (An Oelze)

21. August: Vortrag *Probleme der Lyrik* an der Universität Marburg. »Ich habe keine persönlichen Beziehungen dahin und das akademische Milieu ist mir etwas fremd, und nachdem ich auf der Einladung sah, daß ein Bun-

desminister, zwei hessische Minister, vier Universitäts-
rektoren und die dazugehörigen hohen Kommissare
das Ehrenpräsidium bilden, fühle ich mich nicht ganz
am Platze, andererseits irritiert es mich auch nicht.«
(1. 8. an Ernst Robert Curtius)

10. Dezember: »Habe Einladungen, seriöse, nach Wien,
Basel, Zürich zum Vorlesen, aber ich bin parterre, ich
kann mich nirgends mehr zeigen, besonders nicht,
wenn Limes ›die frühen Gedichte u Dramen‹ heraus-
bringt, u das Neue, was ich schreibe, ist auch recht
trübe.« (An Oelze)

1952

17. Juli: »Bedenken Sie bitte, wie skrupellos die Ausländer
ihre Lyrik starten, – ohne Rücksicht auf das Edle,
Getragene, Schulbuchfähige, Präsidentengefällige,
Pour-le-mérite-würdige – in Deutschland entsteht die
meiste Lyrik auf dem Lande, in Provinzorten, mit
Kindern u. Enkeln u. in Einehen.« (An Hans Paeschke).

November: Es erscheint der Band *Frühe Lyrik und
Dramen.*

11. November: »Lesen Sie doch bitte im neuesten *Merkur*-
heft die nachgelassenen Gedichte von Rilke. Darunter
ist eines (›Dialog‹) aus dem Jahre 1924, von dem ich,
ohne grössenwahnsinnig zu sein, behaupte, dass mein
Einfluss spürbar ist. *Nie* vorher oder nachher hat R.
meines Wissens diese 8reihige Strophe verwandt, die
damals meine Specialität war ...« (An Oelze)

1953

10. März: »Aufsatz von Sieburg über Frühe Lyrik. Ganz
interessant.« (An Oelze)

17. März: Zum Gedichtband *Destillationen.* »Freut mich,
dass Sie in den Destillationen vom alten beliebten
Experimentellen was spüren. Ich fürchte, es sind lang-
weilige altmodische Aussagegedichte.« (An Oelze)

Dezember: ›Der lyrische Sprachstil Gottfried Benns‹, Dok-
torarbeit von Astrid Claes (Köln) wird Benn zuge-
schickt.

1954

13. Juni: »*Mit einem Wort*: ich hätte 3 neue Gedichte, die im
›Merkur‹ gedruckt zu sehen, meine Lebensgeister bele-
ben u meine Depressionen zu einer Luftdrucksteige-
rung bringen könnte, ganz ordentliche Gedichte, eines
lang u. neuartig; eines salopp mit der Slang-masche, die
ich so liebe; eines zart u klein wie von Gustav Falke.«
(An Paeschke. Gedichte: *Melancholie; Teils – teils; Schöner Abend*).

10. Dezember: »Bitte beachten Sie die Gedichte. Mir kommen die sozusagen berühmten, die Anthologie-Gedich-
te so überholt und langweilig vor, daß ich sie gar nicht
mehr vortragen mag.« (An Oelze anläßlich einer Lesung an der Universität Hamburg. U. a. *Gedichte; Einsamer nie –; Ebereschen; Wer allein ist –*)

1955

März: Lyrikanthologie expressionistischer Gedichte mit
Vorwort von Benn erscheint: *Lyrik des expressionistischen Jahrzehnts.*

19. Juni: »...dass ich mit einem neuen Lyrikband, 25
Gedichte, beschäftigt war, der bald bei Limes erscheint,
Titel: *Aprèslude*...« (An Oelze)

1956

2. Mai: Zum 70. Geburtstag Benns erscheinen die *Gesam-
melten Gedichte.* Vorangestellt ist das Gedicht *Kann keine
Trauer sein,* auf Wunsch Benns mit Datum versehen:
6. 1. 1956. Unter diesem Datum ging das Gedicht an die
Zeitschrift ›Merkur‹: »Also erlaube ich mir, Ihnen ein
letztes Gedicht zu senden, nach meinem Wunsch für die
Aprilnummer, die ja wohl kurz vor dem berüchtigten
Geburtstag erscheint. Sollte es schlecht ausgehn, ist es
mein Abschied für Sie und von Ihnen.« (An Hans
Paeschke)

Bruno Hillebrand

Zur Lyrik Gottfried Benns

I

Der poetische Standpunkt ist ebenso schmal wie unerschütterlich: die westliche Zivilisation ist wertlos, seit sie der materiellen Steuerung verfallen ist, seit sie verlassen ist von Idealität und Transzendenz. Die Geschichte ist bankrott. Die empirische Wirklichkeit ist ohne sinngebende Instanz, nackte Tatsächlichkeit, ohne Mythos, ohne geistige Substanz. Nur die Kunst hat jene Positionen gerettet, die in einem fundamentalen Sinne als ideal zu begreifen sind. Alles übrige ist nur noch mittels negativer Kategorialität zu fassen. Im Sinne der Alltagssprache: das kann ich nicht fassen. Das Leben nämlich in seinen Verzerrungen, Entstellungen, in seiner Sinnleere. Diese Haltung wird gerade hinter den frühen Gedichten sichtbar. Aber sie zeigt sich als idealistische Position, als »Fanatismus zur Tranzendenz«, im gesamten Werk von Gottfried Benn. Es ist die »Unbeirrbarkeit, jeden Materialismus historischer oder psychologischer Art als unzulänglich für die Erfassung und Darstellung des Lebens abzulehnen«.

Niemand ist genötigt, den poetischen Standpunkt eines Dichters zu übernehmen. Sei dieser idealistischer oder materialistischer Art. Immer kommt die Existenz des Lesers mit ins Spiel, sein Geschichtsbewußtsein und sein Ich-Bewußtsein. Zu fragen ist also hier nach Wert oder Unwert des Idealismus. Und zwar in Richtung einer komplexen Lebensgestaltung, das heißt Erhaltung und Steigerung des Lebens. Für Benn war die idealistische Komponente lebensbestimmend, und die Frage kann demnach nur lauten, was sie ihm bedeutet hat, was er daraus gemacht hat, welchen Wert sie für sein Leben hatte. Sehen wir uns die Lyrik im Überblick an, so ergibt sich folgendes Bild.

Am Anfang sehen wir die harte Zurücknahme von Idealität und Sprache. Benn hatte vor der *Morgue* weiche, impressive Lyrik geschrieben, die er selbst nicht mehr gedruckt sehen wollte, die also auch hier nicht ausgegraben wird. Ohnehin sind die Beispiele spärlich und weitgehend verschollen. Der Anfang also mit der *Morgue:* der medizinische Schock, der zugleich ein soziales Schockerlebnis vermittelt *(Saal der kreißenden Frauen)*, die bedingungslose Skepsis hinsichtlich der traditionellen Sinnfrage (»Die Krone der Schöpfung, das Schwein, der Mensch«), die bittere Konstatierung menschlichen Elends, das zugleich ein physisches und metaphysisches ist, die Auflehnung gegen Verfall und Sterblichkeit, ein trotzig versagtes Mitleiden, nicht dem anderen versagt, dem sogenannten Mitmenschen, sondern sich selbst versagt als poetische Stilblüte – die als Wucherung die Literatur der Zeit durchzog. Dieser Stoß gegen poetisches Selbstmitleid richtete sich zugleich gegen schwärmerischen Leerlauf, der mit dem Anruf Gottes und der Menschheit die metaphysische Abgewracktheit zu überwölben trachtete. Dagegen Benns zynische Ablehnung von Pseudosinn: »Gott – Als Käseglocke auf die Scham gestülpt« *(Der Arzt)*. Dieses beherrschende Thema der frühen Lyrik ist nicht gegen die Sinnfrage im Prinzip gerichtet, wohl aber gegen »Affentranszendenzen« *(Puff)*, gegen den Widerspruch von Soll und Haben im Bereich der Weltanschauung.

> Ich brülle: Geist, enthülle dich!
> Das Hirn verwest genauso wie der Arsch!
> *(Fleisch)*

Im Grunde haben auch diese Gedichte den bohrenden Habitus des Fragens nicht verloren. Sie fragen nur an der Grenze einer unerbittlichen Radikalität und versagen sich die Antwort. Zu oft zitiert sind die Verse aus *Gesänge* und *Untergrundbahn*:

> Wir sind so schmerzliche durchseuchte Götter. –
> Und dennoch denken wir des Gottes oft.

> Ein armer Hirnhund. Schwer mit Gott behangen.

Man macht es sich zu leicht, wenn man die metaphysischen Rosinen aus diesem Kuchen pickt. Hier bricht eine religiöse Sinnwelt vollends zusammen, die seit der Aufklärung in die Krise geraten war. Restaurative Bemühungen in diesem Grabenkrieg werden angesichts der Unversöhnlichkeit der Fakten ihr eigenes Opfer. Die frühen Gedichte signalisieren die extremen Spannungen, die das Aggregat Seele in dem

Psychiater und späteren Haut- und Geschlechtsarzt Gottfried Benn erzeugt.

> Ihr sprecht von Seele – Was ist eure Seele?
> Verkackt die Greisin Nacht für Nacht ihr Bett –
>
> *(Der Arzt)*

> O Seele, futsch die Apanage
> Baal-Betlehem, der letzte Ship,
> hau ab zur Augiasgarage,
> friß Saures, hoch der Drogenflipp –
>
> *(Innerlich 6)*

Steigerung der Seele, früher zu Gott, wird zum Sursum
corda in einem kosmischen Bordell: »Orgasmen in den
leeren Raum«. Schärfer als in jeder vergleichbaren Lyrik
der Zeit kommt hier der Kampf zum Austrag, den Materie
und Geist sich liefern. Letzterer noch getarnt, noch zurückgenommen, nur sarkastisch hinter dem Angriff spürbar.
Hier spricht ein Renegat, kein Materialist, dem wäre soviel
Engagement Verschwendung von Energie. Also Aufschrei
von Hoffnungslosigkeit? Das ist der Jargon jener Expressionisten, mit denen Benn nichts zu tun hat. Die Aufschrei-
er, Ankläger und Wehklager. Benn versagt sich die pathe-
tische Gebärde, arbeitet ohne elegische Abfangvorrichtung,
stellt einfach fest: so ist die Lage, kein Ausweg, illusionslos
wird die Negation von Idealität konstatiert. Ein antiidea-
listisches Fazit? Vivisektion ist naheliegender im Falle Benns.
»Glaube Liebe Hoffnung« um den Hals entstellter Menschlichkeit gehängt *(Nachtcafé)*. Die kontrastiv durchleuchtete
Lüge einer vom Geist verlassenen Gesellschaft.

> Man hat uns belogen und betrogen
> Mit Gotteskindschaft, Sinn und Zweck
>
> *(Alaska II)*

Hier rennt jemand mit der Stirn gegen die Wirklichkeit.
Will sich nicht abfinden, kann sich nach Maßgabe äußerer
Bedingungen nicht abfinden. Auch später nicht. Frühzeitig
tritt er den Rückzug an, verschanzt sich hinter den phyloge-
netischen Ufern ferner Vergangenheit. Das Thema der
doppelt bedingten Regression, kulturell wie individuell, ist
von Anfang an da.

Oh, dass wir unsre Ur-ur-ahnen wären.
Ein Klümpchen Schleim in einem warmen Moor.

(Gesänge 1)

Dem mehr verbalen Rückzug in die paläontologischen
Zonen biologischer Herkunft, in die Urmeere, »thalassale
Regression« (*Regressiv*), steht die ontogenetische Erfahrung
zur Seite, die Sehnsucht nach Rückkehr in den pränatalen
Zustand. Diese tiefenpsychologischen Heimkehrgelüste
machen einen wesentlichen Teil der Libidothematik der
frühen Lyrik aus. Das Thema Weib war kulturbeherr-
schend schon in der vorausgehenden Zeit, psychologisch
wie tiefenpsychologisch, Strindberg, Ibsen, Wedekind,
Schnitzler, Dehmel, in der Malerei Munch, aber insgesamt
in den Künsten wird es anders durchgespielt als bei Benn,
der auch dieses Thema hineinzieht in den infernalischen
Strudel idealistischer Demontage. Libido im Verbund mit
Totentanz hat christliche Tradition, aber auch darauf greift
Benn nicht zurück, er sieht das Thema erotischer Liebe
unter dem Blickwinkel des Analytikers und Arztes. Die
scheinbar erbarmungslose Naheinstellung des Beobach-
tungsfokus läßt Zärtlichkeit in Flammen aufgehen, die der
Hölle eher entstammen als menschlicher Leidenschaft. Hier
findet nichts zueinander, was im Liebesgedicht bis dato
zueinanderfand. Trieb und Seele sind auseinander gedriftet,
haben nichts mehr miteinander zu tun. Eros und Schönheit
sind aus ihrer traditionellen Koppelung herausgefallen. Die
Divergenz mußte dem Leser damals um so schauriger
erscheinen, wenn er zurückblickte auf die trivialroman-
tische Liebeslyrik, auf die Schlagersentimentalität, die auch
das 19. Jahrhundert schon durchzog. Geibel war der Lieb-
lingsdichter wilhelminischer Gesangvereinsmentalität, das
Volkslied, das keines mehr war, rührte den falschen Nerv:
»Schön ist die Jugend bei frohen Zeiten«. Oder Geibels
Sentimentalitäten: »O Jugendzeit, du grüner Wald«. Und-
soweiter. Benns *Schöne Jugend* aus der *Morgue* setzte hier
Kontrafaktur, zerfetzte den verlogenen Gemütshaushalt
des deutschen Stimmungsbürgers, räumte die Nischen aus,
in die sich der Bildungsbürger salviert hatte. Falsch verstan-
dene Lebensphilosophie hatte der Scheinversöhnung am
Ende noch einmal Auftrieb gegeben. Benns Antithema

räumte auch hier auf. Das Programmatische ist greifbar. Die vegetative Verschlungenheit jugendstilhafter Erotik wird aufgerissen im Spaltungsvorgang des Bewußtseins, wird unversöhnlich getrennt durch die zerebral erfahrene Antinomie von Geist und Leben. Brünstige Lust entfaltet sich jetzt ohne kulturelle Hemmung, wenn nicht Krankheit und Fäulnis dem brutalen Akt zuvorgekommen sind.

Auch hier ist der Kahlschlag funktional, wie in der gesamten frühen Lyrik, er dient der Befreiung. Das psychologische Tropenklima, die erotische Treibhausluft der vorausgehenden Zeit sind vertrieben. Inzwischen hatte Sigmund Freud seine psychoanalytischen Abhandlungen zur Sexualtheorie verfaßt. Die Aufklärung hatte wieder an Boden gewonnen. Aber was Benn damit zugute kommt, steht zugleich seinen Intentionen im Wege. Die Illusionen, die er zertrümmert, sollen keineswegs ersatzlos gestrichen werden. An ihrer Stelle werden die psychosomatischen Tiefenerfahrungen, gespeist und gesteuert vom Stammhirn, in ihre alten, verdrängten Rechte wieder eingesetzt. Damit ist ein Thema angedeutet, das als Tendenz neben dem Kahlschlag von Anfang an parallel mitläuft. Der Rückzug ist zugleich der Ausweg, der Ausstieg aus verfestigten Lebensbedingungen; der vitale Teil des Rauschkomplexes zeigt seine Wirkung. Die Rückkehr zu den Müttern geschieht literaturvergleichsweise rüde: »Eine Frau ist etwas für eine Nacht« *(D-Zug)*. Aber auch hier das Programm: die Frau als abendländisches Kulturprodukt wird demontiert, aufgebaut dagegen wird das Weib als biologische Epiphanie *(Untergrundbahn)*. Nicht ohne die spezifisch Bennsche Haltung des Einerseits – Andererseits, der ambivalenten Einstellung, die nicht zur Synthese drängt, wie dialektische Modelle das tun. Also einerseits die Frau als genießbares Natur-Objekt, die Liebe als mythisch erlebter Geschlechtsakt, andererseits die infernalische »Syphilisquadrille« *(Ball)*, »Geschlechtszersetzungen« *(Notturno:)*, das Leben ohne Schminke.

Nur in der frühen Lyrik wird in dieser Weise radikal und illusionslos thematisiert. Auch das ist Kontrafaktur, wie vieles an diesen harten Gedichten. Später folgen dann, nach der veristischen Abarbeitung, die zarten Liebesgedichte, durchaus transparent für seelische Nuancen. Zu fragen ist, ob sie Benn gelungen wären ohne den Kahlschlag der Frühphase. Wie überhaupt die spätere Setzung von Idealität ohne die Tabula rasa des Anfangs nicht zu werten ist. Hier konstituiert sich ein Bewußtsein mit allen spezifischen Verhaltensformen zur Welt. Das zentrale Thema personaler Isolation, der innere Rückzug, das »Bei-sich-selbst-sein!« *(D-Zug)*, das wird bleiben. »Diese Stummheiten. Dies Getriebenwerden!« Als Voraussetzung des schöpferischen Aktes, aber auch als Bedingung menschlichen Umgangs. Man vergleiche mit dem frühen Gedicht nur: *Auf deine Lider senk' ich Schlummer*. Einsamkeit als Existenzform ist die Voraussetzung von Selbsterhaltung und Selbststeigerung.

Dem isolierten Ich, das sich nach außen abgrenzt, eröffnet sich der innere Freiraum der Träume. Es lebt von den provozierten Bilderfluten einer poetisch geschaffenen Wirklichkeit. Etwa ab 1916, den Erlebnissen in Brüssel, die eine tiefgreifende Wandlung mit sich brachten, öffnet sich dieser Ausweg nach innen. Von Benn biographisch dargelegt in *Lyrisches Ich*. Auch äußerlich ist damit eine adäquate Form für das Gedicht gefunden, die musikalische Intonation, eingebunden in den traditionellen Kreuzreim. Seit 1912/13 schon signalisieren die Gedichte das innere Traumvokabular aus Süden, Licht und Meer, Mythos und künstlerischer Form, Insel und Gärten, Blüten, Küsten, Segel. Hinzu tritt jener Rausch der Liebe, der den Tod einschließt. Vier Gedichte genügen, um die volle Bandbreite zu entfalten *(D-Zug, Englisches Café, Untergrundbahn, Kurkonzert)*. Beschwörungen einer kontaminierten Nominalwelt innerer Erhöhung. Diese lyrische Sprache ist so neu wie faszinierend. »Sichel-Sehnsucht« – »Blütenfrühe« – »Rosenhirn« – »Meer-blut« – »Götter-Zwielicht« – »Marmorlicht«. Der Nominalstil als die nennende, bannende Geste, sprachliche Zauberkraft, die herbeizitiert. »Worte, Worte – Substantive! Sie brauchen nur die Schwingen zu öffnen und Jahrtausende entfallen ihrem Flug.« Das steht am Anfang als poetologisches Bekenntnis (*Lyrisches Ich*, 1928) und am Ende (*Probleme der Lyrik*, 1951).

Bis in Einzelheiten ist die spätere Thematik da, etwa die Farbe Blau, »das Südwort schlechthin«, voller Magie und damit Hauptmittel der »Zusammenhangsdurchstoßung«, der »Wirklichkeitszertrümmerung«. Diese mystische Durchbrechung alltäglicher Wirklichkeit hebt Benn als fundamental und lyrisch konstitutiv hervor in beiden poetologischen Manifesten. Blau als Farbe des Himmels und der Meere hat eine kosmische Symbolfunktion, steht für jene »fernen Reiche«, in die sich die Götter zurückzogen, für mediterranen Mythos und die aus ihm hervorgegangene Kunst, für Tiefendimension und Unantastbarkeit der Form. »Tyrrhenisches Meer. Ein frevelhaftes Blau.« *(Englisches Café).* »Fernes Glück: ein Sterben / Hin in des Meers erlösend tiefes Blau« *(Untergrundbahn).* Kein Thema wiederholt sich durch die Jahrzehnte in dieser Lyrik so konstant. Eine Botschaft, kein Thema nur, und Botschaften bedürfen der ständigen Erneuerung. Erlösung in der vollkommenen Identität aus Méditerranée und Mythos. In den Fernen innerer Vision erscheint das Glück, das äußerlich sich versagt.

Die provozierte Innenwelt, exotisch ausgestattet, ein Arsenal geographischer, historischer, mythischer Herkunft, wird zur Festung ausgebaut. Die Form des Gedichtes schützt den subtilen Inhalt. Es sind die Ausdrucksformen, die den Erlebnisformen als Schild dienen. Geschmiedete Verse, die der Erlebnisfülle Sicherheit und Halt geben, darauf läuft alles hinaus in Theorie und Praxis des Poeten Benn. Ist der empirische Kausalzusammenhang von Wirklichkeit erst einmal durchstoßen, sind die Zonen innerer Erlebnismöglichkeit erreicht, dann steigert sich der Formprozeß zugleich mit der rauschhaften Erfahrung des lyrischen Ich. Dann geschieht jene Selbstbegegnung, die hinter den Gedichten steht, als Antrieb, Intention und Thema. Entgrenzung als Vernichtung kategorialer Empirie wird aufgefangen in der künstlerischen Form. Diese artistische Ästhetik umfaßt auch die frühen Gedichte. Gerade hier schlagen die Widersprüche der Zeit als formales Spannungsprinzip sprachlich an: die Widerständigkeit innerer und äußerer Erfahrung, privater und öffentlicher Existenz, der Antagonismus aus mythischer Traumwelt und brutaler Wirklichkeit. Gottfried Benn transferierte das Spaltungsbewußtsein in die poetische Form. Antinomisch strukturiert verstand er sich als Repräsentant der Zeit. Der Naturwis-

senschaftler mit seinen magisch-animistischen Gefühls-
tiefen kämpfte mit den Waffen des Geistes gegen eine
Gesellschaft, die den Geist verachtete.

Der ekstatische Weg nach innen war auch später kein
Ausstieg aus gesellschaftlicher Verantwortung. War nicht
Flucht, blieb weiterhin Kampfprinzip gegen eine Gesell-
schaftsordnung, die sich gründet auf Nützlichkeitswahn,
kaschierte Egoismen, merkantile Abhängigkeit, politische
Normenverhärtung, Wissenschaftspositivismus, Fort-
schrittsoptimismus, insgesamt auf Borniertheit und Bruta-
lität. Das Gedicht als Interessenvertretung des Ich legiti-
miert sich als Ort der Selbstbestimmung und Selbstbe-
hauptung des geschundenen Individuums. Seine Wahrheit
liegt in seiner Wirkung, in der Vermittlung jener Ich-
Wahrnehmung, die sich selbst erreicht hat. Das Gedicht
leistet Widerstand gegen gesellschaftliche Teilung des Ich
und seiner Interessen, gegen pragmatischen Zweckrationa-
lismus, gegen kategoriales Denken, kausale Erklärung und
materielle Verwertung des Geistes. »Zerstoßt das Grau des
Himmels! Tretet den Norden ein!« (Fleisch). Unbestech-
lichkeit und Radikalität, mit der Gesellschaftslügen hier
zerrissen werden, bleiben erhalten. Auch dem alten Gottfried Benn geht die Emphase nicht aus. Die Prosa allerdings
wird zunehmend das geeignete Medium dieses scharfen
Sarkasmus. In der Lyrik dominieren gegen Ende die elegischen Töne. Die Zuspitzung der schnoddrigen Gesell-
schafts-Persiflage zeigt die Lyrik um 1920.

> Totale Auflösung, monströseste Konglomerate,
> neurotische Apocalypsen, transhumane Foken,
> Jactation, hybridestes Finale –:
> Individual-Ich: abgetakelt,
> Psychologie: zum Kotzen,
> Entwicklungsprinzip: der Hund bleibt am Ofen,
> Kausalgenese: wer will das wissen,
> Ergebnis: réponse payée!!
> (Prolog)

»Fortschritt, Zylinderglanz und Westenweiße / Des Bürgermastdarms und der Bauchgeschmeiße.« (Verlauste
Schieber). Ein Zeitgedicht, das Peter Rühmkorf Anlaß gab,
zum 90. Geburtstag Benns dem Meister seiner Jugend noch

einmal Reverenz zu erweisen. Das seien keine Strophen zum Ausstellen, sondern die Luft anzuhalten. Hier bezeuge sich eine Unerbittlichkeit und Unversöhnlichkeit und Radikalität der Anschauung, die uns auch heute veranlassen könne, den Blick noch einmal ganz neu auf den Dichter Gottfried Benn zu richten. Die korrupte Berliner Szene dieser Zeit in einem zynisch-flotten Marschton persifliert. Schon damals stellte man die Frage: ist das noch Lyrik? Wenn man sie überhaupt stellte, lieber stellte man sich taub oder wies entrüstet solchen Schmutz zurück. Heute sehen wir historisch das Avantgardemoment und stellen fest, daß solche Zuspitzung später nicht zu überbieten war. Benn fand seine Epigonen. Die Collagentechnik in vielen dieser Gedichte, Summation banaler Gesprächsfetzen, Slang, Tabuzertrümmerung, Alltagsszene kombiniert mit Röntgeneffekt, sprunghafte Assoziation, Simultaneität konträrer Empfindungen und Fakten, dissonante Montage, enzyklopädisches Maschinengewehrfeuer, exotische Wortkaskaden, alles schon ausgebildet am Ende des expressionistischen Jahrzehnts, nach Durchgang durch einen Weltkrieg und eine künstlerisch-antikünstlerische Revolution, wie der Dadaismus es war.

Café – George Grosz gewidmet (1921):

> »Ick bekomme eine Brüh', Herr Ober!« –
> Saldo-crack mit Mensch ist gut von Frank –
> Hoch die Herren Seelenausbaldower
> Breakfast-dämon, Tratten-überschwang.

Die Frage, was ein Gedicht ist, läßt sich angesichts der frühen Lyrik Benns beantworten: das Widerständige, das Unverdauliche zu seiner Zeit. Oder: das Gegenteil von dem, was der Leser erwartet. Nicht dieser prüft den Text, sondern der Text prüft den Leser. Wer die Prüfung nicht besteht, scheidet als Leser aus. Ein Wort Albrecht Fabris. Heute haben wir uns an vieles gewöhnt, und vieles ist nachahmbar geworden. Gerade bei der frühen Lyrik Gottfried Benns müssen wir den historischen Innovationswert im Auge haben, der als ästhetischer Wert für den Modernismus insgesamt ausschlaggebend ist.

Nach über zehn Jahren Antigesang und Provokation konnte Gottfried Benn das tun, wozu jeder Lyriker im Grunde seines Herzens bereit ist, übergehen zum Gesang. Jetzt sind sie da, die gefüllten Bilder, jetzt fällt von Vers zu Vers bei wechselnder Taktfüllung (jambisch, trochäisch, daktylisch) der melodische Rhythmus, jetzt wird der Strophenbau geschlossener, der Reim klammert formal das innere Sinngefüge, jetzt sind sie da, die Ach-Verse, Sehnsucht und Trauer vermittelnd, jetzt ist die gesammelte Ausrüstung lyrischer Tradition formal zugegen, nur inhaltlich, sofern es diese Unterscheidung gibt, ist alles Benn, von der Thematik bis zum spezifischen Ton, der unverwechselbar geworden ist. Allerdings, als Begleitmusik in schriller Tonlage bleibt das provokante, satirische, zeitkritische Gedicht. Das ist der freche Benn-Ton, der mit der Trauermelodie kontrapunktisch durchläuft. Beide Tonlagen ergänzen sich, schaffen zusammen erst die volle Musik. Das sei gerade jenen Lesern gesagt, die sich bevorzugt den »schönen« Gedichten Benns zuwenden. Ihnen zum Troste sei aus des Dichters Vorbemerkungen von 1952 zum Neudruck seiner frühen Lyrik zitiert: »Ich gestehe, um die Korrekturen des vorliegenden Bandes lesen zu können, bedurfte es zahlreicher Apéritifs und Cocktails für Gemüt und Magen, dann allerdings erschien mir das Ganze als Wurf und Wahnsinn gut. Ich dachte zurück. Es muß eine schwere Krankheit gewesen sein, jetzt ist sie ausgeheilt. Ist sie ausgeheilt? Enzephalitische Prozesse, halb lyrische Epilepsie, halb moralische Lethargien – und heute?«

Der Künstler als Medium der Kulturkrankheit, die in ihm zum Austrag kommt. »Die Dichter sind die Tränen der Nation«, hatte Benn am Grabe Klabunds gesagt. Wem das zu pathetisch klingt, der kann den Dichter einstufen als Registraturstelle des Zeitbewußtseins. In jedem Falle ziehen die Krisen nicht folgenlos durch sein Inneres. Sie können ihn krank machen, zum Wahnsinn treiben oder auch umbringen. Ist die Krankheit ausgeheilt? Benn bejaht die Frage und stellt sie dann wieder ins Offene. Für ihn selbst war eine Phase überwunden, die Krise aber blieb. Überwunden war der harte, gnadenlose Widerstand, Benn war aus dem

Kampf mit verändertem Bewußtsein hervorgegangen. Er konnte jetzt freisetzen, was hinter dem Frühwerk als Schubkraft spürbar ist: seinen poetischen Glauben. Gereinigt vom Kulturschlamm konnte er als Bekenntnis hervortreten. Das Gesamtwerk Gottfried Benns ist ab 1920 etwa durchzogen von dem apodiktischen Glaubensbekenntnis an eine geistige Instanz, die außerhalb der Materialität existiert. Das ist nicht der christliche Gott der Offenbarung, aber es wäre verfehlt, diesen als Vorläufer ganz aus der Diskussion zu drängen. Geblieben sind Erlebniskräfte, die früher sich auf Gott zentrierten, geschichtlich erweitert auf die Götter. Die Gedichte dieses Bandes registrieren ihren letzten Saum. Das bedarf nicht der Erläuterung, das ist zugegen im Vers und wartet auf Antwort von Leserseite. Das Gedicht braucht den Leser. Halten wir das einmal fest. Das Gedicht will mit dem Leser ins Gespräch kommen. Dieser erst entfaltet in einem schöpferischen Vorgang die potentielle Mitteilung des Verses. Multipliziert eben nach Maßgabe individueller Vielfalt und historischer Zuordnung. Die Situation des Gedichtes ist so neu und tiefgründig, wie der Leser offen ist und substantiell begabt. Alles problematische Sätze, aber töricht wäre es, diese Gedichte anzupreisen als Kursbuchinformation. Der Dichter als Mann mit der roten Mütze am Politbahnsteig ist etwas anderes.

Auf dem Literaturbahnhof fahren viele Züge ab. Wohin es mit Brecht ging, das konnte man leichter bestimmen als die Richtung des Kollegen Benn (gestorben beide 1956, um ein Gemeinsames hervorzuheben). Dessen Fahrtrichtung ging ins Zeitlose. Ein Wagnis zweifellos. Die Zeitlichkeit von Geschichte steht fest. Das ist zu akzeptieren. Die materielle Veränderung historischer Bedingungen ist nötig. Darüber kann man sich einigen. Dagegen steht das Zeitlose als antihistorisches Moment, ein Glaubensfaktor, der hinüberträgt ins Inkommensurable. Gegen Geschichte steht er in einem widerständigen Sinne. Hier liegt die Problematik für den Leser von heute. Die Lyrik Benns beschwört das Überzeitliche in einer Zeit, die an historische Kategorien gefesselt ist. Die Lyrik, die nach Benn geschrieben wurde, macht gerade letzteres deutlich. Anzuraten ist, diese Unterscheidung mit historischer Distanz zu sehen. Benn als

Repräsentant einer geistigen Haltung, die ihren akuten Stellenwert verloren hat. Die aber von Bedeutung ist als Dokumentation des Geistes in der Geschichte.

Und hier liegt das Problem, das Benn nicht verfälscht sehen möchte. Die Feststellung des status quo, die Konfrontation: so ist es bestellt um den Menschen, seit sich der Geist zurückzog aus der Geschichte. Das ist das Gelenk des Ganzen, das Scharnier, um das sich alles dreht. Mehr noch als gegen den Materialismus ist der Kampf gerichtet gegen jene falsche Idealität, die nach dem Kriege gerade den allgemeinen Wertverfall zu übertünchen suchte. Benn bleibt radikal. Gerade in diesem Punkte. Er kämpft aggressiv mit dem Rücken zur Wand. Auf nichts gestützt als auf seine eigene Erfahrung geht er unerbittlich gegen die restaurative Aufwärmung abendländischer Kulturwerte vor. Was er sieht und attackiert, ist die Wertverwahrlosung infolge sentimentaler Aufweichung, sind deutsche Gemütsspezialitäten im Ausverkauf. Das brüllt die *Stimme hinter dem Vorhang:* »Schluckt doch endlich euer Inneres und eure Beine und haltet die Schnauze über eure Kaldaunen oder wie der Psalmist sagt: meine Seele ist stille zu Gott. – Was soll denn sein, ihr nennt schon heilig, was ich nur doof nenne, ihr billiger Krimskrams mit Gemüts- und Blasenpanik – immer schnell aufs Töpfchen! Wenn ihr ahnen könntet, was eine Äone ist – aber woher sollt ihr das wohl ahnen? – Ihr intellektuellen Schimpansen, betreibt nur weiter euren Ausverkauf...«

III

Das ist der alte Benn, und er verhält sich nicht anders als der junge in seiner expressionistischen Phase. Das läßt die spätere Lyrik nicht mehr erkennen, das sagt kompromißlos die sie begleitende Prosa. Abwehr von Mißverständnis und Mißbrauch erlebter Transzendenz. Ein Generalthema: »laßt doch euer ewiges ideologisches Geschwätz, euer Gebarme um etwas ›Höheres‹, der Mensch ist kein höheres Wesen, wir sind nicht das Geschlecht, das aus dem Dunkel ins Helle strebt –«. Dem lyrischen Bekenntnis im Gedicht geben solche Sätze Flankendeckung. Probleme der Lyrik sind auch Probleme dieser Art. *Verlust der Mitte,* ein Buchtitel und Schlagwort der Nachkriegszeit, gibt Benn im Marburger Universitätsvortrag *(Probleme der Lyrik)* Anlaß zu scharfer Differenzierung. Nicht der moderne Künstler gefährde die verbalisierte Pseudo-Mitte, sondern die arroganten Mitte-Vertreter brächten die Kunst in Gefahr und Verruf. »Uns, die letzten Reste eines Menschen, der noch an das Absolute glaubt und in ihm lebt.« Hier spricht jemand aus dem Bewußtsein einer langen Tradition. Der Dichter als Bewahrer eines religiösen Wissens, das lebensmäßig nicht mehr praktizierbar ist, das sich gerettet hat in jenen Innenraum artistischer Selbstbegegnung, den Benn im selben Zusammenhang anspricht: »Gespräche, Diskussionen – es ist alles nur Sesselgemurmel, nichtswürdiges Vorwölben privater Reizzustände, in der Tiefe ist ruhelos das Andere, das uns machte, das wir aber nicht sehen. Die ganze Menschheit zehrt von einigen Selbstbegegnungen, aber wer begegnet sich selbst?«

Zweierlei ist festzustellen von heute her. Einmal die klare Einsicht Benns in seine Position. Kämpferisch vertritt er seine Haltung inneren Erlebens, einsamer Selbstbegegnung gegen anbiedernde kollektive Zielsetzungen in der Kunst. Zum anderen kämpft er in einer Situation, die für uns historisch geworden ist. Das restaurative Kulturklima mit seinem Jargon der Eigentlichkeit verlor schon in den fünfziger Jahren an Einfluß. Der Klimawechsel kam nach dem Tode Benns. Bedingt durch die kulturelle Achsenverlagerung drehte sich der Betrieb jetzt um eine andere Mitte. Die soziopolitische Verabsolutierung von Gesellschaft hätte Benn noch einmal neu in die Arena gefordert. Es ist nur konsequent, daß Gottfried Benn für zwei Jahrzehnte aus jenen Diskussionen verschwand, die er so gründlich verachtete. Das läßt sich nicht »ausdiskutieren«, das läßt sich nur konstatieren: ein historischer Wandel hatte sich vollzogen. Seit Benns Tod sind entscheidende Veränderungen des allgemeinen wie literarischen Bewußtseins zu verzeichnen.

Das soll nicht heißen, Benn werde historisch abgehakt, klassifiziert. Im Gegenteil schafft solche Feststellung den Freiraum neuer Auseinandersetzung. Die Thematik aus Innerlichkeit und Transzendenz in vorliegenden Gedichten bedarf nicht mehr der Abgrenzung vom Pathos religiöser

Erneuerungsversuche in der Literatur, wie Benn sie 1955 noch vornehmen mußte in der Radiodiskussion mit Reinhold Schneider *(Soll die Dichtung das Leben bessern?)*. Das konservative Lager hatte Benn als notorischen Nihilisten abgestempelt, als inhaltsleeren Artisten, als Kulturzersetzer ohne Glauben und ohne Hoffnung. Benn konterte mit Statements, die er schon in *Probleme der Lyrik* vorgetragen hatte: »Das moderne Gedicht, das absolute Gedicht ist das Gedicht ohne Glauben, das Gedicht ohne Hoffnung, das Gedicht an niemanden gerichtet, ein Gedicht aus Worten, die Sie faszinierend montieren. Und doch kann es ein überirdisches, ein transzendentes, ein das Leben des einzelnen Menschen nicht verbesserndes, aber ihn übersteigerndes Wesen sein. Wer hinter dieser Behauptung und dieser Formulierung weiter nur Nihilismus und Laszivität erblicken will, der übersieht, daß noch hinter Faszination und Wort genügend Dunkelheiten und Seinsabgründe liegen, um den Tiefsinnigsten zu befriedigen, daß in jeder Form, die fasziniert, genügend Substanzen von Leidenschaft, Natur und tragischer Erfahrung leben.« Die religiösen Erlebnissubstanzen früherer Zeit haben sich verlagert in die Sphäre ästhetischer Setzung und Erfahrung. Das ist das immer wiederholte Fazit der Bennschen Poetik. Zur Ästhetik des Dichterischen gehören der Produktionsprozeß, die Form des Gedichtes und die Erfahrung des Lesers.

Vom Diktat des Monologischen sollten wir uns nicht verunsichern lassen. Der Monolog wird aufgebrochen, wo die ästhetische Zündung gelingt. Von Innenraum zu Innenraum schlägt der Funke – es spricht der Einsame mit dem Einsamen. Auch das ein Bekenntnis dieser Ästhetik. Wobei die Voraussetzung solchen Gesprächs gerade in der Zurücknahme des Wirkungsanspruchs zu sehen ist. Im übrigen ist Beschäftigung mit dem Innenleben auch heute noch das Arbeitsfeld des Dichters. Diese Einsicht hat sich wieder hervorgewagt aus der Deckung und wird nicht gleich mit Kopfschuß geahndet. Also die Innenwelt des Lyrikers, die sollte man wieder ins Auge fassen. Sie ist der Humus, aus dem das Gedicht austreibt. Man sollte sie ins Auge fassen nach Maßgabe ihrer dynamisierenden Funktion. Wenn heutige Literatur die Situation innerer Erlebnisleere umkreist, hat sich die Perspektive nicht wesentlich geändert.

Nur der Vorrat an Erlebnismasse ist geschwunden. Man schaut nach innen und ist konsterniert über die Öde, die man antrifft. Die Geschichte ist fortgeschritten und hat ausgeräumt. Vieles ist auf dem Sperrmüll gelandet, das in der ersten Hälfte des Jahrhunderts noch Funktion und Inhalt hatte. So schauen wir zurück und halten zugleich Bestandsaufnahme, wenn wir die Gedichte dieses Bandes lesen.

IV

Was ist geblieben vom existentiellen Haushalt früherer Generationen? Besitzen wir sie noch, diese Sucht nach substantieller Identifikation, wie sie unseren Voreltern eigen war? Goethe, Hölderlin, die Droste, Rilke oder Benn – diese Ahnenkette großer Seelentröster, die ist wohl abgerissen. Benn, der sich so unerhört modern einführte in die Geschichte der Literatur, steht doch am Ende einer Tradition. Er hat der geistigen Situation des Abschieds von alten Wertvorstellungen und Weltanschauungen Ausdruck gegeben. Den Verlust mythischer Erlebnisformen hat er in Gesang verwandelt. Wir können auch sagen, die Verwandlung ist ihm noch einmal gelungen. Er verfügte noch über das Handwerkszeug des Sängers: Melos, Reim, weittragende Rhythmen und Bilderfülle. Er stand somit in einer Tradition, die heute über zweihundert Jahre zurückreicht, die individuellen Ausdrucksformen betreffend wie die elegische Tonlage. Mit Schiller begann dieser Abschiedsgesang: »ohne Wiederkehr verloren« sind nicht nur die *Götter Griechenlands,* verloren sind die Wirkkräfte des Göttlichen überhaupt in der modernen, aufgeklärten Welt. Die Symptome von Entfremdung und Verdinglichung können schon nach Schillers Vorstellung nur ästhetisch überwunden werden. Schon hier signalisiert das Gedicht Widerstand. Es ist die spontane Antwort des Subjektes auf die Masse unbewältigter Objekte, die es umstellen. Der Unbeweglichkeit von Umwelt wird ein bewegtes Inneres entgegengehalten. Im Protest nennt das neuzeitliche Gedicht den Traum einer Welt, die grundsätzlich anders beschaffen ist.

Freiheit ist nur in dem Reich der Träume,
und das Schöne blüht nur im Gesang.
(Schiller: *Antritt des neuen Jahrhunderts*)

Der empirisch unversöhnbare Gegensatz von realer und
idealer Welt kann nur ästhetisch ausgesöhnt werden. So das
frühromantische Fazit. Die Welt der Kunst, der »reinen
Formen«, löst die Antithese aus Geist und Leben, Freiheit
und Notwendigkeit: »hier der Ruhe heitres Blau.« Schillers
Gedicht *Das Ideal und das Leben* führt das Thema schon voll
aus. Konsequent durchdacht, ist es ohne Tröstung. Die
erzielte Harmonie im Kunstwerk ist im Sinne des Wortes
nur eine scheinbare. Was formal bruchlos und harmonisch
in Erscheinung tritt, zeugt real von seinem Gegenteil. Das
Gedicht kann den Verlust von Wirklichkeit nicht ersetzen.
Trauer bestimmt es konstitutiver als die Hoffnung auf
Erlösung. So schön der Gesang ertönt, angestimmt wird er
in einer götterlosen Welt. Das goldene Zeitalter ist endgültig dahin, das Gedicht birgt nur noch Spuren seiner Kost-
barkeit.

Ach! nur in dem Feenland der Lieder
lebt noch deine goldne Spur.
Ausgestorben trauert das Gefilde,
keine Gottheit zeigt sich meinem Blick
(*Die Götter Griechenlands*)

Der elegische Grundton durchzieht die Gedichte Benns,
wie er die Lyrik seit zweihundert Jahren durchtönt. Besun-
gen wird der Verlust eines transzendenten, einheitstiften-
den Weltgefühls. Das goldene Zeitalter, jene rückwärts-
gewandte Utopie, fließt imaginativ zusammen mit der
eigenen Jugendzeit, so bei Schiller, so bei Hölderlin. Die
Enttäuschung ist am Anfang schon zur Stelle: wo denn sind
die Götter der Jugend, wohin tragen die Impulse des
Gedichtes, was ist denn greifbar, verwertbar von diesem
Traum?

Die Ideale sind zerronnen,
die einst das trunkne Herz geschwellt,
er ist dahin, der süße Glaube
an Wesen, die mein Traum gebar,

der rauhen Wirklichkeit zum Raube,
was einst so schön, so göttlich war.
                    (Schiller: *Die Ideale*)

Erstaunlich, daß Benn nach dieser frühen Festschreibung
von Enttäuschung immer noch an die Idealität der Form
glaubt, an den »Olymp des Scheins«, den er als Begriff von
Nietzsche übernahm. Schillers *Nänie* war doch schon ein
Endzustand: »Auch das Schöne muß sterben!« Die Klage:
»Daß das Schöne vergeht, daß das Vollkommene stirbt.«
Benns ästhetische Haltung ist Auflehnung, wie die Frühphase Auflehnung war, nur jetzt als Beschwörung, als
magische Formel. »Im Namen Dessen, der die Stunden
spendet...« *(Gedichte)* Der Rückgriff auf Goethe: »Im
Namen dessen, der Sich selbst erschuf!« *(Prooemion)* – kann
täuschen. Goethes Glaube an einen vernünftigen und ge-
ordneten Kosmos stand nicht einmal Schiller mehr zur
Verfügung. Der Glaube nämlich an eine bergende Welthar-
monie, die im dichterischen Gleichnis ihre Nachahmung
findet. Subjekt und Objekt, Mensch und Natur, Idee und
Wirklichkeit sind hier noch im Einklang. Eine tiefgreifende
Harmonie besteht zwischen den Gesetzen der Natur und
den Gesetzen des Geistes. Benn hat das dargestellt in seinem
Essay *Goethe und die Naturwissenschaften*. Er sieht Goethe am
Ende eines langen geschichtlichen Weges: »Noch einmal
die ungetrennte Existenz, der anschauende Glaube, die
Identität von Unendlichkeit und Erde, noch einmal das
antike ›Glück am Sein‹.« Goethes Gegensatz zur roman-
tischen Geisteshaltung war fundamental – und wir können
auf solche Entfernung hin sagen, daß am Anfang schon
Schiller zu ihr gehörte. Erfüllung im Anschauen einer
sinnvollen, göttlichen Weltstruktur war schon für ihn ein
Traum. Die Zerstörung eines ebenso mythischen wie
metaphysischen Vertrauensverhältnisses, das einmal
Mensch und Welt verbunden hatte, schreitet dann rasant
voran. Am Ende zeigt sich nur noch das »Geröll der
Himmel« auf dem Trümmerberg der »Weltgeschichte«
(Gedichte).

die großen Götter Panne,
defekt der Mythenflor
                    (Banane)

Die Welt zerdacht. Und Raum und Zeiten
und was die Menschheit wob und wog
Funktion nur von Unendlichkeiten –,
die Mythe log.   *(Verlorenes Ich)*

Das Generalthema von Benns Lyrik wird einsehbarer vor
dem historischen Hintergrund. Ob aggressiv oder elegisch
vorgetragen, die Klage, der Schmerz, die Trauer dieser
Verse sind nicht Äußerungsformen des vereinzelten Individuums in seiner Zeit, sie sind Bestandteil eines allgemeinen,
weit tradierten Kulturbewußtseins. Nur so ist die außerordentliche Wirkung erklärbar, die Benns Lyrik einmal
hervorgerufen hat. Auch der Leser stand im Bannkreis
einer großen Erinnerung.

Ach, als sich alle einer Mitte neigten
und auch die Denker nur den Gott gedacht
                    (Verlorenes Ich)

Nach der aufdeckenden Desillusionierung des Anfangs,
nachdem auch die letzten Kulturtapeten noch herunter-
gerissen und zerfetzt waren, blieb nur noch die Trauer. Sie
konnte weder in der Geschichte einen substantielleren
Menschentyp restituieren noch das zerfallene religiöse
Kräftefeld renovieren. Bei aller magischen Beschwörung
(»Im Namen Dessen, der die Stunden spendet«) – dieser
deus absconditus ordnet die Welt nicht mehr sinnhaft, er
hat den Menschen sich selbst überlassen, seiner Einsamkeit,
seiner inneren Zerstörung (»zersprengt von Stratosphären«), seiner kosmischen Verlorenheit. Aber wie ein Wunder ist das: dieser Mensch gibt nicht auf, schlägt Sinn noch
aus der Sinnlosigkeit, behauptet sich absurd. Er klagt wie
Hiob, arbeitet wie Sisyphos und singt wie Orpheus. Das
Gedicht wird zum Vollzugsorgan äußerster Tapferkeit
(»das Selbstgespräch des Leides und der Nacht«). Seine
Ethik ist das Aushalten, seine Wahrheit ist der Gesang.

es gibt nur ein Begegnen: im Gedichte
die Dinge mystisch bannen durch das Wort.
                    (Gedichte)

Wenn je die Gottheit, tief und unerkenntlich,
in einem Wesen auferstand und sprach,

> so sind es Verse, da unendlich
> in ihnen sich die Qual der Herzen brach;
>
> *(Verse)*

Was wird beschworen mittels sprachlicher Magie? Hoffnung auf Hoffnung hinter aller Hoffnungslosigkeit? Die Inhalte werden absurd, wenn man sie feststellen will. Solches Transzendieren entzieht sich jeder raumzeitlichen Einordnung, steht jenseits von Geschichte, ist pures Eschaton. Als solches gibt es vielen dieser Gedichte jene Faszination, die Mysterienkulten, Geheimlehren oder Religionsriten anhaftet. Von den Frühformen der Magie, den Zaubersprüchen ist der Anspruch erhalten geblieben, das Ansprechen. Indem etwas beklagt wird, wird es gebannt, wird suggestiv in Erinnerung gebracht, soll nicht verloren sein. Trauer um etwas ist immer noch Teilnahme an der vergangenen Existenzform. Erst das Vergessen löscht diese aus. Seit den fünfziger Jahren hat die Lyrik in unserem Lande die metaphysische Thematik ausgespart.

V

Halten wir das fest, und verkleistern wir nicht die Brüche, den historischen Einbruch. Die Dichtung nach dem letzten Krieg hat den Bannkreis metaphysischer Erinnerung verlassen. Insgesamt. Nicht nur die Lyriker haben das getan. Eine Epoche war zu Ende. Gottfried Benn war ein historisches Phänomen geworden. Machen wir uns nichts vor. Das lyrische Werk ist weder als Alternative noch in irgendeiner Form von Aktualisierung anzupreisen. Aufklärung im Sinne instrumenteller Vernunft und operationaler Kalkulation kann darin nur Volksverführung sehen, Verschleierung historischer Faktizität und ihrer Machbarkeit. Aber auch dahinter steckt ein Glaubensbekenntnis. Auch das ist in Frage zu stellen. Dialektik von Aufklärung ist in klugen Köpfen schon seit längerer Zeit als frag-würdig akkreditiert. Hier ist nicht der Ort solcher Diskussion. Lassen wir uns nichts verbieten, fragen wir aufklärerisch, ohne dem Trugschluß zu verfallen, daß Klarheit alles klärt. Daß sich die Dunkelheiten des Daseins aufhellen lassen in unseren intellektuellen Raffinerien. Also, stellen wir fest, hier stehen zwei Weltanschauungen sich im Wege. Zumindest stehen die Haltungen sich konträr entgegen und geben Anlaß, weiter zu fragen. Das ist die Frage nach Wert oder Unwert des Idealismus. Nach der Verwertbarkeit für unser Leben. Innenleben oder Außenleben, das mag in eins gehen. Arbeiten wir an dieser Stelle ohne Glaubenssätze, betrachten wir die Fakten, richten wir noch einmal den Blick in die Geschichte.

Von den Flugversuchen der Dichter ist nichts geblieben – nur das Gedicht. Von diesen abgestürzten Höhenflügen blieb im wörtlichen Sinne das *Nichts*, das als alarmierende Vokabel um 1800 schon in die literarische Diskussion eingeführt wird. Als solche ist sie bei Benn noch anzutreffen. Idealität und Nichts markieren im Verbundsystem die letzte Hoffnungsposition metaphysischer Geschichte. »Was ists denn, daß der Mensch so viel will?... was soll denn die Unendlichkeit in seiner Brust? Unendlichkeit? wo ist sie denn?« So Hölderlin schon 1794/97 im *Hyperion* – als Frage gerichtet gegen die Akrobaten eines dialektischen Idealismus, der den Umschlag in den Nihilismus in sich trägt. »O ihr Armen, die ihr das fühlt, die ihr auch nicht sprechen mögt von menschlicher Bestimmung, die ihr auch so durch und durch ergriffen seid vom Nichts, das über uns waltet, so gründlich einseht, daß wir geboren werden für Nichts, daß wir lieben ein Nichts, glauben ans Nichts, uns abarbeiten für Nichts, um mählich überzugehen ins Nichts...«

Hölderlin schneidet die zentralen Fragen der kommenden Auseinandersetzung an. »Das Gefühl für das Vergebliche des Geistes gegenüber der Wirklichkeit ist vielleicht bei ihm als Ersten zum Ausdruck gelangt...« So Benn, der im übrigen kein Hölderlin-Verehrer war, an Oelze (29./31. 7. 1941). Benn hat recht im Hinblick auf die Sinnfrage, die Frage menschlicher Bestimmung im Spannungsfeld von absoluter Setzung und Abwehr des Nichts. Weder die Literatur der Aufklärung noch die des Barockzeitalters kannte diese Alternative. Erst die Frühromantik entdeckte den Schrecken des Nichts, jene Leerstelle, wo früher Gott war. Der Begriff des Nihilismus kam auf und beschäftigte fast eineinhalb Jahrhunderte die Geistesgeschichte. Die Literaten wie die Philosophen. Jean Paul konstatierte schon

zu Anfang des Jahrhunderts den Tod Gottes ebenso konsequent, wie er scharfsichtig die »poetischen Nihilisten«
analysierte. Hegel stellte in der *Phänomenologie des Geistes*
(1807) fest, daß »Gott gestorben ist«. Nietzsches Wort
»Gott ist tot« war am Ende des Jahrhunderts ein Resümee.
Der Nihilismus der russischen Literatur wurde sprichwört-
lich. Kierkegaards Denken umkreiste den Begriff, aber
niemand setzte sich wie Nietzsche mit diesem abendlän-
dischen Geistes-Phänomen auseinander. Der Nihilismus
war die notwendige Endstufe der Geschichte metaphysischen Glaubens und Denkens. Nietzsches Einfluß auf Benn
war enorm, gerade im Hinblick auf eine ästhetische Über-
windung des Nihilismus. Die Kunst als letzte metaphysische Instanz im allgemeinen Wertzerfall. Das ist die philo-
sophische Absicherung des poetischen Glaubens. Die
sprachliche Geste der Beschwörung bedeutet Setzung eines
Absoluten, das nur im Schaffensvorgang noch erfahrbar ist.
Das lyrische Produkt ist geronnene Erfahrung, stabilisierte,
statisch gemachte Erlebnismasse. So sieht es der späte
Benn. Statisch bedeutet hier soviel wie Gleichgewicht
zwischen Frage und Antwort. Skepsis, Zweifel, Hoffnungslosigkeit werden mit einer latent immer noch wir-
kenden Gewißheit in Balance gebracht. Das Gedicht als
Synthese des gespaltenen Bewußtseins entsteht im Rausch,
ist gestaltetes Traumpotential. Dokument der im Schöp-
fungsrausch erfahrenen Einheit.

Benns poetische Theorien wiederholen in immer wieder-
kehrenden Variationen diese Thematik. Zentriert zwischen
dem frühen und späten Werk im Essay *Zur Problematik des
Dichterischen* (1930). Es geht eine Lehre durch die Welt,
heißt es dort, die verkündet die »süße Ekstase«, die »Wal-
lungstheorie« aus Halluzination und »mystischer Partizipa-
tion«, die »hyperämische Theorie des Dichterischen«, aus
der hervortritt der »Stundengott«, der Schöpfergott des
Gedichtes, der Rauschgott, die »Hieroglyphe aus Phantas-
men«. Aus archaischen Tiefenschichten des Körpers steige
mit der Evidenz des Phallischen die »Transzendenz der
sphingoiden Lust«. Auch das ist Beschwörung – aber was
sagt uns diese raunende Theorie? Als »Trunkene Flut«
begegnet sie in vielen Gedichten. Überwinden denn wir
mit Hilfe innerer Gesichte die Spaltung aus Geist und

Leben, Denken und Handeln, Individuum und Gesellschaft, sofern diese Spaltung überhaupt noch konstitutiv ist für unser Bewußtsein? Ich meine, mit klarem Kopf und nicht im Drogenrausch. Das sind Fragen, die aufstoßen, für die der Leser eine Antwort finden muß. Das Werk stellt ihn unter Entscheidungszwang. Natürliche Grenzen trennen ihn ja ohnehin vom artistischen Schöpfungsmythos. Was nicht besagt, daß er ausgeschlossen ist von der Teilnahme an den Produkten, wenn der Produktionsprozeß ihm schon verschlossen bleibt.

»Ich brülle: Geist, enthülle dich!« Die Stoßkraft des Anfangs wandelt sich zwar, aber die Fragerichtung bleibt erhalten in dieser Lyrik. Sie kann den Leser bewegen, selber Fragen zu stellen. Direkt an das Werk. Wieviel historische Realität steht eigentlich hinter dem beschworenen Geist, hinter den beklagten, weil verlorenen Idealen, hinter der substantiellen Wertskala, deren suggestive Höhenmessung unter Umständen nur das Ergebnis imaginativer Steigerung war? War das der Abschied von einem vergangenen Menschenbild, oder war das der Abschied von einer Illusion? Diesen ganzheitlichen, unentfremdeten, metaphysisch stabilisierten Menschentyp, dem man da nachtrauerte, seit Schiller, seit Hölderlin, dieses erfüllte, göttergleiche Bewußtsein, dieses einerseits geistige Wesen, das andererseits mit der Natur aufs innigste verbunden war, diese naive, imaginäre anthropologische Idealausführung, hat es doch zu keiner historischen Zeit unangefochten gegeben. Aber – so fragt das Werk zurück, ist nicht die Sehnsucht nach dem Ideal vorhanden, auch wenn wir kritisch feststellen, daß ideelle Totalität von Daseinsformen in der Geschichte nicht anzutreffen ist?

Also die Sehnsucht nach dem Ideal, nach der Vollkommenheit, nach Schönheit, Glück und Dauer. Als Phänomen ist sie konstitutiv für das lyrische Werk, gibt ihm jene spezifische Dimension, die als Verklärung aufscheint: so könnte es sein. So hätte es sein können. Der Möglichkeitssinn im Gegensatz zum Wirklichkeitssinn. Der Gedanke ist beherrschend als invertierte Hoffnung, als Rückerinnerung, als platonische Anamnesis. So durchzieht er das lyrische Werk, und Benn sagt oft genug in anderem Zusammenhang, daß er Platon als Urvater dieser Geisteshaltung ansieht. »Deutlich neigt sich Platon herüber; endogene Bilder sind die letzte uns gebliebene Erfahrbarkeit des Glücks.« *(Provoziertes Leben)* Aus der allgemeinen Götterdämmerung und Untergangsstimmung hatte der Platonismus sich retten können in unser Jahrhundert. Gerade die expressionistische Generation war noch gezeichnet von ihm. Diese letzte Generation, wie Benn betont, die »jenen schwierigen Weg nach innen ging zu den Schöpfungsschichten, zu den Urbildern, zu den Mythen...« *(Expressionismus)* Er selbst zählt sich zu diesen »Gläubigen... eines alten Absoluten«, für die Nietzsches Wort noch galt, »daß die Kunst die einzige metaphysische Tätigkeit sei, zu der das Leben uns noch verpflichte.« Und dann trifft Benn die interessante Feststellung, daß mit ihm und seiner Generation das Ende einer zweitausendjährigen Entwicklung gekommen sei. »Was jetzt beginnt, was jetzt anhebt, wird nicht mehr Kunst sein...« Wenn er von Kunst spreche, meine er ein vergangenes Phänomen. So hatte schon Hegel gesprochen mit Rückblick auf ein mythisches Zeitalter. Er konnte nicht damit rechnen, daß dann der Abschied so lange dauerte. Und Benn zählt gerade die Abschiedsphase noch dazu. Aber jetzt sei es endgültig zu Ende mit der Kunst, versichert er uns apodiktisch. »Es wird nie wieder Kunst geben...«

VI

Das ist ebenso großzügig gedacht wie großräumig. Aber es war eine Prophetie, die in den fünfziger Jahren ihre realen Konturen schon zeigte. Die Poetengeneration nach Benn hat eben keinen transzendenten Standpunkt mehr vertreten. Eine historische Umschichtung war erfolgt. Das ist festzuhalten, für den Augenblick zumindest, ohne Langzeitprophetie. Nur rückblickend können wir genauer sein. Da sehen wir den Metaphysiker Benn, der im Frühwerk revoltierte aus transzendenter Nötigung, kein Revolutionär unter dem Gesichtspunkt historischer Utopie, im Gegenteil, ein Geschichtspessimist spricht da, war weder für Hegel noch für Marx zu gewinnen, und so bleibt er seiner Rolle treu, verkündet seine Lehre immer setzender, bis hin zu jener Statik, die als formal gehämmertes Glaubensbekenntnis heutigen Gemütern als gepanzerte Weisheit er-

scheinen mag. Geschichte, so sagt dieser Geschichtsveräch-
ter, ist kosmisch gesehen nur noch ein Abfallprodukt,
Absturz aus dem Horizont des Idealbildes. Die Götter sind
tot, ohnehin waren sie eine Erfindung der Menschen, auch
der christliche Gott ist dem historischen Vergänglichkeits-
prozeß anheimgefallen. Kollektiv erlebbare Götter gibt es
nicht mehr, das »Unaufhörliche« hat den Weg nach innen
angetreten, in jenes individuelle Reservat, wo es als Exi-
stenzgefühl sich verdichtet und zur Erscheinungsform
drängt. Im Kunstwerk, in der sprachlichen Form, findet der
Existenzkern Ausdruck. Kunst als letzte metaphysische
Instanz, als finale religiöse Erscheinungsform, rettet somit
die Restbestände historischer Erlebnismasse. Aber nicht als
Offenbarung, nicht triumphal, eben elegisch, verdeckt und
verschleiert. Der Schleier wird in dieser Lyrik zum Symbol
notwendiger Verborgenheit. Der direkte Zugriff würde
das Geheimnis zerstören. Darum fragen diese Verse so oft,
fragen rhetorisch, stellen in Frage den verlorenen Sinn. Die
lyrische Frage nach der Hintergründigkeit bestimmt –
neben den setzenden Beschwörungsformeln – zunehmend
das Werk. Trauernd und fragend zeigt sich jenes sprachliche Hinüberreichen in einen Horizont, der sich entzogen
hat, der keine Antwort mehr gibt. Die Beharrlichkeit des
Fragens schlägt in sich selbst zurück, bestätigt sich als
fragendes Bewußtsein.

war das dein Bild? war das nicht deine Frage,
dein Wort, dein Himmelslicht, daß du besaßt?
                                        (Abschied)

streift dich das schwere Sein der Himmel nicht?
                                        (Sommers)

hinüberlangen in jenes Andere, – in was?
                                        (Spät)

Wessen ist das und wer?
    (Am Brückenwehr)

Das Erleiden der Antwortlosigkeit ist geprägt von der
Trauer um die verlorene Gewißheit: etwa in dem makel-
losen Gedicht *Einst*.

Oder die Städte erglommen
sphinxblau an Schnee und Meer –,
wo ist das hingekommen
und keine Wiederkehr.

Der Verlust ist irreversibel, aber er ist doch aufgefangen im
Vers, in jenem einzigen Widerspruch, den Geschichte nach
dem Absturz aus dem Horizont des Idealbildes noch duldet:
in der Kunst. Idealiter widerspricht diese dem realen Verfall. Bleibt also das Werk, das Gedicht, die Strophe, vielleicht nur ein Vers – um Kunde zu geben.
Wie wenig ist das – oder wie viel? Der Geist Gottes, der
einmal über den Wassern schwebte, war auch nur eine
Metapher. Darauf läuft alles hinaus, wenn überhaupt vom
Geist die Rede ist. Daß Geist und Leben unversöhnlich sich
entgegenstehen, diese Generalthese Benns signalisiert den
Zerfall von Schöpfung. Und hier fragen wir uns heute, was
eigentlich ist dieser Geist? Was ist er wert, wenn er das
Leben verachtet? Selbst dann, wenn man das Leben als
Verkommenheit stilisiert, als Gier, Genuß, Selbstzweck,
puren Nutzen. Dagegen die Vollkommenheit des Geistes:
das Unberührte, Reine, Selbstlose, das Absolute und
Ewige. Die Polarisierung ist so vehement wie aufschluß-
reich: der Geist Gottes hat sich entfernt von seiner Schöpfung. Wir haben es mit einem historischen Vorgang zu tun,
wenn auch in weitreichender religionsgeschichtlicher
Perspektivik. Der Zerfall des idealistischen Selbstbewußt-
seins im 19. und 20. Jahrhundert ist nur das Ende dieser
Geistes-Geschichte.
Man muß sich vor Augen halten, daß der Modernismus,
beginnend in der Dichtung mit Mallarmé, in der Malerei
mit Cézanne, von der Vorstellung getrieben war, die
dingliche Welt zu vernichten und dem reinen Geist zum
Sieg zu verhelfen. Als Gottfried Benn seine poetische
Produktion begann, war Kandinskys Programm schon
erschienen: *Über das Geistige in der Kunst.* Die Bewegung
war allgemein in Gang gekommen. Auch Picasso und
Braque waren von ihr ergriffen. Die Kristallgebilde des
Kubismus sollten die Dinge transparent erscheinen lassen
auf Wesen und Struktur hin. Hinter allem steht ja der Geist.
Die Skala spiritueller Symbolwerte ist in der Malerei so

unerschöpflich wie im lyrischen Symbolismus um Baudelaire und Mallarmé. Gerade die Transparenz von Licht und
Farbe ist Ausdruck des reinen Geistes, der »reinen Formen«, was eben Schiller 1795 schon ausdrückte im Gedicht
Das Ideal und das Leben: »hier der Ruhe heitres Blau.« 1864
schreibt Mallarmé das Gedicht *L'Azur*: »Je suis hanté.
L'Azur! l'Azur! l'Azur! l'Azur!« Behext also vom Blau –
wer war es mehr als der Lyriker Benn: »Blau, welch Glück,
welch reines Erlebnis ... dies ewige und schöne Wort!«
(Probleme der Lyrik) Er stelle sich Farben vor als »leibhaftige
Ideen«, hatte Cézanne gesagt, »als große Noumena«. Licht
und Farbe also als korrespondierendes Ereignis in Malerei
und Literatur, das Phänomen der Illumination, Eigenquali-
tät jenes Zwischenbereichs, der zum Geistigen hinüber-
weist. So entsteht aus platonischen und neuplatonischen
Vorstellungen, die den Malern vielfach vertrauter waren als
den Literaten, das Moment der Abstraktion, das später der
modernen Kunst ihren Namen gab.
Abstraktion, das ist die »Wirklichkeitszertrümmerung«
und »Zusammenhangsdurchstoßung«, die hinführt zum
Ursprung geistiger Ordnung. Das ist nicht handgreiflich zu
parallelisieren, nicht einflußphilologisch auszuwerten. Dis-
kursives Denken kann in diesem Zusammenhang nur
Hinweise geben. »Denn was ist die Zeit, spricht sie mit uns,
sprechen wir mit ihr ... Woher ihre Gestaltung, wer begleitet ihre Verwandlung ...?« *(Zur Problematik des Dichterischen)* Etwa das Moment des Archaischen, der Hinwen-
dung zum Primitiven als Griff zu den Urformen, das ist in
der Malerei wie in der Literatur so zeittypisch wie das
Ingredienz des Geistigen. Hinter allem die Vision von
Gesetzmäßigkeit und Dauer, platonisch-neuplatonisch und
christlich gedacht in Feindschaft zu Stoff, Materie, Natur.
Das ist der Grund, warum Natur bei Benn nicht vor-
kommt, es sei denn als Kontrast: »Einsamer nie als im
August ...« Die Einsamkeit des Geistes wird erfahrbar
gerade im Herbst. Gegen naturhafte Erfüllung stellt sich
adversativ der Geist. Sein Selbstverständnis als »Gegenglück« hat eine lange Tradition. Sein Befreiungsversuch
aus Natur und Materie als Programm der modernen Kunst
markiert nur die Endphase abendländischer Geistesent-
wicklung. In diesem Zusammenhang ist Benns finale

Grundhaltung zu sehen. Mehr als Spezifikum; denn die literarischen »Expressionisten« teilten weitgehend diesen Geschichtspessimismus nicht. Die Maler waren ohnehin optimistischer eingestellt. Kandinsky glaubte an den Sieg des Geistigen in der Geschichte.

Aber was am Ende Maler wie Mondrian oder Malewitsch erfuhren, als Konsequenz der Tilgung gegenständlicher Erfahrung, die Tendenz der Denaturalisierung hin zur Leere, zum Nichts, hatte die Literaten ein halbes Jahrhundert vorher schon als ästhetischer Schrecken erreicht. Bei Baudelaire zeigt sich der Umschlag seiner transzendenten Grundmetaphern – Aufschwung, Himmel, Azur, Ideal, Licht, Reinheit – in den Bereich geistiger Inhaltslosigkeit. Bei Mallarmé werden kurz nach dem Azur-Gedicht Wörter wie Traum, Ideal oder auch Blau durch das Wort Nichts ersetzt. Der Umschlag von *Sein* in *Nichts* ist ein Grundthema moderner Geistesgeschichte, der Literatur wie der Philosophie. Auch bei Benn sind die Begriffe konvertierbar im Zusammenhang mit der künstlerischen Theorie. Das Definitorische verselbständigt sich, wird zum Spiel am Rande der Bedeutungslosigkeit. Der mystische Trieb führte allgemein poetisch durch die Wolkendecke irdischer Begrenzung hinaus in den Raum inhaltsloser Idealität. Erstaunlich ist, wie Benn mit dieser artistischen, ahumanen Inhaltslosigkeit in seinen Theorien immer erneut kokettiert. Daß etwa die Dichter in einer »erbarmungslosen Leere leben, unablenkbar fliegen da die Pfeile, es ist kalt, tiefblau, da gelten nur Strahlen, da gelten nur die höchsten Sphären, und das Menschliche zählt nicht dazu.« *(Soll die Dichtung das Leben bessern?)* Solche Theorie ist provozierte Poesie, stilistische Eskamotage oder auch Camouflage einer Position, die in den Gedichten selbst als menschliche Erfahrung voll zu Buche schlägt. Die Tragik der Geschichte des Geistes wird in den artistischen Theorien Benns heroisch überhöht. Auch das ist Widerstand, ist Schutz und Rettung innerer Erlebnisinseln. Und darauf läuft alles hinaus in dieser Lyrik.

VII

Der Geist ist soviel wert, wie er an innerem Erleben hergibt. Das gilt für den Leser wie für den Dichter. Das kann in eine Strophe eingehen, das kann ausgehen von einem einzigen Vers nur. »Ich denke manchmal, daß überhaupt zwei, drei Reihen das Höchste sind, das wir in der Lyrik ertragen, nur in so wenigen Worten ist der Geist so groß und einsam, wie wir ihn uns wünschen. Der lyrische Geist ist fragmentarisch...« In diesem Bekenntnis von 1950 ist deutlich der geschichtsphilosophische Aspekt getilgt, der Geist kehrt dorthin zurück, wo er allein erfahrbar ist, ins Partikulare, Individuelle, in den erlebten Augenblick. Die lyrischen Höhenflüge der Geschichte sind darum noch keine Absturzmakulatur. Die Höhenflieger sind gelandet und geben Lagebericht. Die Klangmagier, die das Geheimnishafte per se beschworen, die sich retten wollten in den kristallinen Traum (Baudelaire), um die Verwandlung zu leisten in Schwingungen aus Sprache, haben den Zaubermantel abgelegt. Das macht Benn mit aller Deutlichkeit auch in *Probleme der Lyrik* klar. Die Immunität des Sakralen ist auf der Strecke geblieben.

Was sagte Baudelaire vom Wesen der Poesie? Streng und einfach gefaßt, sei sie die menschliche Sehnsucht nach einer höheren Schönheit, der unstillbare Durst nach Vollkommenheit (Über Gautiers Dichtkunst). Sollen wir fragen, was ist die Sehnsucht noch wert? Une promesse du bonheur – ein Versprechen des Glücks (Stendhal: *Über die Schönheit*), wörtlich von Benn in ein Gedicht montiert *(Dunkler –)*. Ein leeres Versprechen oder Aussprache von etwas und über etwas, das an anderer Stelle mit diesem Ernst nicht besprochen wird? Wenn es möglich ist, daß uns ein Kunstwerk die Tränen in die Augen treibt, meint Baudelaire, dann ist das nicht ein Beweis unserer Genußsucht, sondern der Beweis unserer ins Unvollkommene abgedrängten Existenz. Das heitere, ruhige, traumhafte Land, nach dem die Dichter Heimweh haben, dieser schöne Satz Baudelaires ist heute kritisch abzuschließen mit der Feststellung, daß viele Wege zu diesem Lande hinweisen. Immer schon hingewiesen haben. Ohne es je zu erreichen.

Wer das Absolute nicht anstrebt, endet auch nicht im Nichts. Unserem relativierten Bewußtsein entspricht die fragmentarische Einschätzung des »lyrischen Geistes«. Damit ziehen wir nur die Konsequenz aus der finalen Lage, die Benn konstatiert hat. Wenn die elegischen Abschiedsgesänge den »Fanatismus zur Transzendenz« in der Historie zurücklassen, werden sie frei auf ein Grundgefühl hin, das subjektiv greifbar und objektiv begreifbar ist. Sie lassen Tragik als Pathos in seiner Zeitgebundenheit erkennen und werden transparent für neue Erlebnisformen. So werden die großen Themen aus dem geschichtlichen Anspruch zurückgenommen in die Zeile, ins Wort, in den privaten Dialog. Der Leser als Gesprächspartner ist angesprochen. »Ein Gedicht verschmilzt mit dem Augenblick, in dem man es zum ersten Mal liest, mit der Stimmung, in der man sich befindet, mit den Erfahrungen, über die man verfügt, mit dem inneren Zustand des Lebens, der einen gerade erfüllt. Man erschafft das Gedicht mit, man denkt oder träumt in es hinein. Dann vergisst man es oder lebt mit ihm weiter.« Als er dies schrieb 1950, war Benn aufgefordert worden, allgemein als Leser von Lyrik Stellung zu nehmen, und zwar für die Vorbemerkung zu einer Anthologie mit dem Titel *Geliebte Verse!* Aus der eigenen Produktion schlägt er als einziges vor das Gedicht *Einst.* »Niemand braucht es schön zu finden«, fügt er hinzu, »jeder kann über dies Selbstzitat lachen.«

Das ist freundlich gesprochen und zeigt die Haltung, die Benn immer eingenommen hat gegenüber seinen eigenen Gedichten: Lässigkeit bis zur Nonchalance den fertigen Produkten gegenüber. Allerdings, das muß betont werden, nur der Verwaltung seines Werkes, der Pflege und Verbreitung und dem Ruhm gegenüber, nicht im Hinblick auf den Herstellungsprozeß und seinen Abschluß. Immer erneut hat Benn betont, »daß in der Lyrik das Mittelmäßige schlechthin unerlaubt und unerträglich ist . . .« *(Probleme der Lyrik)* Das ist das einzige Ethos des Lyrikers, sonst kann und darf er sich verhalten, wie er will. Gültigkeit hatte diese Regel seit jenem Augenblick, als im 18. Jahrhundert Dichtung Existenzaussage wurde, also nach der normativen Zeit des Schreibens. Und so finden wir schon bei Goethe die Alternative, daß »ein Gedicht entweder vortrefflich sein oder gar nicht existieren soll«. Wieviel existentielle Treffsicherheit und sprachliche Schönheit in einer Zeile, in einem Bild, in der Strophe gespeichert sind, das entscheidet über den Wert eines Gedichtes. Die Feststellung bleibt letztlich dem Leser überlassen. »Wir werden uns damit abfinden müssen, daß Worte eine latente Existenz besitzen, die auf entsprechend Eingestellte als Zauber wirkt und sie befähigt, diesen Zauber weiterzugeben.« Kunstformen sind transformierte Erlebnisformen und zeugen als solche von der Gebrechlichkeit des Menschen und der gebrechlichen Einrichtung seiner Welt. Singen sie mit betörendem Gesang, so wenden sie sich gegen etwas, das vom Wesen her gesanglos ist. Sind sie vollkommen in sich, so verweisen sie damit auf alles, das nicht vollkommen ist. Abwegig wäre es, die private Existenz des Dichters davon auszunehmen.

Alphabetisches Verzeichnis der Gedichte

Verzeichnis der Anfangszeilen

681

Der Herausgeber

Bruno Hillebrand, geb. 1935, studierte Literatur, Kunst und Philosophie in München, Wien und Berlin. Promovierte 1963 in München mit einer Arbeit zur Kunsttheorie von Benn und Nietzsche. Habilitierte sich 1969 an der Universität München. Seit 1970 o. Professor für deutsche Literatur an der Universität Mainz. Mitglied der Akademie der Wissenschaften und der Literatur. 1981/82 Mitglied des Institute for Advanced Study, Berlin. Wissenschaftliche Veröffentlichungen: Artistik und Auftrag. Zur Kunsttheorie von Benn und Nietzsche (1966); Mensch und Raum im Roman. Studien zu Keller, Stifter, Fontane (1971); Theorie des Romans (1972, Neuauflage 1980); Nietzsche und die deutsche Literatur (2 Bände, 1978); Zur Struktur des Romans (1978); Gottfried Benn (1979). – Literarische Veröffentlichungen: Sehrreale Verse (Gedichte. 1966); Reale Verse (Gedichte. 1972); Versiegelte Gärten (Roman. 1979); Über den Rand hinaus (Gedichte. 1982). Lyrik in Zeitschriften und Anthologien. Zahlreiche Essays in literarischen Sammelbänden.

»Gute Regie ist besser als Treue«